AMV

Peter Boardman

Auf den Zinnen der Götter

Das Jahr eines Bergsteigers

Albert Müller Verlag
Rüschlikon-Zürich · Stuttgart · Wien

Zur Beachtung

Das Gedicht von Eunice Tietjens, «Der heilige Berg» (The Most-Sacred Mountain), erschien im Original in *New Voices*, herausgegeben von Marguerite Wilkinson für die Macmillan Publishing Company.

Die Zeichnung des Carstensz-Gletschers basiert auf zwei Fotos. Das eine wurde von J. F. Wissel bei der Expedition von A. H. Colijn im Jahre 1936 aufgenommen, das andere 1972 von Richard Muggleton. Es wurde im Buch *The Equatorial Glaciers of New Guinea* von G. S. Hope, J. A. Peterson, V. Radok und I. Allison (Verlag A. A. Balkema, Rotterdam 1976) veröffentlicht.

Die von Peter Boardman geschilderten Ereignisse spielten sich in der Zeit vom 30. November 1978 bis zum 30. November 1979 ab.

Bildnachweis

Die Fotos gegenüber Seite 32 (rechts oben und unten), auf der übernächsten Bildseite rechts und links gegenüber Seite 33 stammen von Hilary Boardman-Collins; das gegenüber Seite 240 ist von John Barry. Alle übrigen Aufnahmen stammen vom Autor.

Aus dem Englischen übersetzt von Rudolf Ernst. Titel des englischen Originals: «Sacred Summits», erschienen bei Hodder and Stoughton Ltd, London. – ISBN 3-275-00833-1. – 1/6-84. – Printed in Switzerland.

Inhalt

Der heilige Berg

Raum, und die zwölf reinen Winde des Himmels,
Und dies jähe Frohlocken, wie ein Schrei, nach sechstausend Fuß
langsamen Kletterns!
Dies ist Tai Shan, der Schöne, der überaus Heilige.

Zu meinen Füßen das Vorgebirge, ruhend, braun mit Flecken von Grün,
und tiefer unten die fahlbraune Ebene, der Erde Grund,
hingedehnt zu blauer Unendlichkeit.
Mir zur Seite an diesem Ort der Lüfte schwingen Tempeldächer sich
empor zum Firmament,
Und einsam kreist ein schwarzer Vogel über der Leere.

. . .

Doch ich werde den luftigen Ort verlassen, den flüchtig weißen Frieden,
dieses schmerzliche Frohlocken,
Und die Zeit wird mich einschließen und meine Seele sich beugen
im Treiben des Alltags.
Dennoch: darum wissend, wird mir das Leben nicht so eng, und immer
werd' ich die Zeit zerrinnen fühlen,
Denn einmal stand ich
In der windweißen Gegenwart des Ewigen.

Eunice Tietjens

Erster Teil

Die Snow Mountains von Neuguinea

1. Heilige Gipfel

30. November–5. Dezember

Es war der letzte Tag im November – ein stiller und klarer Tag. Zum letzten Mal war ich vor mehr als zehn Jahren auf diesem Berg gestanden. Damals hatte ich nur einen aufregend gezackten, in der Sommerhitze schimmernden Fleck aus Fels und flächigem Schnee gesehen und tief unten dunkle, nebelverhangene, gewundene Täler. Jetzt sah ich mit anderen Augen, empfand ein fast besitzergreifendes Gefühl der Vertrautheit.

Zu jedem der Berge, über die mein Blick von den Aiguilles du Tour aus schweifte, gehörte ein anderes Abenteuer, das ich mit irgendeinem Freund gemeinsam erlebt hatte. Banale und bewegende Erinnerungen stiegen in mir hoch. Die Zeit hatte ihnen nichts anhaben können. Vor meinem geistigen Auge kämpften sich winzige Gestalten, deren Stimmen ich hören konnte, mühsam durch den Schnee. Inmitten dieser Berge hatte ich ein Königreich entdeckt, das mir unendlich erschien. Obwohl ich ein Neuling in dieser Welt war, kam ich mir anders als die Touristen vor. Ich war einer der Bergsteiger, die in den Wäldern lebten. Zuerst war ich aus einem inneren Drang heraus geklettert; es war eine Flucht und nicht die Suche nach etwas, das ich liebte. Ich dachte an den erbitterten, verbissenen Kampf in der Spalte am Gipfel der Purtscheller-Nadel, als ich siebzehn war, an den Sturm auf dem Mont Blanc, als Schnee unsere Spuren zudeckte, an die grellen Blitze auf dem Gervasutti-Pfeiler, die Dämmerung am Frendo-Sporn, an das Hochgefühl von Freiheit und Glück eines Abends über den Abgründen der Aiguille du Dru. Und dann formte sich die sanfte Erinnerung an eine Begehung des Trient-Gletschers mit meinen Eltern vor ein paar Monaten und an die Besteigung der Aiguilles Dorées mit Hilary.

Tollkühne Unternehmungen meiner frühen Tage fielen mir ein. Mit Listen von absolvierten Routen hatte ich Postkarten gefüllt und die schwierigsten Aufstiege abgehakt, als stünden sie auf einer Einkaufsliste! Später war ich ruhiger geworden und hatte die Gebirgslandschaft erst richtig entdeckt. Ich sah die Berge von allen Seiten, bei jedem Wetter, und verstand sie.

Viele kennen die Berge. Manche lernen sie zu lieben. Andere versuchen sie zu vergewaltigen.

Es war kalt, und die Menschen kauerten sich in ihren Oasen zusammen – dunklen Flecken unter dem drängenden Schnee, mit dem der Winter seine Bastionen verteidigte. Die Skisaison hatte noch nicht begonnen, und die neuen, dichtgedrängten menschlichen Kolonien oberhalb der Schneelinie waren noch nicht zum Leben erwacht. Für Augenblicke blieben der ausbeuterische Mensch und die Natur auf Distanz.

Im Osten ragte ein ferner Gipfel aus einer Felskrone. Das Matterhorn. Acht Jahre zuvor und dann wieder vor drei Monaten war ich auf seinem Gipfel gestanden. Noch vor einem guten Jahrhundert erschien er den Augen der Talbewohner wie von einem unsichtbaren Sperrzaun umgeben. Für sie war das Matterhorn der höchste Berg nicht nur der Alpen, sondern der ganzen Welt. Sie sprachen von einer Ruinenstadt auf seinem Gipfel, in der Geister hausten, und wenn man darüber lachte, schüttelten sie ernst den Kopf. Sie hatten Angst vor den Bergen, denn dort lebten Ungeheuer, Zauberer, grämliche Kobolde – und der Teufel. Irgend etwas war da schiefgegangen. Früher wurden das Matterhorn, die Alpen, die Bäume, Felsen und Quellen Europas als heilige Orte respektiert und geliebt. Der Mensch fühlte sich mit ihnen verbunden. Dann aber hatte er mit seinem Erbe gebrochen und diesen empfindlichen Zauber des Lebens begraben.

Ich dachte an einen anderen Berg Tausende von Kilometern entfernt im Himalaya, dessen Gestalt der des Matterhorns glich. «Der Menlungtse. Der Menlungtse sieht auch so aus. Ich muß mir die Fotos anschauen.» Der Wind unter dem kalten, dunkelblauen Himmel änderte seine Richtung, und ich drehte mich mit dem Rücken zu ihm. Dort drüben waren die Felstürmchen oberhalb von Leysin, wo ich wohnte. Die Sonne senkte sich jetzt im Westen, und ihre Schatten markierten auf dem Gletscher unter mir meine Spuren. Dunkelheit stieg den Fuß des Massivs hoch, und es wurde sehr kühl. Ich wußte, daß der Berg – Fels auf Fels getürmt – noch lange nach meiner Zeit still bleiben würde. Momente lang lauschte ich mit offener Seele; dann mußte ich mich von einem aufsteigenden Gefühl der Liebe abwenden, ehe es mich überwältigte. Guter, alter Planet, bleib noch, warte auf mich. Jetzt mußte auch ich hinunter.

Vier Tage später saß sie neben mir im Auto. Ein rasches, bereitwilliges, doch scheues Lächeln hinter vorgehaltener Hand, eine unsichere, schöne Stimme – und wir gingen zusammen auf Abenteuer! Wir wanden uns durch den Bodennebel des Jura, in dessen wallendes Weiß die Scheinwerfer unseres Autos hineinstachen und folgten den Straßentafeln in Richtung Frankreich.

Das Schaukeln des Wagens schüttelte Pläne in meinem Kopf hoch. Für das kommende Jahr waren zwei Himalaya-Expeditionen geplant. Im Frühjahr stand der Kangchendzönga auf dem Programm; das war ein Monat zuvor wie nebenbei in einem Pub vereinbart worden. Zum Angriff auf diesen dritthöchsten Berg der Erde würden vier von uns im März nach Nepal aufbrechen. Im Herbst würde ich wieder in den Himalaya zurückkehren, um den Gauri Sankar anzugehen, den schönsten noch unbezwungenen Gipfel der Erde. Zwischen diesen Höhepunkten würde ich allerdings Geld verdienen müssen. Gipfel in Nepal müssen Monate im voraus «bestellt» werden, und mein Leben war für eine gewisse Zeit durchgeplant. Ich befand mich auf einem Fließband, das mich von einem gebuchten Gipfel zum nächsten trug. Innerlich sträubte ich mich gegen diese vorbestimmten Verpflichtungen, kam aber nur bis zu der Frage: «Warum in aller Welt sollte ich mir das alles antun? Was zwingt mich dazu?» Ich fand keine Antwort. Ein winziger, noch nicht untergegangener Teil von mir stand hilflos da, während das Strandgut meiner Gedanken vorbeirauschte, und schrie «Lieber nicht!» und «Hilfe!» wie Alice im Wunderland, als sie im Teich ihrer eigenen Tränen schwamm.

Die Snow Mountains von Neuguinea, die Berge der Steinzeit, konnte man jedoch nicht buchen, und dorthin wollten Hilary und ich jetzt. Es war nicht nur ungewiß, ob wir ihre Gipfel erreichen würden; wir wußten nicht einmal, ob wir es bis zum Fuß dieser Berge schaffen würden.

Unsere Freundin Marie in Paris sagte: «Bergsteigen, das totale, gefährliche Bergsteigen, ist so extrem, daß ich es nicht in Worte fassen kann. Wenn jemand auf Entdeckungsreise geht, kann ich das verstehen. Man sucht nicht die Leute, nicht die Berge, sondern beides zusammen. Kletterer haben das Glück, mit den Bergen ihre Reisen quer über die Kontinente rechtfertigen zu können.»

Projekte, Hoffnungen und Entschlüsse überschlugen sich in meinem Gehirn und schrien nach Aufmerksamkeit. Ich konnte mich nicht einfach dahintreiben lassen. Ich mußte planen. Tom Longstaff, ein Entdecker aus der viktorianischen Zeit, warnte seine Schützlinge immer: «Wenn ein Mann einmal den Weg gefunden hat, kann er sich nie lange von ihm entfernen.» Der Reisebazillus arbeitete in mir und erzeugte jenes Fieber, das einen unweigerlich immer wieder befällt.

2. Das gestörte Paradies

6.–22. Dezember

«An vielen Stellen sahen wir sehr hohe, verschneite Berge, für eine Gegend so nahe am Äquator sicher ganz ungewöhnlich.» Das schrieb 1623 Jan Carstensz, der holländische Seefahrer, als er auf der Arafura-See zwischen Neuguinea und Australien segelte. Schneeberge in Neuguinea? Als er nach Holland zurückkehrte, glaubte ihm niemand. Jahrhunderte später sind die Geheimnisse dieser Gebirge immer noch unentdeckt. Der höchste Berg des Massivs und mit 4883 Meter auch der höchste Gipfel in Südostasien wurde nach ihm Carstensz-Pyramide genannt.

An irgendeinem Punkt ihres Lebens sind alle großen Entdecker Monomanen. Hat etwas ihre Phantasie erregt, dann identifizieren sie sich mit einem Gipfel, einem Pol oder einem weißen Fleck auf der Landkarte und nehmen ihren ganzen Willen und all ihre Energie zusammen, um sich nimmermüde immer wieder aufs neue dorthin aufzumachen. Die Geschichte der Entdekkungen weist eine Reihe solch intensiver Beziehungen auf: Scott und der Südpol, Mallory und der Everest, Shipton und Tilman und der Nanda Dewi, Bauer und der Kangchendzönga, Herzog und der Annapurna. Die Snow Mountains von Neuguinea hatten zwei große Entdecker in ihren Bann geschlagen – A.F.R. Wollaston, der zu Beginn dieses Jahrhunderts die Berge von Süden her zu erreichen versuchte, und den opfermutigen, energischen Neuseeländer Philip Temple, der es 1961 zum ersten Mal von Norden her versuchte. Beide waren fasziniert von der einzigartig isolierten Lage dieses Gebirges.

In Bergsteigerkreisen waren die Schneeberge allerdings bis in die späten siebziger Jahre nur wenig bekannt. Der Reiz, der Wollaston und Temple angezogen hatte, wirkte noch immer. Diese Berge lagen weit entfernt von den großen Klettergebieten; sie waren schwer zu erreichen, gewöhnlich in Wolken gehüllt und erhoben sich aus einem eigenartigen, unbewohnten Plateau. Es war umgeben von Dschungel, Sümpfen und primitiven, noch in der Steinzeit lebenden Volksstämmen. Im Herbst 1976 begann dieses ferne Gebirge in meiner Phantasie Fuß zu fassen.

In diesem Herbst durchkletterten Joe Tasker und ich in vierzigtägigem Kampf die eisige Westwand des Changabang im Himalaya, und dabei sprachen wir oft davon, wieviel angenehmer es wäre, ein Gebirge in einem Tropengebiet zu ersteigen. Als Abwechslung zum einsamen, schwarz-weißen Kampf des extremen Kletterns schien uns eine Reise in unbekannte Gebiete von verlockendem Reiz. Aber es mußte die richtige Gegend mit dem richtigen Partner sein. Halb im Spaß versprachen wir einander, uns zwei junge Damen zu suchen und gemeinsam nach Neuguinea zu gehen.

Ich hatte Glück und fand die andere Hälfte meiner Partie sehr rasch. Meinen ersten öffentlichen Dia-Vortrag über den Changabang hielt ich in der High School von Belper. Organisiert hatte ihn Hilary Collins, die in dieser Schule für Sport und Exkursionen zuständig war. Wir hatten uns 1974 bei einem Kurs in Glenmore Lodge in den Cairngorms kennengelernt, bei dem ich Instruktor war. Bald nach dem Vortrag kletterten wir zum ersten Mal zusammen am Tors in New Mills in Derbyshire. Ich fiel herunter und klammerte mich dabei an einem Felsbrocken fest, der sich unter meinem Gewicht losgelöst hatte. Hilary brachte es fertig, meinen Absturz nach zehn Metern, als ich schon beinahe auf dem Boden aufprallte, mit dem Seil aufzuhalten – eine beträchtliche Leistung, wenn man bedenkt, daß sie ein Drittel leichter als ich war. Für unsere Beziehung war das ein gutes Vorzeichen. An Neujahr 1976/77 kletterten wir wieder in Torridon in Nordwest-Schottland. Die am Bergsteigen interessierten Mädchen, die ich vorher kennengelernt hatte, erschienen mir entweder als aggressiv-fanatische oder unverschämt gesunde, lärmende, apfelbackige Typen, die man sich ohne ihre Anoraks und Bombelmützen nicht vorstellen konnte. Hilary war anders, und unsere gemeinsame Liebe galt mehr den Bergen als dem Klettern aus Ehrgeiz. Sie besaß einen nüchternen, gesunden Menschenverstand, der mir abging. Wir ergänzten uns gut. Als sie erzählte, daß sie eine Tour im Himalaya vorhabe, schlug ich ihr vor, mit mir nach Neuguinea zu gehen. Sie war einverstanden.

Dann trat sie eine neue Stelle an und lehrte an einer Schweizer Privatschule Geographie und Biologie.

Am 9. Januar 1977 fing ich an, eine Unmenge von Briefen zu schreiben – nach Papua-Neuguinea, Australien, Indonesien, Hongkong, Amerika, Westdeutschland und Holland. Meine Absicht war, alle möglichen Hinweise zu verfolgen und gleich einem Puzzle ein Bild der Schneeberge von Neuguinea zusammenzusetzen. Ich verschlang sämtliche Expeditionsberichte und überhaupt alle Bücher über das Gebiet, die ich finden konnte: *Pygmies and Papuans* von A.F.R. Wollaston, *Nawok!* von Philip Temple, *Ich komme aus der Steinzeit* von Heinrich Harrer und *The Equatorial Glaciers of New Guinea* von Dozenten der Universität Melbourne. Außerdem las ich eine Reihe von Büchern amerikanischer Missionare, in denen sie ihre Arbeit im Hochland am Fuße des Berges schilderten. Unglücklicherweise waren die umfassendsten Bücher zu diesem Thema holländisch geschrieben, darunter das hochinteressante *Zum ewigen Schnee der tropischen Niederlande* von Dr. A.H. Colijn. Dieses Buch berichtete über die holländische Expedition von 1936 und enthielt sehr nützliche Luftaufnahmen. Diese Vorarbeiten brachten mir große Befriedigung. Neuguinea war offenbar ganz anders als das, was ich bisher bei meinen Expeditionen kennengelernt hatte, und jedes Stückchen Information, das ich jetzt sammeln und einordnen konnte, war für mich ein kleines Stück Weg in eine unbekannte und dunkle Welt.

Am 17. Januar kam Dougal Haston, mit dem ich den Everest erstiegen hatte, beim Skifahren oberhalb des Dorfes Leysin in der Schweiz bei einem Lawinenunglück ums Leben. Als ich die Nachricht erfuhr, kam mir die

Bergsteigerpolitik, die ich damals für den *British Mountaineering Council* betrieb, auf einmal völlig unwichtig vor. Ich ging zu Dougals Beerdigung. Zufällig lag die Schule, in der Hilary arbeitete, im nächsten Tal, und wir trafen uns am Bahnhof von Leysin. Die Messe, der Sarg, das Grab und der blaue Himmel, der tiefe Schnee und die Berge, und dann Hilarys Hand in meiner, als wir unter den hohen Bäumen zusammen weggingen – all das zusammen machte diesen Tag zu einem der bewegendsten und traurigsten meines Lebens. Ich war wie ein Pilger gekommen, um meinen Glauben an die extreme Bergsteigerei neu zu bekennen, aber jetzt war ich voller Zweifel. Viele sagten, Dougal sei von einem unausweichlichen Schicksal ereilt worden. Wie Kapitän Ahab sei er gewesen, der in Herman Melvilles «Moby Dick» dem weißen Wal nachjagt; sein Leben sei von ruheloser, fanatischer Hektik gewesen, und früher oder später habe er sich dabei übernehmen müssen. Mir war er immer unzerstörbar erschienen, und sein Tod war für mich ein furchtbarer Schock. Unsere Neuguinea-Pläne waren nun so etwas wie ein Trost, denn sie bedeuteten einen Schritt weg vom Fließband der Karriere eines professionellen Hochgebirgsgladiatoren, einen Schritt in Richtung auf eine Weiterentwicklung der Gefühle.

An Ostern trafen wir Jack Baines, den Leiter eines Bergrettungsteams der Royal Air Force in Nordwales. Jack war 1972 in den Schneebergen gewesen. Ohnehin redefreudig, war er beim Thema Neuguinea nicht mehr zu stoppen. Es war die großartigste Erfahrung seines Lebens gewesen. Er brachte uns siebzehn Stunden Bandaufnahmen, und als er seinen Kommentar vor sich hinsprudelte, griff sein Enthusiasmus auf uns über – wir sogen jedes einzelne seiner Worte wie Löschpapier in uns auf. Jack entflammte in uns eine Begeisterung für die Schneeberge, die auch während der vielen frustrierenden Monate nicht erlosch, die noch vergehen sollten, bis wir ihrer wirklich ansichtig wurden. Wir planten unsere Abreise für Juli 1977, und mit der Zeit wurde unsere Neuguinea-Akte dicker und dicker. Die Berge erschienen mir in meinen Träumen. An ihre Existenz konnte ich aber erst glauben, wenn ich sie wirklich selber sah.

Neuguinea wird durch den 141. Längengrad in zwei Hälften geteilt, in Irian Jaya und Papua-Neuguinea. Die höchsten Berge – und die einzigen mit Gletschern – liegen in der westlichen Hälfte, in Irian Jaya, das früher eine niederländische Kolonie war, heute aber von Indonesien kontrolliert wird. Das ganze Gebiet steht unter Militärverwaltung, und Teilnehmer früherer Expeditionen rieten uns, wir sollten uns möglichst unauffällig verhalten und nicht als offizielle Kletterexpedition einreisen, sondern als Touristen. In einem Brief an die britische Botschaft in Jakarta bat ich um Auskunft über die Einreisemöglichkeiten nach Irian, und innerhalb weniger Tage wurde mir alles aus den Händen genommen. Zufällig organisierte einer der Botschaftsangehörigen gerade eine gemeinsame indonesisch-britische Elf-Mann-Expedition in die Berge, und Hilary und ich fanden Aufnahme in die Truppe. Der stellvertretende Befehlshaber der indonesischen Streitkräfte hatte sich bereit erklärt, die Schirmherrschaft über die Expedition zu übernehmen. Da in Indonesien die meisten einflußreichen Positionen von Offizieren besetzt sind, schienen alle unsere Probleme gelöst. Am 6. Juni jedoch wurde unsere Expedition abgesagt. Offenbar hatte es Schwierigkeiten in Irian Jaya gegeben, und Außenstehende waren nicht mehr willkommen. Ein vorgesehener Besuch des amerikanischen Botschafters in der Kupfermine südlich der Berge war annulliert worden. Die meisten der Missionare, die im Landesinneren gearbeitet hatten, hatte man ausgeflogen.

Wir änderten rasch unsere Pläne, kletterten einen Monat in Kenia und Tansania und bestiegen den Mount Kenya und den Kilimandscharo. Das war allerdings im Vergleich zu unserer beabsichtigten Expedition zu den Schneebergen von Neuguinea bloßes «Tropentraining». Einen erneuten Versuch, dorthin zu gehen, hatten wir für Hilarys Weihnachtsferien 1978 vor. Es gibt keine festen Jahreswetterzeiten in Irian, aber wir hofften, daß sich die politische Lage bis zu diesem Zeitpunkt wieder beruhigt haben würde. Siebzehn Monate lang holten wir aus erster, zweiter und dritter Hand alle erhältlichen Informationen über die Geschehnisse in Irian Jaya ein und verfolgten aufmerksam die Zeitungsberichte. Die Meldungen widersprachen sich häufig. Während nach Angaben der indonesischen Regierung ihre Truppen in West-Irian lediglich Stammesfehden «über Kleinigkeiten wie Mitgiftfragen, Rinder und Frauen» regelten, behauptete die «Freie Papua-Bewegung», die indonesische Luftwaffe habe die Dschungeldörfer, welche die Hauptstützpunkte der Guerillas waren, mit Napalm-Bomben belegt. Daß die Carstensz-Pyramide so nahe bei Ertsberg, der Kupfermine von Freeport, lag, einem Hauptziel der Guerilla-Angriffe, war für uns auch nicht gerade hilfreich. Man sagte uns, ihre Pipeline sei 1977 gesprengt worden, und man habe einen Hubschrauber abgeschossen.

Im November 1978 hatte sich die Lage im Carstensz-Gebiet wieder beruhigt, und man ermutigte uns mit der Versicherung, daß in Indonesien alles möglich sei, ganz gleich, was Beamte zunächst äußerten. So beschlossen Hilary und ich, nach Jakarta zu fliegen, um uns dort ein genaues Bild zu verschaffen. Als wir aber am 6. Dezember unser erstes Etappenziel, Charlie und Ruth Clarkes Haus in Islington erreicht hatten, waren wir nicht zuversichtlicher, die Schneeberge jemals erreichen zu können, als wir es zwei Jahre zuvor waren, da die Idee zum ersten Mal Gestalt angenommen hatte.

Das Heim der Clarkes zeichnet sich durch eine Großzügigkeit der Atmosphäre aus, wie man sie anderswo nicht häufig antrifft. Man kann hineingehen, sich an dem Hund, den Katzen, den Kindern und ihrem Spielzeug vorbeizwängen und die Kanne auf den Herd stellen, um sich Tee zu machen. Ruths dramatische Art und Charlies überlegene Nonchalance bieten Unterhaltung für Stunden – im Fernsehen könnten sie sich ohne weiteres selbst spielen. Als Charlie Ruths Vater um ihre Hand bat, bekam er zu hören: «Guter Gott, Sie brauchen wohl einen Psychiater», was gut paßte, denn sie ist Psychiaterin – und er braucht sie.

In den letzten Jahren ist ihr Haus zu einer Art Londoner Basislager für Bergsteiger geworden. Frauen, Freundinnen und Witwen von Kletterern finden dort Unterschlupf, professionelle Kletterer benützen es als ihr Londoner Büro und Expeditionen als Sprungbrett. Sie verbringen dort die letzte

Nacht vor dem Abflug und freuen sich bei der Rückkehr auf das erste Bett und das erste Bad, das sie seit Wochen gesehen haben.

Chris Bonington, der gerade in London Vorträge hielt, war mit seinem Reisemanager dort. Ich holte ein paar Fotos hervor und breitete die große australische «Operational Navigation Chart 1:1000000 1968» auf dem Küchentisch aus. Dann erklärte ich allen meinen Plan.

«Von Jakarta fliegen wir zu dieser Insel hier – sie heißt Biak –, und von dort nach Nabire an der Küste des Festlands. Ein gechartertes Kleinflugzeug bringt uns nach Ilaga, das fünf Tagereisen nördlich der Berge liegt. Von dort aus geht es zu Fuß weiter. Seht ihr diese weißen Flecken hier auf der Karte mit dem Vermerk ‹Reliefdaten unvollständig›? Es ist sehr schwierig, die Gegend aus der Luft zu kartographieren, weil es immer so bewölkt ist.»

«Weiße Flecken auf der Landkarte, hm?»

«Und wo sind die Gorillas?»

«Ihr zwei macht mir Sorgen; daß ihr da bloß schön artig seid!»

Das Telefon läutete. Es war Bernard Domenech in Marseille. Er wollte mit Jean Fabre, einem anderen französischen Bergsteiger, ebenfalls in die Schneeberge. Im Sommer hatten sie von unseren und wir von ihren Plänen gehört, und wir waren daraufhin in Chamonix zusammengetroffen. Jetzt verständigten wir uns über die letzten Einzelheiten. Wir hatten uns darauf geeinigt, nicht zusammen zu reisen, da eine Vierergruppe mehr Aufmerksamkeit erregen würde, was unser aller Chancen gefährden mußte. Indessen hofften wir, uns in den Bergen zu sehen.

«Nächste Woche geht's bei uns los. Ich hoffe, wir treffen uns irgendwo», sagte er.

Hilary und ich verbrachten den letzten Tag damit, die Londoner Geschäfte nach Moskitonetzen und Trockenhaltebeuteln für unsere Kameras zu durchstöbern. Mit raschen, geschickten Händen verstaute sie gewaltige Mengen an Ausrüstung in unseren Rucksäcken, nachdem sie unsere Kletterseile und -haken ganz unten eingepackt hatte; wir wollten ja als normale Touristen reisen.

«Stell dir vor – das Biskuit, das du da ißt, kommt in Indonesien wieder raus», sagte Ruth.

«Oder über Bangkok», sagte Charlie. Am 8. Dezember flogen wir von Heathrow nach Frankfurt. Es war die erste Etappe unserer Reise nach Jakarta, der indonesischen Hauptstadt. In Frankfurt wütete ein eisiger Wintersturm, und wir wurden sechs Stunden lang aufgehalten, während man das Eis von der Startbahn entfernte. Gratisgetränke wurden ausgeschenkt, und es entwickelte sich eine Saufbrüderschaft, der hauptsächlich walisische Rugby-Spieler angehörten, die bald zu grölen anfingen. Als wir es uns endlich in den Sesseln der DC-10 bequemmachen konnten, war die Nacht angebrochen, und die meisten der Rugby-Spieler fielen sofort in Schlaf. Hilary und ich saßen auf der linken Seite. Als wir abhoben, gab es einen lauten Schlag, und ein Feuerstrahl fuhr aus dem Triebwerk am Flügel links neben uns. Minuten später hörten wir die tiefe Stimme des Flugkapitäns:

«Verehrte Fluggäste, leider ist beim Triebwerk auf der Backbordseite ein

Schaden eingetreten. Wir gehen auf 20000 Fuß Höhe, lassen unseren Treibstoff ab und kehren nach Frankfurt zurück.»

Der fremdländische Akzent verlieh seiner Botschaft ein besonderes Maß an Verunsicherung. Etliche Passagiere lachten nervös.

«Wie viele andere Triebwerke haben wir denn?» flüsterte ich.

«Zwei, glaube ich.»

«Im Gleitflug kann sich der nicht in der Luft halten, oder?»

Im Licht der Positionslampen sahen wir, wie der Treibstoff aus den Tanks sprühte. Dann begann der lange Sinkflug. Daß diese hell erleuchtete Röhre mit Hunderten von Menschen darin sich nicht auf dem Boden befand, sondern durch die Nacht zur Erde hinuntertauchte, konnte man sich kaum vorstellen. Ich fühlte meinen Puls. Er war rasend hoch. Ich schaute mich um, um zu sehen, ob die anderen Passagiere ebenso nervös waren wie ich. Zwei von den Rugby-Spielern schliefen tief. Hilary und ich stiegen in unsere Stiefel und stopften Geld, Kameras und Pässe in unsere Taschen.

Die Maschine setzte hart auf dem Boden auf. Feuerwehrautos und Krankenwagen rasten aus allen Richtungen auf uns zu und bildeten eine Reihe sich bewegender, blitzender Lichter.

«Bei zwei Triebwerken kann er nicht auf Schubumkehr schalten, sonst machen wir einen Dreher.»

Am Ende der Landebahn kamen wir endlich zum Stehen. Wie auf einen Schlag redeten alle gleichzeitig. Die beiden Rugby-Spieler hinter uns gähnten und streckten sich.

«Wo sind wir?» fragte einer von ihnen.

«In Frankfurt.»

Beim Aussteigen hörten wir, wie der Pilot zu jemandem sagte: «Als das Triebwerk aussetzte, wußte ich nicht, ob ich versuchen sollte, den Start abzubrechen oder ihn weiter durchzuziehen. Wir kamen grade noch hoch.»

So endete der zweite der sechsundzwanzig Starts, die uns nach Irian Jaya und zurück bringen sollten. Es war ein entnervender Beginn. Zwei Tage später war das Backbord-Triebwerk ausgetauscht, und wir starteten wieder – dieses Mal ohne Zwischenfall.

Für Hilary war es die erste Expedition. Bei meinen vorhergehenden beiden Expeditionen zum Changabang und zum K2 im Himalaya war Joe Tasker mein Kletterpartner gewesen. Vom Können her standen wir einander nicht nach, und aus der uneingestandenen Nuance von Rivalität in unseren Beziehungen schöpften wir zusätzliche Energie. Von Joes Organisationstalent hatte ich viel profitiert. Jetzt, mit Hilary als Partnerin, fiel mir eine größere Verantwortung zu. Ich machte mir Gedanken wegen des *Surat Jalan* (Reisepermits) und der ganzen Wegstrecke, die vor uns lag. Zum ersten Mal in eine große asiatische Stadt zu reisen, ohne jemanden zu kennen, war kein geringes Unterfangen, vor allem wenn man so viel vorhatte wie wir. Aber jetzt galt es eben, ein Hindernis nach dem anderen zu nehmen. Ich öffnete *Indonesisch im Selbstunterricht* und versuchte, ein paar Wörter zu lernen.

Jakarta sah aus, als sei hier eine Anzahl von Städten miteinander verquirlt. In den wolkenverhangenen Himmel ragende Hochhäuser bildeten einen

IRIAN JAYA (WEST-NEUGUINEA)

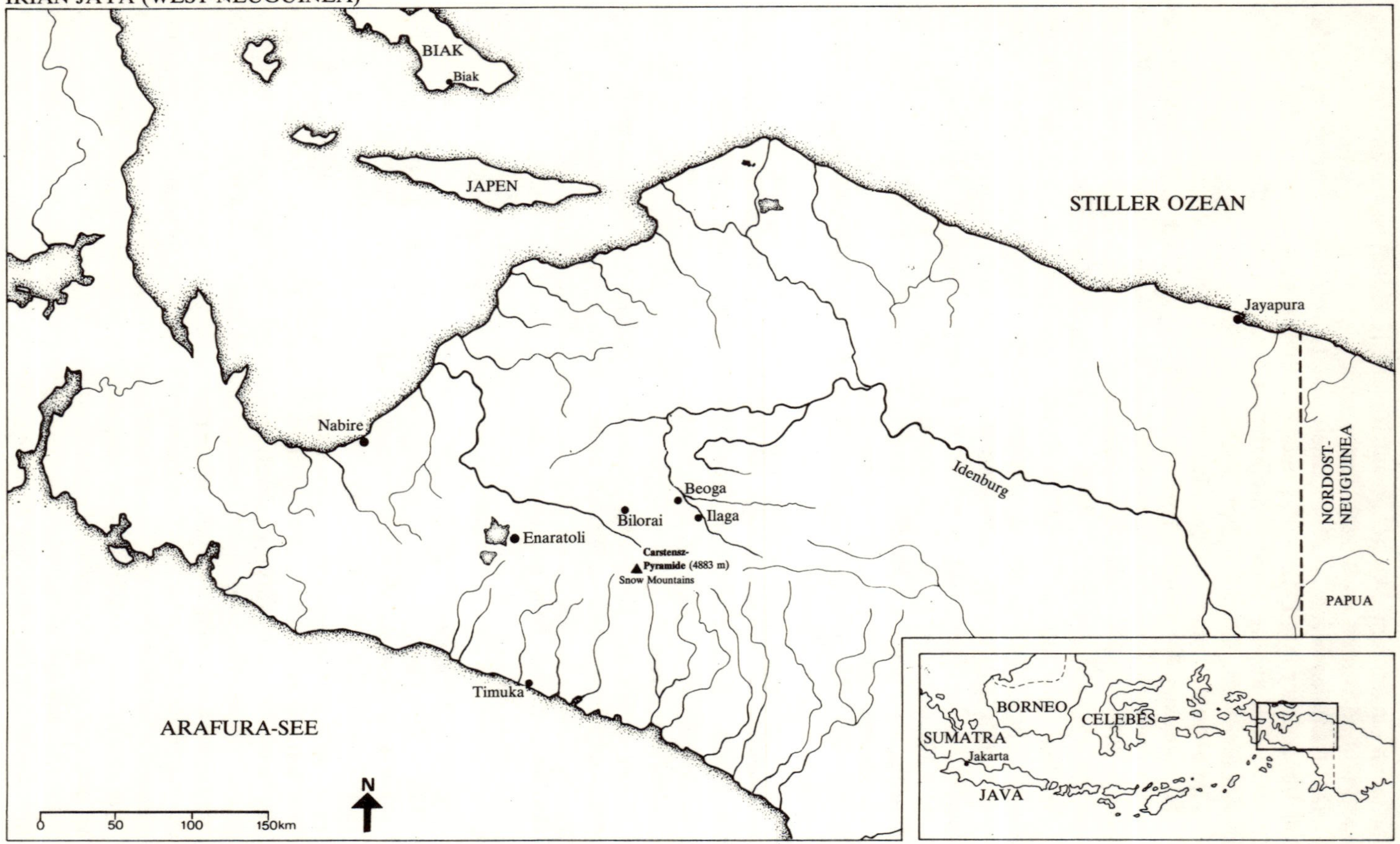

starken Kontrast zu Haufen eng zusammengedrängter Häuschen – den Kampongs –, in denen die meisten Einwohner lebten. In der feuchten Hitze kroch uns lähmende Müdigkeit durch die Glieder, als wir versuchten, das richtige, mit den Buchstaben M.A.B.A.K. bezeichnete Polizeibüro ausfindig zu machen. Als wir es endlich gefunden hatten, war es bereits geschlossen. Es war die erste Begegnung einer elf Tage währenden Konfrontation mit der dortigen Bürokratie. Wir gingen zum Büro der Garuda Airline.

«Können wir übermorgen nach Biak fliegen?»

«Wir wollen's hoffen», lächelte das Mädchen am Schalter. Mit ihrer Größe von knapp ein Meter sechzig überragte Hilary die winzigen Javanerinnen um mehrere Handbreit.

Am nächsten Morgen gingen wir wieder zum M.A.B.A.K. Es war der Beginn eines anstrengenden Tages. Niemand schien uns absichtlich behindern zu wollen, aber ebensowenig mochte jemand die Verantwortung auf sich nehmen, ja oder nein zu sagen.

«Wir sind Touristen und möchten ein *Surat Jalan*, um Irian Jaya besuchen zu können. Wenn möglich, wollen wir nach Biak, Nabire und Ilaga», sagte ich.

«Ilaga liegt im Landesinneren. Da müssen Sie bei der Polizei in Biak einen Antrag stellen. Ich kann Ihnen nur für Biak und Jayapura ein *Surat Jalan* geben. Kommen Sie um zwei Uhr nachmittags wieder.»

Um zwei Uhr lagen die Permits bereit. Hocherfreut gingen wir einkaufen. In den Supermärkten von Jakarta gab es alle leichten Nahrungsmittel, die wir benötigten – zu teuren Preisen. Zum Glück war die indonesische Rupie ein paar Wochen zuvor um dreißig Prozent abgewertet worden. Überall in den Geschäften grinste man uns freundlich und hilfsbereit an.

In Kemajoran, dem Inlandsflughafen von Jakarta, herrschte am nächsten Morgen ein wildes Durcheinander. Hunderte von Menschen mit Flugtickets in den Händen schubsten einander herum. Niemand sprach Englisch. Ich versuchte, Hilary zu überreden, daß sie einchecken sollte: «Eine Frau drängen sie nicht zur Seite», sagte ich. Wir spitzten die Ohren, um die Ankündigung unseres Fluges nicht zu verpassen.

«Warum hat bloß Sukarno sämtliche Ortsnamen geändert? Die neuen haben wir in der Geographiestunde nicht gelernt.»

«Ujung Pandang, Amon, Biak.»

«Das sind wir!»

In Ujung Pandang, das früher Makasar hieß, stiegen wir bei flimmernder Hitze um und flogen bald durch riesige Wolkengebirge über Koralleninseln. Als wir an diesem Nachmittag auf der Insel Biak landeten, sahen wir unsere ersten Papuas, die uns in ihren gelben Gepäckträgeruniformen entgegenlächelten. Mit ihrer schwarzen Haut, dem wolligen Haar und den breiten Nasen und Füßen wirkten sie afrikanisch; sie sind aber offenbar nicht eng mit negroiden Rassen verwandt. Mit den Malayen und Polynesiern haben sie keine rassischen, sprachlichen oder kulturellen Gemeinsamkeiten, und auch mit den Eingeborenen Australiens verbindet sie nicht sehr viel. Obwohl die Papuas für europäische Begriffe nicht groß waren, wirkten sie im Vergleich zu den winzigen Indonesiern riesig, und es gibt unzählige indonesische Sagen von Konflikten zwischen guten Fürsten und den «Riesen» aus dem Dschungel. Die Papuas von Biak sprechen eine der mehreren hundert Sprachen von Neuguinea; linguistisch handelt es sich um die vielfältigste Region dieser Erde.

In der Nähe des Flughafens fanden wir ein großes, feuchtes Hotel. Zur Zeit der Holländer war es ziemlich beliebt gewesen. Jetzt wimmelten viele Papuas, die irgendwelche kleinen Jobs versahen, darin herum, während ihnen das ganze modrige Gebäude um die Ohren zu bröckeln schien. Es waren die privilegierten Papuas. Viele andere, die auch vom Festland gekommen waren, um hier Arbeit zu suchen, trieben sich in der Stadt herum. Im großen Speisesaal waren wir die einzigen Gäste. Draußen sahen wir dampfend heiße Korallenriffe im blauen Meer. Kleine Eidechsen huschten über die Wände. In einer Ecke war eine Bar mit Getränken, in einer anderen stand ein großer Weihnachtsbaum mit Watteschnee und elektrischen Kerzen. Ein Kassettenrekorder plärrte alte Beatles-Melodien und europäische Weihnachtslieder mit indonesischem Text.

Es gab eine Biak-Legende, wonach eines Tages aus dem Osten großer Reichtum kommen würde. Nach dem Zweiten Weltkrieg gingen die Japaner, und großzügige, an materiellen Gütern reiche Amerikaner nahmen ihren Platz ein. Wie es schien, hatte sich die Prophezeiung erfüllt. Aber jetzt waren auch die Amerikaner wieder gegangen.

Am nächsten Morgen wurden wir von einem Polizisten befragt. In seiner makellosen Uniform strahlte er Autorität und Bestimmtheit aus. Mir fiel ein, was John Barry, einer meiner Bergkameraden, über die Indonesier gesagt hatte: «Verdammt harte Kämpfer.» 1964 hatte er es als Angehöriger der Royal Marines in Borneo mit ihnen zu tun gehabt.

Wir legten ihm eine Liste der Dörfer nördlich der Berge vor: Bilorai, Beoga und Ilaga. «Wir wollen von Nabire dorthin fliegen», sagten wir. «Wir möchten die Menschen sehen, die dort leben.»

«Von mir können Sie nur eine Erlaubnis für Nabire bekommen. Die anderen Permits müssen Sie dann dort beantragen.»

Unser *Surat Jalan* wurde gestempelt, und die Einwanderungsbehörde verlängerte unsere Visa.

«Das läuft alles zu glatt», sagte ich. «Wir haben noch nicht mal jemand bestechen müssen.»

Über das tüchtige kleine Reisebüro eines Chinesen – sie sind in Südostasien die Geschäftsleute – buchten wir für den nächsten Morgen Flugplätze nach Nabire. Der Chinese warnte uns, daß es in Nabire nicht möglich sein würde, ein Flugzeug zu chartern, weil in ganz Irian Jaya Benzinknappheit herrsche. Wir beschlossen jedoch, dieses Risiko auf uns zu nehmen.

In der Twin Otter gab es außer uns nur vier weitere Passagiere. Um gewaltige Wolkengebirge herum kurvten wir auf das Festland von Irian Jaya zu.

Auf dem Ozean unter uns schrumpften die kleinen Auslegerkanus von Biak zu winzigen Flecken zusammen. In wenigen Minuten überquerten wir die Insel Japen. Einzelstehende, hohe Bäume ragten aus dem dicken

Dschungel heraus; menschliche Siedlungen waren nicht zu erkennen. Die Wolken wurden dicker.

«Hoffentlich weiß er, wo die Küste ist», sagte Hilary.

Dann sahen wir die lange, in Richtung auf die See hin verlaufende Landebahn, welche die Japaner in den Jahren ihrer Besatzung angelegt hatten. Winzige Gestalten in kleinen Booten, die sie durch die Brandung steuerten, entluden ein rostiges, vor der Küste ankerndes Schiff. Jenseits der flachen Blechdachstadt breitete sich der dampfende Dschungel aus.

Nach der Landung wurden wir sofort von Möchtegern-Helfern umwieselt. Ein kleiner, lebhafter Europäer mit einem Ziegenbart drängte sich durch das Gewimmel, schüttelte uns die Hand und stellte sich als Pater Tetteroo vor. Er war Franziskaner-Missionar.

«Ich verabschiede eine Schwester, die mit dieser Maschine fliegt. Kommen Sie heute abend auf einen Kaffee in mein Häuschen. Es liegt neben der Startbahn. Jeder weiß hier, wo ich wohne.»

Ein freundlich, aber bestimmt wirkender Polizeibeamter überprüfte unser *Surat Jalan*, und diese Inspektion lockte eine noch größere Zahl von Zuschauern an. Wir wurden in das einzige Hotel dieser wachsenden Fünfzehntausend-Einwohner-Stadt gewiesen.

Der Hoteldirektor sprach gut Englisch; sein Vater war Holländer. Er fragte, ob er uns helfen könne. Ich antwortete ihm, für uns sei das Wichtigste, nach Ilaga reisen zu können.

«Warum?» Abrupt gab er sich ernst und streng.

Für einen Moment ließ ich die Deckung fallen, vergaß unsere Strategie und bekannte, daß wir zu den Snow Mountains wollten.

«Unmöglich. Unmöglich», wiederholte er mit großem Nachdruck.

Die ganze Gegend war Sperrgebiet. Erst zwei Wochen zuvor war ein Missionar in Ilaga «erwischt» worden. Der Hoteldirektor meinte, es sei gar nicht der Mühe wert, die Polizei um Erlaubnis zu bitten, erklärte sich aber schließlich bereit, uns dort vorzustellen. Auf dem Weg dorthin paffte er eine beißend stinkende Zigarette und bemerkte nebenbei, daß er früher Polizeichef gewesen sei. Mit der Geheimhaltung unseres Plans war es vorbei.

Auf der Dienststelle angekommen, mußten wir feststellen, daß der Chef der Polizei von Nabire nicht da war – er befand sich in Biak. Wir begaben uns also zum Haus seines Stellvertreters. Ich holte meine australische Karte hervor – es war die beste, die sie jemals gesehen hatten – und erkundigte mich systematisch nach allen anderen Zugangswegen zu den Bergen. Während wir am Tisch saßen, scharrten Hühner zwischen unseren Füßen. Es war schwierig, dem Gang der Verhandlung zu folgen, denn unsere Gesprächspartner lachten und scherzten, während sie gleichzeitig unsere Pläne abzublocken versuchten. Ob ich schon im Himalaya gewesen sei? Ich zeigte ihnen ein kleines Foto von mir auf dem Gipfel des Everest. Aber warum wir dann in die Berge von Irian wollten? Gab es dort Gold? Im übrigen ging das ohnehin nicht; von Norden her waren diese Berge nicht zu erreichen. Der südliche Zugang über die *Freeport Indonesia Copper Mine* gehörte freilich zu einem anderen Polizeibezirk. Man bot uns an, sich bei den Behörden in Jayapura zu erkundigen, ob von deren Seite eine Erlaubnis zu erwarten sei.

Selbst wenn wir von den Behörden in Jayapura ein Permit bekamen – die Leute von der Kupfermine hatten ein früheres Gesuch bereits abschlägig beschieden. Wir hatten in Biak erfahren, daß das Bergwerk drei Monate stillgelegt worden war, als Guerillas die Pipeline sprengten. Daß man jetzt wieder Touristen hereinlassen würde, erschien uns als höchst unwahrscheinlich.

Am Abend suchten wir Pater Tetteroo auf. Er gehörte zur ersten Gruppe von Missionaren, die 1937 ins Landesinnere vorgedrungen waren. Er kannte Colijn und Wissell, die 1936 einen Teil der Snow Mountains erkundet hatten. Damals hatten er und andere Priester die Dschungel von Irian zu Fuß durchquert. Oft waren sie mit ein paar Trägern monatelang unterwegs; sehr wenige von den Stämmen, auf die sie trafen, hatten zuvor schon Europäer gesehen. Von Pearl Harbour hatte er erst einen Monat nach dem Überfall gehört. Dreieinhalb Jahre hatte er in einem Kriegsgefangenenlager der Japaner verbracht, das irrtümlich von den Alliierten bombardiert wurde. Sein Wissen über Irian faszinierte uns. Seine Geschichten waren einfach wie Parabeln, und er konnte anschaulich und humorvoll erzählen.

Pater Tetteroo war siebenundsechzig Jahre alt.

«Warum sollte ich nach Holland zurückgehen, wo man mich in Pension schicken wird? Lieber bleibe ich hier und helfe dem Leben, wo ich nur kann. Ich bleibe hier, bis ich sterbe.»

Er war voll innerer Freude; wir hatten den Eindruck, als würde er immer wieder auf die Beine kommen, ganz gleich, wie übel das Schicksal ihm mitspielte. Er lebte einfach. Als wir uns von ihm verabschiedeten, fanden wir eine Staude Bananen auf der Veranda – ein Geschenk, das irgend jemand dort deponiert hatte. Wer, wußte Pater Tetteroo nicht; es hätte jeder beliebige Einwohner von Nabire sein können. Über die Startbahn hinweg gingen wir zu unserem Hotel zurück. Die hartnäckige Verfolgung unseres Projektes kam uns nun selbstsüchtig vor. Verglichen mit dem, was ein Missionar im Lauf seines Lebens durchmachen mußte, konnten wir nur ein geringes Maß an Widrigkeiten ertragen. In der Ferne fuhren Blitze aus amboßförmigen Wolken herunter.

«Also, allein der Besuch bei ihm war die Reise schon wert.»

«Ob wir es mit den Bergen in Borneo versuchen sollten? So könnten wir vielleicht noch das Beste aus dieser Situation machen.»

«Wir könnten irgendwo in Irian, wo es keine Probleme gibt, einen Treck unternehmen. Auf diese Weise würden wir wenigstens mal die Leute dort kennenlernen.»

Im Herzen freilich waren wir traurig. Wir hatten eine lange Reise gemacht und viel Geld ausgegeben, und nun sollten wir uns, fast schon am Fuße des sagenhaften Gebirges, abweisen lassen? Wir beschlossen, bis Montag zu bleiben und es noch einmal auf der Polizei zu versuchen.

Am nächsten Tag schien man milder gestimmt. Wenn die Behörden in

Jayapura keine Einwände hatten, konnten wir nach Bilorai fliegen und unseren Weg dann über das Gebiet der Kupferbergwerke fortsetzen. Von politischen Problemen im Landesinneren war keine Rede, doch vermuteten wir, daß es in der Bergregion die größten Schwierigkeiten im nordöstlich gelegenen Ilaga-Tal gab. Bilorai liegt im Nordwesten. Offenkundig wollte man keinen Protest der Weltöffentlichkeit, falls die Guerillas zum symbolischen Ausdruck ihres Protests zwei Europäer kidnappten. Die Polizei versprach, sofort in Funkkontakt mit Jayapura zu treten.

In optimistischer Stimmung suchen wir Tom Benoit auf, einen amerikanischen Piloten, der Serviceflüge für die katholische Mission in Irian machte. Er stammte aus Minnesota, lebte in Nabire mit seiner Frau Mary und seinen zwei kleinen Töchtern – eine dritte war unterwegs. In Irian war er schon mehr als zehntausend Stunden geflogen.

Tom war klein und stämmig, ungezwungen und praktisch veranlagt. Er trug ein Paar grellfarbener, langer Surf-Shorts. «Er ist sehr hilfsbereit», hatte Pater Tetteroo von ihm gesagt. Ich fragte Tom, ob er uns vielleicht noch bei einem Flug nach Bilorai mitnehmen könne. Mir war klar, daß ich die Gutwilligkeit eines anderen Menschen ausnützte, und ich entschuldigte mich.

«Irgendwer muß halt bergsteigen», sagte Tom. Er konnte uns noch für Montag früh einplanen. «Im Augenblick habe ich ziemlich zu tun. Einer unserer Piloten – ein Indonesier – ist vor ein paar Monaten verschwunden. Er verfranzte sich in den Wolken und prallte gegen einen Berg.»

«Wir sind weiße Parasiten, die auf die Erlaubnis für ihren Egotrip warten», flüsterte Hilary, als wir uns verabschiedet hatten.

Während der heißesten Tageszeit sank Nabire in Schlaf. Sobald die Geschäfte wieder öffneten, gingen wir einkaufen, begleitet vom Gebell eines Lautsprecherwagens, der den Titel des Abendfilms in die Straßen hinausbrüllte. In den Läden – sie gehörten hauptsächlich indonesischen Kleinhändlern aus allen Teilen des Archipels – gab es westliche Waren in großer Auswahl, und wir kauften Lebensmittel für drei Wochen.

Im Lauf der Jahrhunderte hatte sich eine indonesische Bevölkerung an den Küsten von Irian niedergelassen und die dort ansässigen Papuastämme in die schwer zugänglichen Dschungel im Landesinneren zurückgedrängt. Die Ladenbesitzer von Nabire waren jedoch im Gefolge einer jüngeren Zuwanderung gekommen, die auf die bevölkerungspolitischen Pläne der indonesischen Regierung zurückging. Anlaß dazu war eigentlich Präsident Sukarnos Widerstand gegen eine Geburtenkontrolle; man wollte die Bevölkerungsprobleme in Java lindern und gleichzeitig Indonesiens ethnische Basis in Irian stärken. Um den Javanern die Umsiedlung so schmackhaft wie möglich zu machen, bot die Regierung ihnen Beförderung, Land, Wellblech für ein Dach und ausreichend Nahrungsmittel bis zur ersten Ernte an. Die Umsiedler durften indes nicht heimwehkrank werden, denn das Rückflugticket ist entmutigend teuer.

Am Abend zeigte Tom drei Schmalfilme, die er in Irian gedreht hatte. Die Vorführung machte uns Appetit.

«Das ist Bilorai vor ein paar Jahren», erläuterte er.

«Sie meinen doch nicht vor dreitausend Jahren?»

«Seit der Zeit hat sich wirklich nicht viel verändert.»

Am nächsten Tag kam eine schlechte Nachricht. Die Polizei hatte Anweisung aus Jayapura erhalten, uns nicht ins Landesinnere zu lassen, ehe wir die Erlaubnis zweier Organisationen besaßen: der LAKSUSDA in Jayapura und der LIPI in Jakarta. Um sie zu erhalten, mußten wir regelrecht im Kreis herumfliegen – fünfzehnhundert Kilometer nach Jakarta und dann über sechzehnhundert Kilometer nach Jayapura am anderen Ende von Irian Jaya. Hilary und ich fingen an, einander erbärmlich anzukeifen. Nun, da wir die indonesische Bürokratie kennengelernt hatten, wußten wir, daß wir diese Dokumente nie kriegen würden, selbst wenn wir uns diese Rundreise leisteten. In der Woche darauf würde es wieder ganz andere Vorschriften geben. Der Haufen eben erst gekaufter Lebensmittel und unsere sorgfältig gepackte Ausrüstung in der Ecke schauten uns mitleiderregend an – stumme und doch vielsagende Zeugen des traurigen Standes der Dinge. Am nächsten Tag würden wir nach Biak zurückkehren.

Die Dämmerung war die angenehmste Zeit in Nabire, und wir machten das Beste aus den letzten Stunden, die wir dort zu verbringen gedachten. Trotz unseres Mißgeschicks empfanden wir Zuneigung zu den Indonesiern, als wir das Umsiedlercamp zum Leben erwachen sahen. Das erste Licht strahlte durch die Kronen der hohen Bäume zum Himmel, und wie auf ein Zeichen begann der Dschungelchor. Die Geräusche verstummten ebenso plötzlich, sobald die Sonne aufging. Mit Motorengedröhn startete Tom zu seinem ersten Flug. Wir gingen die Straße entlang zur Siedlung. Bald schwappte uns, zu Fuß und auf Motorrollern, eine Menschenwoge entgegen. Die einen gingen zur Schule, andere zur Arbeit in Geschäften, Ämtern oder im Flughafen, manche gingen vielleicht einfach spazieren wie wir. Alle grüßten mit ansteckendem Lächeln und fröhlichen Blicks. «*Salamat pagi*!» Unsere Gesichter erstrahlten zu einem Grinsen. Wir kamen zum javanischen Markt, gingen an Häusern auf Stelzen vorbei, gelangten zu Mais- und Bananenfeldern, einer Moschee, sahen ein paar Kühe, Ziegen und Hunde. Dann kehrten wir ins Hotel zurück, um zu frühstücken.

Der Manager hatte einen Strohhalm der Hoffnung für uns parat: «In Biak müssen Sie Mr. Engels aufsuchen. Er hat zwei Hotels und ein Bauunternehmen und exportiert Wildtiere für europäische Zoos. Er ist ein sehr einflußreicher, mächtiger Mann. Er wird zusehen, daß Sie ein Gesuch um Zugang zu den Bergen über das Gebiet der Kupferminen an den Generalmajor richten können.»

Auf dem Flughafen gab es Verwirrung wegen unserer Tickets. Wir kämpften uns in die Maschine. Unsere kostbaren Dollars verwandelten sich mit beängstigender Geschwindigkeit in Flugkarten und Hotelrechnungen.

«Wenn wir von unseren Problemen wegwollen, müssen wir von Indonesien weg», sagte Hilary. Der Flug von Nabire nach Biak hatte seine Attraktion so ziemlich verloren.

In Biak stiegen wir in einem von Mr. Engels' Hotels ab. Es hatte ein großes, auffallend bemaltes Toroja-Dach, das aus Tausenden von Bambusstäben bestand, die wie Dachziegel aufeinander geschichtet waren, und das sich an beiden Enden wie ein Schiffsbug in eleganter Kurve emporschwang. Eine Legende besagt, das Toroja-Dach sei Ausdruck einer im Volk verwurzelten Erinnerung an die Schiffe, in denen ferne Vorfahren einst aus China herübergekommen waren.

Mr. Engels war eine starke Persönlichkeit. Er erzählte uns rasch seine Lebensgeschichte und schickte uns mit seinem Sohn William zu dem für Freeport zuständigen Amt – aber vergebens. Auch als ich selbst das Bergwerk anrief, war die Antwort ein höfliches, aber bestimmtes Nein.

«Kommen Sie nächstes Jahr wieder, dann werde ich alles für Sie organisieren», versprach Mr. Engels.

Am Ende beschlossen wir, das einzige zu tun, was uns niemand empfohlen hatte, nämlich nach Jayapura zu fliegen. Zumindest hatten wir dann alles versucht.

Wir drückten unsere Nasen an den Fenstern des Flugzeuges platt, während es der Küstenlinie folgte. Sehnsuchtsvoll schauten wir auf den Dschungel hinunter, der unbekannte wandernde Stämme von Sago-Essern beherbergte. Wie wir gelesen hatten, jagten diese Menschen und sammelten Nahrung in den Sago-Wäldern. Gelegentlich kultivierten sie auch kleinere Anbauflächen. Sie hatten keinen Kontakt mit Weißen oder Regierungsorganen und sprachen ihre eigenen Sprachen. Manchmal trieben sie in diesem Dschungel auch Handel, indem sie Steinäxte, Salz oder Kaurimuscheln in bestimmten Lichtungen niederlegten oder dort holten, ohne ihre Handelspartner jemals zu sehen. Durch den Dschungel wanden sich breite Flüsse, die von U-förmigen Schleifen mit totem Wasser gesäumt waren und in vielen Armen ins Meer mündeten. Von der niederländischen Verwaltung war Jayapura einst Hollandia genannt worden – ein Name, der um die gesamte westliche Welt ging, als General MacArthur 1944 den Japanern dort eine Schlacht lieferte. Noch heute ragt der rostige Rumpf eines gesunkenen japanischen Schiffs aus dem Wasser der schönen Bucht dieser Stadt. In ihren verschiedenen Namen spiegelt sich der Ablauf der politischen Gezeiten. Hollandia wurde zu Kota Baru (Neue Stadt), Sukanapura und schließlich Jayapura. West-Neuguinea wurde in West-Irian und Irian Barat umbenannt und erhielt erst 1973 den Namen Irian Jaya (wörtlich «Sieg Irians»).

Ehe das Flugzeug landete, kreiste es über einer Landschaft, die so anmutig wirkte wie ein chinesisches Aquarell, über freiliegenden, mattgrünen Hügeln, rotem Vulkanboden und großen blauen Seen, deren Küsten und Inseln voller auf Stelzen gebauter Häuser waren. «Wenigstens ein Tapetenwechsel», sagte ich. Hilary machte eifrig Fotos für ihre Erdkundestunden.

Der Flughafen von Jayapura liegt fast fünfzig Kilometer außerhalb der Stadt, und so wollte ich mich, ehe wir ihn verließen, über Flugmöglichkeiten nach Bilorai informieren. Hilary ließ ich als Wache bei unserem Gepäck zurück. Als erstes ging ich zu einem großen Hangar. Er gehörte einem Missionsverband der zwölf protestantischen Sekten, die in den Highlands tätig sind. Zwei hochgewachsene Amerikaner mit Bürstenhaarschnitt ignorierten mich völlig. Schließlich fand ich ein Büro, in dem zwei Indonesier saßen. Das Gespräch dauerte etwa eine Minute. Ein Flugzeug zu chartern war erst wieder in der zweiten Januar-Woche möglich. Weihnachten stand bevor, und man war zu beschäftigt, um irgend etwas für uns tun zu können.

Ich beschloß, mein Glück bei den Katholiken zu versuchen. Ein kleiner Junge zeigte mir ein Haus, in dem ein katholischer Pilot wohnte, aber dort machte mir niemand auf. Als ich zu Hilary zurückkehrte, fühlte ich mich hilflos wie noch niemals in meinem Leben. Der unwürdigen Situation, andere Leute um Hilfe bitten zu müssen, war ich nun restlos überdrüssig. Wir fanden das braune Polizeigebäude, in dem sich am nächsten Tag unser Schicksal entscheiden sollte, und schrieben einen Brief, in dem wir schilderten, was bis dahin geschehen war. Auf der Suche nach jemandem, der ihn übersetzen konnte, stießen wir auf Pater Frans Verheijen, der sich bereit erklärte, mit zur Polizei zu kommen und uns zu helfen. Pater Verheijen hatte die pragmatische, direkte Art eines tatkräftigen Menschen – eine Eigenschaft, die er mit den anderen Franziskaner-Missionaren teilte, die wir kennengelernt hatten. Am nächsten Vormittag führte er uns an Wachen und Sekretärinnen vorbei durch eine Flucht von Korridoren, bis wir vor dem Zimmer des Geheimdienstchefs von Irian Jaya standen.

«Warten Sie draußen», sagte Pater Verheijen. Wir setzten uns und versuchten, aus dem An- und Abschwellen des Gesprächs hinter der Tür die Stimmungslage der Amtsperson zu ergründen. Hilary hielt beide Daumen. Lange Minuten vergingen. Endlich holte man uns.

Man lud uns höflich ein, uns zu setzen. Demütig sahen wir zu den beiden makellos uniformierten Indonesiern hinüber, die unter einer großen Karte von Irian Jaya saßen. Einer der Männer hielt einen ominös wirkenden Aktendeckel voller Papiere. Offenbar handelte es sich um die Bergsteigerakte, denn er las die vertrauten Sätze des Briefes vor, mit dem Jakarta eineinhalb Jahre zuvor unser Expeditionsvorhaben abgelehnt hatte. Es war die letzte offizielle – und damit definitive – Verlautbarung über Bergexpeditionen, «bis in Irian Jaya eine günstigere Lage eintritt». Auf der Karte waren verschiedene Bezirke rot umrandet, was sicher bedeutete, daß es sich hier um Krisengebiete handelte. Das Dorf Bilorai lag in einer problemlosen Gegend. Südlich der Berge freilich herrschte offenbar dicke Luft. Wir erfuhren, daß man sich darauf geeinigt hatte, uns eine Touristenreise nach Bilorai zu erlauben; wir mußten aber versprechen, nicht in die Berge zu gehen. Kamen wir auch nur in ihre Nähe, dann würde man uns aus Indonesien ausweisen. Wissenschaftliche, Vermessungs- oder Bergsteigerexpeditionen waren polizeilich verboten. Wir erhielten neue *Surat Jalans* und sollten sie unterschreiben, nachdem diese Bedingungen schriftlich darauf festgehalten worden waren. Wir erklärten uns einverstanden. Alles lächelte, und wir verabschiedeten uns.

Der blendende Sonnenschein draußen machte uns blinzeln. Wir dankten Pater Verheijen, der eilig zu einer Zusammenkunft mußte. Er hatte all seine Überzeugungskraft und seinen ganzen Einfluß verwendet und seine Integrität – und die der Mission, für die er arbeitete – aufs Spiel gesetzt, um uns, zwei völlig fremden Menschen, zu helfen.

«Endlich lernen wir die Leute dort kennen», sagte Hilary, «und vielleicht sehen wir aus der Ferne sogar die Berge. Wenn sie nur nicht erfahren hätten, daß wir dort hinwollen!»

«Nun, warten wir mal ab, was passiert», sagte ich. «Zuallererst müssen wir sehen, wie wir zu einem Flug kommen.»

Im Flughafen machten wir eine Chartergesellschaft ausfindig, die einen einzigen Piloten, einen Australier, hatte. Im Augenblick war er unterwegs, aber es schien eine Möglichkeit zu geben, daß er uns flöge – bis wir den Preis kalkulierten. Tausend US-Dollar, das konnten wir uns nicht leisten. Wir stapften zum Haus des katholischen Piloten hinüber. Er steckte bis über die Ohren in Arbeit. Er erzählte uns, daß die Katholiken in Irian nur zwei Piloten und vier Flugzeuge hatten, aber genug Arbeit für sechs. Er machte uns indessen einen Vorschlag. Die Adventisten besaßen ein paar Kilometer entfernt eine Graspiste, und vielleicht hatten sie mehr Zeit, uns zu helfen. Viel mehr wußte er nicht über sie, außer daß sie sich vom Protestantischen Missionsverband abgespalten hatten, weil sie sich mit den anderen Kirchen nicht einig waren, an welchem Tage des Wochenendes zu ruhen sei. Die Adventisten weigerten sich, am Samstag zu fliegen; im Gegensatz zu den anderen Sekten der Allianz hatten sie aber nichts gegen Flüge am Sonntag.

Schließlich fanden wir die in den Dschungel geschlagene Piste. An ihrem Rand lagen zwei moderne Häuser und ein Hangar. Alles sah modern und gepflegt aus; man merkte die Unterstützung einer reichen Gemeinde. Wir waren nervös.

«Vorsicht, Giftschlangen! Nicht in das hohe Gras gehen!» stand auf einem Schild. Die Frauen der beiden Piloten der Sekte hörten den Funksprechverkehr ihrer Männer mit. «In ein paar Stunden sind sie zurück», sagte eine von ihnen. «Sie werden bestimmt versuchen, Ihnen zu helfen.»

Wir machten einen langen Spaziergang auf einem engen Pfad durch den Dschungel, scherzten, flirteten, versuchten die Zeit totzuschlagen. Innerhalb von Minuten kamen dann aus entgegengesetzten Richtungen zwei winzige, stupsnäsige Cessna 185 lärmend über die Bäume geflogen. Langsam gingen wir wieder zum Hangar zurück und wappneten uns innerlich für die Aufgabe, von neuem jemanden um Hilfe bitten zu müssen. Was würde ich antworten, dachte ich, wenn ich in Leysin einen harten Tag hinter mich gebracht hätte, und ein paar Fremde kämen zu mir und fragten mich, ob ich sie nach Genf fahren könnte? Meine Sorgen erwiesen sich aber als unbegründet.

«Sieht aus, als hätten Sie ein bißchen Glück nötig», sagte Ken.

«Ich fliege Sie morgen früh hin», erklärte Leroy. «Halten Sie sich um fünf Uhr bereit. Jetzt muß ich nach Jayapura. Wollen Sie mit?» Die Hilfsbereitschaft der amerikanischen Pionierzeit war auch in der modernen Wettbewerbsgesellschaft noch nicht ausgestorben. Das Glück schien sich zu unseren Gunsten gewendet zu haben.

Den größten Teil unserer Lebensmittel hatten wir in Biak gelassen; bei jedem Flug das Extragewicht zu zahlen, kam uns zu teuer. Um das Nötige zu besorgen, hatten wir jetzt noch zwanzig Minuten, bis die Geschäfte schlossen. Wir fanden einen großen Laden mit einem reichen Angebot an australischen Lebensmitteln und hetzten von Regal zu Regal, um dann vor einem amüsierten Verkäufer einen Berg auf den Ladentisch aufzuhäufen.

«Ich hoffe, wir haben nichts vergessen.»

«Sieh mal nach, was ‹Mengenrabatt› auf indonesisch heißt, Hilary. Du hast das Lexikon.»

Es war das erste Mal, daß Leroy nach Bilorai flog, und vor dem Start hörten wir voller Sorge, wie er im Zwielicht der Dämmerung mit Ken besprach, wo es eigentlich liege.

«Bei Ilaga geht es nach rechts ...»

Ich fragte mich, ob es bei Kletterern, die eine Route besprachen, auch so beiläufig klänge. Dann stieg ein inbrünstiges Gebet zu Gott auf.

Wir flogen nach Kompaßweisung ins Landesinnere.

Schon stiegen die ersten Wolkenfetzen in der frischen Morgenluft hoch und sammelten sich zu wolligen Knäueln. Nachdem wir ein paar niedrige Bergrücken überquert hatten, näherten wir uns dem ausgedehnten Plateau des Idenburg River. Unter uns erstreckte sich ein dichter Dschungel von Sagosümpfen.

«Wo würden Sie denn hier notlanden?» fragte ich.

«Ich würde einen Fluß suchen», sagte er.

«Wo sind die Snow Mountains?»

«Irgendwo dort drüben. Ich habe sie bisher erst zweimal gesehen – meistens sind sie in Wolken gehüllt. Wissen Sie, ich fliege erst seit neun Monaten in Irian.»

Der Fluß machte hundert Windungen, doch wir flogen geradeaus. Wir gaben uns dem Geschick unseres Piloten anheim. In der grünen Unendlichkeit unter uns ragten Bergrücken hoch, die von Wolken akzentuiert wurden. Dann rückte der Boden uns näher, bis wir uns schließlich in steilwandigen Tälern befanden. Wir schwangen uns über Kämme und suchten nach einer Piste. Nach zwei Stunden Flug hatten wir noch immer den Landeplatz nicht gefunden; wir spähten in alle Richtungen und suchten auf unseren Karten. Leroy bewunderte sie, denn sie waren besser als die seine. Ich hätte mir gewünscht, für einen Moment seine Gedanken lesen zu können, um zu wissen, wie es in Wirklichkeit um uns stand. Hilary erspähte es dann – ein dunkelbraunes, ebenes Stück Boden mit einer blechdachgedeckten Hütte. Es war das erste Zeichen menschlicher Gegenwart, das wir sahen.

Wir flogen eine Schleife, und nun konnte ich eine Anzahl dunkler Gestalten erkennen, die einen zur Landepiste führenden Weg entlangliefen. Als wir aufsetzten, stoben kleine, graue Schweine quiekend davon.

«Ich muß nach Wamena, um ein paar Leute zum Weihnachtsfest zu holen», sagte Leroy. «Am besten, ich starte gleich wieder, bevor diese Wolken noch dicker werden und der Mittagswind aufkommt.»

Minuten später war das Flugzeug schon außer Sicht. Die Zeitmaschine hatte uns ausgesetzt. Hilary und ich ließen uns nieder und warteten auf die Ankunft des Empfangskomitees.

3. Amakane

22.–28. Dezember

Es war, als seien uralte Höhlenmalereien zum Leben erwacht. Unsere Blicke zuckten unruhig umher. Eine Menge dunkler Gestalten umwimmelte uns. Männer jeglichen Alters, mit nichts außer langen gelben Penisfutteralen bekleidet, fuchtelten mit Pfeilen und Bogen herum. Aus etwas größerer Entfernung starrten uns Frauen in Grasröcken an. Die Leute nahmen unser Gepäck und trugen es den Hügel hinunter. Ich hatte mein Köfferchen nicht richtig verschlossen; der Inhalt fiel heraus, und ich rannte in Panik herum, um die verschiedenen Papiere wieder einzusammeln.

«Los, wir müssen mit ihnen gehen», schrie Hilary.

Unsere Angst mischte sich mit erregter Neugier.

Ein paar hundert Meter weiter machte die Horde Halt und stellte unsere Ausrüstung ab. Wir waren erleichtert, als ein Europäer zwischen dreißig und vierzig erschien und sich als Jan van der Horst vorstellte.

«Willkommen in Bilorai! Entschuldigen Sie, ich habe schon lange nicht mehr Englisch gesprochen und bin etwas außer Übung. Ich bin nur die paar Tage über Weihnachten hier. Früher lebte ich hier, aber jetzt arbeite ich in Enaratoli. Möchten Sie sich mal umsehen?»

Wir zögerten, weil wir unser Gepäck nicht unbeaufsichtigt lassen wollten. «Keine Sorge», sagte er, «Sie können diesen Leuten vertrauen. Die stehlen nicht und tun Ihnen nichts.» Er verschwand im Unterholz, und wir hetzten schweißtriefend hinter ihm drein. Es war der Beginn eines lebhaften Nachmittags.

«Zu Fuß zu gehen ist harte Arbeit in diesem Land. Als ich nach Irian kam, wog ich vierundachtzig Kilo. Jetzt habe ich nur noch sechsundfünfzig.»

Wir stellten ihm eine Menge Fragen, zuerst mal über ihn selbst. Er hatte sieben Jahre studiert: Mathematik und Chemie, dann Philosophie und Theologie. Als Priester hatte er eine Schule für verhaltensgestörte Kinder geleitet, ehe er auf Ersuchen seines Bischofs nach Irian ging. Er beherrschte mehrere Sprachen, nämlich Holländisch, Deutsch, Englisch, Indonesisch und auch die Sprache der Bevölkerung von Bilorai, der Monis.

«Die Moni-Sprache ist sehr schwierig, sie hat achtundzwanzig verschiedene Zeiten. Ich kann mit sechs oder sieben davon umgehen, und sie scheinen zu verstehen, was ich meine. Bevor ich das konnte, mußte ich mich eines kleinen Jungen, der zur Schule gegangen war und mein Indonesisch verstand, als Dolmetscher bedienen. Manchmal war das nicht ganz problemlos, vor allem wenn ich mit älteren Leuten sprach. Inzwischen aber kann ich mich hinreichend ausdrücken.»

Im Augenblick war er dabei, die Sprache der Ekagis zu lernen, die in der westlich gelegenen Paniai-Region um die Wissel-Seen lebten.

Zunehmend gesprächiger werdend, beschrieb Jan seine Arbeit und die Kultur, in der er lebte, mit dem Eifer eines ganz und gar in seinem Thema aufgehenden Experten. «Als ich hier angekommen war, sprach ich lange Zeit überhaupt nicht von Religion. Ich wollte die Leute hier ohne vorgefaßte Meinung verstehen und den Glauben und den Lebensstil, den ich hier antraf, nicht zum vornherein verdammen. Bald hatte ich gelernt, daß ihre sozialen Gepflogenheiten und ihre Riten die gleiche Daseinsberechtigung haben wie unsere. Ehe ich von zu Hause wegging, hatte ich Kurse in Landwirtschaft und Medizin besucht, und so konnte ich helfen. Vor nicht allzulanger Zeit betrug die Kindersterblichkeit siebzig Prozent. Jetzt liegt sie bei dreißig Prozent. Aber das ist nicht alles. Mein größtes Anliegen ist, ihr Bewußtseinsniveau in einer ihnen angemessenen Weise zu heben, um sie auf die Kontakte mit der Außenwelt vorzubereiten, die ihnen unvermeidlich bevorstehen. Ich versuche, ihnen bei der Lösung ihrer eigenen Probleme zu helfen, und bin nicht darauf aus, in möglichst kurzer Zeit möglichst viele Leute zu taufen.»

Ich sagte nichts, denn auch ich hatte viel zu lernen.

Wir rutschten einen schlammigen Pfad hinunter. Kleine Jungen rannten vorwärts und rückwärts um uns herum wie spielende Hunde. Einer von ihnen schoß zum Spaß Pfeile in die Kronen der Bäume. Jan zeigte uns die verschiedenen Pfeilspitzen:

«Die ist für Vögel, die für Ratten, die für Schweine und die für Menschen. Gefiederte Pfeile haben sie aber noch nicht entwickelt – vielleicht, damit sie nicht zu gut treffen, wenn sie aufeinander zielen. Es gibt ein empfindliches Gleichgewicht zwischen Können und Glück.»

Wir kamen zu einer rechteckigen Holzhütte. Durch das mit Riedgras gedeckte Dach drang Rauch. «Der Rauch imprägniert das Dach mit Teer und macht es wasserdicht», sagte Jan. «Hier regnet es jeden Nachmittag.» Der Boden im Innern war einen halben Meter höher als der umgebende Grund. Sechs Monis saßen darauf. Sie aßen dampfiges Dschungel-Grünzeug, das wie Spinat aussah.

«*Amakane*», brummten sie alle. Dann grinsten sie.

«Dieses Wort sollten Sie lernen», sagte Jan. «Es bedeutet hallo, sehr erfreut, das ist gut, vielen Dank und auf Wiedersehen.»

«*Amakane*», sagten wir.

«Sie haben keine Küchengeräte», erklärte uns Jan, «und deshalb gibt es nie heiße Getränke. Sie braten Süßkartoffeln im Feuer und garen Grünzeug in einer Mulde mit heißen Steinen; sie ist mit großen Blättern verschlossen wie ein Dampftopf.»

Wir gingen an einer längeren Hütte vorbei. «Die bewohnt der reichste Mann in der Gegend», sagte Jan. «Er hat sechs Frauen und viele Kaurimuscheln, und seine Schweine hält er in dieser Einfriedung. Jede Frau hat ihren eigenen Raum; ihre Kinder schlafen bei ihnen. Erst als Jugendliche ziehen die Jungen in den Raum des Vaters. Aber nicht viele Männer haben genügend Kaurimuscheln, um sich so viele Frauen leisten zu können.»

Wir sahen einen etwa ein Meter achtzig hohen, dichtgeflochtenen Zaun. «Manchmal gelingt es wilden Hunden, darüberzuspringen», sagte Jan. «Sie fressen gern Schweine.»

Die Monis kannten keine Dorfstruktur. Seit die Landepiste angelegt worden war, zogen sie es jedoch vor, sich in ihrer Nähe und bei den Missions- und Regierungsgebäuden anzusiedeln. Die Piste lag achthundert Meter über dem Talgrund, und Monis, die weiter unten hausten, betrachteten alle Monis, Missionare und Indonesier, die weiter oben lebten, als «die da droben». «Bei jeder Auseinandersetzung glauben sie, wir seien automatisch auf der Seite von ‹denen da droben›», sagte Jan. «Als die Mission noch weiter unten lag, war es umgekehrt.»

«Woher wissen sie, welches Wasser man trinken kann?» fragte ich.

«Sie wissen genau, wo das gute Wasser ist», antwortete Jan. «Diese Menschen sind ja nicht dumm. Sie sind genauso intelligent wie andere, aber sie gebrauchen ihre Intelligenz auf ihre Weise. Sie kennen die Namen sämtlicher Schweine, sie können ihre Kaurimuscheln identifizieren und kennen ihr Alter und ihre Geschichte, und wenn es einen örtlichen Krieg gibt, wissen sie genau, wer auf ihrer Seite ist und wer nicht. Sie kennen die Namen und Eigenschaften von vielen hundert Pflanzen und können alle siebzig Arten der Süßkartoffeln auseinanderhalten ...»

Wir kamen zu einer anderen Lichtung und sahen einen alten Mann, der neben einem Schwein kauerte. Das Schwein hatte zufrieden die Augen geschlossen, und der Mann streichelte ihm liebevoll seinen Bauch.

«*Amakane*», sagten wir.

«Der älteste Mann in Bilorai», erläuterte Jan. «Er ist ungefähr fünfundsechzig. Natürlich gab es bis vor kurzem keine Aufzeichnungen darüber, aber die durchschnittliche Lebenserwartung dieser Menschen beträgt knapp vierzig Jahre.»

Auf diesem Niveau von zweitausend Metern war es zu hoch für die Malaria-Moskitos, die uns in Nabire geplagt hatten. Allerdings hatte die Zivilisation die Tuberkulose nach Enaratoli im Westen und in das Baliem-Tal im Osten gebracht. Wegen Jodmangels hatte es auch eine Menge Kropfprobleme gegeben. In neuerer Zeit war man dem mit Injektionen begegnet – mit dem Nebeneffekt, daß die Geheilten einen wesentlich gesteigerten Intelligenzquotienten aufwiesen.

«Was für ein Zeitverständnis haben die Leute hier?» fragte ich.

«Über Morgen, Mittag, Abend und zwei oder drei Monde hinaus erinnern sie sich vage noch zwei, drei Generationen zurück. Natürlich gibt es hier keine Jahreszeiten, obwohl sie sorgfältig auf eine abwechselnde Fruchtfolge achten. Sehen Sie den spitzen Gipfel dort drüben im Osten? Noch niemand von ihnen ist dort gewesen. Aber sie wissen, daß die Sonne ein halbes Jahr auf der einen Seite davon und die andere Hälfte davon auf der anderen Seite aufgeht.»

Einer der Männer auf der Lichtung rauchte eine Art Zigarette. Sie bestand aus selbstgebautem Tabak, der in ein Pandanus-Blatt gerollt war. Er rauchte sie von der Seite.

«Tabak gab es hier schon lange, ehe die Europäer kamen», sagte Jan. «Hier, versuchen Sie ihn.»

Der Rauch war dick und weiß, und ich mußte husten und spucken – ein Heidenspaß für die Eingeborenen. Der Mann zeigte uns eine Kaurimuschel, die er einem Beutel aus dichtem Gewebe entnahm. Sie enthielt Bienenwachs, und der Mann deutete auf ihre Zähne, die Mündung und die Rückseite. Er hätte ein kleines Schwein damit kaufen können.

Eine Frau in der Nähe hatte von drei Fingern die oberen beiden Glieder verloren. «Ihre Eltern schnitten sie ihr ab, als sie ein Kind war, um ihrer Trauer über den Tod eines Familienangehörigen Ausdruck zu geben», erläuterte Jan. «Es ist eine Art Adoleszenz-Ritus. Vor der Amputation wird zur Betäubung das Narrenbein gebrochen. Heutzutage ist das so ziemlich der einzige Anlaß, bei dem sie noch die Steinaxt gebrauchen.»

In französischen Höhlenmalereien begegnet man den gleichen Verstümmelungen. Ich versuchte mir vorzustellen, wie ein Kind sich einer solchen Prüfung unterwarf – die bedeutungsschwere Stimmung der Zeremonie, den Schmerz der Amputation und die Mischung aus Stolz und Erleichterung, die das Kind schließlich nach überstandener Qual empfunden haben mußte.

Wir kamen an einer Anzahl von Brettern vorbei, die an einen großen Baum gelehnt waren. «Dahinter steckt ein weibliches Symbol», sagte Jan. «Es markiert die Grenze zwischen denen, die oben, und denen, die unten sind.» Abseits von den Gebäuden lag weiter unten ein heiliger Hain, umgeben von einem breiten aus dem Dschungel gerodeten Streifen. «Niemand darf ihn betreten», erklärte Jan. «Man glaubt, daß Geister dort leben. Früher legten die Monis ihre Toten in Baumhäuser, wo sie von den Vögeln gefressen wurden; jetzt begraben sie sie, vor allem im Umkreis der Missionen. Sie glauben, daß die Geister der Toten ständig umgehen und entweder helfen oder ihnen Streiche spielen. Mitunter sind ganze Wälder verboten, weil man meint, daß sie voller Geister stecken. Sie haben das Wort ‹Ebu›, das viele Bedeutungen hat – Blut, Erde, Lebensenergie, Höchstes Wesen, Natur. Stiehlt ein Mann eine Axt, dann weiß es das Ebu.»

Ob er wisse, woran die Adventisten glaubten, fragte ich Jan.

«Die glauben an denselben Gott wie Sie oder ich», war seine scharfe Entgegnung. Bei seinem engagierten Intellekt war mit einer solchen Antwort zu rechnen, dachte ich mir.

«Viele Monis kommen zur Kirche und singen Moni-Hymnen. Sie können selbst entscheiden, wie christlich sie sind», sagte er.

Ich fragte ihn wegen der Penisfutterale, die offenkundig sehr wichtig waren. Wozu trugen die Männer sie? Um ihre Männlichkeit zu unterstreichen oder um sich vor bösen Geistern zu schützen?

«Sie kommen sich ohne sie nackt vor. Alle anderen Gründe sind in Vergessenheit geraten, und heutzutage tragen sie sie nur aus Schamhaftigkeit. Es gibt sie in allen Größen und Formen, und zur Ausstattung der meisten Moni-Männer gehören insgesamt zwei oder drei. Ein Modewechsel ist für sie äußerst leicht; sie gehen einfach in den Dschungel und suchen sich einen anders geformten Kürbis.»

Wir gingen wieder den Hügel hinauf. Jan widmete sich jeden Tag vier Stunden lang seinen Studien und wollte von dieser Gewohnheit nicht abweichen.

Ich fragte ihn, wann die Landepiste gebaut worden sei.

«1967. Dreihundert Mann brauchten sechs Jahre, um sie aus dem Bergkamm zu schneiden. Schon lange, bevor sie den ersten Europäern begegneten, sahen diese Leute Düsenflugzeuge. Sie haben ein paar erstaunliche Geschichten darüber. Die ersten Räder, die sie sahen, gehörten zu Flugzeugen. Dinge, die von außen zu ihnen kommen, akzeptieren sie wirklich rasch, obwohl sie sie natürlich von ihrem eigenen Standpunkt aus sehen. Wenn heute ein Flugzeug hier rüberfliegt, schauen sie kaum noch hoch.»

«Ist der Gebrauch von Geld hier schon eingeführt?»

«Sie haben in den letzten drei oder vier Jahren damit begonnen. Es ist sehr wichtig, daß sie mit Geld umzugehen lernen, denn sonst wird man sie übers Ohr hauen, wenn sie Handelsbeziehungen mit der Küste aufnehmen. Es gibt ungefähr elftausend Menschen im Tal und noch ein paar Orte mit Landepisten wie dieser, und vielleicht hundert Leute verdienen in Bilorai irgendeine Art Lohn. Sie verrichten Arbeiten für den Staat und die Mission und kümmern sich um die Landebahn. Der Rest betätigt sich in den Gärten, und sie sind sehr geschickte und erfolgreiche Bauern. In gewisser Weise haben sie ja ziemliches Glück, denn hier gibt es weder Jahreszeiten noch Dürre, Überschwemmungen oder Pflanzenschädlinge. Ihr Leben ist nicht ganz leicht, aber lebenswert – ohne Hast, aber zielgerichtet.»

«Wir müssen wohl zum Regierungsposten gehen und uns dort anmelden», sagte ich.

«Der Posten ist unbesetzt», antwortete Jan. «Wissen Sie, vor ungefähr zwei Wochen hatten wir hier einen Krieg, und alle indonesischen Polizisten und Lehrer flohen nach Enaratoli. Sie fürchteten, die Auseinandersetzung könne auf sie übergreifen.»

«Was hat denn den Krieg ausgelöst?»

«Die Monis von Bilorai kämpften gegen die von Titigi. Der Ort liegt etwa zwei Wegstunden von hier entfernt, aber weiter oben im Tal. Es ging los, als ein Mann aus Bilorai bei Titigi im Fluß ertrank. Die Monis von Bilorai glaubten, ein Geist von Titigi habe ihn ins Wasser gestoßen. Wissen Sie, wenn ein Unfall irgendwie ungewöhnlich aussieht, vermutet man, ein Geist sei beteiligt, selbst wenn nur jemand gestolpert ist. Und da der Geist des Verunfallten keine Ruhe gibt, wenn er nicht gerächt wird, wurde in einer Art Niemandsland zwischen den beiden Dörfern eine Schlacht arrangiert. Ein Krieg innerhalb eines Clans ist natürlich nicht so ernst wie einer zwischen verschiedenen Stämmen, und im Gegensatz zu den Danis im Osten beschädigen die Monis niemandes Eigentum und tun auch Frauen und Kindern nichts; es kommt nicht vor, daß sie sich vergessen und in einen Blutrausch geraten. Der Kampf ist ein stilisierter Vorgang, dessen Ablauf weitgehend festgelegt ist, und wie bei einem Fußballspiel schauen aus sicherer Entfernung viele Frauen und Kinder zu. Sie kennen die Namen der Leute auf der anderen Seite, verhöhnen und beleidigen sie. Während die Danis Speere gebrauchen, verwenden diese Leute nur ihre wenig zielgenauen Pfeile und Bogen. Während des Kampfes ducken sie sich sehr tief, damit sie nicht an der Brust verletzt werden. Bei dieser letzten Schlacht wurde niemand getötet, aber etwa vierzig waren verwundet, manche davon ziemlich schlimm. Viele von ihnen glauben, daß das Risiko eines solchen Kampfes nicht so groß ist wie die Gefahr, die ihnen droht, wenn sie den ungerächten Geist ignorieren. Mir haben sie freilich nie was getan. Als ich einmal in einen Kampf geriet, hörten sie zu schießen auf, fingen aber sofort wieder an, als ich weg war.» Jan fügte hinzu, er habe versucht, ein Treffen der beiden Seiten zuwege zu bringen – nicht um sie wegen ihrer Sünden zu tadeln, sondern damit sie besprechen könnten, warum sie gegeneinander gekämpft hatten. Diese kleinen Kriege brachten aber so viel Spannung und Aufregung, daß es unwahrscheinlich war, daß die Monis damit aufhören würden. Ich fragte Jan nicht, ob er glaube, daß diese Kriege vielleicht auch einer Regulierung der Bevölkerungszahl dienten.

Als Jan sich verabschiedet hatte, besprachen Hilary und ich, was nun zu tun sei. Wir steckten in einem moralischen Dilemma. Es war keine Polizei da, die uns dran hindern konnte, in die Berge zu gehen. Sollten wir es also versuchen? Von einem Guerillakrieg hatte niemand gesprochen, und die Monis schienen uns freundlich gesinnt zu sein. Wenn uns aber eine Polizeipatrouille anhielt und den Eintrag auf unseren *Surat Jalans* sah, konnten wir Ärger kriegen. Daran, daß wir an eine Guerillatruppe geraten könnten, wollten wir gar nicht denken. Wenn man weiß, was recht ist, und es nicht tut, so ist das Feigheit. Aber was war recht? Wie es schien, konnten sich Missionare frei bewegen, ohne entführt zu werden. Das gleiche galt für die Europäer im Gebiet des Bergwerks von Freeport. Warum sollte dies nicht auch für uns gelten? Im Himalaya respektiert man ein Verbot der Regierung, Berge in politisch unruhigen Gebieten zu besteigen, weil es so viele zugängliche Regionen gibt, unter denen man auswählen kann. Aber hier in Indonesien gab es nur dieses eine Gebiet, und ich war mir sicher, daß die indonesischen Behörden die Harmlosigkeit des Bergsteigens nicht begriffen. Wir waren keine Journalisten, die Irians Probleme vor der Weltöffentlichkeit sensationell aufbauschen wollten, wir waren keine Spione und suchten auch nicht nach Bodenschätzen. Wir hatten nichts Dramatisches im Sinn wie Mrs. Wyn Sargent, die amerikanische Anthropologin, die in der Weltpresse Schlagzeilen machte und die Indonesier aufregte, weil sie die vierte Frau eines Stammeshäuptlings im Baliem-Tal wurde. Und wir waren den Bergen so nahe; die Vorstellung, daß wir vielleicht noch einmal einen so anstrengenden und kostspieligen Anlauf unternehmen sollten, fanden wir einfach erschreckend.

Ich war so fest entschlossen, auf diese Berge zu steigen, daß ich sogar ein Versprechen zu brechen gewillt war. Wir würden es tun.

«Wir müssen nur aufpassen, daß auf gar keinen Fall die Missionen mit hineingezogen werden», sagte Hilary. Wir würden ganz auf uns gestellt sein und uns nur auf unser indonesisches Wörterbuch stützen können und auf das Wissen, das wir uns zuvor angelesen hatten oder noch aneignen würden.

Oben links: Hilary ▷
Oben rechts: Zwei Generationen in Ugimba
Unten: Rast oberhalb Titigi
Oben: Burschen aus Bilorai beim Transport unserer Ausrüstung – fröhlich brüllend, lachend und singend. ▷▷
Unten: Danis – stolze Krieger, Angehörige des wildesten Stammes in Irian Jaya.

Niemand in Bilorai war bereit, sich als Träger zur Verfügung zu stellen. Alle wollten zu den Weihnachtsfeiern bleiben, und es hatte auch niemand Lust, das Gebiet der feindlichen Titigi-Monis zu durchqueren oder ihm auch nur nahezukommen. Wir beschlossen deshalb, uns in Titigi nach Trägern umzusehen.

Ein breiter, schlammiger Weg führte zu den anderen Siedlungen. Jan hatte gesagt, es sei der beste Weg in der Gegend. Am nächsten Tag rutschten wir ihn hinunter, an den leeren Regierungsbüros und Schulen vorbei, weg vom kultivierten Gelände von Bilorai, durch den Dschungel und hinaus auf eine breite Lichtung am Hang. Das war die neutrale Zone zwischen den beiden Clans, in der man die vereinbarten Kämpfe austrug. Hier trafen wir einige Danis, stolze Krieger mit Bogen und vielen Pfeilen. Sie trugen Wildschweinzähne als Schmuck, und ihre bemalten Stirnen waren mit Schweinefett und Ruß eingerieben. Die Danis gehörten dem wildesten der Irian-Stämme an und konnten sich ungehindert außerhalb ihrer eigenen Gebiete bewegen. Obwohl es auch bei ihnen innere Zwistigkeiten gab, waren sie an der örtlichen Auseinandersetzung zwischen Bilorai und Titigi nicht beteiligt und hielten sich im Gebiet zwischen den Siedlungen auf. Unser «*Amakane*» quittierten sie freundlich.

Als wir über eine neuerstellte Brücke einen Seitenarm des Flusses überquerten, sahen wir, wie sich drüben beim Hauptlauf eine Gruppe hochgewachsener, schlanker Gestalten erhob und uns folgte. Mit der angsterregenden Heimlichkeit eines Indianertrupps, der weißen Siedlern nachstellt, hielten sie sich etwa hundert Meter hinter uns.

«Jetzt ist uns der Rückzug abgeschnitten», flüsterte Hilary.

In Titigi fand sich eine größere Menge männlicher Einwohner von zwei Jahren aufwärts unter einem Baum ein, um unser Ansinnen zu besprechen. Der zertrampelte Boden ließ darauf schließen, daß dies ihr üblicher Versammlungsplatz war. Es gab ein erstes hoffnungsvolles Zeichen: Vier große, von Blättern eingerahmte Gruben im Boden. Offenbar hatte ein Fest stattgefunden.

«*Hari Natal*», sagte jemand. Gewisse christliche Elemente waren augenscheinlich im nördlichen Hochland weit verbreitet, wobei der religiöse Kalender aber flexibel war. Titigi hatte das Weihnachtsfest schon zwei Tage zuvor begangen, und deswegen würden wir hier problemlos Träger bekommen können. Den Monis würde das eine Gelegenheit bieten, etwas Geld zu verdienen, mit den Stämmen südlich der Berge Handel zu treiben und vielleicht an herrenloses Beutegut von der Kupfermine heranzukommen. Nur etwas war ihnen nicht recht, und Hilary reagierte verärgert, als die Monis ihre Besorgnis äußerten, ob die ihnen unbekannte Frau das beschwerliche Unternehmen auch durchhalten würde.

Die Last, die wir jedem einzelnen Träger zuteilen konnten, war auf zehn Kilo begrenzt, denn die Monis essen jeden Tag beträchtliche Mengen Süßkartoffeln und mußten einen ausreichenden Vorrat mit sich führen. Die Höhe des Trägerlohnes wurde vereinbart, und es meldeten sich viel zuviele Freiwillige – wir wollten acht, wählten zehn aus und hatten am Ende elf.

◁◁ *Oben:* Auf dem Weg durch den Dschungel in Irian Jaya.
Unten: Gästehaus der Danis in Wanibugi.
◁ Der Autor bei der Überquerung des Kemabu-Flusses.

Mühsam stiegen wir wieder nach Bilorai auf. Hilary teilte unsere Ausrüstung geschwind in Zehn-Kilo-Ladungen auf, während ich Papiere, Karten und Filme ordnete. Zehn junge Burschen luden sich das Gepäck auf und hüpften jauchzend, schreiend und wie aufgeregte Hunde bellend damit bergab. Zwei alte Frauen, die mit großen Grasballen heraufgekeucht kamen, wurden fast über den Haufen gerannt und murmelten etwas vor sich hin, als Hilary und ich an ihnen vorbeijoggten. Im Niemandsland wurden wir von den Männern von Titigi in Empfang genommen, und die Burschen aus Bilorai zogen sich rasch zurück.

Als wir unsere Leute näher in Augenschein nahmen, waren wir ziemlich erstaunt. «Das sind doch nicht die, die wir ausgewählt haben», sagte ich.

Die elf Mann der bewaffneten Eskorte hoben grinsend ihre Bogen wie ein Exekutionskommando. Wir überredeten sie, in die Luft zu schießen. Als wir in Titigi anlangten, war es Abend. Sorgfältig überprüften wir unser Gepäck. Dann verteilten wir Taschenspiegel, was zu lauter Begeisterung führte. Die Monis sangen bis spät in die Nacht und feierten so die letzten Stunden vor dem Aufbruch. Wegen der geringeren Höhe war es viel heißer als in Bilorai. Ich war aufgeregt und schlief nicht sehr gut.

«Herzlichen Glückwunsch zum Geburtstag, Hilary.» Es war der Heilige Abend. Zwei unserer Helfer trugen nun Shorts und Jacken und nicht mehr nur Penis-Futterale, die in ihrer Sprache *Kotekas* genannt wurden. 1971 hatten sie die Shorts von der indonesischen Regierung im Rahmen der «Operation Koteka» bekommen, die den Eingeborenen in Irian westliche Kleidung und Kultur bescheren sollte. Diese schmutzigen, zerrissenen Kleidungsstücke sahen freilich weder hygienisch noch sonstwie vorteilhaft aus; es fehlte ihnen die Würde einer gewachsenen Kultur. Wir hatten ein paar zusätzliche Rucksäcke dabei, und die Männer, die so etwas noch nie gesehen hatten, hatten einen Riesenspaß dabei, als sie sie umschnallten. Sie streckten die Arme hoch in die Luft, während ein anderer versuchte, die Riemen im Sprung wie ein Lasso darüberzuwerfen. Bald hatten die Rucksäcke von ihren rauchgeschwärzten Körpern einen rußig-fettigen Überzug abbekommen. Den Rest der Ausrüstung verstauten sie entweder in ihren Netzen oder trugen ihn einfach in den Händen. Nachdem sie sich von Familienmitgliedern und Freunden verabschiedet hatten, machten sich die Träger schließlich geschwinden Schritts auf den Weg durch die terrassierten Felder.

Ein Ehepaar, das vor einer der letzten Hütten Baumstämme zu Brettern zerschnitt, hielt inne und grinste uns zu. In der Nähe wuchsen in kleinen, gut einen halben Meter auseinanderliegenden Erdhaufen Süßkartoffeln. Bei einem Zuckerrohrfeld hielten wir an und versuchten es den Männern nachzutun, welche die Rohre geschickt mit den Zähnen abzogen. Als Verpflegung hatten sie vorgekochte Süßkartoffeln bei sich und aßen verschiedene Arten zum ersten und zweiten Frühstück, mittags und abends.

Wir bemühten uns, anhand der Karte *Die Äquatorialgletscher von Neuguinea* die Richtung unseres Marschs zu verfolgen. Die Informationen stammten von Bob Mitton, einem Geologen, der vielleicht mehr in Irian Jaya herumgereist war als irgendein anderer Ausländer. Die Faszination, die dieses Land auf ihn ausübte, hatte ihn veranlaßt, Holländisch zu lernen, um mehr darüber lesen zu können. Wie uns schien, waren wir auf dem direktesten Weg in die Berge. An diesem ersten Tag folgten wir einem «größeren Pfad», welcher der Karte nach vom Weabu River hochstieg, zwei steile, durch eine sumpfige Ebene voneinander getrennte Bergrücken überquerte und schließlich zu einer Höhe von gut dreitausend Metern aufstieg. Dann führte er ins Tal des Kemabu River hinab. Obwohl die horizontale Distanz nur dreizehn Kilometer betrug, brauchten wir elf Stunden dafür. Schon nach ein paar Minuten fragten wir uns besorgt, wie der «kleinere Pfad» wohl sein würde, der uns am nächsten Tage bevorstand.

Die Träger kannten die Route. Mit der nonchalanten Leichtigkeit trainierter Sportler bewegten sie sich durch den Dschungel. Wir hinten kamen uns, obwohl wir nur die Kameras trugen, vor, als sollten wir einen Weltrekord im Geländelauf aufstellen.

Der dunkle, feuchte Dschungel bedeutete einen abrupten Kontrast zum offenen Gartental der Monis. Vom Blätterdach über uns tröpfelte es. Schlamm, Wurzeln und Ranken, tote Blätter und aufrechte und gefallene Bäume lagen miteinander im Kampf, erstickten einander. Der nasse Boden sog das Geräusch unserer Schritte auf; kein Vogelschrei war zu hören. Bestimmt waren wir von Tieren – Vögeln, Insekten und Schlangen – umgeben, aber unsere Augen und Ohren waren nicht darin geübt, sie zu entdekken. Wir krochen unter gefallenen Bäumen durch und balancierten auf zwölf bis fünfzehn Meter langen glitschigen Baumstämmen. Den modrig zerfallenen Grund unter ihnen gewahrten wir mit kribbeligem Gruseln.

«Ich wünschte, wir hätten Steigeisen an», sagte Hilary.

Wir wateten Bachläufe entlang, mühten uns über natürliche Brücken aus schwankender, schaukelnder Vegetation. Zweige schlugen nach uns, dornige Ranken packten uns und hielten uns fest, glitschige Tritte schienen so geschickt und präzise plaziert wie Bananenschalen in einem Comic Strip. Nie war der Boden eben; ein steiles, rutschiges Hindernis folgte dem anderen. Es war wie Höhlenforschung, nur anstrengender und mit dem Unterschied, daß gelegentlich durchsickerndes Tageslicht uns bestätigte, daß wir uns noch an der Erdoberfläche befanden.

Bald waren wir über und über mit Beulen und Schrammen bedeckt, und durch das ständige Bücken und Kriechen überanstrengte, halbvergessene Muskeln erinnerten schmerzhaft an ihr Vorhandensein. Von den vielen Ausrutschern und Stürzen hatten wir Gummibeine bekommen. Hilary, die einen guten Kopf kleiner war, schien besser zurechtzukommen als ich. Die meisten Träger waren noch kleiner. Für Menschen von ein Meter dreiundachtzig war dieser Pfad nicht geeignet, das stand für mich fest. Die Monis liefen mit affenartiger Geschicklichkeit über Baumstämme. Wir keuchten stieren Blicks hinterdrein. Die Träger plauderten und sahen sich um, als seien sie auf einem Nachmittagsspaziergang. Wenn sie gelegentlich anhielten, um Kartoffeln zu kauen oder Zigaretten zu rauchen, die sie mit Zunder aus Reserve-*Kotekas* in Brand steckten, waren wir äußerst dankbar. Ich gelobte, mit alpinistischen Anfängern nie wieder ungeduldig zu sein.

Die Monis ließen uns nicht verkommen. Für uns sah der endlose Dschungel überall gleich aus, und wenn wir sie eine Minute lang aus den Augen verloren, wußten wir nicht mehr wohin. Warteten wir aber noch eine Minute, kam einer von ihnen zurück, um nach uns zu sehen. Wann immer ich auf einem Baumstamm herumrutschte oder bei der Überquerung eines Wasserlaufs ins Straucheln zu kommen drohte, packte mich jemand von hinten mit eisernem Griff am Arm, obwohl ich niemand kommen gehört hatte. Einer der älteren Träger, der eine ständig laufende Nase hatte (wir nannten ihn Schniefer) und eine kurze, dicke Koteka trug, kümmerte sich besonders um Hilarys Wohlergehen und heftete sich hartnäckig an ihre Fersen. «Du kümmerst dich nie so um mich», sagte sie. Hilary verwirrte die Träger, weil sie wegen der hohen Luftfeuchtigkeit ständig wechselnde Kombinationen aus Pullover und Anorak trug.

Die Träger liebten es, sich zu schmücken, und steckten sich je nach Laune Grasblätter und andere kleine Stücke der Dschungelfauna durch die in ihre Nasen und Ohren gebohrten Löcher oder machten sich daraus Armbänder. In der Nähe der Mission in Bilorai pflegten sie zu solchen Zwecken Sicherheitsnadeln und Kugelschreiber zu benützen.

Um zwei Uhr nachmittags setzte strömender Regen ein, der sechs Stunden lang dauerte. Wir legten unsere Umhänge an, waren aber bereits so von Schweiß und Schlamm durchnäßt, daß das auch nicht mehr viel brachte. Die Träger entfalteten lange Regenmäntel aus Pandanusblättern – einfache, lange Rechtecke, die an zwei Seiten zusammengenäht waren und denen gleichen, die nepalesische Träger benützen – und hängten sie sich über den Kopf. Zwei von ihnen setzten unsere Kletterhelme auf und mochten sich in der Folge kaum mehr von ihnen trennen. Während der nächsten elf Tage setzte der Regen dann zunehmend früher ein.

Ich starrte auf den Boden unmittelbar vor meinen Füßen und fand mich urplötzlich einem wildaussehenden Dani gegenüber, der aus der entgegengesetzten Richtung kam. Als ihm ein überraschter Aufschrei entfuhr, schrak ich zusammen. Als er Hilary sah, stieß er einen Freudenruf aus. «*Amakane*», sagten alle. Es war die einzige Begegnung des Tages. Sehr wenige Europäer sind in Irian jemals behelligt worden. Einer der Gründe dafür ist wohl das traditionell faire Verhalten der Missionen. Es dauerte jedoch eine gewisse Zeit, bis uns das Zutrauen zu den Eingeborenen eine Selbstverständlichkeit wurde.

Als wir in mehr als dreitausend Meter Höhe den letzten Kamm überquerten, begannen die Träger, Rufe auszustoßen, die aus zwei oder drei hohen Tönen bestanden. Es war ihr Code, mit dessen Hilfe sie Botschaften über größere Entfernungen aussandten. Aus dem Kemabu-Tal fast vierhundert Meter unter uns drangen Antwortrufe herauf. Unsere Träger schrien: «Wir kommen aus Titigi. Zündet ein Feuer an, richtet ein Lager, wir wollen über Nacht bleiben.»

Der Abstieg dauerte eineinhalb Stunden; die Dämmerung brach herein, als wir die erste Behausung erreichten. Wir hielten in einer Lichtung mit zwei runden Hütten aus senkrechten Planken. Eine davon war voller Frauen, Kinder und Schweine. Aus dem Strohdach der anderen, des «Gästehauses», stieg Rauch. Sie war aber leer, und die Träger stürzten hinein. Ich folgte ihnen. In der Mitte der Bodenfläche brannte in einer mit Sand gefüllten Kiste ein Feuer. Der Raum war trocken und warm, doch konnte ich es in dem erstickenden Rauch nicht lange aushalten. Kein Wunder, daß die meisten Träger derart husteten! Zelte waren kälter und nässer, verursachten aber weniger Platzangst und waren besser für die Gesundheit. Trotz des Regens wurden wir noch lange nach Einbruch der Dunkelheit von einer neugierigen Menge angestarrt.

«Wenn zwei Marsmenschen in deinem Garten kampierten, würdest du dich nicht anders verhalten», sagte ich zu Hilary. Wir kamen uns vor wie Tiere im Zoo.

Hilary war verärgert, weil ich mich nicht anerboten hatte, ein Geburtstagsessen für sie zu kochen. Dem hielt ich entgegen, daß ich Filme auszusortieren hätte. Schließlich aßen wir Instant-Spaghetti, chinesisches Schweinefleisch aus der Dose und einen Weihnachtspudding, den wir aus England mitgebracht hatten. Immer wenn wir vor hungrigen Zuschauern Lebensmittel hervorholten, hatten wir Schuldgefühle. Aus diesem Grund aßen wir während des Tages nicht vor den Trägern. Wir waren durchaus bereit, ihnen etwas zu geben, doch waren unsere Rationen so knapp, daß sie in einem Notfall nicht mehr gereicht hätten.

Die Träger schienen eine Haut aus Leder zu haben, aber sie mochten es gerne, wenn Hilary, die auf diese Weise zu einer Art Chefsanitäterin wurde, sich mit ihren Schrammen beschäftigte. In den Augen der Träger hatte sie magische Heilfähigkeiten. Als Reisegefährtin war Hilary ungezwungen und angenehm. Unterhaltungen mit ihr waren eine begrüßenswerte Abwechslung zu den Gesprächen, die man unter «harten Burschen» bei Himalaya-Expeditionen führte und bei denen immer ein großer gefährlicher Berg am Horizont dräute. Unsere Bergsteigerei, so hoffte ich, würde nach all der harten Arbeit im Dschungel eher eine Erholung sein.

Unter uns trennte der turbulente Kemabu-Fluß an der Stelle, wo wir ihn überqueren mußten, zwei Siedlungen. Drüben auf der südlichen Seite lag Ugimba, ein ausgedehntes Moni-Dorf, das hauptsächlich aus rechteckigen Häusern bestand. Die Siedlung auf unserer Seite bestand aus enger zusammengedrängten, runden Dani-Hütten. Sie hieß Wanibugi. Dazwischen spannte sich eine großartige, ohne Nägel und moderne Werkzeuge zusammengefügte Hängebrücke aus Rattanrohren über das Wasser. Wegen der raschen Verrottung mußte sie alle paar Jahre ersetzt werden.

Am Weihnachtstag war ich mit meinem Geburtstag dran. Leider wollten uns zwei der Träger verlassen. Der eine, der am Tag zuvor noch als Führer fungiert hatte, hatte ein ziemlich geschwollenes Bein. Der andere beklagte sich über Zahnschmerzen. Wir gaben dem einen Antibiotika, dem anderen Aspirin und sahen uns dann in der Hoffnung auf Ersatz unter den Ortsansässigen um. Schließlich fanden wir zwei Danis. Der eine war groß, hatte ein dick eingefettetes Gesicht und wirkte tatkräftig. Der andere trug eine bizarre Kollektion von Beutestücken aus der Kupfermine: alte Wellington-Stiefel, eine Sonnenbrille und eine gelbe, wasserdichte Bauarbeiterjacke. Gegen-

ANMARSCHWEG ZUR CARSTENSZ-PYRAMIDE

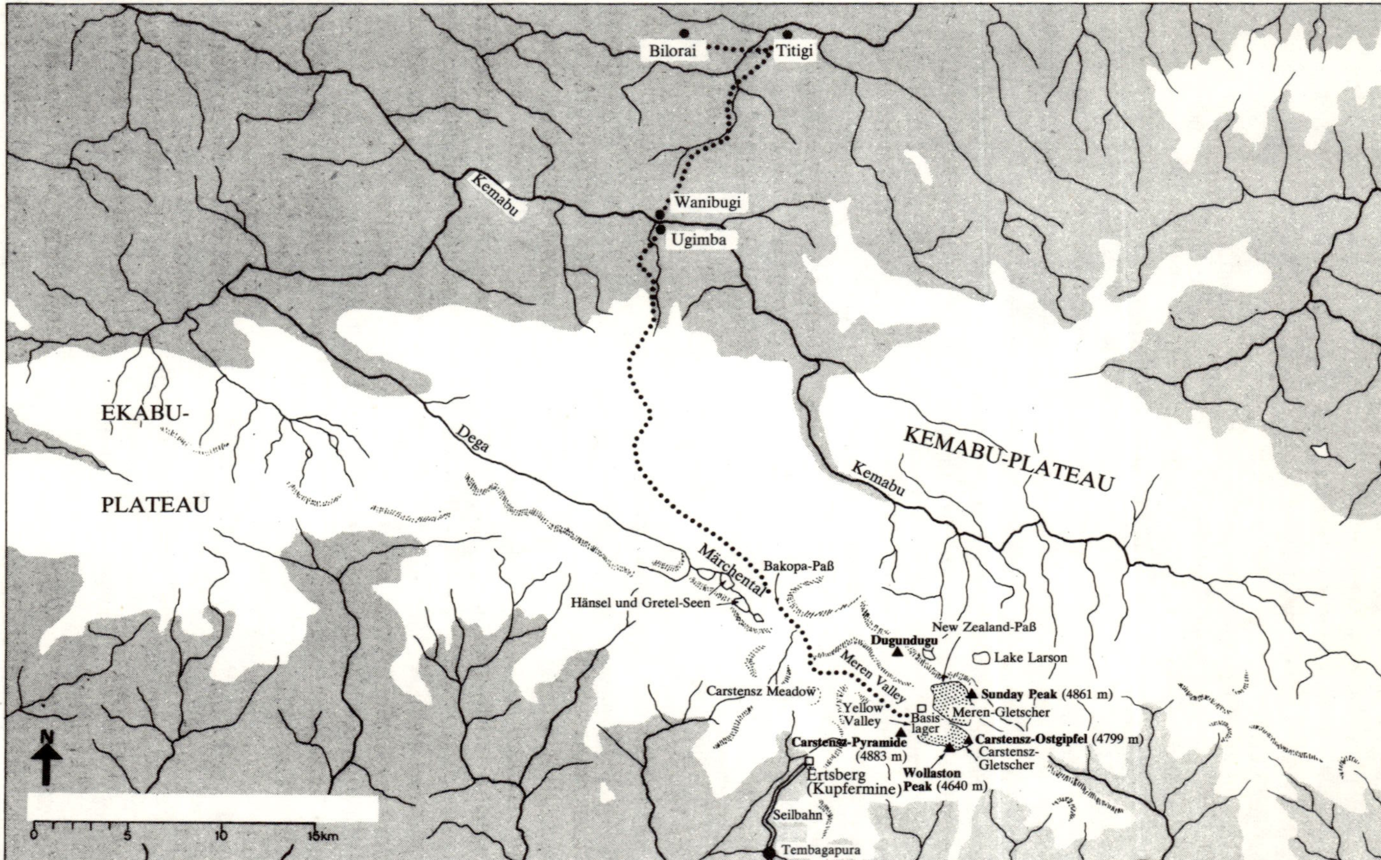

stände westlichen Ursprungs übten offenbar eine starke Faszination aus. 1974 hatte Bob Mitton an diesem Ort ein großes ungebrauchtes Zeltdach gefunden. Es wog fünfundfünfzig Kilo, und um es von der Mine bis dorthin zu schleppen, hatten die Leute mindestens drei Tage gebraucht.

Kaum hatten wir die zwei neuen Träger verpflichtet, rannten alle anderen fort und ließen uns mit der gesamten Ausrüstung stehen. Wir schrien den Deserteuren nach, aber sie eilten weiter. Verzweifelt beluden wir uns selbst mit unserem Gepäck und folgten ihnen. Als wir, taumelnd und durch den Schlamm schlitternd, die Hängebrücke erreichten, sah uns einer der Träger und kam zurück. Ich überquerte mit ihm den Fluß, um in Ugimba dem Grund der plötzlichen Flucht nachzugehen. Nachdem ich ein paar Worte Indonesisch aus meinem Gedächtnis hervorgekramt hatte, erfuhr ich ihn bald. Sie wollten nur Süßkartoffeln für den Rest der Reise besorgen und kehrten bald zurück, um ihre Lasten zu holen.

Ugimba lag so hoch, daß der Morgen kühl war. Wir waren von kleinen Kindern umgeben, die sich aneinanderdrängten, um nicht zu frieren. Zwei Frauen flochten Körbe aus Rinden. Sie hatten noch genügend Fingerspitzen dafür, oft aber war das zwangsläufig Männerarbeit. Die Frauen unterbrachen ihr Werk, um Hilarys langes Haar zu berühren; wahrscheinlich war sie die erste Europäerin, die sie sahen.

Unsere an die Weite der Bergwelt und an das Netzwerk städtischer Straßen gewöhnten Augen konnten den «kleineren Pfad», dem wir nun folgen sollten, kaum erkennen. Hätte man uns allein gelassen, wir wären immer noch dort. Die Träger hingegen bewegten sich mit der ruhigen Selbstverständlichkeit von Pendlern, die in die Stadt zur Arbeit fahren. Der hochgewachsene Dani aus Wanibugi schien begierig darauf, uns und den Monis Ortskenntnis und Beherrschung des Dschungels zu demonstrieren, und fiel in Trab. «Morgen geben wir ihm eine schwere Last», sagte Hilary, als es zu regnen begann. Tief gebückt mühten wir uns durch das Gebüsch und wateten und krochen Hunderte von Metern durch das trübe Wasser eines Flusses.

Der Weg führte uns in ein tiefes, von Vegetation überwuchertes Tal mit dreihundert Meter hohen Wänden, das offenbar keinen Ausgang hatte. Wie sollten wir von hier das Plateau erreichen? Der Dani-Sprinter begann, eine von dichter Vegetation überwucherte Wand hochzuklettern, daß wir den Atem anhielten. Als wir ihm folgten, fanden wir einen verborgenen Aufstieg, der in das dichte Geflecht aus Wurzeln und Ranken geschnitten war. Wir vergaßen den Regen und bemerkten die Blutegel zwischen unseren Fingern nicht, bis wir das obere Ende erreicht hatten.

Es war, wie wenn man in England eine Felswand durchklettert hat und oben über den Rand späht. Erleichtert atmeten wir auf, als wir wieder ebenen Boden erreicht hatten. Aus dem Dunkel des Waldes gekommen, mußten wir unseren Augen erst Zeit geben, sich auf die ungewohnte Helligkeit einzustellen. Nach der lastenden Enge des Dschungelgefängnisses war das Gefühl der Weite erhebend. Endlich konnten wir ein paar Schritte gehen, ohne zu rutschen oder zu stolpern. Zutage liegende Adern von Kalkstein ließen die fernen Berge erahnen. Von dem, was vor uns lag, sahen wir allerdings nur wenig, denn das Plateau verschwand immer wieder in wirbelnden Nebeln. Der Blick nach unten war jedoch frei, und es begann eine allgemeine Diskussion darüber, welchen Weg wir gekommen waren und welche Bergrücken wir am Tag zuvor überquert hatten. Die Träger hatten den Weg durch den Dschungel gefunden, ohne daß sie sich darüber besprochen hätten. Das Gesamtbild ihrer Route von diesem luftigen Ausblick aus war jedoch heiß umstritten.

Der Regen sammelte sich nur an wenigen Stellen des porösen Plateaus, und wir fürchteten, die Träger würden einen Punkt weitab von einer Wasserstelle als Übernachtungsplatz aussuchen. Die Süßkartoffeln schienen den größten Teil ihres Flüssigkeitsbedarfes zu decken, denn sie tranken nur wenig, während wir dauernd durstig waren. Die Träger führten uns jedoch zu einer kleinen Hütte unweit einer Quelle. Innerhalb von Minuten hatten sie ihr Biwak organisiert, ein Feuer angezündet und das Dach repariert. Der Höhengewinn hatte uns etwas Wind und einen starken Abfall der Temperatur gebracht. In warme, wollene Kleidung gehüllt, saßen wir am Feuer der Träger und öffneten die mitgebrachte, feucht gewordene Weihnachtspost.

Zu Hause würde man erst in zehn Stunden feiern. Statt Weihnachtsgeschenke auszupacken, bemühten wir uns, unsere Habseligkeiten vor dem Regen zu schützen. Mit dem ständigen Öffnen und Verschließen von Plastikbeuteln waren wir vollauf beschäftigt. Draußen quakten die Frösche.

In der Morgendämmerung sahen wir eine ganz andere Welt. Der Sonnenschein verwandelte das Gras in Gold, und auf Büschen und Spinnweben glitzerten die Regentropfen des Vortags. Wir stapften eine Böschung entlang, bis der schmale Pfad zu einer natürlichen Lichtung auf einer Kuppe hinaufführte. Von dort konnten wir die nach Westen verlaufende Wand des Ekabu-Plateaus sehen. Ihre Pfeiler hoben sich scharf im Morgenlicht ab. Der Anblick begeisterte mich. 1962 hatte Heinrich Harrer über dieses Gebiet gesagt: «Alles, wovon ein Entdecker jemals geträumt hat, kann er hier haben.» Das Tal neben unserer Route hatte er «Märchental» getauft, die Seen darin «Hänsel und Gretel» genannt.

Wir stiegen von der Kuppe herunter, durchquerten zwei Grasmoore und erreichten ein kleines Kalkstein-Plateau. «Wie in den Pennines», sagte Hilary, die eifrig die großen Felsblöcke fotografierte. «Und weiter droben gibt es Kreuzkraut und Lobelien wie auf dem Mount Kenya und dem Kilimandscharo.» Sie sah viel mehr als ich.

Mein linkes Knie begann zu schmerzen, weil ich ein Seitenband überdehnt hatte. Der Kalkboden zerfetzte unsere Tennisschuhe. Die Träger indes schienen die scharfen Kanten gar nicht zu bemerken. Ihre Füße fanden ganz von selber die besten Tritte, als hätten sie die Route ein Leben lang im Dunkeln geübt. Hilary, die von ähnlicher Körpergröße war, folgte einem von ihnen und trat genau auf dieselben Stellen wie er. Ich hinkte und stolperte hinterdrein.

Ein natürlicher, Höhlen und Löcher enthaltender Trockengraben schnitt sich in das Hochplateau ein, und der Karte entnahmen wir, daß er uns zum rund 3700 Meter hohen Bakopa-Paß führen würde. Das Tal war bewachsen, die Kalkwände an den Seiten jedoch weiß und kahl. Es mit einem niedrigen, haarlosen Schädel vergleichend, nannten es die Monis «Tugapa». Ich genoß die Ruhe, als die Träger anhielten, um ein paar Süßkartoffeln zu kochen.

«Welcher Träger hat die Bandagen, Hilary? Du hast gepackt.» Ich war es nicht gewohnt, daß mit mir körperlich etwas nicht stimmte, und das machte mich müde und mürrisch. Ich legte meine Mattigkeit dem Dschungel zur Last und den zwei Wochen, die wir im Labyrinth der indonesischen Bürokratie umhergeirrt waren. Hilary diagnostizierte meine Verletzung als «Neuguinea-Knie, eine bekannte Missionarsbeschwerde». Der Nachmittagsregen begann, und das Tal schien endlos.

Nach einer kurzen Besprechung machten die Träger Halt, obwohl es noch früh am Nachmittag war. Wir hatten das letzte Wasser erreicht, und deswegen mußten wir mit der Überquerung des Bakopa-Passes bis zum Morgen warten. Die Träger teilten sich in drei Gruppen auf und holten Farne, mit denen sie unter Felsüberhängen rauchige Feuer entfachten.

Vielleicht haben die Papuas wie die australischen Ureinwohner ein sehr wirksames System des Wärmeaustauschs zwischen dem arteriellen und dem venösen Blut in Armen und Beinen. Aber diese körperlichen Vorteile reichten nicht aus. Die Temperatur sank unter den Gefrierpunkt.

«*Dingin, Tuan*», sagte einer von ihnen. Es war das erste Mal, daß sich einer über die Kälte beklagte. In unseren Daunenschlafsäcken bekamen wir Schuldgefühle. Wir gaben ihnen unsere sämtlichen Reservekleidungsstücke und wünschten, wir hätten mehr davon mitgebracht. Das Weiße in ihren Augen und ihre Zähne schimmerten im Geflacker der niedrigen Feuer. Sie sangen eintönige Lieder in die Nacht hinaus und begannen schon lange vor der Morgendämmerung miteinander zu sprechen.

Wann wir die Höhe des Bakopa-Passes überschritten, wußten wir nicht genau, da sich der Pfad auf der Ebene dahinschlängelte. Der Dani im gelben Regenmantel eilte von einer Anhöhe zur anderen. Schließlich wartete er in einer Wüste aus kahlem Fels auf uns; seine Stimme verriet eine Mischung von Ungeduld und Amüsement. Wegen des schlechten Wetters hatte er seine Sonnenbrille abgenommen. Jenseits des Plateaus ragte eine gewaltige, mit Schnee bedeckte Felsspitze hoch: die Nordwand der Carstensz-Pyramide. Ein sehr langer Tag verstrich, bevor wir sie wiedersahen.

Jetzt ging es bergab, das Paß-Plateau lag hinter uns. An der Stelle, wo sich der Weg nach unten zu senken begann, stand eine hölzerne Plattform auf Pfählen. Darauf lag ein halbverwester Körper. Ich war neugierig. Luftbegräbnisse gab es auch in Tibet, und ebenso bahrten viele Indianerstämme ihre Toten auf Gerüsten auf, weil sowohl Feuer als auch Mutter Erde geheiligt waren und Leichen deshalb weder beerdigt noch verbrannt werden durften. Die Träger sagten, es sei ein erfrorener Dani.

Die beiden schnellen Danis trugen unter sich ein Bergabrennen aus, und während wir ihnen nachhinkten, sorgte ich mich mehr und mehr, weil wir zuviel Höhe verloren. Ich hatte damit gerechnet, daß wir in größerer Höhe zum Meren-Tal in den Snow Mountains queren könnten, doch hohe Kämme versperrten den Weg und zwangen uns immer weiter abwärts. Als wir den

Bereich der Wolken verließen und zu dem Tal im Süden hinüberschauten, sank mir das Herz in die schlammigen Stiefel.

Was wir sahen, war die extremste kulturelle Konfrontation in der Welt. Gut dreihundert Meter tiefer lagen große weiße Gebäude, die den engen Hals des Tales versperrten. Dazwischen erstreckte sich der mattgrüne Sumpf, der auf der Karte als Carstensz Meadow bezeichnet war. Wir hörten summende Generatoren und das sporadische Aufbrüllen riesiger Erdbewegungsmaschinen. Scheinwerfer starrten durch den Dunst wie fremde, spähende Augen. Das war Ertsberg, die Kupfermine von Freeport. Wir hatten nicht gedacht, daß sie so groß und so nah bei den Bergen sei und daß wir so dicht an sie herankommen würden.

Armeepatrouillen! *Surat Jalans*! Entdeckung! Verhaftung! Der Panik nahe, versuchten wir zu verhindern, daß die Träger sich sehen ließen. Wie sich herausstellte, mußten wir uns, wenn wir die Berge erreichen wollten, dem um die Mine gezogenen Drahtzaun bis auf siebenhundert Meter nähern. Es gab nur zwei Möglichkeiten: Entweder versuchten wir sofort, den Weg so schnell wie möglich hinter uns zu bringen, oder wir versteckten uns bis zum Anbruch der Nacht. Die meisten Träger ahnten freilich nichts von unseren Sorgen und waren längst außer Sicht; der Rest befand sich weit hinter uns. Am Fuß des Hügels, bei einer kleinen Biwakhütte aus Wellblech, konnten wir unsere Vorhut einholen.

Die zwei mit Shorts bekleideten Träger hatten aus den Tiefen ihrer Tragenetze Hemden geholt und zogen sie an. Sie und zwei andere wollten mit der Seilbahn nach Tembagapura, der Bergwerksstadt unterhalb Ertsberg, um dort Lebensmittel zu holen. Ihre Süßkartoffeln waren *habis* – zu Ende. Daß wir Tembagapura, wo es lauter Menschen unserer Rasse und Hautfarbe gab, nicht besuchen wollten, ging über ihre Begriffe. Besorgt sahen wir zu, wie die vier Gestalten die beiden Sümpfe und die zwei Flüsse durchquerten, die noch zwischen uns und den ersten Gebäuden der Mine lagen. Inzwischen waren auch die restlichen sieben Träger gekommen. Wir wiesen sie an, in der Biwak-Hütte zu bleiben.

Eine Stunde später kamen die beiden bekleideten Träger mit der Anweisung eines «Kommandanten» zurück, wir sollten unsere Sachen packen und sofort zum Bergwerk hinüberkommen. Ich gab vor, die Botschaft nicht zu verstehen.

«Offenbar halten sie die beiden anderen als Geiseln zurück», sagte Hilary. «Wenn wir da hingehen, werden wir festgenommen und aus Indonesien rausgeworfen.» Noch einmal befahlen wir allen Trägern, in Deckung zu bleiben.

Das Versteckspiel erforderte eine neue Initiative des Kommandanten. Zwei Gestalten verließen das Bergwerksgelände und kamen auf uns zu – Soldaten mit Gewehren. Hilary und ich wurden sehr aufgeregt und die Träger nicht weniger.

«Du bleibst hier mit dem Gepäck und den Trägern. Wenn wir alle da runtergehn, kommen wir nie zurück. Ich lauf' mal hin und rede mit ihnen», sagte ich zu Hilary.

Wir trafen uns, als die Soldaten etwa ein Drittel ihres Weges zurückgelegt hatten. Einer von ihnen war der Kommandant selbst. Er hatte einen Schnauzbart und dunkles, lockiges Haar, trug eine grüne Uniform und lächelte mit der Schneidigkeit eines südamerikanischen Banditen. Die Männer gaben sich freundlich. Der Kommandant sprach ein bißchen Englisch. Ich erklärte ihm, daß wir nur eine Tour in den Bergen machten und nicht die Absicht hatten, der Mine nahezukommen. Er verlangte unsere *Surat Jalans* und sah sie sich an. Jetzt war ich ganz ruhig und wartete, ob er unser Vergehen entdecken würde. Ich achtete darauf, wie sich sein Gesichtsausdruck verändern würde, sobald er die Bergsteigerverbotsklausel der Sicherheitsbehörden in Jayapura entdeckte. Entweder sah er sie nicht oder er mißverstand sie, denn er sagte kein Wort darüber. Aber ich konnte nicht sicher sein. Er bot uns an, uns in einer seiner Wächterhütten unterzubringen. Höflich, aber mit Nachdruck lehnte ich ab. Er bestand indes darauf, daß die Träger die Nacht dort verbringen sollten, und befahl dem Sergeanten, mich zu unserem Lager zurückzubegleiten und dort bis sechs Uhr abends zu warten. Ich kehrte mit bewaffneter Eskorte zu Hilary zurück. Sie glaubte, wir würden verhaftet, was ich keineswegs ausschloß. Der Sergeant schickte alle Träger zum Bergwerk hinüber, indem er mit seinem Gewehr wild in die Luft feuerte, als jage er eine Herde Schafe davon.

Hilary und ich unterhielten den Sergeanten bis zum Anbruch der Dämmerung, wobei wir ihn fleißig mit Tee bewirteten. Wir wußten nicht, woran wir mit ihm waren, und auch die beiläufige Art, wie er an seinem Gewehr herumfingerte, kam uns nicht sehr geheuer vor. Wir erklärten ihm, daß wir die Träger frühmorgens brauchten. Ob er dafür sorgen könne, daß man sie rechtzeitig freilasse? Um sechs Uhr hörten wir vom Minengelände einen Gewehrschuß. Der Sergeant erhob sich und feuerte eine Antwortsalve zu den Bergen hinüber. «Mein Kommandant ist absolut dämlich», sagte er und blinzelte uns zu.

«Was für ein Cowboy», murmelte Hilary, als er gegangen war.

Als ich um zwei Uhr morgens aufwachte, glaubte ich, es dämmere schon. Es war aber nicht die Sonne, sondern das Flutlicht der Mine, das einen gelben Schein über das Tal warf und die Nacht zum Tag machte. Statt des Geschnatters der Monis hörte ich Motorengeräusche.

Um sechs Uhr fünfzehn hatten Hilary und ich gepackt und waren abmarschbereit. Wir hatten keine Vorstellung, wie lange der Weg durch das Meren-Tal dauern würde, denn durch die Wolken und die Größe, welche die Berge in unserer erwartungsvollen Phantasie annahmen, waren wir etwas verunsichert. Um halb acht war noch immer keine Spur von den Trägern zu sehen.

«Und wenn die Polizei sie alle nach Tembagapura gebracht hat?» überlegte Hilary. «Dann sehen wir sie vielleicht nie wieder!»

Ich ging zum Bergwerk hinüber, um nachzufragen. Ein paar Steinwürfe von dem zehn Meter hohen Drahtzaun entfernt, sah ich Weiße auf riesigen Schaufelladern sitzen. Aber noch bevor ich Kontakt mit ihnen aufnehmen konnte, begrüßte mich der Kommandant aus der Tür der Hütte. Die

Innenwände waren mit Graffiti und Bildern indonesischer Schönheiten bedeckt. Vier gestiefelte Soldaten lagen auf Feldbetten, und in einer Ecke glühte ein elektrischer Heizofen. In einer anderen drängten sich auf engstem Raum unsere Träger zusammen; ich sah fast nur ihre Gesichter, die bekümmert und verstört zu mir aufsahen. Sie schwiegen, und ihre erschreckten Augen bewegten sich ständig wie die von Tieren, die man in die Enge getrieben hat. Ich versuchte, sie mit einem Lächeln zu ermutigen, bemerkte aber keinerlei Reaktion. Vom sorglosen Lachen und Lärmen der vorhergehenden Tage waren sie Tausende von Jahren entfernt.

«Haben die Monis etwas zu essen bekommen?» fragte ich.

«Wer? Ach, diese Leute? Ja, man hat ihnen etwas gegeben.»

Ich zählte sie ab. Zehn. Wo war der elfte? Er war mit dem Sergeanten nach Tembagapura gegangen und würde gegen zehn Uhr zurück sein. Dann schickte der Kommandant sämtliche Träger aus der Hütte, und nun standen sie im Freien, zitternd wegen des plötzlichen Temperaturwechsels. Der Kommandant bot mir Äpfel, Kuchen und Tee an, doch ich wollte so rasch wie möglich zu Hilary zurück und ihr von der neuesten Entwicklung berichten. Er bestand darauf, mit mir zu kommen, setzte sich eine dunkle Baskenmütze auf, schlüpfte in makellos weiße Handschuhe, schnallte seinen Pistolengürtel um und bezeichnete zwei Träger, die uns begleiten sollten.

Der Kommandant war nicht sehr fit und beklagte sich ständig über die Kälte; alle zwanzig Schritte blieb er stehen und rieb sich die Hände. «Es ist warm in meiner Heimat auf den Molukken», erklärte er. Die Morgensonne stieg auf, konnte ihn aber nicht erwärmen. Zu den beiden nackten Trägern stand er in einem merkwürdigen Kontrast, doch war er zu sehr mit sich beschäftigt, um das zu bemerken. Als wir vierhundert Meter zurückgelegt hatten, gestand er, er habe sich noch nie so weit vom Bergwerk entfernt. Der Marsch dauerte lange, und Hilary, die das Warten nicht länger ertragen konnte, kam uns entgegen.

«Ich glaube, es ist in Ordnung», flüsterte ich. Ich gab ihr einen grünen Apfel, ihre Lieblingsfrucht.

Verwundert über das Vorhandensein unserer Hütte wärmte der Kommandant sich am Feuer. Dann begann er, ein amtliches Dokument auszustellen.

«Was schreibt er denn da?» flüsterte Hilary. «Einen Strafzettel für verbotenes Parken?»

«Dies mein Adreß – jetzt Sie machen Foto von mir und schicken in Brief.» Er legte den Arm um Hilary. «Macht nichts aus?» fragte er und setzte ein Lächeln auf. Ich knipste ein Foto. Dann legte er seinen Arm um mich, und Hilary schoß ein Foto. Wir alle grinsten krampfhaft.

Gegen halb zehn kamen alle elf Träger vom Bergwerk herüber. In Tembagapura hatten sie gekochten Reis bekommen, den sie in Aluminiumfolie verpackt mit sich führten. Der Sergeant mit seinem Gewehr trottete in beträchtlichem Abstand hinterdrein. Dann folgte eine halbe Stunde völliger Ungewißheit. Die Träger weigerten sich, den Weg fortzusetzen. Hilary hatte mit der Zeit großes Vertrauen zu ihnen gefaßt und empfand für sie echten Respekt. Ihre plötzlich völlig veränderte Haltung schockierte sie tief. Sie wurde wütend, zerrte sämtliche Lasten aus der Hütte hinaus und schrie die Träger an, sie sollten ruhig verschwinden, wir würden das Gepäck alleine in die Berge befördern. Ich bemühte mich, sie zu beruhigen; die Träger streikten immer von Zeit zu Zeit, erklärte ich ihr, das sei Tradition. Von Hilarys Zorn beeindruckt, entschloß sich der Kommandant, sich auf unsere Seite zu schlagen. «Entschuldigen Sie, sprechen wenig Englisch, ich sprechen Indonesisch mit diese Leute. Ich ihnen sagen, Christus will, daß sie Ihnen helfen.»

Fünf Minuten später hörten wir, alles sei ein Mißverständnis gewesen. Die Träger verlangten zehntausend Rupien für Lebensmittel. Das war eben unser Verständigungsproblem. Tage zuvor hatte ich ihnen gesagt, daß jeder von ihnen zweitausend bekommen würde, sobald wir das Basislager erreicht hätten. Alles schien nun geschlichtet, und Hilary stürmte über das Moor der Carstensz Meadow los, während ich ihr aufgeregt Träger nachschickte. Beim Kommandanten bedankte ich mich für seine Hilfe. Dennoch bedeutete es eine große Erleichterung für uns, den Bereich seiner Jurisdiktion und das Weichbild der Mine verlassen zu können.

Am Fuß von sechshundert Meter hohen Kalksteinwänden stiegen wir das hängende Meren Valley hinauf. 1936 waren diese Hänge von den niederländischen Entdeckern Colijn und Dozy bestiegen worden, nachdem sie sich von der Küste her in den südlichen Dschungel gewagt hatten. Die beiden Männer waren auf weglosen, unbetretenen Boden gestoßen. Zweiundvierzig Jahre später folgten wir einem schlammigen Pfad. Er war von Felsblöcken flankiert, auf die indonesische Graffiti gesprüht waren. Nach einer Biegung standen wir plötzlich vor einem Totenschädel auf einer Stange. Es war eine nachdrückliche Erinnerung, daß wir uns in Neuguinea befanden.

«An Sonntagnachmittagen kommen sie wahrscheinlich vom Bergwerk zum Picknick herauf», sagte Hilary. «Ich kann einen Gletscher sehen.»

In der Ferne lief eine Schneezunge in sanftem Schwung ins Meren-Tal hinunter. Die Gegend sah ganz und gar nicht anheimelnd aus. Wir stiegen an frischen Moränen entlang. Es gab keine Vegetation. Wir kamen an zweien der drei Seen vorbei, die dem Tal seinen niederländischen Namen gaben. Am dritten See fanden wir vier große Ölfässer, zurückgelassen von wissenschaftlichen Expeditionen der Universität Melbourne im Dezember und Januar 1971/72 und Dezember bis Februar 1972/73. Die Träger blieben stehen. Ein starker Wind blies über den Lagerplatz, und es fing an zu hageln.

Wir hatten beschlossen, zwei der Monis, Fones und Ans, bei uns zu behalten. Da am Basislager eine Handelsstraße vorbeiführte, die von Norden über die einzige Lücke im Eis – den New Zealand-Paß – verlief, wollten wir unsere Ausrüstung nicht unbewacht lassen, während wir kletterten. Überdies hofften wir, die beiden würden dafür sorgen, daß ihre Freunde zurückkehrten, um unsere Ausrüstung wieder nach Bilorai zu transportieren. Wir wollten, daß die restlichen Träger sieben Tage lang südlich der Berge warteten, ehe sie sich wieder uns anschlossen. Ihnen das beizubringen, war eine schwierige Aufgabe. Ich zählte, indem ich meine Finger nach oben streckte, während die Monis ihre Finger nach unten auf die Handfläche legten. Schließlich knüpfte ich sieben Knoten in eine Schnur und sagte ihnen, sie sollten jeden Morgen, wenn sie aufwachten, einen davon lösen. Jetzt waren es übrigens Hilary und ich, die sich hungrig fühlten. Wir sahen ihnen zu, wie sie ihr verpacktes Essen zu sich nahmen. Durch ihre Mäntel aus Pandanusblättern vor dem Hagel geschützt, fingerten sie den Reis aus der Aluminiumfolie.

Ehe wir aufbrachen, hoben zwei der Monis alte Blechbüchsen auf und eilten mit unseren Eispickeln zum Gletscher hinüber. Mit Eis gefüllt brachten sie die Dosen wieder zurück. Dann nahmen sie eilends den Weg ins Tal hinunter in Angriff. Wir blieben zu viert im Basislager zurück. Fones und Ans machten dann aus der Eisbesorgung ein tägliches Ritual; solange wir in den Bergen waren, ergänzten sie immer wieder unseren Vorrat. Manche irianischen Stämme nennen Eis wegen seiner Scharfkantigkeit «Weißer Pfeil», während die Monis das weiße Eis vielleicht mit dem weißen Fett ihrer Schweine oder mit weißem Salz in Verbindung brachten. Jedenfalls übte es eine dauerhafte Faszination auf sie aus, bis es schmolz.

Für uns waren die Snow Mountains von Neuguinea die unzugänglichsten Berge der Welt. Trotzdem war der erste Eindruck bei unserer Ankunft, daß es dort auch die meisten Abfälle gab. Im Umkreis von zwanzig Metern sahen wir nichts als Glasscherben, leere Blechdosen und Fetzen alter, grüner Leinwand. Der Eindruck war der einer Mülldeponie. Auf Grund ihres wissenschaftlichen Charakters hatten die Expeditionen der Universität Melbourne die Mitarbeit der Bergwerksbehörden gewonnen, und ihr Lager war von Tembagapura aus aus der Luft versorgt worden. Die Abfälle waren freilich nicht mehr weggeschafft worden; auf diesen letzten Flug hatten die Helikopter verzichtet. Der Gegensatz zwischen dieser Nachlässigkeit und der wissenschaftlichen Disziplin ihres Buches, aus dem eine tiefe Besorgnis für die ökologischen Belange der Gegend hervorgeht, war kaum zu begreifen. Ich verbrachte zwei Stunden damit, die Abfälle in die Petroleumfässer zu werfen und so die Schweinerei zu beseitigen. Die Fässer waren voll Regenwasser und geschmolzenem Schnee, und als ich eines davon ausleerte, fiel eine große ertrunkene Ratte heraus.

«Wie es heißt, gibt es hier Beuteltiere und Ratten so groß wie Schafe», sagte Hilary. «Das muß eine junge Ratte gewesen sein.»

In ihren Schlafsäcken unter vielen Schichten Kleidung vergraben, hatten es sich Fones und Ans bald gemütlich gemacht. Hilary und ich unternahmen einen Orientierungsgang auf dem Bergrücken zwischen dem Meren-Tal und dem parallel verlaufenden Yellow Valley. Die Schneefelder im Norden waren in Nebel gehüllt, und wir stellten Vermutungen an, wo ihre höchsten Punkte lagen, ehe sie auf der anderen Seite in die steil abfallende Nordwand mündeten. Sogar den New Zealand-Paß glaubten wir lokalisiert zu haben, wenn auch die Schmalheit des felsigen Engpasses Zweifel zurückließ. Es sah aus, als sei aus der Eistorte des Gletschers ein Stück herausgeschnitten.

Im Süden senkten sich Nebelschwaden ins Yellow Valley. Segmente eines Berges wurden sichtbar und verschwanden dann wieder. Bald hatten wir sein Bild zusammengesetzt. Die Carstensz-Pyramide lag vor uns. Und nur darauf kam es uns an.

4. Carstensz

28.–29. Dezember

Im März 1920 wurde vor der *Royal Geographical Society* in London ein Aufsatz mit dem Titel «Die Erschließung neuer Territorien in Papua» verlesen. Während der Sprecher, E. W. Pearson-Chinnery, in sein Auditorium dröhnte, wurde einer der Zuhörer, ein Mr. A.F.R. Wollaston, immer unruhiger. Wollaston war einer der besten europäischen Kenner Neuguineas seiner Zeit, und er stimmte mit Pearson-Chinnerys Ansichten nicht überein. Wollaston war auch einer der letzten großen Entdecker in der Tradition des viktorianischen Empires, der als Wissenschaftler wie auch als Führerpersönlichkeit und als Tagebuchschreiber hervortrat. In einer Fülle von Aufzeichnungen legte er seine Erkenntnisse nieder, zu denen ihm seine grenzenlose Wißbegierde und seine ausgezeichnete Beobachtungsgabe verhalfen. Wollaston war aber auch ein Idealist und ein Prophet, der die seltene Gabe besaß, die zukünftigen Auswirkungen der Tätigkeit der Entdecker zu ahnen und damit auch den Schaden, den man in den betroffenen Gebieten eines Tages anrichten würde. Als Pearson-Chinnery seinen Vortrag beendet hatte, konnte Wollaston nicht mehr an sich halten. Er sprang protestierend auf, und was er vorbrachte, sollte seine endgültige Aussage über Neuguinea sein:

> *Mr. Chinnery hat Einwände gegen die Stammesfehden. Nun, wir haben uns lange Zeit und unter großem Kostenaufwand gegenseitig umgebracht, um der Demokratie in der Welt einen Weg zu bahnen ... Er sagt, wir müßten ihre Traditionen (Institutionen ist, glaube ich, das richtige Wort) ändern oder modifizieren, damit sie ‹für die Notwendigkeit des Fortschritts gerüstet› sind. Meine Hoffnung ist, daß diese Modifizierung der Institutionen langsam vor sich geht. In Neuguinea haben wir es mit den letzten Menschen zu tun, die noch nicht durch den Kontakt mit der weißen Rasse verseucht worden sind. Sie haben eine außerordentlich interessante Kultur, von der wir nur wenig wissen, und wir können von ihnen viel lernen ... Meiner Ansicht nach sollte das ganze Innere Neuguineas als ein großes ethnologisches Museum bewahrt werden, als ein Eingeborenen-Reservat, in dem diese Menschen ihr eigenes Leben führen und ihr eigenes Geschick bestimmen können. Weder Händlern noch Missionaren oder Prospektoren, ja nicht einmal Organen der Polizei sollte der Zugang zu diesem Land erlaubt sein ... Vielleicht ist das ein unerfüllbarer Traum, aber ich erlaube mir, ein paar Jahrhunderte vorauszudenken. Das Schicksal der Tasmanen und die gegenwärtige Lage der australischen Ureinwohner müßten uns hinreichend warnen.*

Durch die Carstensz Meadow zum Meren Valley. ▷
Hoch über dem schmelzenden Eis der Carstensz-Südwand. ▷▷

Wollaston hatte 1913 einen Weg von der Arafura-See zur Südwand der Carstensz-Pyramide gefunden. Ironischerweise waren seine Berichte die Grundlage der Erforschung dieses Gebiets, die schließlich in den siebziger Jahren in der umfangreichsten wirtschaftlichen Unternehmung in Irian Jaya gipfelte: der Ausbeutung der Ertsberg-Mine. Südlich davon entstand Tembagapura – die «Kupferstadt» –, wo heute zweitausend Menschen leben. Wollaston hatte zweiundneunzig Tage gebraucht, um die letzten fünfzig Kilometer bis zum Berge zurückzulegen. Jetzt verläuft ein paar Kilometer westlich von Wollastons Route eine Straße zur Küste, über welche die Stadt und das Bergwerk versorgt werden. Diese Dschungelstraße weist eine beträchtliche Anzahl von Brücken und Tunnels auf und ist die längste in Irian Jaya. Während der dreijährigen Bauzeit wurden Erdbewegungsmaschinen, Lastwagen, Transporthubschrauber und riesige Mengen Sprengstoff verwendet. Wenn es das *Free Papua Movement* und die Nachfrage zulassen, wird das Bergwerk von Freeport noch dreißig Jahre Erz liefern, bis es erschöpft ist – ein dramatischer Beweis dafür, daß Wollastons Traum tatsächlich unerfüllbar war.

Nach Wollaston schottete sich das Innere Irians von der Außenwelt ab – bis in die dreißiger Jahre, als Piloten mit kleinen Wasserflugzeugen begannen, die Haupttäler zu erkunden und zu kartographieren. Bei der Planung unserer Route auf der Südseite des Carstensz benutzten wir die ersten Fotos des Gebiets, die der niederländische Leutnant J.F. Wissel bei Aufklärungsflügen in einer S-38 für Collijns Expedition von 1936 machte. Die Niederländer bestiegen die Carstensz-Pyramide nicht, entdeckten aber die einzigartige Kupferlagerstätte bei Ertsberg, das größte im Tagbau verwertbare Vorkommen von Metallerzen in der Welt.

Bei seinen Aufklärungsflügen stellte Wissel das Vorhandensein einer zahlreichen Eingeborenenbevölkerung fest, und die Leute nannten sein Flugzeug das «brüllende Schiff». Kein westlicher Forscher hat je ein größeres bewohnbares Gebiet entdeckt, das nicht schon besiedelt gewesen wäre. Nach den Fliegern kamen die Missionare, die in den fünfziger Jahren nördlich der Snow Mountains ein Netzwerk von Missionen einrichteten. Den Missionaren folgten die Bergsteiger.

Die Carstensz-Pyramide hatte für uns einen düsteren Reiz. Nebel, Hagel und Regen verstärkten den Eindruck von Ferne und Unwirtlichkeit und akzentuierten noch die Größe des Berges. Daß er sich klein unter einer starken Sonne und der Weite eines blauen Himmels verlor, sollten Hilary und ich nie erleben. Die Nordwand enthielt große, blaugraue, steil geneigte Kalksteinschichtungen. Wir erkannten die leichteste Aufstiegsroute, auf der 1962 Philip Temple und der Österreicher Heinrich Harrer mit ihrer Gruppe den Berg zum ersten Mal bestiegen hatten. Sie waren einer zum Westkamm führenden Rampe gefolgt und machten dann entlang dem Grat eine lange Querung zum Gipfel.

Zwischen 1971 und 1974 war die Carstensz-Pyramide das Ziel fünf verschiedener Expeditionen. Die meisten davon gingen den Berg von Nordwesten her an, wobei sie den in Ilaga beginnenden Pfad Temples als Zugang

◁◁ Ehrfurchtgebietend wie eine Spitze in den Dolomiten: die Nordwand des Dugundugu. Die Route folgte der Mittelspalte des Turmes.

◁ *Oben:* Die Snow Mountains und die Carstensz-Pyramide vom Bakopa-Paß aus.
Unten: Beim Verlassen der Carstensz Meadow. Im Hintergrund die «Ertsberg»-Mine, ein Stück westlicher Welt inmitten der Wildnis.

nutzten. Die ursprüngliche Aufstiegsroute wurde begradigt, so daß der Westkamm näher beim Gipfel erreicht wurde. Diese Route wurde dreimal durchstiegen, sodann der Ostkamm erklettert und die Nordwand mit vier neuen Routen durchzogen. Diese Seite bot offensichtlich hervorragende Klettermöglichkeiten. Doch Hilary und ich wollten neue Wege gehen.

Was unser Augenmerk auf die Südwand gelenkt hatte, war die Kopie eines Briefes von Bruce Carson an Hermann Huber, Mitglied einer Münchner Expedition im Jahre 1974. Carson, ein ausgezeichneter junger amerikanischer Felskletterer, hatte 1973 die Pyramide dreimal bestiegen, war aber zwei Jahre später im Himalaya ums Leben gekommen. Er hatte geschrieben:

Der lohnendste Aufstieg, der noch unternommen werden kann, führt durch die Südwand. Das wäre freilich kein leichtes Vorhaben. Wenn Du diesen Versuch unternimmst, wäre es gut, wenn Du zuerst die leichteste Nordroute gingst, damit Du Dir den Aufstieg einprägen und den hängenden Gletscher unterhalb des Gipfels ansehen kannst. Auch bin ich nicht sicher, wie man zum Fuß der Wand hinunterkommt. Vielleicht kann man den Grat in der Scharte zwischen der Pyramide und dem Wollaston Peak überqueren und dann zur Basis der Wand absteigen. Wir sind nicht zu dieser Scharte gekommen, und so weiß ich nicht, ob das geht. Wenn nicht, ist der Weg auf jeder Seite sehr lang – mehrere Tage. Die Südwand ist wirklich eine Herausforderung.

Ein Blick über den Carstensz-Gletscher hinweg zeigte uns die Kerbe, von der Carson gesprochen hatte. Wir versuchten, uns den durch Eis und Geröll führenden Zugang zu dem Einschnitt einzuprägen, damit wir noch bei Dunkelheit mit dem Anstieg beginnen konnten.

Wieder ins Basislager zurückgekehrt, studierten wir die beiden Luftaufnahmen der Wand, die wir hatten – Wissels Foto von 1936 und eines, das Richard Muggleton im Rahmen des Projekts der Universität Melbourne gemacht hatte. Der «ewige Schnee» des holländischen Buchtitels von 1936 war geschrumpft. Es war, als betrachte man zwei völlig verschiedene Berge. 1936 hatte ein riesiger Hängegletscher die ganze Wand überzogen. 1972 hatte er sich beträchtlich verkleinert; Felsvorsprünge lugten hervor, und seine Eisfälle wirkten komplexer. Seit dem Zeitpunkt der letzten Aufnahme waren sieben Jahre vergangen, und vom Zustand der Südseite konnten wir im Norden nichts wissen. Es war, als bemühe man sich, die erdabgewandte Seite des Mondes zu ergründen.

Da wir in den Bergen selbst nur eine Woche hatten, mußte dieser erste Nachmittagsspaziergang zur Orientierung genügen. Wir hatten keine Zeit, zuerst die leichteste Route auf die Pyramide zu klettern, um uns, wie Carson es vorgeschlagen hatte, mit dem Abstieg vertraut zu machen. Wir konnten auch keine Trainingstour unternehmen, um ein Gefühl für das Gebiet zu entwickeln. Am nächsten Morgen wollten wir uns in aller Frühe auf den Weg zur Südflanke machen. Beeindruckt von der Eigenart dieses Berges und von dem Ernst, der aus Carsons Brief sprach, wählten wir sorgfältig aus, was wir an Ausrüstung brauchten.

DIE SNOW MOUNTAINS IN IRIAN JAYA (WEST-NEUGUINEA)

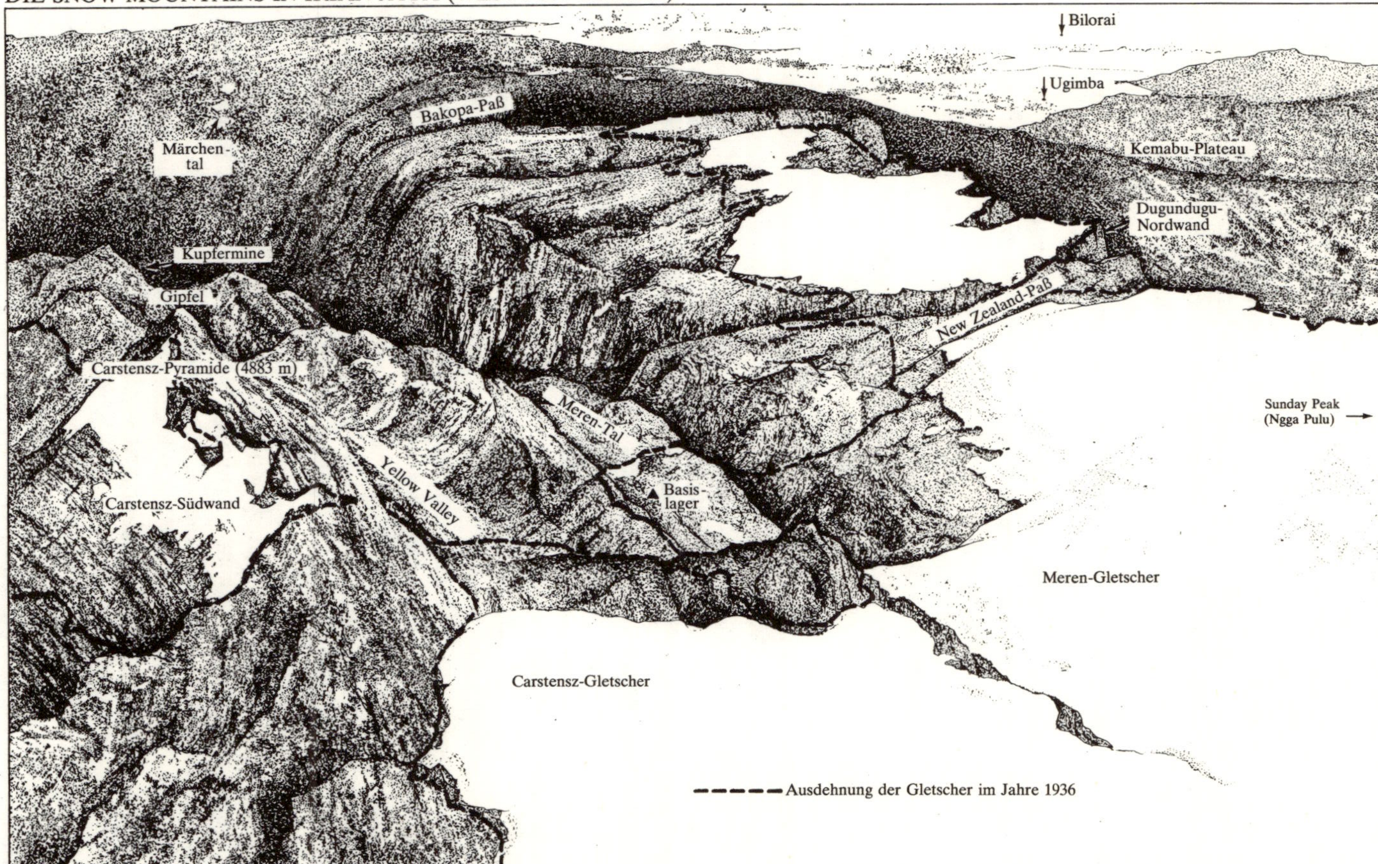

Fones und Ans sahen verwundert zu, als wir Biwakausrüstung, Steigeisen, Eishämmer, Schrauben, Muttern, Haken und Karabiner herrichteten. Ihr ständiges Husten und das unüberhörbare Herumschnüffeln einer Ratte hielten mich in dieser Nacht wach.

Um halb sechs Uhr morgens ging es in Dunkelheit und Nebel hinaus. Umrisse waren nur schwach zu erkennen, Entfernungen sehr schwierig zu schätzen, und unseren Karten konnten wir nur ungefähre Anhaltspunkte entnehmen, weil die Gletscher inzwischen geschmolzen waren. Ich holte meinen Kompaß hervor, und wir stolperten auf einen gelegentlich aufscheinenden weißen Fleck zu, von dem wir wußten, daß es der Carstensz-Gletscher war.

Der Gletscher lief in einem hundert Meter hohen Eishang mit einem Neigungswinkel von sechzig Grad aus. Wir banden uns das Seil um und legten die Eisausrüstung an. Mir kam es vor, als wäre ich tagelang durch Morast gestapft. Trotz der schweren Rucksäcke gab uns nun das Gehen im Eis ein erhebendes Gefühl. Als die Dämmerung aufzog, breitete sich das Yellow Valley vor der Nordwand des Carstensz in matten Farben unter uns aus. Auch vergleichsweise frische Flecken von Braun, Gelb und Rot, Hinterlassenschaften des weichenden Gletschers, konnten wir sehen. Eine halbe Stunde brauchten wir, um die Kerbe zwischen dem Wollaston Peak und dem Ostgrat des Carstensz zu durchqueren, und wir hofften, daß das stellenweise am Himmel durchschimmernde Blau einen klaren Morgen ankündigte. Bald zogen indes wieder Wolken herauf. Zu unserer Rechten wurde der Ostgrat sichtbar. Zunächst nur leicht geneigt, verschwand er in einem Gewirr von wolkenumhüllten Pfeilern. Im Süden mündete eine dreißig Meter breite Geröllhalde in einen nebligen Kessel. Sorgfältig auf verborgene Hindernisse achtend, stiegen wir langen Schrittes hinunter. Der Gedanke an den bevorstehenden, noch nie von einem Menschen gewagten Aufstieg erfüllte uns mit erregter Vorfreude. Seit den Erstbegehungen dieser Art in den Westalpen waren hundert Jahre vergangen.

Wir hatten einen hindernisarmen Abstieg erwischt und kamen sehr gut voran. Der Nebel war jetzt so dick, daß uns, wenn er aufriß, der Ausblick immer wieder neu überraschte. Wir wählten jeweils irgendeinen auffallenden Felsen und merkten uns den Weg bis dorthin. War die Sicht gleich darauf wieder weg, ging es nach dem Gedächtnis weiter.

Wo war der Südwandgletscher? Den neuesten Fotos nach zu schließen, hätten wir eigentlich auf ihm stehen müssen. Einem Bruch der Schichtung folgend, überquerten wir zwei größere Rücken, die wie die Rippen eines Skelettes aus der Bergseite ragten. Ich schaute über die Schulter und sah durch ein Wolkenfenster dreißig Sekunden lang die gut hundert Kilometer entfernte Arafura-See. Sie schimmerte von jenseits der Küste herauf. Gleich darauf hatten die Wolken wieder alles verdeckt.

«Schade, Hilary, da hast du etwas versäumt.»

Aber wo war der Gletscher? Ich erreichte den zweiten Kamm ein paar Meter vor Hilary. Eine ganze Minute lang sog ich den einzigen Anblick der Südwand ein, den ich während des ganzen Tages haben sollte. Sie sah leer und unnahbar aus und erinnerte an eine alpine Nordwand, durch die ein Sommersturm tost. Ich versuchte sie Hilary zu beschreiben, als sie nachkam: «Das ist ein terrassiertes, riesiges Amphitheater. Der Gletscher besteht aus zwei Zungen und ist ziemlich hoch oben. Zumindest schaut es nicht aus, als müßten wir uns durch sulzige Eiswände schlossern. Die Spitze konnte ich aber nicht sehen. Wir müssen einfach abschätzen, wo die Mitte ist, und dort hinaufkraxeln.»

Wir bewegten uns im Zickzack vorwärts und rückwärts und kletterten über Felsvorsprünge, die aus der abfallenden Schichtung ragten. Ständig fielen kleine Steine aus dem Nebel auf uns herunter, und wir setzten die Helme auf. Uns gegenseitig mit dem Seil zu sichern, wagten wir nicht, aus Angst, es könnte sich an einem der lockeren Blöcke verfangen und ihn auf einen von uns herabreißen. Obwohl wir Griffe und Tritte sehr sorgfältig wählten, setzten wir gelegentlich Gestein in Bewegung, das dann donnernd in den Abgrund hinunterstürzte.

«Glaubst du, du schaffst dieses Stück, Hilary? Ich klettere ganz nahe bei dir. Wenn du steckenbleibst oder Hilfe brauchst, sagst du es.»

«Keine Angst, ich komm' schon zurecht.»

Was sollte ich ihren Eltern sagen, wenn sie abstürzte? Wenn es Tasker gewesen wäre, hätte ich ihn einfach machen lassen und auf mich selbst aufgepaßt. Sie an Weihnachten an einen solchen Platz zu verschleppen! Warum bestiegen wir diesen Schutthaufen und nicht die festen, sauberen Blöcke der Nordwand?

Der Himmel erteilte uns für die masochistische irianesische Kunst des Regenkletterns die Taufe – es goß, und der Steinschlag nahm zu. Nach zwei Stunden ununterbrochenen Aufstiegs erreichten wir die beiden Eishänge. Wir folgten dem schmalen Felsband dazwischen, bis es zu Ende war. Dann legten wir die Steigeisen an, und ich ging allein voraus. Es war steiles, hartes Wassereis. Zwanzig Meter höher fiel mir Hilary wieder ein.

«Augenblick, ich werf' dir das Seil runter.»

Nach weiteren fünfzig Metern im steilen Eis machten wir dort, wo der Gletscher in einem Ring von Felsüberhängen endete, im Schutz einer Spalte Halt. Der Niederschlag hatte sich in Graupelregen gewandelt. Ein-, zweihundert Meter über uns hörten wir den Wind von Norden über den Grat heulen. Wir waren im Parkett des Theaters und wollten auf den Balkon.

Es war, als klettere man durch einen erst eben gesprengten Steinbruch. Von der Lippe des Überhangs fiel wie ein fünf Meter hohes, aufgerissenes Zwiebackpaket ein Felshorn herunter. Geröll brach unter meinen Händen und Füßen los, als ich mich, sorgfältig die sichersten Griffe und Tritte aussuchend, vorsichtig nach oben schob. Ich wagte nur noch ganz verhalten zu atmen; jede plötzliche Bewegung, die mein empfindliches Gleichgewicht stören konnte, vermied ich aufs peinlichste. Das Problem war, wie ich über den Überhang kommen sollte. Statt eines Simses, auf das ich mich hätte hieven können, gab es nur eine abfallende Fläche aus halbgefrorenem Sand. Ich schlug meinen Eishammer und das kurze Eisbeil hinein und hangelte mich dann über die Kante. Der Sand bewegte sich, als ich mein Gewicht auf die Stiefel verlagerte und dann wie wild zwanzig Meter den steilen Hang hinaufstampfte, als stürme ich eine abwärtsgehende Rolltreppe hoch. Mein Herz hämmerte vor Aufregung. Der losgetretene Schutt fiel wie eine Kaskade über die Böschung und verdunkelte für Hilary wie ein Vorhang den Himmel.

Hatte ich mich vorher auf dem Balkon des Theaters befunden, so war ich nun im Schnürboden. Als Hilary wieder bei mir war, bewunderte sie das einen halben Meter breite Sims, auf dem ich stand. Es lief quer über die Wand wie ein Steig, den man in die Wölbung einer Kalksteinhöhle schlägt, um sie Besuchern zugänglich zu machen.

«Oh, was für ein hübsches Sims. Ein guter Platz für ein Biwak», sagte sie.

«Vielleicht brauchen wir eines. Ich komm' über diesen Überhang nicht hinweg», murmelte ich. Obwohl es erst Mittag war, schien unser Aufstieg schon zu Ende zu sein. Drei Meter über unseren Köpfen ragte ein glatter, drei Meter breiter Überhang in den Nebel hinaus.

Wir hatten eine Höhe von beinahe viertausendachthundert Metern erreicht, und die dünne Luft ließ uns merklich ermüden. Unsere schweren, die Bewegung behindernden Rucksäcke waren unwillkommene Partner geworden. Ich ließ den meinen bei Hilary, die auf dem Sims saß, und krabbelte, um einen möglichen Ausweg zu erkunden, seitwärts in das undurchdringliche Grau. Das Sims endete an einer zerklüfteten Felsrippe. Ich stieg um sie herum in einen breiten Kamin, der den Überhang spaltete. Ich zwängte mich den Kamin hoch, bis ich den Grat sehen konnte. «Wir sind da! Wir sind da!» schrie ich und kehrte zu Hilary zurück, um meinen Rucksack zu holen. Dann kletterten wir gemeinsam den Kamin hinauf.

Auf dem Grat drang der Wind rasch durch unsere feuchten Kleider. Wir legten uns nieder und spähten vorsichtig über die nördliche Kante. Graupel- und Hagelschauer wehten uns in die Augen. Die Welt unter uns war durch ganze Stunden Gebirge von uns getrennt. Zwischen rasch dahinjagenden Wolkenfetzen sahen wir siebenhundert Meter unter uns Stücke des Yellow Valley. Der Blick den Absturz hinunter machte mich beinahe schwindelig; vorher hatte der dichtere Nebel der Südseite die Sicht nach unten gnädig verhüllt.

«Sind wir denn auf dem Gipfel?» fragte Hilary.

«Ich weiß nicht, ich glaube schon», antwortete ich. Aber noch hatten wir den höchsten Punkt nicht erreicht. Links, in westlicher Richtung, ragten noch höhere Formationen auf. Bemüht, uns ein halbwegs zuverlässiges Bild des fast ständig von huschenden Wolken verborgenen Berges zu machen, spähten wir lange nach rechts, bis wir sicher waren, daß es dort keine höhere Stelle gab als unseren Standpunkt. Dann wandten wir uns nach links.

Der Grat war rasiermesserscharf, aber zumindest war er stabil. Unsere Handschuhe waren schon bald zerfetzt. Bei einer ungeschickten Bewegung blieb Hilary mit dem Ärmel ihres Anoraks hängen und riß ihn entzwei. Sie verwünschte den Fels und den Ärmel, als sei der Schaden das Produkt einer Verschwörung der beiden, und verfluchte auch ihren Rucksack, der sie nach hinten zog und behinderte. Sie behandelte oft unbelebte Objekte wie lebende Dinge, und ich sagte es ihr.

«Ich rede lieber zu Pflanzen, aber das kann ich hier nicht», antwortete sie und schimpfte dann, weil ich ihr einen so schweren Rucksack zu tragen gegeben hatte.

Ein tiefer Riß hielt uns auf. Es gelang mir nicht, ihn zu durchqueren. Wir mußten wieder zurück und durch den Kamin in die vergleichsweise geschützte Südwand hinunter. Um zwei Uhr nachmittags befanden wir uns wieder genau an der gleichen Stelle des Simses, wo wir schon zwei Stunden vorher gewesen waren. Was wir am Morgen an Zeit gutgemacht hatten, war jetzt verloren.

Die verbleibenden Tagesstunden begannen wie ein Metronom in meinem Kopf abzuticken. Dieses Mal folgten wir dem Sims in westlicher Richtung, nach links. Ich fuhr Hilary an, weil sie nicht schneller kletterte, ließ sie wieder zurück und machte mich von neuem allein auf Erkundung. Allmählich staute sich Wut auf Hilary, den Berg, den Regen, den Wind und auf mich selbst in mir auf. Ich versuchte, alles vernünftig zu sehen und meine Frustration in Energie zu verwandeln. Schneller und schneller bewegte ich mich, allein in einer Welt aus Nebel und Fels. «Warum geht sie, wenn die Zeit knapp wird, immer so langsam? Warum fahre ich sie an und wünsche mir einen gleichstarken Partner? Bei einem anderen Klettergefährten würde mir so etwas nie einfallen; es ist unfair, und so ernst ist die Situation auch wieder nicht. Aber schließlich müssen wir weiter; ich möchte um Gottes willen nicht die Nacht hier verbringen. Und wenn der Gipfel im Osten ist? Was ist, wenn wir die falsche Richtung erwischen?»

Ich befand mich jetzt unterhalb der Stelle, wo uns auf dem Grat der Riß gestoppt hatte. Der Boden verbreiterte sich, und ich erkannte eine Flucht von Rampen und Rinnen, die aus der Südwand hinaus und auf den Grat hinaufführten. Ich kehrte zurück und holte Hilary und meinen Rucksack. Unsere Traglast mehr symbolisch als wirklich erleichternd, ließen wir unsere teuren Eisschrauben liegen und machten uns erneut auf den Weg.

Als wir den Grat wieder erreicht hatten, stellten wir fest, daß wir auf diese Weise die Risse und Türme, die uns vorher am Weiterkommen gehindert hätten, umgangen hatten. Der Anstieg des Rückens bewies, daß wir in der richtigen Richtung kletterten. Seillänge auf Seillänge stürmte ich voran, Hilary im Schlepptau. Wenn sie stehenblieb, machte ich jedesmal ein Foto von ihr, was sie fürchterlich ärgerte. Wenn sie eine Hand frei hatte, stemmte sie sie in die Hüfte und schrie durch die Graupelschauer: «So darfst du mich nicht aufnehmen, mein Gesicht ist von der Höhe ganz angeschwollen!» und «Hör auf, so zu tun, als hättest du einen Sack Kartoffeln am Seil! Laß mich ordentlich klettern!» Meine Antworten konnte sie nicht hören, weil sie die Kapuze ihres Anoraks wegen des Windes fest zugezurrt hatte.

Ein auf dem Grat liegender Pfahl war der erste Hinweis darauf, daß wir uns beim Gipfel befanden. Bald stießen wir auf andere Hinterlassenschaften. Wir öffneten zwei Blechdosen und fanden durchweichte Zettel der Münchner Expedition von 1974 und von Carsons Gruppe vom Jahr zuvor. In einer

Plastiktüte waren Fähnchen von Indonesien und Neuseeland, und in einer Filmdose fanden wir Haarlocken. In diesem Nebel waren das die einzigen erkennbaren Zeichen, daß wir den Gipfel erreicht hatten. «Stell dir vor, du bist das einzige Mädchen, das hier oben gewesen ist, und von den Anden bis zum Himalaya ist niemand höher als wir.»

«Außer in Flugzeugen», antwortete sie. Wir hatten nur kurz Zeit, uns zu erholen. Es war schon drei Uhr, und in zweieinhalb Stunden würde es dunkel sein.

Ich versuchte, sie zur Eile anzustacheln. «Komm, Hilary, reiß dich zusammen. Ob wir die Nacht hier oben verbringen oder nicht, hängt davon ab, ob wir uns noch eine Stunde lang richtig anstrengen. Du willst doch nicht zwölf Stunden lang in Wind und Regen rumsitzen, oder?» Der Ton war gewollt unangenehm.

Beim Abstieg vom Westgrat hielt uns eine ungefähr fünfzehn Meter tiefe Felsspalte auf. Auf unserer Seite war sie zu steil, als daß wir hätten hinabklettern können. Dann bemerkte Hilary in einem Riß einen Aluminiumhaken mit einer Nylonschlinge – ein beruhigendes Zeichen, daß wir uns jetzt auf der normalen Route befanden. Wir zogen unser Seil durch die Schlinge und ließen uns auf den Grund der Spalte hinab.

«Ich steig' noch ein bißchen weiter hinunter und sehe mich um», sagte ich. Am Seil ließ ich mich dreißig Meter weit in die Tiefe. Dann hing ich wie ein sanft schwingendes Pendel da, von wehenden Nebeln umgeben. Angestrengt spähte ich in das Dunkel unter meinen Füßen. In einer Tiefe von gut hundert Metern erkannte ich eine sandige Rampe, die diagonal durch die Wand verlaufend nach unten führte. Es war unsere Abstiegsroute, aber auf diesem Weg konnten wir sie nicht erreichen. Ich zog mich wieder zu Hilary hoch. Wir kletterten die andere Seite der Spalte hinauf und gingen dann auf dem Grat weiter. Bald waren wir an dem Punkt angekommen, wo das obere Ende der Rampe in den Westgrat mündete.

Auf der Rampe lag feines Geröll. Hilary bewegte sich plötzlich rascher. Begierig, schneller hinunterzukommen, hoppelten wir halb im Laufschritt weiter, wobei wir unsere Absätze tief in den Boden eingruben. Innerhalb von zwanzig Minuten schafften wir fast dreihundert Meter. Dann war die Rampe zu Ende, und die Felsplatten der Nordwand wölbten sich dergestalt von uns weg, daß wir keinen Blick auf den Talboden hatten. Der Fels war von flachen Rinnen durchzogen, durch die das Wasser wie über ein steiles Wehr hinunterschoß.

«Komm, wir steigen senkrecht ab», sagte Hilary. «Es kann nicht mehr weit sein.» Mit dem Gesicht zum Berg begann sie, eine der Wasserrinnen hinunterzuklettern.

Bekümmert folgte ich ihr. Wir mir schien, begann sie sich zu sicher zu fühlen und riskierte leichtsinnig einen Unfall. Wasser platschte auf unsere Ärmel herunter. Ich hatte Angst, daß das Gestein rutschig sein würde, aber trotz der Sintflut blieb es griffig und sauber.

«Wir sollten uns abseilen», sagte ich. «Alles andere ist zu riskant.»

Dreimal ließen wir uns eine Seillänge von fünfundvierzig Metern hinunter, bis wir wieder ebenen Boden betraten. Wir waren in Sicherheit. Zu biwakieren brauchten wir nicht.

«Ich hätte nie gedacht, daß du so barsch werden kannst», sagte Hilary.

Innerhalb von Minuten wurde es völlig dunkel. Jetzt merkten wir erst, wie durchnäßt wir waren. Meine Helmlampe funktionierte nicht, und die Dunkelheit wurde so dicht, daß Hilarys Lampe nicht stark genug war, um den Weg zwischen den Blöcken für uns beide gleichzeitig zu beleuchten. Ich nahm ihre Lampe, ging sechs oder sieben Schritte und beleuchtete dann Hilarys Weg. Weiter. Halt. Weiter. Halt. Die Regenschauer wehten durch den Lichtkegel der Lampe, die Entfernung zum Basislager nahm Dimensionen an, die wir uns nicht hatten vorstellen können.

«*Tuan*!» riefen Fones und Ans glücklich, als sie das Geklirr unserer Schlosserei hörten. In dieser Nacht vermochte mich nicht einmal die Ratte aufzuwecken.

5. Dugundugu

30. Dezember–1. Januar

Wir breiteten unsere Ausrüstung aus, als sei das eine Zeremonie. Es war ein großes Ereignis gewesen. Wir hatten die Carstensz-Pyramide erklettert, die Sonne schien, und wir hofften, daß Ausrüstung und Kleidung zum ersten Mal, seit wir das Innere von Irian Jaya betreten hatten, bald trocken sein würden. Es war unser erster Ruhetag, seit sich zehn Tage zuvor unser Geschick in Jayapura gewendet hatte. Wir sprachen über das Wetter. Es schien besser zu werden, und vielleicht würden wir jetzt wechselweise auch gute Tage haben. Wir freuten uns freilich zu früh, denn der Sonnenschein dauerte nicht sehr lange. Der frühe Morgenwind brachte Wolken und Regen, und eilends packten wir wieder alles ein. Auch für das nächste Abenteuer waren unsere Sachen noch feucht.

Ein wilder Hund kam das Meren-Tal herauf, um uns auszukundschaften, und heulte uns an. Die weichenden Gletscher der Snow Mountains hatten um unser Lager herum öde Geröllhalden und düstere Moränen zurückgelassen. Es war ein unwirtlicher Ort, und wir wollten weiter.

An Silvester machten wir uns an die Erkundung der Nordseite der Berge, wo die höchsten Spitzen der Kette aus dem Büschelgras des Kemabu-Plateaus ragen. Fones und Ans wollten nicht mit uns gehen; sie zogen es vor, im Basislager zu bleiben. Hilary und ich gingen alleine los, versehen mit unserer kompletten Kletterausrüstung und Lebensmitteln für zweieinhalb Tage.

Um den New Zealand-Paß zu erreichen, mußten wir ein paar hundert Meter unseres Anmarschweges zurückgehen. Nach einer Biegung standen wir plötzlich fünf Indonesiern in gelben Arbeitsjacken und Wellington-Stiefeln gegenüber. Erst vermutete ich, es sei eine Armee-Patrouille, die ausgeschickt worden war, um uns zu verhaften. Unsere Phobie vor Begegnungen mit Organen der Staatsgewalt hatte sich noch nicht gelegt. Zu vermeiden war der Kontakt nun nicht mehr, also lächelten wir, als ließe sich derart die Normalität unserer Gegenwart unter Beweis stellen. Die Indonesier waren etwas erstaunt, aber freundlich; sie seien unterwegs zu einem Silvester-Picknick, ließen sie wissen.

Auf Wissels Luftaufnahmen von 1936 ist der New Zealand-Paß nicht zu sehen, denn er lag damals noch unter dem Eis, und die Schneekappe der Berge erstreckte sich in ununterbrochener Hufeisenform bis hinüber zur Carstensz-Pyramide. Als Temple jedoch 1961 den Paß entdeckte, war er vermutlich schon zehn Jahre eisfrei gewesen und wurde bereits von den Eingeborenen aus dem Gebiet nördlich und südlich davon auf Jagd- und

Handelsexpeditionen benutzt. Mit 4500 Meter ist er der höchste Paß in Neuguinea.

Die Schlucht bot ein eindrucksvolles Bild, und die Aussicht, neues Land zu erleben, beflügelte unsere Schritte, während wir sie durchquerten. Ohne die Hilfe unserer Moni-Führer konnten wir jetzt auf eigene Faust Unbekanntes entdecken. Wir fühlten uns privilegiert, weil wir dort sein durften.

Auf dem höchsten Punkt des Passes befand sich ein Ring aus neun kleinen Steinen, um den sich ein größerer, aus achtzehn Steinen bestehender Kreis von etwa einem Meter Durchmesser zog. Wir betrachteten ihn genauer und entdeckten auf einem Stein einen Menschenschädel, der uns aus leeren Augenhöhlen anglotzte. Wir hatten gehört, daß 1976 dreiundzwanzig Eingeborene bei der Überquerung des Passes in einem Sturm erfroren waren. Vielleicht war dieses rituelle Arrangement ein Denkmal für sie oder eine Bitte um das Wohlwollen ihrer Geister.

Der Reichtum und der Neuigkeitswert der Mine hatte während der siebziger Jahre den Reiseverkehr über die Berge zweifellos anwachsen lassen. Als wir die nördliche Seite des Passes hinuntergingen, begegneten wir drei winzigen Männern und zwei Jungen, die nur *Kotekas* trugen und mit Pfeil und Bogen bewaffnet waren. Sie kamen von Beoga, einer Siedlung im Norden der Berge. Sie begrüßten uns, indem sie an unseren Fingern zogen, und holten hastig ein maschinengeschriebenes *Surat Jalan* hervor, das unserer Vermutung nach von einem Missionar stammte. Wir schauten es an, obwohl wir es nicht verstehen konnten. Nachdem wir jedem der fünf ein Bonbon gegeben hatten, sahen wir ihnen besorgt nach, wie sie in den kalten Nebel hinaufstapften, der sich jetzt über den Bergen aufhäufte.

Diese Anfälligkeit für Neugiererregendes aus dem Westen, die Menschen veranlaßte, sich nackt und unvorbereitet in so gefährliches Gebiet zu begeben, hatte etwas Lemminghaftes an sich. Es schien eine Attraktion auszuüben, gegen die kein Kraut gewachsen war. Als sich Wollaston 1913 von der Südküste her dem Gebirge näherte, erhielt er täglich Besuch von Bergbewohnern, welche die seltsame Erscheinung, von der sie gehört hatten, selbst auskundschaften wollten. Auf dem Marsch zu den Bergen fand er zahlreiche Leichen – insgesamt vierzig. Die Leute waren auf dem Rückweg verhungert oder erfroren. Die Sache erschien ihm rätselhaft, denn die Toten wirkten nicht abgemagert, und Wollaston kam zu dem Schluß, daß sie einfach aufgegeben hatten und deswegen starben.

Unter uns konnten wir den Lake Larson sehen, benannt nach einem amerikanischen Missionar in Ilaga. Expeditionen der frühen siebziger Jahre, welche die Berge von der dortigen Landepiste her angingen, hatten ihn kennengelernt. Für uns war jetzt die wichtigste Aufgabe, eine geschützte Stelle zu finden, an der wir biwakieren konnten, denn wir hatten die Zelte im Basislager gelassen. Wir wußten, daß es in der Nähe des Sees einen riesigen erratischen Block gab – den Mapala Boulder –, den viele Expeditionen aus Ilaga als Basis benutzt hatten. Es handelte sich um einen traditionellen Biwakplatz, denn die Universität Melbourne hatte Spuren gefunden, die den Schluß erlaubten, daß Menschen schon vor drei- bis fünftausend Jahren auf dem Plateau jagten und Handel trieben und im Schutz des Felsblocks aßen und schliefen. Für unsere Zwecke lag er freilich nicht hoch genug; wir gingen also weiter am Fuß der tausend Meter hohen Nordwände der drei Gipfel von Ngga Pulu entlang. Diese Wände bildeten einen dramatischen Kontrast zu den gewellten Schneeflächen auf ihrer anderen Seite und stiegen mit der abrupten Steilheit von Meeresklippen aus der sanftwogenden Kemabu-Ebene empor. Mit wachsendem Interesse starrte ich zu den hohen Zinnen empor; ich suchte nach möglichen Angriffsrouten und dachte kaum mehr daran, daß wir erst einmal einen schützenden Felsblock zu finden hatten.

Hilary entdeckte einen, bevor ich eine mögliche Route ausmachte. Mit seinem vorspringenden Dach, das genügend Regenschutz bot, und einer kleinen Quelle an seinem Fuß stellte er einen idealen Biwakplatz dar. In der Umgebung gab es Spuren von wilden Hunden; wir versteckten also Lebensmittel und Ausrüstung unter schweren Steinen, bevor wir auf Erkundung gingen.

Als wir uns eben auf den Weg machen wollten, hörten wir plötzlich das metallische Knattern eines über uns schwebenden Hubschraubers. Sofort suchten wir unter unserem Felsdach Zuflucht. Bald wurde uns jedoch klar, wie unwahrscheinlich es war, daß wir verfolgt wurden. Wahrscheinlich befand sich der Hubschrauber auf einem Erkundungsflug für das Bergwerk oder machte mit irgendwelchen Managern eine Neujahrs-Sightseeing-Tour. Trotzdem schien es geraten, sich nicht sehen zu lassen. Zweimal flog der Helikopter am Fuß des Massivs entlang; dann verschwand er plötzlich wieder über dem New Zealand-Paß. Für Momente warf das Bergmassiv noch das ratternde Echo zurück, dann erstarb das Geräusch.

Wegen der ständig wabernden Nebel hatten wir erst allmählich eine Vorstellung von der Topographie der Berge gewonnen. Sie bildeten ein Rechteck mit einer offenen Flanke im Westen – dem Meren-Tal, durch das uns die Träger heraufgeführt hatten. In der Mitte befand sich das Basislager. Die südliche Grundlinie mit der Carstensz-Pyramide und die Nordseite wurden durch den New Zealand-Paß unterbrochen. Von Norden und Osten hingen Gletscher zum Basislager herab. Auf ihren Rückseiten ragten zehn Kilometer weit senkrechte Wände hoch, unter denen wir nunmehr standen. Der höchste der drei Gipfel von Ngga Pulu, der Sunday Peak, war in der oberen Ecke am Schnittpunkt der Nord- und der Ostseite. Die Besteigung seiner Nordwand war unser Ziel.

Reinhold Messner hat diese Nordwände mit der Civetta verglichen, und tatsächlich wirkten sie auf uns ebenso ehrfurchtgebietend wie eine Wand in den Dolomiten. Steile Rinnen, durch die gelegentlich Eisbrocken von der Schneekappe fielen, unterteilten sie in eine Anzahl zackiger Türme. Bis dahin waren die Wände nur an drei Stellen durchstiegen worden, und es gab darüber hinaus noch eine Menge anderer verlockender Möglichkeiten. Wegen des Nebels und des strömenden Regens sahen wir jedoch nie die ganze Wand. Wir saßen unter unserem Felsblock und schauten zu, wie Blitze in ein östlich gelegenes Tal zuckten. Ein gewaltiges Gewitter hatte sich zusammengebraut und bewegte sich auf uns zu. Wir kamen uns vor wie in der Arche Noah.

«Alles Gute zum neuen Jahr.» Ich bemühte mich um eine etwas abgeklärtere Haltung, und zehn Minuten nach Mitternacht sagte ich: «Mir scheint, dieses Wetter möchte uns etwas sagen.»

Sofort sprach sich Hilary nachdrücklich dafür aus, daß wir statt der Wand des Sunday Peak einen der beiden Türme auf der Nordseite des Dugundugu angehen sollten, des Berges unmittelbar westlich vom New Zealand-Paß. «Das könnten wir ja vielleicht schaffen», sagte sie.

Gegen Morgen wurde der Regen schwächer. Strahlen dämmrigen Lichts brachen durch die bleiernen Wolken und jagten sie weiter nach Westen. Im Zwielicht brachen wir auf, und sobald die Sonne den Hintergrund der Berge stärker aufgehellt hatte, hatte ich genug vom Sunday Peak gesehen, um einer Änderung unseres Planes zuzustimmen. Der Dugundugu schaute viel verlokkender aus. Wir sichteten unser Gerät und trafen eine dem neuen Ziel entsprechende Auswahl. Dieses Mal nahmen wir keine Biwakausrüstung mit; wir mußten also den Gipfel rechtzeitig erreichen und vor Anbruch der Nacht wieder zurücksein. Es war ein Entschluß von ernster Tragweite, und Hilary flocht in Erwartung eines harten Tages noch einmal sorgfältig ihre Zöpfe.

Wir stiegen über den New Zealand-Paß auf und bogen dann seitlich ab. Die Nordwand des Dugundugu wurde durch eine tiefe Spalte in zwei nahezu fünfhundert Meter hohe Türme geteilt. Am Fuß dieser Spalte konnten wir die bläulich schimmernde Eishaube auf der anderen Seite des Berges sehen. Dugundugu war das Dani-Wort für «Schneeberg», aber es war der Gletscher auf der anderen Seite des Berges, der ihm den Namen gab. Die Nordwand war purer Fels. Der rechte Turm schien sich für eine Ersteigung besser zu eignen. Seine Überhänge wurden durch einen langen Riß gespalten, der in der Morgensonne eine ideale Aufstiegsroute zu werden versprach – die klare Lösung eines vertrackten Problems. Die ersten sechzig Meter sahen am schwierigsten aus.

Wir überquerten das Geröll am Fuße des Risses und krabbelten die ersten dreißig Meter unangeseilt nach oben. Hilary verankerte sich an einer Nase an der Kante des Turmes und genoß den Ausblick. Seilschlingen baumelten in die Tiefe hinunter. Tief atmend begann ich zu klettern. Ich hatte mir für die Expedition neue Stiefel gekauft, und das war ihre erste Bewährungsprobe. Ich probierte sie aus, indem ich auf winzigen Tritten balancierte. Der Fels fühlte sich vertraut an. Es war, sagte ich mir, eine ganz gewöhnliche Kalksteinwand, die so beschaffen war, wie es für derartige Wände normal ist: steil, bröckelig, mit unvermuteten Taschen und einer Menge von Griffen, die freilich nicht groß genug waren. Ganz auf die Wand konzentriert, bemühte ich mich zu vergessen, daß ich in Neuguinea war und daß Hilary das Seil hielt. Bald war sie außer Sicht.

Ich kletterte zu der Mittelrippe des Turmes hinüber. Unter meinen Stiefeln gähnte ein dreihundert Meter tiefer Abgrund. Jetzt, da ich die Nase gegen den Fels gepreßt hatte, war die Route nicht so offenkundig, wie sie von ebener Erde aus geschienen hatte. Die Spalte lief durch das leicht überhängende Stück neben mir, bis sie zehn Meter über meinem Kopf durch ein gut ein Meter breites horizontales Dach brach. Ich beschloß, bis zu diesem Dach einer Rippe zu folgen, und hangelte mich dann zu der Spalte hinüber. In Augenhöhe schlug ich einen Haken in das Gestein, hängte das Seil ein und kletterte weiter.

Fünf Meter weit zerbröckelten Griffe unter meinen Fingerspitzen. Dann wurde die Rippe glatt. An einer Hand hängend, zwängte ich einen dünnen Haken in eine Spalte, hängte das Seil ein und werkelte mich dann, mit Händen und Füßen ziehend und stemmend, dem Dach entgegen. Ich wußte, daß es jetzt nur eins für mich gab: Ruhig bleiben und weiterklettern. In meinem Bewußtsein existierten in diesem Augenblick nur ich und der Fels.

Meine Arme begannen müde zu werden, und die Kraft in meinen Fingern ließ nach. Hastig hämmerte ich mit einer Hand einen Haken ein und hoffte, mich an ihm halten zu können, ehe meine Kraft endgültig versagte. Bevor ich mich jedoch einklinken konnte, fing ich an, mitsamt dem Gestein im Zeitlupentempo nach hinten zu kippen. Ich hatte die obersten drei Meter der Felsrippe losgehebelt! Ich schrie auf, als ich fiel und stieß mich von den Felsbrocken weg, die mit mir abstürzten. Die Wand huschte vorbei, bis mich das Seil auffing. Ich hing in der Luft, federte an der Nylonschnur auf und ab und drehte mich gleichzeitig.

«Ist alles in Ordnung?» rief Hilary.

Obwohl wir jetzt wieder auf gleicher Höhe waren, konnten wir einander wegen der Krümmung des Turmes nicht sehen. «Ich weiß nicht – ich glaube schon. Bin so sechs, sieben Meter runtergeplumpst. Ich muß schauen, daß ich irgendwie hier wieder hochkomme.» Ich packte einen vorstehenden Sporn, um meine Drehung zu stoppen, und zog mich an die Wand heran. «Hol das Seil ein, Hilary. Ich hab' hier Stand.»

Im gleichen Augenblick lösten sich die zwei Blöcke, auf die ich getreten war, und der Sporn, an dem ich mich festhielt, und stürzten donnernd unter mir in die Tiefe. Mit einem entsetzten Aufschrei fiel ich von neuem ins Seil. Der Sturz war so wuchtig, daß es den zweiten, kleinen Haken herausriß. Ich fiel weitere sieben Meter, und der Ruck im Seil war so heftig, daß Hilary es weitere drei Meter nachließ. Ein paar kleine Brocken sausten an mir vorbei, und dann war es still. Ich war über und über verschrammt, meine Kleidung zerfetzt. Für den Rückweg brauchte ich ziemlich lange.

Am höchsten Punkt, den ich vorher erreicht hatte, schlug ich von neuem einen Haken ein und stellte den Fuß in die Schlinge. Weiterzuklettern war besser, als wenn ich zu Hilary zurückkehrte, meine Wunden leckte und vielleicht nachträglich noch Manschettensausen bekam. An den Händen hangelte ich mich unter dem Dach entlang hinüber zur Spalte, die indes nicht die «richtige Breite» hatte. Um den Händen gute Griffe zu bieten, war sie einerseits zu breit und andererseits zu schmal, als daß man sich darin hätte hochstemmen können. Außerdem war der Fels mit Erde verkrustet.

«Sieht ziemlich beschissen aus!» rief ich zu Hilary hinunter. Keuchend zerrte und schob ich mich zentimeterweise nach oben. Nach fünf Metern verbreiterte sich die Spalte. Ich kratzte Griffe aus dem Dreck, hievte mich auf ein Sims, blieb dort liegen und schnappte nach Luft wie ein an Land gezogener Fisch.

Hilary verschwendete weder Zeit noch Energie damit, daß sie mir nachkletterte. Sie schnallte einfach ihre Jümarklemmen an und hangelte sich am Seil in die Höhe. Die Querungen überpendelte sie am Seil, wobei sie manchmal auf- und abschwang wie eine außer Kontrolle geratene Marionette. «Ich hoffe, das war das schwierigste Stück», sagte sie.

«Na, ein Anfang ist zumindest gemacht.»

Ein Rückzug, das war uns klar, würde jetzt schwierig sein; das Dach und die Überhänge, die nun unter uns lagen, überzeugten uns vollends, daß wir am besten weiter aufstiegen. Unsere Turnerei hatte uns so in Anspruch genommen, daß wir das beginnende Nieseln gar nicht bemerkt hatten. Wir schlüpften in Regenjacken.

Über uns mündete die Hauptspalte in einen überhängenden Kamin. Als ich jedoch ein Sims nach links traversierte, fand ich ein paar leichtere Risse. Meine starke innere Anspannung lockerte sich.

«Es ist ungefähr Schwierigkeitsgrad IV», schrie ich. «Das wird dir gefallen.»

Und es gefiel ihr. «Das ist die Art von Bergsteigen, die ich mag», sagte sie, als sie wieder bei mir war.

Das Klettern ging jetzt flüssiger. Zwar war es nicht leicht, die beste Route zu finden, und oft drohten uns Buckel und Überhänge aufzuhalten, aber wir fanden immer rasch einen Ausweg. Stumpf gewinkelt wie ein offenes Buch auf einem großen, leicht nach hinten geneigten Pult ragte die Wand jetzt sechzig Meter hoch auf. Wir genossen das Gefühl, unbeschwert über zwar kleine, aber solide eingekerbte Tritte steigen zu können. Jetzt fühlten wir uns in Einklang mit dem Fels. Unter uns zogen Wolken vorüber; dann und wann öffneten sich Fenster zum Talgrund.

Nun bäumte sich der Turm wieder auf; weil er sich verjüngte, wurden wir in die Kaminspalte zurückgedrängt. Uns links und rechts einstemmend, stiegen wir darin hoch. Plötzlich öffneten sich die Wolken. Als die Sintflut begann, staken wir im größten natürlichen Wasserlauf des gesamten Turmes. Ich kroch unter einen Überhang, band mich fest und holte das Seil ein, während Hilary mir nachkletterte. Daß wir eine geschützte Stelle gefunden hatten, flößte mir Zuversicht ein. Die Erregung des Kampfes mit dem Berg packte mich mehr und mehr.

«Los, Hilary, du hast doch Bergmannsblut in den Adern und müßtest an sowas Spaß finden. Wir haben genügend Zeit! Wir schaffen es!» Ein plötzlicher Wasserschwall riß sie fast aus der Wand. Wütend schüttelte sie sich die durchnäßten Zöpfe aus dem Gesicht und schrie mich an: «Mach keine Fotos von mir! Ich hasse dich!»

Als sie zu zittern anfing, bekam ich Schuldgefühle, weil ich trockener war. Wir stiegen gegen den Wasserfall hoch und verließen den Kamin an der ersten möglichen Stelle. In den Wechselbädern von Regen, Schlossen und Schnee war ich bald genauso durchnäßt wie Hilary.

Wie die meisten Gipfel der Welt trog die Spitze des Dugundugu das Auge. Immer wenn wir auf einem regengeschützten Sims Halt machten, sagten wir: «Nach der nächsten Stufe ist alles gelaufen. Dann sind wir oben.» Aber dann stieg wieder eine neue Wand vor uns auf.

Mit einem fünf Meter hohen, vom Wasser überströmten glatten Block konfrontiert, wuchtete ich fünf Felsbrocken aufeinander, stieg hinauf und erwischte so einen Griff an der Kante des Blockes. In den englischen Bergen würde man sowas als unerlaubte Taktik betrachten, aber für ethische Erwägungen war ich jetzt zu durchnäßt. Auf den Zehenspitzen stieg ich eine abfallende Kante hinauf. Die Leichtigkeit der Passage gab mir ein gelöstes Gefühl, in dem ich mich verlor, als es plötzlich um mich herum hell wurde und mir der Wind ins Gesicht fuhr. Unter meinen Stiefeln knackten die Kalksteinkrümel des Gipfels. Drei Meter vor mir fiel der Gletscher der anderen Bergseite ab. Ein halbes Dutzend Meter von mir entfernt, vermengte sich das Weiß von Himmel und Schnee. Der beißende Wind kühlte mein Hochgefühl rasch ab. Hilary schien für das letzte Stück eine Ewigkeit zu brauchen, und ich fing an, zu ihr hinunterzuschimpfen. Dann tauchte ihr Kopf über der Kante auf.

«Tut mir leid, daß ich dich anschrie, aber es hat wohl gewirkt», sagte ich.

«Und wie geht es jetzt weiter? Nach links?»

«Ich glaube schon.»

«Ich glaube, Dugundugu heißt Kieshaufen.»

Bis zu den Knien einsinkend, mühten wir uns durch Schnee und Nebel, bis wir den New Zealand-Paß fanden. Wir deponierten Seile und Haken, die wir am nächsten Tag abholen wollten, stapften eine Stunde lang im erbarmungslosen Regen bergab und bemühten uns, vor Einbruch der Dunkelheit den Block zu finden, der unser Biwak markierte. Auf dem Plateau stolperten wir über Grasbüschel und platschten durch seichte kleine Seen, die am Morgen noch teigige, schlammige Pfützen gewesen waren. Wir sahen kaum mehr, wohin wir traten, und strauchelten immer wieder; im Nebel und in der beginnenden Dunkelheit sahen alle Felsblöcke gleich aus. Hilary fand den richtigen, aber es war das letzte, was sie an diesem Tag tat.

«Heute mußt du mal den Tee kochen», sagte sie.

Ein wilder Neujahrstag lag hinter uns.

6. Ein unerfüllbarer Traum

2.–18. Januar

Als wir unten im Meren Valley unser Basislager sahen, blieben wir erschreckt stehen.

«He, da ist ein großes, weißes Ding bei unseren Zelten.»

Etwas oder jemand war in unser Lager gekommen, und ich spürte plötzlichen Zorn in mir aufsteigen. Doch die Neuankömmlinge bildeten keine Bedrohung. Es waren die Franzosen Jean Fabre und Bernard Domenech, mit denen wir in Europa Kontakt gehabt hatten. Fröhlich verglichen wir nun unsere Erfahrungen mit dem, was Bernard als das administrative Hindernisrennen der indonesischen Bürokratie bezeichnete. Fones und Ans spielten auf ihren Bambus-Maultrommeln. Den ganzen Tag lang regnete und regnete es.

Ein Tag blieb noch, bis die sieben Knoten in der Schnur, die Hilary und ich den Trägern gegeben hatten, alle wieder gelöst sein würden. Die Träger würden uns bald holen kommen. So luden wir Jean und Bernard ein, uns bei einem erholsamen Höhenspaziergang entlang der Gipfel des Ngga Pulu zu begleiten.

Am nächsten Morgen jedoch entschied sich Jean, zum Bergwerk zu gehen, um dort um ärztliche Hilfe zu bitten. Er klagte über furchtbare Schmerzen in seiner Schulter und vermutete, das naßkalte Wetter sei dafür der Grund.

«In Südfrankreich», sagte er, «sind die Berge ganz heiß von der Sonne. Dieses Wetter bin ich überhaupt nicht gewöhnt.»

Bernard hingegen nahm die Idee, mit uns diese Schneewanderung zu unternehmen, mit Begeisterung auf. Wir sagten Fones und Ans, daß wir in fünf Stunden zurück sein würden, und machten uns auf den Weg zum Meren-Gletscher. Bald schimmerte die Morgensonne wäßrig durch Graupel und Nebel. Gelegentlich passierten wir Steintürmchen, die den Rückzug des sterbenden Gletschers während der letzten vierzig Jahre markierten. Er war während dieser Zeit um eineinhalb Kilometer geschrumpft.

An den Ausläufern des Gletschers bemerkten wir eine Menge Flecken von etwa drei Metern Durchmesser. Sie bestanden aus schwarzen, sonnenlichtabsorbierenden, eisfressenden Cryolgae. Woher diese spezialisierten Bakterien stammen, haben die Wissenschaftler noch nicht ermittelt. Vielleicht brachten Vögel sie aus Tausenden von Kilometern entfernten Eisgebieten. Jedenfalls steht fest, daß sie zusammen mit den klimatischen Einwirkungen die Überreste der riesigen Eisfläche zum Verschwinden bringen, die einst von den Bergen her das Kemabu-Plateau überzog. Wir stiegen in den Bereich der Wolken auf, stapften durch den matschigen Schnee, verirrten uns schlimmer, als berufsmäßige Bergführer es eigentlich zugeben dürften, und nahmen fast zufällig alle drei Gipfel des Ngga Pulu mit – einschließlich des höchsten, des Sunday Peak. Auf dem dritten Gipfel fanden wir eine kurze Notiz der Münchner Expedition, die 1974 dort gewesen war, und in einem Blechröhrchen eine Visitenkarte: «Alpine International, Reinhold Messner». Nach einer langen Bergab-Querung empfing uns unterhalb der weißen Wolkendecke wieder Nieselregen. Wir waren auf der einen Seite des Massivs in die Wolken hineingeraten und nun auf der anderen Seite wieder herausgekommen.

Am nächsten Morgen eilten unsere Träger im Eilschritt zu uns herauf wie lange vermißte Freunde. Alle bis auf die zwei Danis aus Wanibugi stellten sich ein. Rasch nahmen sie uns unsere Lasten ab und verteilten sie.

Plötzlich machten sich zwei von ihnen in Richtung zum Gletscher auf und verschwanden im Nebel. Es war die unserem Heimweg entgegengesetzte Richtung.

«Was in aller Welt tun sie denn jetzt?»

«Gleich wird es regnen.»

«Bloß keine weiteren Komplikationen!»

Zwanzig Minuten später kehrten die beiden Monis grinsend zurück. Unter den Armen trugen sie große Eisbrocken.

Auf dem Weg hinunter kam uns Jean Fabre entgegen. Bei der Mine hatte er jeden Kontakt mit der Polizei vermieden und sich statt dessen an ein paar vierschrötige australische Bulldozer-Fahrer gewandt, die ihn ungläubig angestarrt hatten, als käme er direkt vom Mond. Sie geleiteten ihn durch das Bergwerksgelände und mit der Seilbahn nach Tembagapura hinunter, wo er von einem amerikanischen Arzt ein Schmerzmittel und für die Nacht eine luxuriöse Schlafzimmersuite bekam. Obwohl er versteckt gehalten wurde, hatte Jean viel gesehen. Er konnte eine Unmenge über die Stadt berichten – über ihre zweitausend Einwohner, das Kino, den Supermarkt, kaltes Bier, Duschen, Tennisplätze, Restaurants und einen Lautsprecher, aus dem man Tom Jones «The Green Green Grass of Home» singen hörte. Die Leute fanden es sehr ungewöhnlich, daß er aus den Bergen gekommen sein wollte, und hatten ihn argwöhnisch behandelt, als sei er nicht ganz richtig im Kopf.

Nach dem Abstieg zur Carstensz Meadow eilten wir im strömenden Regen zu dem provisorischen Unterstand, den wir auf dem Herweg benutzt hatten. Die Monis hatten bald ein Feuer entfacht und zeigten uns, was sie, während wir in den Bergen waren, auf dem Minengelände und sonstwo erbeutet hatten: hauptsächlich Schachteln und Blechdosen. In ihren Tragenetzen waren, mit Blättern zu Bündeln gewickelt, kostbare kleinere Dinge. Sie hatten uns auch Lebensmittel gebracht, sechs große Dosen Fisch, etwas Reis und zwei Pakete Zwieback. Gierig griffen wir zu, denn unsere Vorräte waren schon fast erschöpft, und wir litten ständig Hunger. Es war nicht der Augenblick, sich in idealistischer Gegnerschaft zur Existenz der Mine zu ergehen. Nachdem sie nun einmal da war, zogen wir Vorteil daraus, genau wie Jean es getan hatte, als er dort ärztliche Hilfe suchte.

Von den um das Feuer versammelten Monis schallte lautes Gelächter herüber. Ich hätte so gerne verstanden, was für Geschichten Fones und Ans den anderen über das seltsame Tun der *Tuans* droben in den Snow Mountains erzählten. Das Bergwerk mußte ihnen noch mysteriöser erschienen sein. Welche Schlüsse zogen sie aus dem Vorhandensein scheinbar unerschöpflicher Vorräte von Metall, Nahrungsmitteln und Kleidung? In dieser kleinen Enklave westlicher Zivilisation in der Wildnis war es nämlich wirtschaftlicher, beschädigte Ausrüstung statt zu reparieren einfach zu ersetzen. Aus diesem Grund schaffte man große Mengen von Abfall und nicht benötigtem Material einfach beiseite und ließ alles liegen.

Die Papuas, denen niemand die westliche Techno-Kultur erklärt hatte, sahen im allgemeinen nur ihre oberflächlichsten Aspekte und versuchten, sie nachzuahmen. Wir hatten von einer Anzahl Kulten gelesen, die im Gefolge der Einrichtung des Bergwerks entstanden waren. Es gab einen Mann, der behauptete, ein Messias zu sein. Er überredete eine Dörfergruppe, die Landbestellung aufzugeben und die unendlichen Reichtümer zu erwarten, die ihnen zuteil würden, sobald sie den Schlüssel zur Felsenpforte im Berg fänden. 1971 hatten Hubschrauberpiloten berichtet, daß südlich der Berge gelegene Dörfer große Helikopter-Landeplätze anlegten. Vermutlich wollten sie die fliegenden Maschinen dazu verleiten, zu landen und wie Vögel, die goldene Eier legen, wertvolle Schätze zu bringen.

Wenn wir die um das Feuer kauernden Monis betrachteten, verspürten wir ein starkes Bedürfnis, ihnen Schutz zu gewähren, und empfanden Sorge um ihre Zukunft.

Auf dieser langen ersten Etappe legten wir eine Strecke zurück, für die wir in entgegengesetzter Richtung zwei Tage gebraucht hatten. Bis etwa vier Uhr nachmittags blieben wir von Regen verschont. Als wir das Kemabu-Plateau überquerten, wurden der keilförmige Turm des Dugundugu und das dunkle Massiv der Carstensz-Pyramide hinter uns kleiner und kleiner. Jetzt sahen sie großen Köpfen ähnlich; ihre nach Norden gewandten Gesichter lagen im Schatten. Die Einzelheiten der Stellen, wo wir unsere Glieder und die Seile so arg strapaziert hatten, verschwammen in der Ferne.

Eine Schneewachtel schwirrte zwischen uns hoch, und die Monis packten Pfeile und Bogen und verteilten sich rasch in verschiedene Richtungen, um sie zu erwischen. Gebückt rannten sie Hunderte von Metern über den von Grasbüscheln durchsetzten Kalksteinboden, während der Vogel, der anscheinend nicht merkte, daß er gejagt wurde, sorglos herumflog. Jede seiner Bewegungen verlangte seinen Verfolgern einen großen Energieaufwand ab. Einmal ließ sich die Wachtel auf einem größeren Busch nieder, flog aber wieder hoch, als Fones den Bogen hob, und sein Pfeil zischte durch das leere Gezweig. Schließlich flatterte der Vogel schnatternd zu unzugänglichen Spalten hinauf. Den Monis hatte die Jagd trotzdem Spaß gemacht; lachend kehrten sie zu ihren Lasten zurück.

Am nächsten Tag erreichten wir Ugimba. Die Zivilisation hatte uns wieder. Der Sonnenschein und der leichte Wind taten uns gut; die terrassenförmig angelegten Kartoffelfelder, die Hütten, die lächelnden Kinder und Frauen erzeugten nach der Wildheit des Dschungels ein Gefühl wohlgeordneter Ruhe in uns. Auf einer wunderbar breiten Wiese legte ich mich auf den Boden, den Kopf auf dem Rucksack, und beobachtete fast gerührt die gemächlichen Bewegungen alter Männer, watschelnder Babys und im Schlamm wühlender Schweine. Die nagelneue Bambusbrücke leuchtete golden in der Nachmittagssonne, und das ehedem schmutzige Wasser des Kemabu River war jetzt glatt und blau.

Auf der Karte sahen wir uns den nach Bilorai abzweigenden Pfad an. Mir lag daran, ihn zu benutzen, damit wir möglichst wenig Höhe verloren. Die Träger freilich weigerten sich, feindliches Gebiet zu betreten, und bestanden darauf, daß wir nach ihrem vier Stunden entfernten Dorf Titigi abstiegen.

«Zum Teufel mit diesem blöden Krieg», sagte ich. «Allmählich hab' ich es über. So schaffen wir es heute nicht mehr bis Bilorai.»

Mit der Zeit wurden auch unsere Monis müde, und ihr lautes Geschrei verstummte. Allerdings wußten wir, daß wir uns ihrer Heimat näherten, denn sie holten die Spiegel aus ihren Netzen und zogen sich frisches, grünes Gras durch die Nasen. Einer wusch sich sogar die Beine.

Die Ausläufer bewohnten Gebiets brachten gesellschaftliche Notwendigkeiten mit sich, die unser Vorankommen noch weiter verlangsamten. Nach zweiwöchiger Abwesenheit waren jetzt alle hundert Meter Nachbarn zu begrüßen und Abenteuer zu erzählen. Der Geschmack einer frisch gepflückten Limone und das ständig gereichte Zuckerrohr erweckten Gedanken an fast vergessene Bereiche kulinarischer Genüsse. Während die Träger immer neue Hütten besuchten, legte ich mich nieder, den Hut in die Stirne gerückt, und blinzelte zwischen Schweißtropfen in das feine Linienwerk von Zweigen und Blättern hinauf.

Dann verrieten andersartige Kulturpflanzen, daß wir den Umkreis der Missionen erreicht hatten.

«Titigi», verkündete Fones.

Ich sagte, ich wolle Lebensmittel kaufen, und nachdem wir zwei Leute bezahlt hatten, verbreitete sich die Kunde, wir seien hungrig. Bald häuften sich Grünzeug, Bananen, Mais, Kohl, Zwiebeln und Bohnen vor uns auf. Ans umarmte sein Söhnchen, und auch sein Vater erschien – ein älterer Mann mit gerader Haltung und einem ungemein freundlichen Lächeln. Der Großvater fing an, Bohnen für uns zu enthülsen, und bald halfen ihm fünf andere Monis.

«Sie sind nicht anders als wir, nicht wahr?» sagte Hilary.

Ohne Diskussion begann sie zu kochen, während ich Kleider und Ausrüstungsgegenstände bereitlegte, die wir verschenken wollten.

«Ich glaube, wir sind ein recht ruhiges Paar», sagte sie.

«Sei vorsichtig. Entlassene Kriegsgefangene haben sich schon zu Tode gefressen.» Wir stopften uns voll.

Am nächsten Morgen gaben wir jedem Moni einen kleinen Haufen Ausrüstung. Der Verzicht auf überflüssiges Gepäck machte uns unsere Aufgabe leichter und war gleichzeitig eine Geste der Dankbarkeit unserem Team gegenüber. Nichts, was wir ihnen anvertraut hatten, war verlorengegangen. Eine große, aufgeregte Menge begleitete uns die Anhöhe hinauf.

Die Burschen brüllten, lachten und sangen fröhlich. Am Rande des Niemandslands zahlten wir ihnen den wohlverdienten Lohn aus. Obwohl wir ihnen viel mehr als den vereinbarten Betrag gaben, schienen sie eher enttäuscht, was uns einigermaßen ratlos machte.

«Die paar Scheine müssen nach all dieser Zeit so etwas wie eine Antiklimax sein. Wenn wir nur viele kleinere Banknoten hätten», sagte ich. «Mit Geld scheinen sie sich einfach nicht auszukennen. Vielleicht hätten wir ihnen mehr geben sollen – ach, ich weiß nicht – ich meine, im Himalaya darf man die Träger ja nicht verwöhnen, man hat eine Verantwortung gegenüber den Expeditionen, die später kommen; es ist doch nicht fair, wenn man eine Inflation in Gang setzt und sie glauben macht, sie könnten jedes Jahr mehr verlangen. Ich weiß bloß nicht, ob ich die Lektion, die ich im Himalaya gelernt habe, hier anwenden kann; ich meine, die Monis sind eben doch anders ... Vielleicht müßten wir ihnen sagen, daß sie das Geld in kleinere Scheine umwechseln sollen, sonst wird man sie eines Tages betrügen.» So bekam unser Abschied eine traurige Note.

Wir engagierten eine Gruppe von Frauen und Kindern, die das wenige verbliebene Gepäck nach Bilorai befördern sollten. Ihre Unangreifbarkeit schien sie beim Überschreiten der Grenze in ein Hochgefühl zu versetzen, und sie lehnten die angebotenen Geschenke für ihre Hilfe ab. Eine Frau trug unseren purpurnen Rucksack auf ihrem Kopf, während sie in einer Rindenwiege auf ihrem Rücken ihr Baby transportierte. Die schrumpelige Großmutter hatte eine grüne Plastiktüte mit Klettergerät in der Hand, die sie leicht im Rhythmus ihres Ganges schwang. Wir fühlten uns in guter Verfassung, wenn auch überangezogen und überernährt. In der heißen Sonne gingen wir an einer Gruppe von Männern vorbei, die eine Hütte bauten. Einer von ihnen sang vor, und alle anderen antworteten im Chor. Es war ein Lied zur Begrüßung Heimkehrender.

Der Wechsel in der Ernährung war für Hilarys Magen zuviel gewesen. Den ganzen Tag war ihr sterbensübel, und voller Neid hörte sie zu, wie ich mit den Monis um Tragenetze, Steinäxte, Schneidewerkzeuge und ein Penisfutteral handelte. Ich hielt ein drolliges Seminar über die Aufstellung eines komplizierten Leichtgewichtszelts. Als Gegenleistung versuchten sie mir beizubringen, wie man Feuer macht, indem man Stöckchen zwischen den Händen dreht. Mein letzter Tag mit den Monis machte mir Spaß.

Am 10. Januar glitt Pilot Tom aus einem regnerischen Himmel herunter. Die kleine Maschine hüpfte und bockte, als sich beim Start der Dschungel unter uns ausbreitete. Bilorai reduzierte sich sofort auf die Dimension eines lebhaften Traums. Zu den Monis und ihren Bergen würde ich niemals zurückkehren. Zuviele Mächte schickten sich an, sie zu verändern und auszubeuten. Tausende von Jahren hatte die Gesellschaft der Monis gebraucht, um ein stabiles, wenn auch empfindliches Gleichgewicht zu entwickeln, doch innerhalb nur weniger Jahre würde ein völliger Umbruch sie erfassen. Der Himalaya wird immer seine Anziehungskraft auf mich ausüben, aber diese Menschen und diese Gegend schienen mir zu fragil. Dieses Land würde bald verloren sein und untergehen. Ein einsamer weißer

Vogel schwang sich von einem hohen Baum auf und ahmte unseren Flug nach. Wir ließen ihn hinter uns, doch ist das Bild dieses fliegenden Vogels für immer in meinem Gedächtnis haftengeblieben.

In Nabire schloß sich der Kreis unserer Reise in Irian Jaya. Im Gegensatz zu dem gartenartig heiteren Titigi und zu Bilorai war Nabire eine Stadt, die von der Geschäftigkeit des blühenden kolonialen Wirtschaftslebens gekennzeichnet war. Im lang anhaltenden Nachmittagssonnenschein saßen wir am Strand und sahen zu, wie Boote ein Schiff entluden. Sonnengebleichtes, vom Sand blankgescheuertes Treibholz lag verstreut um uns herum. Kleine graue Krabben trippelten schattengleich über den Sand. Wie von einem fernab gelegenen Schulspielplatz drang das Geplapper junger Stimmen an unser Ohr. Mir kam zum Bewußtsein, daß ich in den Hochland-Dörfern niemals ein Kind hatte weinen hören.

«Wenn sie Kleider anhaben, wirken die Papuas weniger würdig», sagte Hilary.

«Wenn du in Rom bist, mach es wie die Römer», zitierte ich ein bekanntes Sprichwort. «Vermutlich müssen sie lernen, Kleidung zu tragen, wenn sie Beziehungen mit der Außenwelt aufnehmen.»

«Jedenfalls hoffe ich, daß sie immer ihre *Kotekas* anhaben, wenn sie nach Hause zurückkehren. Im Dschungel muß das gesünder sein als dreckige Kleider.»

«Na, du siehst ja auch nicht gerade aus, als seist du einer Modezeitschrift entsprungen.» Der Marsch durch den Dschungel hatte unsere Kleidung stark mitgenommen. Für mich sah Hilary wie eine verkleidete Prinzessin aus. Unsere Blicke trafen sich.

In uns war ein Gedanke aufgekeimt, den wir beide bis jetzt nicht geäußert hatten. So glücklich war die Gegenseitigkeit zwischen uns, daß wir ein Verständnis erreicht hatten, das über Sympathie oder Freundschaft hinausging. Als wir aus dem Hochland zurückkamen, teilten wir ein Geheimnis.

Pater Tetteroo schien zu wissen, warum ich ihn aufsuchte. Unser Gespräch war bruchstückhaft, weil er alle paar Minuten davonlief, um nach einem Brotlaib zu schauen, den er gerade in seinem Ofen buk.

«Nein», sagte er sofort. «Ich kann euch nicht verheiraten. Wenn ich Fremde trauen würde, die durch die Stadt kommen, könnte das zu einer Menge Komplikationen mit den Behörden führen, und eine Eheschließung erfordert viel Vorbereitung. Ihr seid keine Katholiken, nicht wahr?»

«Nun, ich wollte nur mal fragen», sagte ich.

Bemüht, mich von der Anstrengung zu erholen, die mich diese Frage gekostet hatte, brachte ich das Gespräch auf die Papuas. Ich hatte von Missionaren gehört, die den alten Glauben und Aberglauben auszurotten versuchten, indem sie die Eingeborenen ermutigten, mit Talismanen und Fetischen große Feuer zu machen. Geschah das auch jetzt noch? Pater Tetteroo erzählte mir eine lange Geschichte.

«Ich lebte in einem Dorf, und die Leute, die Männer, kamen zu mir und sagten: ‹Wir sind unserer Tabu-Gegenstände allmählich leid. Wir wollen, daß sie der Vergangenheit angehören. Aber wir haben da so ein Butterfaß, und niemand wagt es zu öffnen. Es ist noch niemals geöffnet worden, und niemand weiß, was drin ist – vielleicht Krokodilhoden. Wir möchten, daß Sie uns helfen und das Butterfaß für uns öffnen.› Ich antwortete: ‹Für wen haltet ihr mich? Ich bin ein gewöhnlicher Mensch; ihr könnt es genausogut öffnen wie ich.›

‹Aber wenn wir es öffnen›, sagten sie, ‹dann wird uns viel Unglück heimsuchen. Die Flüsse werden über die Ufer treten, und wir werden dann alle krank. Böse Geister werden zornig auf uns sein und uns vernichten.›

Natürlich beharrte ich auf meiner Weigerung. Schließlich taten sich ein paar von ihnen zusammen und öffneten es. Und was, glauben Sie, war in dem Faß? Krokodilhoden? Natürlich nicht. Ich will Ihnen sagen, was drin war. Es war eine schöne, wirklich sehr schöne Steinaxt. Und dann warteten und warteten die Leute – sie hatten furchtbare Angst –, aber es gab keine Überschwemmung. Und sie fragten mich: ‹Was sollen wir mit dieser Axt tun?›

Und ich sagte: ‹Nun, sie ist außerordentlich schön. Ihr müßt sie in die Kirche tun!› Und dort blieb sie, bis sie verschwand, als die Japaner kamen.»

In Biak ging ich zum Telefonamt. Der Anruf prallte vom Satelliten zum Tausende von Kilometern entfernten Haus meiner Eltern, verzerrte sich, wurde leiser und dann wieder deutlich und laut.

«Hallo, Dad, entschuldige, daß ich dich aufwecke ... In Biak ... Eine Insel vor der Küste von Neuguinea ... Tut mir leid, aber es war unmöglich, aus dem Landesinneren Briefe zu schicken. Es war wunderbar ... Wir sind jetzt auf dem Rückweg – verbringen nur noch ein paar Tage in Bali. Am Freitag fliegen wir von Jakarta ab.»

Jahrhunderte der Zivilisation haben die Balinesen nicht so robust gemacht, daß sie imstande sind, ein paar Jahre Tourismus zu überleben. Die Fremdenführer redeten auf Schritt und Tritt auf uns ein und behandelten uns wie dollarverteilende Idioten. Es nervten uns Balinesen, die uns unnütze Dienste leisteten und dann um Bezahlung baten. Als ich ein Feld fotografierte, kamen zehn Leute aller möglichen Altersstufen und wollten Geld. Es erinnerte mich traurig an das, was man uns über Neuguinea erzählt hatte: Papua-Eingeborene mit ihren Stammesinsignien verlangten nun einen Dollar pro Foto. Was wir hier erlebten, stand Irian Jaya erst noch bevor.

An der Sicherheitskontrolle des Internationalen Flughafens von Bali standen lange Schlangen von Passagieren, die sich mit Koffern voller Gemälde, Schnitzereien, Batiken und anderen Souvenirs herumplagten. Die junge Dame, die mich abfertigte, fand die *Koteka*, den ich mir in den Bergen von Irian Jaya erhandelt hatte.

«Ich weiß, wo Sie waren», lächelte sie.

Einen Augenblick lang erfüllte mich Stolz.

7. Zurück aus der Steinzeit

19. Januar–13. März

Nach meiner Rückkehr bemerkte ich, daß ich auf viele Dinge weit spontaner als vorher reagierte – ohne Scheu und Befangenheit. Nun, da mich wieder Autos, Fernsehapparate und Telefone umgaben, hatte ich neue Vergleichsgrößen für das Leben um mich. Zum ersten Mal sah ich die Menschen als nur eine der auf der Erde lebenden Arten.

Hilary flog gleich in die Schweiz zurück, um dort wieder ihre Stelle als Lehrerin anzutreten. Ich verbrachte ein paar Tage in meinem Haus in New Mills in Derbyshire, ehe ich nach Leysin weiterfuhr.

In Paris besuchte ich meine Freunde Vincent und Marie Renard, die in der Nähe des Eiffelturms wohnen. Zu meiner Überraschung traf ich bei ihnen Jean Fabre und Bernard Domenech an, die Stunden zuvor aus Jakarta gekommen waren. Die Welt schien so klein. Nachdem Hilary und ich die Berge verlassen hatten, war das Wetter sehr schön geworden, und sie hatten die Nordwand der Carstensz-Pyramide sowie eine Felsnadel in der Nähe des Basislagers bestiegen. Ihre Träger waren nicht wiedergekommen, um ihnen auf dem Rückweg zu helfen, und so blieb ihnen keine andere Wahl, als den Weg über die Kupfermine zu nehmen. In dieser Situation konnten ihnen die Behörden von Freeport den Zutritt nicht verwehren, aber es bedeutete für Jean und Bernard eine Enttäuschung, den Rückweg nicht durch das Hochland nehmen zu können.

In Leysin war gerade Skisaison. Der Winter war wunderbar kalt und klar. Im Unterschied zum Matsch von Neuguinea knirschte einem hier der Schnee unter den Füßen. Ich hatte die Absicht, in ein paar Wochen zum Kangchendzönga zu fahren und betrieb Skilanglauf, um mich darauf zu trainieren. Genußvoll atmete ich die frostige Luft und freute mich daran, wenn sie mir kalt in die Nase fuhr.

Leysin lebt heute hauptsächlich vom Tourismus, der über achtzig Prozent seiner Einkünfte erbringt. Die kosmopolitische, tolerante Atmosphäre des Dorfes geht aber auf den Anfang dieses Jahrhunderts zurück, als reiche Leidende dieser Welt dorthin kamen, um die reine Alpenluft atmen zu können und in seinen vielen Tb-Sanatorien entweder zu genesen oder zu sterben. Als die Tuberkulose nach der Entdeckung des Streptomyzins 1950 heilbar wurde, mußte sich die Wirtschaft des Dorfes umstellen; die vielen Sanatorien mit ihren alten Liften und ihren breiten Balkonen verwandelten sich in Hotels oder beherbergen den Club Méditerranée, Schulen, Kliniken und transzendentale Meditationszentren. Die alten Gebäude stehen in lebhaftem Kontrast zu den neuen Skihotels und Seilbahnbauten aus Beton, die aus dem Boden ragen wie künstliche Zähne. Im Winter wimmelt es von Touristen, die eine Art Karnevalsatmosphäre verbreiten. Niemand scheint Ski-Ausrüstungen aus zweiter Hand zu benutzen; alles ist frisch aus dem Laden.

Die Abreise zum Kangchendzönga rückte näher, und ich mußte noch einige Ausrüstungsgegenstände besorgen. Ich fuhr nach Chamonix, um dort Stiefel zu kaufen. Für einen britischen Bergsteiger geht es bei einer Fahrt nach Chamonix nicht ohne einen Besuch der Bar National ab. Nach einer Mondscheinfahrt zwischen hohen Schneewällen über den Col de la Forclaz und den Col des Montets trafen Hilary und ich eines späten Abends dort ein. Die Glastüren der Bar waren feucht angelaufen. Es war, als ginge man am Samstagabend kurz vor der Sperrstunde in ein Pub in Nord-Wales. Etwa dreißig britische Bergsteiger waren da, die ich kannte, alle schon sehr in Stimmung. Immer wieder wurde eine Runde geschmissen, und zwischendurch zersplitterten Gläser auf dem rutschigen Boden. In einer Ecke war eine Schnupftabaks-Party im Gang, und in einer anderen stritten sich ein paar Mädchen mit unüberhörbarer Lautstärke. Hinter der Bar bediente Maurice überlegen und ruhig. Sein Stil hatte sich nicht geändert, seit ich ihn ungefähr elf Jahre zuvor zum ersten Male gesehen hatte. Der Lärm war ohrenbetäubend. Der Kulturschock ließ mich zurückprallen. Ich holte tief Atem – und machte mit.

An diesem Wochenende mitten in den französischen Ferien war in Chamonix allerhand los. Hilary und ich machten eine Abfahrt von den Aiguilles des Grands Montets, einer in dreitausenddreihundert Meter Höhe über dem Tal von Chamonix auf einer Flanke der Aiguille Verte gelegenen Seilbahnstation. Die Schlange am letzten Lift war sehr lang, und wir warteten eine Stunde lang zwischen Schranken wie Vieh auf dem Markt. Jedesmal wenn eine Kabine abfuhr, schob sich die noch wartende Gruppe weiter nach vorne. Die in die Luft ragenden Skier und Stöcke erinnerten mich lebhaft an einen Trupp Danis, der mit Speeren in der Hand einen rituellen Tanz aufführt, um sich auf ein Gefecht vorzubereiten.

Joe Tasker war für die Ausrüstung der Kangchendzönga-Expedition zuständig. Zum Glück war er sehr belastbar; unter Streß konnte er sich ganz auf eine Aufgabe konzentrieren und alle störenden Einflüsse von sich fernhalten. Da ich so lang nicht in England gewesen war, war der größte Teil der Vorbereitungen ohne mich vonstatten gegangen. Nach meiner Rückkehr am 5. März sauste ich herum und holte Socken und Jacken und Kniehosen, während Joe von seinem Geschäft in Castleton aus die Aktivitäten koordinierte. Zwischenzeitlich hielt ich, um etwas Geld zu verdienen, an sechs Abenden hintereinander Vorträge. Die Kangchendzönga-Expedition zahlten wir fast ausschließlich aus unserer eigenen Tasche; jeden von uns kostete sie etwa 1750 Pfund.

Eine Woche vor der Abreise sah es so aus, als hätten wir noch einen ganzen Monat mit Vorbereitungsarbeiten zu tun. Am Tag vor der Abfahrt ging ich zu einem von Dennis Gray, dem Leiter der für den folgenden Herbst geplanten Gauri Sankar-Expedition, organisierten Treffen. Wie es aussah, waren die Vorbereitungen für die ein halbes Jahr später angesetzte Gauri Sankar-Expedition weiter gediehen als für unsere zum Kangchendzönga, die in ein paar Stunden losgehen sollte. Allerdings waren Joe und Doug Scott (er kümmerte sich um die Verpflegung) Meister der Organisation in letzter Minute, und Georges Bettembourg, das vierte Mitglied der Gruppe, kam aus den Vereinigten Staaten und sorgte noch kurz vor Torschluß für Schwung. Nachdem sie die ganze Nacht lang gepackt hatten, zwängten sich schließlich alle in einen Transporter und fuhren zum Flughafen Heathrow. Ich blieb noch zwei Tage in London, um mich um Ausrüstung zu kümmern, die noch nicht geliefert worden war oder die wir in der Eile einfach vergessen hatten. Außerdem hielt ich im Alpine Club einen Vortrag.

Ich hatte mich entschlossen, keine großen öffentlichen Vorträge über Neuguinea zu halten, denn es war leichter und wirkungsvoller, Dramatisches von tollkühnen Klettereien im Himalaya zu berichten. Wie würden Bergsteiger von echtem Schrot und Korn meine Neuguinea-Vorträge etikettieren? «Petes Schnappschüsse von einem Ferienausflug mit seiner Puppe»? «Die Show mit den edlen Wilden»? «Vergleichende Religionswissenschaft in Südostasien»? Allerdings zeigte ich am Abend vor meinem Abflug nach Nepal die Dias vor dem Alpine Club. Als ich so über eine frühere Expedition sprach, während meine Gedanken eigentlich ganz der bevorstehenden galten, kam ich mir beinahe ein wenig verrückt vor.

Bei meinem Vortrag saß in der ersten Reihe ein älteres Paar – Professor I.A. Richards und seine Frau Dorothy Pilley-Richards, die Helden einer früheren Bergsteigergeneration. Ich sah I. A. Richards' beeindruckendste Leistung allerdings in seinen 1924 verfaßten *Principles of Literary Criticism*. Als ich noch Student war, hatte ich einmal während der Osterferien zwei Wochen lang vergeblich versucht, dieses Buch zu verstehen. Während ich meine Dias zeigte, gewahrte ich, wie der weißhaarige Vater der modernen Literaturkritik einnickte und, als seine Frau ihn kräftig mit dem Ellbogen stieß, wieder hochfuhr. Am Ende meines Vortrags stand I. A. Richards auf und sprach mit einer Vitalität, die seine sechsundachtzig Jahre Lügen strafte:

Mir fällt eine Geschichte über Neuguinea ein, die Winthrop Young mir erzählte. Der wiederum hatte sie von Wollaston. Auf dem Rückweg von den Snow Mountains verlor Wollaston im Dschungel den Kontakt zu seinen Kameraden und den eingeborenen Führern. Bald war er völlig ohne Orientierung, denn der Dschungel war sehr unwegsam. Überdies herrschte dichter Nebel, und das Gelände war steil und morastig. Geraume Zeit kämpfte er sich durch das Dickicht, ohne eine Ahnung zu haben, wo er eigentlich war. Plötzlich erspähte er, ganz überrascht, im Nebel den Rücken einer Gestalt. Dieser Rücken bewegte sich schnell, und er eilte ihm nach in der Annahme, es handle sich um einen der Träger. Und tatsächlich, nach Überwindung vieler glitschiger Hindernisse fand er sich schließlich wieder mitten in seiner Hauptgruppe. Er wollte sich bei seinem Führer bedanken, konnte ihn aber nicht finden.

Monate später kehrte Wollaston nach vielen anderen Abenteuern und einer langwierigen Heimreise dankbar nach London zurück. Zur Feier seiner Ankunft beschloß er, sich einen neuen Anzug zu kaufen, und ging zum Schneider. Als der Anzug fertig war, drehte er sich darin vor dem Spiegel, um ihn zu bewundern. Zu seiner Überraschung erkannte er, daß der Rücken, der ihn in Neuguinea geleitet hatte, sein eigener war.

Zweiter Teil

Kangchendzönga

8. Frühling

14. März–4. April

Die großen, weißen Gipfel zogen vorbei: Dhaulagiri, Annapurna, Himalchuli – symbolische Namen, die eher die Seele ansprachen, als daß sie sich, wie in manch anderen Ländern, auf geschichtliche Ereignisse oder das Andenken berühmter Männer bezogen. Dhaulagiri heißt «Berg der Stürme» und Annapurna «Spender des Lebens». Die Wasser von diesen hohen Bergen machten Leben möglich und nährten es. Während der langen Trokkenzeit verdunsteten die Gewässer in den Vorbergen und den Niederungen; die großen Flüsse aus den Schneebergen aber hörten nie auf, das für die Bewässerung nötige Naß zu liefern. Die Gletscher dienten gleichsam als Wasserspeicher; sie führten in ihrem Schmelzwasser aber auch fein zermahlenes Gestein mit, und dieses erreichte die Niederungen als Schlamm und Erde. Die Berge gewährten Schutz, aber sie zogen auch Wind, Wolken und Stürme an, die häufig Verwüstung und Tod verursachten. Für die nördlich und südlich des Himalaya lebenden Menschen leuchteten die Berge am Morgen, wenn die Niederungen noch im Dunkel lagen, weiß auf; am Abend waren sie, rosenrot gefärbt, die letzten, die sich von der Sonne verabschiedeten. Sie standen turmhoch über allen anderen Dingen. Sie waren niemandes Eigentum, sondern gehörten allen. Jahrtausende hindurch waren sie für Menschen aller Rassen und Glaubensrichtungen zugänglich gewesen – durch das Gebet. Die indische und tibetanische Mythologie pries diese riesigen Berge als die Heimat der größten Götter.

Im Jahr zuvor hatte mich eine Expedition zum K2 geführt, dem zweithöchsten Berg der Welt im Karakorum-Massiv von Pakistan. Unser Acht-Mann-Team hatte, nachdem Nick Estcourt in einer Lawine ums Leben gekommen war, den Versuch vorzeitig abgebrochen. Auf unserm Rückzug gaben wir Ausrüstungsmaterial im Wert von Tausenden von Pfund auf, und die Expedition hinterließ in uns einen Nachgeschmack sinnloser Verschwendung; die Befriedigung, die Grenzen unserer Leistungsfähigkeit erprobt zu haben, war uns versagt geblieben. Wir hatten nur einen Eindruck von den technischen Problemen der Route bekommen und einen geschätzten Freund verloren. Für mich waren die Erfahrungen am K2 ein Gespenst, das ich zu verjagen trachtete. Dennoch suchte es mich oftmals heim. Der Kangchendzönga, so hoffte ich, würde diese schlimmen Erinnerungen aus meinem Gedächtnis vertreiben.

Unser neues Unternehmen erschien viel kontrollierbarer. Trotzdem machte mir ein bestimmter Punkt Sorgen. Bei der Besteigung des Everest hatte ich ein Sauerstoffgerät benutzt, und deshalb wußte ich nicht, ob meine Lungen ohne die Unterstützung eines solchen Gerätes für den Kangchendzönga stark genug waren. Viele Tage vor der Abreise hatte ich mich bewußt der kleinen Annehmlichkeiten des Lebens erfreut, hatte mit den Leuten gelacht und gescherzt. Vermutlich wollte ich, daß sie mich in guter Erinnerung behielten. Ich hegte morbide, doch realistische Gedanken: War es vielleicht das letzte Mal, daß ich mit ihnen sprach? Ich brachte meine Angelegenheiten in Ordnung, unterschrieb mein Testament und regelte meine Versicherung. Ich besuchte meine zwei kleinen Nichten. Die eine war nach einer eben überstandenen Windpockenerkrankung noch müde und reizbar, die andere schon wieder erholt und lebhaft. Ich hoffte und glaubte, daß die alte eiserne Energie in mir noch vorhanden sein würde, wenn es einmal schlimm kommen sollte. Freilich war sie schon lange nicht mehr beansprucht worden. Wieder einmal vor einer Himalaya-Expedition befiel mich ein aus Besorgnis und Erwartung gemischtes Gefühl.

In Kathmandu wickelten wir die Organisation der Expedition mit bewußter Gemächlichkeit ab. Wir engagierten unseren *Sirdar*, den Koch und den Kochjungen; Ausrüstung und Verpflegung wurden gekauft, sortiert und verpackt. Aus einem Transistorradio kam das vertraute nasale Quäken eines Hindi-Liedes. Alles schien nach Plan zu verlaufen. Nach den Unsicherheiten Indonesiens fühlte ich mich jetzt sicher und unbeschwert.

Seit Anfang 1977 hatten Doug Scott und ich versucht, die Erlaubnis zur Besteigung des Kangchendzönga zu bekommen. Damals erlaubten weder Nepal noch Indien ausländischen Expeditionen, den Hauptgipfel anzugehen. Auf meine Briefe nach Indien hatte ich abschlägige Bescheide erhalten. In Nepal schien man uns eher geneigt, und Doug hatte dann schließlich auch Erfolg.

Wir bekamen die erste Erlaubnis für eine Kangchendzönga-Besteigung vom Nordwesten aus seit beinahe fünfzig Jahren.

Als nächstes mußten wir zwei weitere Teamkameraden finden und entschieden uns rasch für Joe Tasker und Tut Braithwaite. Sofort ließen wir

Expeditions-Briefpapier drucken und schrieben ihnen darauf, sie seien auserwählt worden. Was Joe betraf, so ging das in Ordnung. Tut jedoch war wegen Lungenbeschwerden leider verhindert, was die Korrektheit unseres Briefkopfes ein wenig beeinträchtigte. An seiner Stelle luden wir dann Georges Bettembourg ein. Insgesamt hatten wir zwanzig Himalaya-Expeditionen auf dem Buckel; ich selbst hatte schon zwei mit Doug und zwei mit Joe unternommen.

Bald danach bestimmten wir Georges zu unserem Konditionstrainer. Wir hatten ihn 1978 im Karakorum kennengelernt. Er und Yannick Seigneur waren auf dem Hinweg an unserer K2-Expedition vorbeigebraust und hatten den rund 8047 Meter hohen Broad Peak bezwungen, wobei sie für Auf- und Abstieg ganze fünf Tage brauchten. Wir hatten noch nicht einmal richtig an den Hängen am Fuß unseres Berges Tritt gefaßt, da waren die beiden schon wieder in Islamabad. Die drei «Anglais» konnten offensichtlich viel von Georges lernen. Jeden Morgen ließ er uns Runden um die Palastmauern drehen. Daß noch keiner von uns gemeinsam mit ihm eine Expedition mitgemacht hatte, schien keine Rolle zu spielen – es half sogar, denn es brachte ein Wettbewerbselement herein, das uns zu besonderen Bemühungen anspornte. Georges wußte eben, was Hochgebirgskletterei bedeutet.

Wir hofften, den Kangchendzönga als erste über den Nordgrat besteigen zu können. Bis dahin waren alle erfolgreichen Expeditionen zu diesem Berg sehr umfangreich gewesen und hatten sich traditioneller Belagerungsmethoden bedient. Im Vergleich dazu war unser kleines Vier-Mann-Team gewissermaßen nur ein ganz leichter Hammer, mit dem wir eine sehr harte Nuß knacken mußten.

Mit 8598 Meter ist der Kangchendzönga der dritthöchste Berg der Welt. Er ist zweihundertfünfzig Meter niedriger als der Everest und rund vierzehn Meter niedriger als der K2. Die beiden höheren Berge waren in den vorangegangenen Jahren ohne Sauerstoffgeräte bestiegen worden. Beide Male jedoch waren die erfolgreichen Kletterer von vielköpfigen Expeditionen begleitet worden, die in den höchsten Lagern Sauerstoffgeräte deponiert hatten. Wir wollten den Kangchendzönga ohne solche Unterstützung angehen. Lediglich zwischen den unteren Camps sollten uns zwei Sherpas beim Transport der Ausrüstung helfen.

Unser Vorhaben war ein ernsthaftes Unternehmen, aber sehr feierlich ging es trotzdem nicht zu. Wir neckten einander mit Zitaten aus Büchern moderner Helden, denen wir es nachzutun hofften:

> *Am Morgen nehme ich eine kalte Dusche, laufe in dreißig Minuten tausend Meter auf den Zehenspitzen bergauf und kaue dann zur Gefäßerweiterung Knoblauch.*
>
> *Freitags esse und trinke ich nichts, um Leber und Nieren an Entbehrungen zu gewöhnen.*
>
> *Jeden Nachmittag mache ich in Höhen über dreitausend Meter vier Stunden Skilanglauf.*
>
> *Ich stähle meinen Körper, bis ich ihn völlig unter Kontrolle habe.*

Mein Leibarzt berät mich bei jeglicher Nahrungsaufnahme und bei allem, was ich den ganzen Tag tue. Er sagt, daß ich ein Supermann bin.

Diese Zitatenschlachten steigerten sich, bis der Superstar in einer Stickstoffwolke zur «Todeszone» des Gipfels hinaufkeuchte. Am Ende zuckten wir bescheiden die Achseln und sagten: «Nun, probieren können wir's ja.»

Aus dem, was Bergsteiger schreiben, Wahrheit und nützliche Information herauszudestillieren, ist immer schwierig, denn natürlich strickt jeder Autor an seinem Image. Wir zählten, wieviele Alpinisten ohne Sauerstoffgerät eine Höhe von achttausendfünfhundert Metern erreicht hatten. Viele davon waren Mitglieder von Vorkriegs-Everest-Expeditionen gewesen und hatten – für uns ermutigend – in bezug auf Alter, Größe und Erscheinung allen möglichen Kategorien angehört. Ihre Taten lagen allerdings so weit zurück, daß es für uns schwierig war, eine Beziehung dazu zu bekommen. Hatten sich diese früheren Hochgebirgskletterer noch in meisterlichem Understatement über ihre Taten geäußert, so hatte sich die allgemeine Haltung inzwischen geändert. Übertreibung schien nun allgemeine Übung geworden zu sein. Der amerikanische Jogging-Wahn und die russischen Gesundheitstempel waren Symptome einer modernen Körperanbetung, und die Leichtgläubigkeit des Publikums gegenüber Werbung und Medien führten zu einem Glauben an «Supermänner». Für Joe Taskers besessen-bilderstürmerische Natur war all dies Unsinn. Er verbeugte sich nicht vor Ego-Mythen, Publicity-Kampagnen und dem menschlichen Verlangen nach Helden und mißtraute instinktiv allen Dogmen über Trainingsprogramme. Während der ersten Tage der Einlaufphase war ich jedoch so von Georges beeindruckt und hatte derart viel über Training gelesen, daß ich diesen Aspekt nicht einfach so abtun konnte.

«Mich bekümmert, daß Sie keinen Arzt dabeihaben», sagte Lieutenant Mohan Thapa. Er war unserer Expedition als Verbindungsoffizier zugeteilt worden und sollte sicherstellen, daß wir nicht vom rechten Wege abwichen.

«Keine Angst», sagte Doug, «wir werden für medizinische Zwecke eine Sauerstoffflasche mitnehmen.»

Allerdings war es schwierig, eine Sauerstoffflasche zu finden, die sich an die von uns mitgebrachte Maske anschließen ließ. Schließlich trafen wir Pertemba, den Sherpa, mit dem ich 1975 den Gipfel des Everest erreicht hatte. Pertemba, der Kathmandu bald darauf mit der amerikanisch-nepalesischen Expedition zum Gauri Sankar verlassen sollte, bot seine Hilfe an. «1500 Rupien», sagte er.

«1000.»

«1500 – das ist ein günstiger Preis.»

«Wenn wir sie unbenutzt wiederbringen, kriegen wir dann das Geld zurück?»

«1500 habe ich selbst bezahlt. Entweder nehmt ihr sie oder nicht.»

Er wußte, daß wir sie brauchten, und da er weitgereist war, wußte Pertemba, was Leute aus dem Westen sich leisten konnten, selbst wenn sie Armut vortäuschten.

Der Kangchendzönga liegt in einer der entferntesten Gegenden des Himalaya in der Nordostecke Nepals an der westlichen Grenze von Sikkim. Das Gebiet ist vor kurzem von Indien annektiert worden. Unser Weg ging nach Osten; der achtzehn Tage lange Anmarschweg führte uns durch die heißen Malaria-Ebenen des Terai. Dieses nur zweihundert Meter über Meereshöhe gelegene flache Schwemmland zwischen der indischen Grenze und den Vorbergen ist Nepals bescheidener Anteil an der Ganges-Ebene. Unsere Sherpas transportierten in einer fünfzehnstündigen Fahrt unsere Ausrüstung in einem Lastwagen auf der von Russen erbauten Ost-West-Autostraße nach Dharan, der größten Stadt des Terai. Einen Tag später flogen wir ihnen über Biratnagar nach.

In Dharan erlaubte uns die britische Armee freundlicherweise, in ihrem Gurkha-Rekrutierungscamp zu übernachten. Ich machte mich über die Buchhaltung der Expedition her. Die Hitze war drückend, auch ein großer Ventilator brachte nicht viel Erleichterung. Ich erkannte ein vertrautes Gesicht mit engen Augen und leicht schiefem Mund – es war unser *Sirdar* (Oberträger) für die Expedition, Ang Phurba. Dreieinhalb Jahre war es her, seit ich ihn auf dem Everest zum letzten Male gesehen hatte, und er schaute inzwischen viel älter aus – ich also wahrscheinlich auch. Er schien erfreut, mich zu sehen, obwohl er selten Gemütsbewegungen zeigte; schließlich war er einer der Verschlossensten seiner verschlossenen Rasse, der Sherpas. Diese viel reisenden, viel Handel treibenden Leute sind es gewohnt, Bekanntschaften nach langen Jahren wieder an dem Punkt aufzunehmen, wo das Schicksal sie unterbrochen hatte. Ich freute mich darauf, mit ihnen zusammenzusein und wieder gemeinsam mit ihnen zu lachen. Unsere kleine Gruppe, so hoffte ich, würde den Sherpas vielleicht näherkommen, als es bei der vielköpfigen Everest-Expedition möglich gewesen war. 1975 hatte ich Respekt vor ihrem inneren Frieden empfunden und war überzeugt gewesen, daß sie uns westliche Menschen mehr lehren konnten als wir sie. Auch ich würde unsere Beziehung wieder dort aufnehmen, wo sie geendet hatte.

«Überlaß alles Ang Phurba, er weiß, was er tut. Im Umgang mit den Trägern hat er uns viel voraus.» Ang Phurba war im Herbst *Sirdar* bei Dougs und Joes Expedition zum Nuptse gewesen, und jetzt waren wir glücklich, alle Verantwortung diesem lakonischen, selbstgewissen Organisator anvertrauen zu können. «Es gibt alles Mögliche, wovon wir nichts wissen. Wenn er unbedingt ein paar Träger mehr als nötig anheuern muß, damit sie alle Ruhe geben, dann laß ihn; es erleichtert das Leben.»

Es war der 18. März. Wir begannen den vierstündigen Anstieg zum Dhara-Paß, einem Sattel in den Siwaliks, den ersten sich aus der indischen Ebene erhebenden Vorbergen. Diese fast ununterbrochene, etwa eintausendfünfhundert Meter hohe Kette erstreckt sich parallel zum Himalaya. Die alten Aryaner nannten sie «den Rand des Daches von Shivas Himalaya-Wohnung». Der Dhara-Paß war das Eingangstor nach Ost-Nepal; für fast zweihundert Kilometer war er der einzig gangbare Paß, über den Menschen aus dem Inneren in Verbindung mit der modernen Außenwelt treten konnten. Handel für eine Bevölkerung von etwa zwei Millionen ging über diesen Paß, und der Verkehr war in beiden Richtungen dicht. Häufig mußten wir uns

ANMARSCHWEG ZUM KANGCHENDZÖNGA

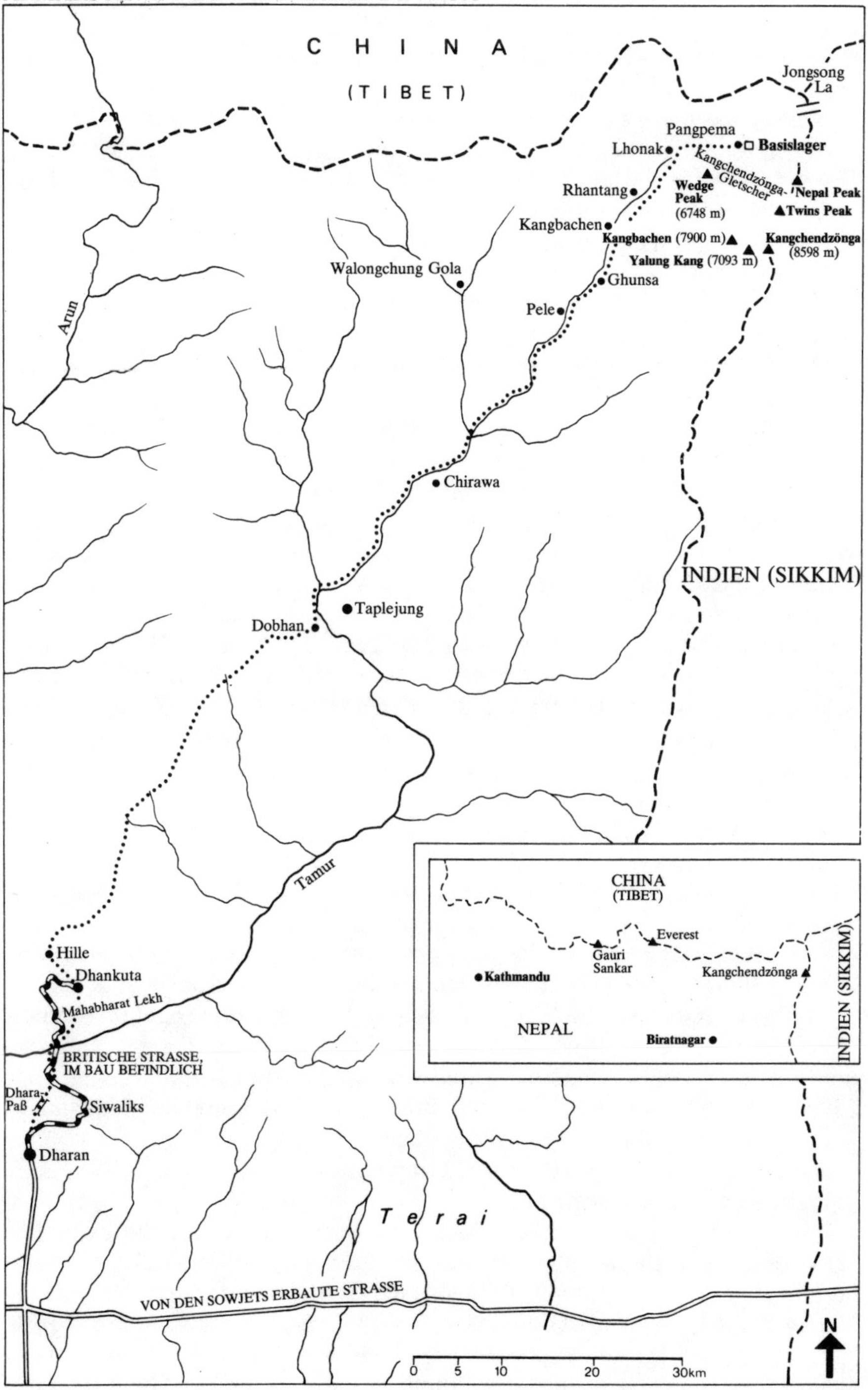

hinter Reihen von Trägern anstellen. Jeder von ihnen hatte einen Krummdolch im Gürtel. Die Last, die am *tumpline*, dem Stirnband hing, ließ ihre Nackensehnen hervortreten. Die schlimmsten Stockungen wurden von Trägern verursacht, die Holzplatten oder Wellblechstücke beförderten, welche an Engstellen den zweispurigen Verkehr zum Erliegen brachten.

Bei der im Bau befindlichen Straße über den unweit gelegenen Kamm handelte es sich um ein britisches Hilfsprojekt, das Dharan im Terai mit Dhankuta verbinden sollte. Dieses Vorhaben stellte nur einen winzigen Anteil der Hilfe dar, die aus aller Welt nach Nepal floß und die Hälfte des Nationaleinkommens ausmachte.

Der steile Anstieg bereitete uns ziemliche Mühe. «Warum tun wir uns das wieder an?» fragte ich Joe.

«Ja, das frag' ich mich auch», antwortete er. Wir lachten, und damit war die Frage vorerst erledigt.

Erst einmal hatte ich einen Fußmarsch zu einem Berg in Nepal gemacht: in der Monsunzeit zum Everest. Im Gegensatz dazu waren die Siwaliks trocken und heiß, und genauso fühlte auch ich mich jetzt.

Georges hatte in jeder Hand einen Stock. «Das ist wirklich gut», sagte er. «Es lockert den Oberkörper, kräftigt die Arme und entlastet die Knie. Yannick und ich haben schon letztes Jahr ständig Stöcke benutzt. Du solltest es auch versuchen.» Joe und ich übernahmen bald darauf seine Technik.

Vom Dhara-Paß konnten wir über ein Quertal hinweg die Verteidigungsmauer des Mahabharat Lekh sehen. Diese natürliche Barriere hatte die nepalesischen Bergbewohner vor den Kriegen und Konflikten in der indischen Ebene geschützt. Ich stöhnte innerlich, als ich den Anstieg nach Dhankuta sah, einem wichtigen Handelsplatz hoch auf dem Kamm, der unsere nächste Etappe sein sollte.

An der Route zu den Vorbergen lagen viele Straßencafés, bestehend aus kleinen, verräucherten Bänken, auf denen wir süßen Milchtee tranken und Biskuits und frische Orangen aßen. Gelbe Hunde schnappten träge nach irgend etwas, und magere Hühner pickten auf dem Boden herum. Fliegen tanzten wie Staubpartikel im Sonnenschein auf und ab. Der Weg war ermüdend und staubig, aber wenigstens stiegen wir aus der Hitze heraus.

Georges sprach ohne Scheu über alles und jedes und ging seine Themen ohne Umschweife an. Wir redeten über die Berge, Moral, Werte, Religion, über alles. Obwohl er stets rasch und entschieden sprach, fühlte er sich im Englischen nicht ganz zu Hause und äußerte seine Meinung ohne Nuancen.

«Ich sehe Gott überall, wo ich hinschaue», sagte er.

Boshaft antwortete Joe mit einem Camus-Zitat: «Wenn es einen Gott gibt, dann brauche ich ihn nicht.»

Joe und ich paßten uns Georges' Aufrichtigkeit nicht ohne weiteres an. Ich fühlte mich jedoch geselliger als auf früheren Expeditionen und tauschte bereitwilliger Meinungen aus. Obwohl sich Georges sehr direkt ausdrückte, war er auch für andere Ansichten offen und schuf so eine ungezwungene Atmosphäre. Er brachte es sogar fertig, Joes Abwehrmechanismen zu überwinden und ihn aus seiner gewohnten Reserve zu locken. Im Gespräch loteten wir einander aus und versuchten, gemeinsame Grundlagen zu finden, bemüht, einander zu verstehen und zu vertrauen. Gewöhnlich waren Frauen das erste Thema – ein dünnes Band zu der Welt, die wir hinter uns lassen wollten.

Im Gegensatz zu den Hütten am Wege war Dhankuta makellos sauber. Weißgestrichene Häuser mit schwarzen, ziegelgedeckten Dächern und Balkonen mit Blumenkästen säumten eine breite, gepflasterte Straße. Auf einem Felsvorsprung über der Stadt stand ein riesiger Pagodenfeigenbaum. Diese Bäume sind sowohl den Hindus als auch den Buddhisten heilig und finden sich häufig an bequemen Rastplätzen. Dieser Baum überschattete eine *Chautara*, eine Steinbank, auf welche die Träger ihre Last setzen konnten. Eine erfrischende Brise blies über den Kamm. Der Baum glitzerte; von den Zehntausenden von Blättern zitterte jedes in seinem eigenen Rhythmus. Der Anstieg zu den Vorbergen war geschafft; auf die Träger wartend, schliefen wir ein.

Als wir den Kamm, dem wir während der nächsten vier Tage folgen sollten, erreicht hatten, änderte sich die Stimmung. Der trockene Winter war vorüber, aber das Gras war noch fahl wie Stroh. Dieser Anmarschweg war der schönste, den ich jemals im Himalaya gemacht hatte, und ganz anders als das Auf und Ab des Weges zum Everest. Er führte um Bergrücken herum und durch Rhododendron-Haine, die schon die Blüte vor der Monsunzeit erahnen ließen. Immer wieder trafen wir auf Menschen, auf kleine Dörfer. Die terrassierten Felder waren freilich trocken und staubig, und man sah nicht häufig, daß darauf gearbeitet wurde. Vier große Adler umkreisten uns, über unseren Häuptern und weiter unten. Der Frühling ist hier die Zeit des Wartens auf den Monsun; es gibt nicht die völlige Erneuerung der Natur wie in Europa. Die Jahreszeiten verwirrten mich. Nach einem Mittwinter südlich des Äquators, dem traumhaften Kontrast von Weiß und Blau und der scharfen Kälte der Schweiz im Februar und schließlich dem Regen Nordenglands atmete die Bergwelt hier eine Frische und Kraft, die den Menschen mit Hoffnung und Freude erfüllte.

Wir diskutierten darüber, ob es richtig oder falsch sei, auf dem Anmarschweg in die Berge Frauen dabei zu haben. Die Etappen waren kurz, die Tage vergnüglich, und ich fand den Marsch so angenehm und wenig anstrengend, daß weibliche Gesellschaft uns nicht behindert hätte. Ich wollte Durchschriften meines Tagebuchs an Hilary schicken; Doug kopierte seines für seine Frau Jan.

«Ein Tagebuch, von dem man weiß, daß es jemand anderer lesen wird, kann doch nicht ehrlich sein!» frotzelte Joe.

«Ich bin nicht ehrlich», entgegnete ich. «Ich lüge und gebe an. Aber was ist dabei, wenn man seine Gedanken mit jemandem teilt?»

«Wenn du der letzte Mensch auf der Welt wärst, würdest du ein Tagebuch schreiben?» fragte Doug. «Und wenn wir die letzten Menschen auf der Welt wären, würden wir dann trotzdem noch auf den Kangchendzönga steigen?»

Wenn in mir oder um mich herum etwas Interessantes geschah, nahm ich mir vor, es Hilary mitzuteilen. Diese Gewohnheit, die Dinge im Zusammenhang mit ihr zu sehen, bereicherte ihre Bedeutung, und der Gedanke, daß sie im gleichen Augenblick lebte, dachte und atmete, rief manche Erinnerung wach. Trotz des Einverständnisses aber, zu dem wir in Neuguinea gefunden hatten, hatte ich noch nicht das Gefühl, in meinen Tagebüchern zu ihr zu sprechen; ich schrieb vielmehr in den leeren Raum, der uns trennte. Was ich schrieb, half mir mit der Tatsache fertig zu werden, daß ich, obwohl ich nicht blindlings zu vergessen vermochte, viel von meiner Vergangenheit hinter mir lassen mußte.

Wir gingen über das Steinpflaster des Dorfes Hille, wo wir einen Landwirtschaftsberater aus England und einen Bewässerungsfachmann aus Deutschland trafen, die beide an Hilfsprojekten arbeiteten. Sie sagten uns, Hille sei eine wohlhabende Siedlung von Bhoti, Tibetanisch sprechenden Leuten aus Walongchung. Vor der Schließung der Grenze war Walongchung im Aruntal eine der wichtigsten nepalesischen Städte gewesen, die den Handel von und nach Tibet kontrollierten.

Georges kaufte ein T-Shirt mit einem Aufdruck vom Montreux-Jazz-Festival.

Unser Weg führte an komfortablen Häusern vorbei. Westliche Musik war zu hören: «Seasons in the Sun» ..., «Goodbye my friends, it's hard to die ...»

Abrupt wandte sich Georges um. «He, habt ihr den Text dieses Liedes gehört?»

Eine anmutige, mit goldenen Ohrringen geschmückte Kuhhirtin saß im Gras und strickte, und Kinder spielten um sie herum. Hoch über ihnen sahen wir Minuten später gewaltige Berge. Weit drüben im Norden zeichneten sich ihre Silhouetten wie ätherische weiße Wolken über dem dunklen Dunst des Tales ab; viel höher, als wir erwartet hatten, ragten riesig der Makalu, der Chamlang und das Massiv des Kangchendzönga empor.

Unter den sechs höchsten Bergen der Erde ist der Kangchendzönga dem Blick des Betrachters am besten zugänglich. Von der achtzig Kilometer östlich von uns gelegenen geschäftigen indischen Bergstadt Darjeeling aus ist der Berg in seiner ganzen Schönheit zu sehen. Wann immer man mit Besuchern Darjeelings spricht, werden ihre Augen feucht, wenn sie vom Anblick des Kangchendzönga in der Morgendämmerung sprechen. Es muß eines der meistbeschriebenen und -fotografierten Motive der Welt sein. Im Unterschied zu den europäischen Alpen bietet der Kangchendzönga auch aus der Ferne einen Anblick von gewaltigen Dimensionen.

Seit der Zeit der alten Animisten ist er von Tibetanern und den Lepchas von Sikkim als Schutzgeist verehrt worden. Die Tibetaner gaben dem Berg seinen Namen, der eigentlich eine Beschreibung seiner fünf Gipfel ist und wörtlich «Die fünf Ruhestätten des großen Schnees» bedeutet. Als jedoch der große Lama Lha-Tsan Ch'enbo den Buddhismus in Sikkim einführte, erklärte er den Leuten, der Berg sei die Heimat eines Gottes mit diesem Namen. Dieser Gott sei ein Verteidiger des Lamaismus. Lha-Tsan Ch'enbo gab dem Namen mythologische Bedeutung, und die fünf Ruhestätten wurden zu Lagerstätten göttlicher Schätze. Der Gipfel, den die Morgensonne am auffallendsten golden färbte, wurde der Goldschatz genannt, derjenige, der im kalten grauen Schatten verblieb, der Silberschatz; die anderen Gipfel waren Aufbewahrungsstätten von Edelsteinen und heiligen Büchern. Als Lha-Tsan Ch'enbos Schüler den Kangchendzönga in Malerei und Plastik abbildeten, veranlaßte sie der Gedanke an die Schätze dazu, den Gott im Stil eines Gottes des Reichtums darzustellen – rot, in eine Rüstung gehüllt, das Banner des Sieges tragend und auf einem weißen Löwen sitzend.

Der Kangchendzönga wird immer noch als heiliger Berg betrachtet, und wenn europäische Bergsteiger um die Erlaubnis baten, sich in seine Nähe zu wagen, wurde diese Genehmigung entweder stets verweigert oder nur gegen Beachtung besonderer Verhaltensmaßregeln erteilt. Aus Respekt vor der Heiligkeit des Berges und auf Bitten des Maharadschas blieben bei den zwei erfolgreichen Expeditionen von 1955 und 1977 die letzten paar Meter Gipfelschnee unbestiegen.

War der Gott einfach ein gütiger Lebensspender, ein Gott des Reichtums, wie es der Name verkündete? Auf seiner 1930 unternommenen Expedition zum Kangchendzönga entdeckte Frank Smythe in der Hinwendung der Menschen zum Berg mehr als nur Dankbarkeit. Kangchendzönga-Tänze fanden hauptsächlich vor der Ernte statt, um den Gott zu besänftigen, weniger dagegen nachher als Ausdruck der Dankbarkeit.

Ihr Wohlergehen, ja ihr Leben ist abhängig vom Wohlwollen dieses Gottes, denn er kann ihre Ernten mit seinen Stürmen hinwegfegen oder ihre Dörfer mit seinen Fluten und Lawinen zerstören. Aus ferner Vergangenheit sind sogar dunkle Geschichten von Menschenopfern an diesen Berg überliefert.

Eine Statue des Gottes, die man Smythe zeigte, hatte einen grausamen Gesichtsausdruck mit einem sardonischen Grinsen. Als eine Lawine einen seiner Männer getötet hatte und fast der gesamten Gruppe zum Verhängnis geworden war, schrieb er: «Der Kangchendzönga ist mehr als unfreundlich; er ist von blindem, sinnlosem Haß auf den Bergsteiger erfüllt.»

Noch 1977 beschuldigten die Lamas von Sikkim eine große indische Expedition, sie habe den Gott gestört. Am Berg war eine laute Explosion zu vernehmen, der schwere Lawinen und Erdrutsche folgten. Angeblich führten die Flüsse, die dem von der Explosion in Mitleidenschaft gezogenen Gletscher entsprangen, Tausende von toten Fischen mit sich, und viele Dutzend bei einem Straßenbauprojekt in der Nähe beschäftigter Arbeiter wurden, wie man behauptete, krank. Nicht lange danach verunglückte einer der indischen Kletterer noch im Anfangsstadium der Expedition tödlich.

Ich war immer der Meinung gewesen, ein Berg sei von großartiger Indifferenz; was die Anwohner glaubten, war für mich zu tolerierender Aberglaube gewesen. Der Versuchung, einem Berg menschliche Attribute zu verleihen, hatte ich immer zu widerstehen versucht. In diesem Jahr aber ging mir allmählich auf, in wie hohem Maße die körperliche Erfahrung des Berges auf der geistigen Einstellung dessen beruht, der ihn erklettert.

Zuweilen schien mir der Kangchendzönga Geist und eigenen Willen zu haben. Entsprach man nicht den Erwartungen, wurde man rasch zurückgewiesen. Nahte man jedoch mit einer Mischung aus Vorsicht, Zuversicht und Respekt, so schaffte man es in der Regel gerade noch, das Schlimmste zu überstehen, und wurde einer besonderen Belohnung teilhaftig.

Noch über hundertzwanzig Kilometer entfernt, dominierte der Kangchendzönga den Kamm, dem wir folgten, und gab unserem Weg einen neuen Sinn. Eine scharfe Kühle bei Sonnenuntergang erinnerte uns an die kalten Höhen, die uns erwarteten, und ehe wir uns in unsere Zelte zurückzogen, sagten wir einander mit nervösem Lachen weitere passende Zitate über den Berg vor. Ich fand ein paar erschreckende Gedanken in Jack Tuckers Buch *Kangchenjunga*:

> *Der Kangchendzönga ist ein Berg, bei dem normale Klettertechniken versagen. Die psychologische Wirkung der ständigen Gefahr, welche von den schrecklichen Lawinen kommt, die Tag und Nacht herniederdonnern, die extreme Schwierigkeit und das furchtbare Wetter, dazu die Kürze der Zeitperiode, in der eine Besteigung des Kangchendzönga überhaupt möglich ist – all dies macht diesen Gipfel so besonders gefährlich und unerreichbar. Jede Expedition, die ihn zu bezwingen hofft, muß den Berg mit einer fanatischen Einstellung angehen. Für jeden Nerv, jede Faser gibt es nur ein einziges Ziel: das Erreichen des Gipfels ...*

Joe schob die entmutigende Prophezeiung Erwin Schneiders nach, einem österreichischen Mitglied von G.O. Dyhrenfurths-Expedition im Jahre 1930: «Versuche kleiner Gruppen, diesen Berg zu besteigen, sind von Anfang an zum Scheitern verurteilt.»

«Ich hoffe, wir können diese Route schnell schaffen, vielleicht nach einer entsprechenden Erkundung», sagte ich.

«Wir müssen es eben mit der Theorie vom tiefen Atemzug versuchen.»

«Was ist denn das, Doug?»

«Am Nordsattel tief Atem holen und dann los.»

Ich kroch in mein Zelt, zog den Reißverschluß zu und sperrte damit eine Gruppe flüsternder Kinder aus und Fledermäuse, Insekten und die Angst vor den Bergen Nepals. Gewöhnlich kampierte jeder von uns für sich. Es war wichtig, ein wenig private Sphäre zu wahren, denn am Berg würden wir lange genug eng beisammen sein. Jetzt war ich von meiner Umgebung und dem alles dominierenden Berg vor uns abgeschirmt. Ich hörte Musik vom Kassettenrekorder, vertiefte mich bei Kerzenlicht in ein Buch und zog mich so in eine mitgebrachte Enklave abendländischen Lebens zurück. Die Lektüre verkürzte die Zeit. Vielfach lasen Joe und ich nacheinander die gleichen Bücher, so daß wir über sie diskutieren konnten, während Georges nie mehr als die ersten paar Seiten schaffte und Doug eine spezielle Sammlung von Kassetten und Büchern mitführte, die mit seiner ständigen Suche nach Propheten zu tun hatten.

Um halb sieben Uhr morgens brachte der kleine Nima, der Küchenboy, eine Tasse Tee – eine behutsame Weise, mich aufzuwecken. Es war der Beginn eines weiteren herrlichen Tages auf diesem Grat.

«Gefällt Ihnen unsere Musik?» fragte ich Mohan, unseren Verbindungsoffizier.

Sein englisches Vokabular war sehr reich, seine Aussprache jedoch fast nicht verständlich. «Solche Macht ward süßen Tönen: Herzensweh und tödlich Sehnen ...»

«Woraus ist das, Mohan?»

«Shakespeare, *Heinrich VIII.*, Orpheus' Lied.»

«Davon haben wir keine Kassette.»

Nachdem sich die Anspannung der hektischen Tage vor der Abreise allmählich gelegt hatte, erzeugte der bevorstehende Aufstieg nun neue Spannung in uns. Steifheit und Müdigkeit fielen von uns ab, und wir fühlten uns in zunehmendem Maße lebendig und fit. Daß uns der bevorstehende Aufstieg auf Herz und Nieren prüfen würde, erfüllte uns mit einem Gefühl erregter Erwartung. Verglichen mit den Pfaden, auf denen ich mich in Neuguinea hatte abplagen müssen, erschien mir der Weg, den wir jetzt gingen, wie eine Autostraße. Das Treiben war jetzt nicht mehr so rege, wie es vor Hille gewesen war, aber auch jetzt noch begegneten wir ständig Händlern und Reisenden. Wir brachen am Morgen auf und erreichten den Lagerplatz dieses Tages in den frühen Nachmittagsstunden, so daß wir uns noch eine Weile ausruhen konnten. Dann kletterten wir ein wenig auf Blöcken herum. Vergessene Muskeln erwachten, und der spielerische Wettbewerb machte uns Spaß. Die Expedition lief sich ein.

Wir kampierten in einem kleinen Tal: achtundvierzig Träger, *Sirdar* Ang Phurba, sein Helfer Nima Tensing, der Koch Kami, der Küchen-Boy Nima Tamang, der Verbindungsoffizier Mohan und wir vier. Wir waren froh, daß wir keinen Hauptsponsor für unsere Expedition hatten. So waren wir nur uns selbst und unserer Route verpflichtet.

Vier war eine gute Zahl, denn innerhalb dieses Mikrokosmos war Raum für Klatsch und Spaß. Sobald wir am Berg waren, würde sich freilich eine enge Abhängigkeit zwischen uns ergeben. Im Vergleich dazu gab es vorerst keine ernsten Probleme.

Unsere Gespräche bestanden zu achtzig Prozent aus Frotzeleien und fröhlichem Spott. Joe war nie um eine Antwort verlegen und rasch mit der Zunge, wenn es galt, irgendeine Angeberei zu demaskieren; seine dünnlippigen Kommentare waren scharf und treffsicher. Wenn er gelegentlich zu gut traf, zuckte ich ein wenig zusammen. Wir hatten schon so manches gemeinsam erlebt, daß aus unseren früheren Auseinandersetzungen Respekt und gegenseitiges Vertrauen erwachsen waren. Wenn wir einander auch weiterhin mit bissigen Kommentaren bedachten, so vermutete doch keiner von uns Bösartigkeit dahinter. Georges kapierte viele der Späße nicht, weil sein Englisch nicht ganz ausreichte (Dougs Nottinghamer Akzent machte die Sache für ihn nicht leichter). Außerdem haben Franzosen und Amerikaner wohl nicht in gleichem Maß wie wir die Gewohnheit, einander ständig auf die Schippe zu nehmen. Einmal verbrachten wir eine lange Zeit damit, ihm zu erklären, was «Ulk» bedeutet. Auf dem Gebiet des Humors hatten wir allmählich eine gemeinsame Wellenlänge gefunden; für Menschen, die so sehr aufeinander angewiesen sind, wie wir es bald sein sollten, ist das von größter Bedeutung. Doug fand nicht immer die gleichen Dinge komisch wie wir und hatte dann und wann für einen Witz kein Verständnis, vor allem wenn es um Fragen der Existenz und des «Egos» ging. Er hielt etwas Abstand von uns drei anderen und kritzelte immer wieder etwas in sein Tagebuch. Wir alle führten Tagebücher:

Als wir ihn heute unterwegs überholten, sagte er: «Denkt an den Hasen und den Igel.» Ich antwortete, der Hase hätte am Ende mehr Zeit zum Träumen gehabt. Aber jetzt bin ich nicht mehr ganz sicher, wer der Hase ist und wer der Igel! Ich werde einfach nicht schlau aus Dougs selbstgestrickter Psychologie und weiß auch nicht, wie starr oder wie flexibel er ist. Entweder macht er eine zweite Jugendzeit durch, oder er hat etwas, das unser Begriffsvermögen übersteigt. Seine clevere Selbstironie und sein bereitwilliges Lachen machen ein Urteil darüber, wie ernst es ihm ist, wenn er wie heute seine Einwürfe macht, recht schwierig. «Jeder von uns», meinte er, «hat nur drei Trillionen Herzschläge Zeit, und da müssen wir unsere Energien sorgsam auf etwas Lohnendes konzentrieren.» Und: «Wir alle sind bewegliche Pflanzen. Stellt euch mal vor, unser Inneres wäre nach außen gekehrt ... Wir sind, was wir essen.» Und: «Auf dieser Tour ist das Unterbewußte sehr stark.» Er liebt es, sich vom eigenen Redefluß forttragen zu lassen, wobei er gerne die Wörter wendet und dreht. Ich bin in dieser Hinsicht gehemmter als er. Ließen wir uns bei unseren Äußerungen alle in gleicher Art von unseren Gefühlen bestimmen, dann käme es wohl zu einem Zustand gespannter Anarchie.

Die Tage auf dem Grat gingen zu Ende; wir stiegen gut zweitausend Meter ins Tamurtal ab. Tief unten konnten wir das blaue Wasser des Tales sehen, durch das Steine und Felsblöcke schimmerten. Auf unserem Weg in die Hitze hinunter machten wir eine Teepause und genossen dabei die Brise, die in den Bäumen um uns herum sang. Ein ehemaliger Gurkha-Soldat plauderte auf englisch mit uns; er erinnerte sich gerne an die fünfzehn Jahre, die er mit der britischen Armee im Ausland verbracht hatte. Seine Pension war fünfmal so hoch wie das Einkommen eines Bauern, und als er noch im aktiven Dienst war, hatte er sogar fünfundzwanzigmal mehr verdient. Trotzdem schienen sein Geld und seine Erfahrung auf die Art, wie er jetzt lebte, kaum Einfluß zu haben.

Die Höhe war nun wieder gemäßigter, das Klima milder, und um das zu feiern, schwammen wir in Dobhan in einem Seitenfluß des Tamur. Im Tamurtal haben sich die Limbus, chinesisch anmutende Menschen mit breiten Backenknochen, niedergelassen. Unser Weg führte an ihren dreistöckigen, mit Balkonen versehenen Häusern vorbei, und wir wunderten uns über den hohen Lebensstandard der Bewohner. Verantwortlich dafür sind die reichlichen Niederschläge während des Sommermonsuns und des Winters, die es den Limbus erlauben, nicht nur viel Reis, sondern auch Winterfrüchte zu ernten.

Obwohl Europäer hier nicht häufig vorbeikamen, erregte unsere Karawane keinerlei Aufsehen. Sie hatte hier nicht annähernd den gleichen Neuigkeitswert wie in Neuguinea. Ang Phurba warnte uns davor, bei einem bestimmten Weiler haltzumachen. Dort hausten, wie er berichtete, Räuber mit scharfen Dolchen, und für ihre messerstecherischen Fähigkeiten sind die Limbus berühmt.

Zudem schienen sie Pyromanen zu sein. Tag und Nacht brannten um ihre Siedlungen herum Büsche, damit Platz für neues Frühlingsgrün gewonnen werden konnte. Für uns war das ein peinvoller Anblick. An der Ostseite des Tales waren mehrere Hektar Wald abgebrannt, doch die Sherpas sagten, dies habe mit dem Frühjahrsreinemachen der Limbus nichts zu tun gehabt. Ein paar Jahre zuvor hätten die Träger einer Expedition zum Jannu mutwillig ein Feuer entfacht, das so lange gewütet habe, bis es der Monsunregen löschte. Der Staat hatte eine Entschädigung zahlen müssen.

Von Dharan aus waren wir acht Tage marschiert, als wir am Nachmittag des 26. März in dem in einer lieblichen Lichtung liegenden Chirawa ankamen. In einem aus fünfzehn Meter hohen Blöcken gebildeten Amphitheater bemerkten wir eine Anzahl geschwärzter Steine von früheren Lagerfeuern. Joe ließ sich nieder, um *Die sieben Säulen der Weisheit* zu lesen, und wir schafften es nicht, ihn zu den Felsen beim Tamur River zu locken. Das Klettern dort machte Spaß, bis wir an einen fünf Meter hohen Block kamen. Georges war sehr schnell oben, und ich folgte ihm. Doug hatte einige Schwierigkeiten, weil seine Knöchel, die 1977 nach einem Unfall am Ogre in Pakistan hatten genagelt werden müssen, nicht geschmeidig genug waren. Georges, dem es bald langweilig wurde, beschloß, «ich bin der König im Schloß» zu spielen und gab mir einen heftigen Stoß. Ich kam ins Taumeln und faßte nach seinen Füßen, aber er schüttelte mich los. Meine Finger kratzten über den Fels, als ich hinunterrutschte; dann prallte ich mit dem linken Fuß unglücklich auf ein Grasbüschel auf. Von meinem Knöchel kam ein scharfes Geräusch, als knacke ein Zweig.

«Nein, nein!» rief Doug und rannte herüber.

Ich konnte nicht mehr gehen.

So krabbelte ich wieder zu der Lichtung hinauf. Joe schaute von seinem Buch auf und murmelte ein paar mitleidige Worte. Mohan grinste nicht mehr wie sonst, und die Sherpas schüttelten tuschelnd den Kopf. Mit dem unerschütterlichen Selbstvertrauen eines Gesundbeters hielt Doug meinen geschwollenen Fuß zwischen seinen großen Händen fest. Aber ich hoffte vergebens auf eine Wunderheilung. Die ganze Gruppe bemühte sich, Erste Hilfe zu leisten, nur schlug jeder eine andere Behandlungsmethode vor.

«Steck ihn in kaltes Wasser.»

«Streck ihn in die Luft.»

«Bade ihn in warmem Salzwasser.»

Ich versuchte alles. Georges hetzte herum, um unnötige Dinge für mich zu tun, geplagt von einem schrecklichen Schuldgefühl, das wir mit der bohrenden Frage «Warum hast du das eigentlich getan, Georges?» auch nicht gerade linderten.

Ich lag verzweifelt da, zusätzlich von der Vorstellung gequält, die entnervend sirrenden Dschungelinsekten wollten mich auffressen. Schloß ich die Augen, so hatte ich das Gefühl, nichts als ein großer, schmerzlich pulsierender Fuß zu sein.

«Manchmal ist es ganz gut, wenn man alle Höhen und Tiefen erlebt, Junge», sagte Doug.

‹Grobe Scherze enden mit Tränen›, hat meine Großmutter immer gepredigt.

Vier Tage lang trugen mich drei winzige Limbu-Männer abwechselnd den Weg nach Ghunsa, dem letzten richtigen Dorf auf dem Hinweg. In einem konischen Weidenkorb sitzend, kam ich mir wie ein alter, invalider Pilger vor, den man zum Heiligen Wasser bringt.

«Na, wenigstens wirst du den Berg hinaufgetragen und nicht herunter», bemerkte Joe.

Ich brauchte zwei Tage, bis ich den Mut faßte, mich meinem Selbstmitleid zu stellen und es niederzuschreiben. Gedanken an das Kommende konnte ich nicht ertragen; ich wollte nur ruhen, schlafen, vergessen:

Wie geht es weiter? Was kann ich sagen? Es ist einfach unglaublich – so blöde, daß mich der Zorn packt. Ich brauche diese großen Besteigungen und richte mein ganzes Leben nach ihnen ein. Und was passiert? Der Gipfel des Kangch scheint weiter entfernt denn je, und wegen meiner alpinen Bergführertätigkeit in diesem Sommer habe ich scheußliche Angst. Was ist, wenn mein Fuß nicht richtig zusammenwächst? Bis dieser Unfall alles in Zweifel stellte, war mir gar nicht ganz klar, wie viel mir der Kangchendzönga bedeutet.

Den drei mich abwechselnd befördernden Trägern zahlten wir insgesamt hundert Rupien – gut dreißig Mark – am Tag. Sie verdienten jeden Pfennig davon. Ein Ausrutscher unter meinen hundertzweiundfünfzig Pfund Vorexpeditionsgewicht – und sie hätten sich womöglich Knie, Knöchel oder Rücken ruiniert. Ein Ausrutscher hätte vielleicht auch mein Verderben bedeutet, denn manchmal durchquerten wir steile Hänge Hunderte von Metern über dem Fluß. Ihrer Anweisung gemäß saß ich unbeweglich und steif, damit ich die Balance nicht störte. Ich war festgebunden; auch mein Fuß war mit einem Gürtel befestigt.

Die lange Tragestrecke war einsam für mich. Ich vermißte das lebhafte Geplauder der Zeit vor dem Unfall und sehnte mich nach den Teepausen, während denen ich mich für kurze Zeit in der Gesellschaft der anderen befinden würde. Mein Kopf hatte keine Verbindung mehr zur Anstrengung der Gestalten, die mich trugen. Ich folgte dem Auf und Ab des Pfades und starrte steif auf meinen Fuß und ins Laub.

Nima Tensing, unser stellvertretender *Sirdar*, wachte unaufgefordert über meine Sicherheit und fungierte als beweglicher Steigbügel. Nunmehr fünfzig

Jahre alt, hatte Nima bereits an achtzehn Expeditionen teilgenommen, darunter an sieben zum Everest, wo er dreimal Lasten bis zum höchsten Lager getragen hatte und sechsmal bis zum Südsattel. Er war wie der Abenteuerbuch-Sherpa der Vorkriegs-Everest-Expeditionen: Analphabet, unkompliziert, verläßlich, loyal, freundlich und stets in fast serviler Weise bereit, zu helfen und alles zu tun, was gerade getan werden mußte. Er hielt sich ununterbrochen hinter mir und paßte auf, daß mein Tragekorb an schwierigen Stellen nicht kippte, wobei mir sein faltiges braunes Gesicht unverwandt Ermutigung zulächelte. Nimas tägliche Arbeit und seine Religion schienen ohne Trennung ineinander überzugehen. Zumeist war er tief in Gebete versunken, was für ihn so natürlich war wie das Atmen.

Eine Abwechslung gab es für mich. Eine Bhoti-Familie, die auf dem Heimweg nach Ghunsa war, gesellte sich zu uns, eine Mutter, zwei kleine Kinder und eine Tochter im Teenager-Alter. Die Mutter hatte einen frischen Teint und zeigte ein freundliches, aber auch ein wenig neckisches Lächeln. Sie sagte, sie habe noch sieben weitere Kinder, und diese Tochter solle bald einen Ghunsa-Mann heiraten.

«Alles darfst du nicht glauben», lachte Ang Phurba.

Die Frau hatte bemerkt, wer unsere Aufmerksamkeit erregte. Ihre Tochter Dawa trug eine smaragdgrüne Jacke, und ihr Lächeln war schön wie ein Sonnenaufgang. Sie bezauberte uns alle.

Nachdem ich mich drei Tage lang hatte tragen lassen, begann mein Selbstmitleid sich zu legen:

Wenn man muß, kann man sich an alles gewöhnen. Irgendwann haben auch schlimme Dinge ein Ende. Heute habe ich es tatsächlich geschafft, ein bißchen zu gehen, und deswegen fühle ich mich etwas munterer. Daß Nima bei mir ist, ist gut für mich; vor den Sherpas möchte ich mir nichts anmerken lassen. Ich muß sehr aufpassen und komme nur schmerzlich langsam vom Fleck, aber vielleicht gibt es Hoffnung. Wenn der Wille etwas bewirken kann, dann geht es mir sicher bald besser. Ich konzentriere alle meine Energie auf DEN FUSS, massiere ihn, wärme ihn, bewege ihn, denke an ihn.

In Nepal kann man von einem Höhenmesser ablesen, welche Rassen man wahrscheinlich antreffen wird. Eine Wegstunde, und Wirtschaftsleben, Sprache, Religion und Kultur sind ganz anders. Wir hatten die ethnische Grenze überschritten, die dreitausend Meter hohe Linie zwischen Süden und Norden; wir hatten das Gebiet der Hindu-Limbus verlassen, wo striktes Kastenwesen und Konformität herrschten, und kamen nun in eine Zone der Gastfreundschaft. In dem Dorf Pele traf ich die anderen an, wie sie gekochte Eier aßen, umgeben von einer Gruppe kichernder Frauen und Kinder. Deren robuste Erscheinung, ihre rosigen Wangen, ihre schwarzen, sackartigen, von gestreiften Schürzen festgehaltenen *Chuba*-Kleider, ihr klobiger tibetanischer Silberschmuck und ihre türkis- und bernsteinfarbenen Ketten – all das riß mich aus dem Dämmerzustand meiner Reise im schaukelnden

Weidenkorb. Ich glaubte, eines jener alten Fotos des mittelalterlichen Tibet zu sehen, die Heinrich Harrer vierzig Jahre zuvor aufgenommen und in *Sieben Jahre in Tibet* beschrieben hatte. Pele, erklärten die Sherpas, sei eine der Siedlungen tibetanischer Flüchtlinge, die sich in den zwanzig Jahren seit der chinesischen Invasion dort angesammelt hatten. Es gab Pläne der nepalesischen Regierung, sie in den Vorbergen anzusiedeln, aber im Augenblick praktizieren sie wie die Bhoti, die ein paar Kilometer talaufwärts in Ghunsa leben, mit ihren Jaks eine halb nomadisierende Wirtschaftsform und bauen Kartoffeln an.

Nima sah sich nun von vertrauten religiösen Symbolen umgeben. Sorgsam achtete er darauf, meine kleine Gruppe links an Mani-Wänden und Tschorten (Kultschreinen) vorbeizuführen.

«Wir gehen so wie die Uhr», sagte er. Es war eine alte Tradition, im Uhrzeigersinn zu gehen, in der gleichen Richtung, wie die Erde und das Universum sich drehen. Diese Tradition lebt auch noch im schottischen Hochland, zum Beispiel beim Weiterreichen einer Flasche in geselliger Runde.

Ghunsa wirkte wie ein beim Nahen des Feindes plötzlich verlassener Vorposten. Gebetsfähnchen flatterten wie zerfetzte Kriegsbanner und entließen sehnsüchtige Wünsche in den Wind. Auf den ersten Blick waren diese Fähnchen das einzige, wodurch sich der Ort von einem abgelegenen Weiler hoch droben im schweizerischen Lötschental unterschied. Die Steinhäuser waren schindelgedeckt. Das Dorf stand auf Wiesen, die einmal der Schwemmboden eines Sees gewesen waren, und zu beiden Seiten hielten hohe Bergflanken die Sonne ab.

Nach der Legende machte Lha-Tsan Ch'enbo auf dem Wege nach Sikkim hier Halt und gründete ein buddhistisches Kloster. Als er das Dorf wieder verlassen hatte, verirrte er sich und fand Zuflucht in einer Höhle. Dort suchte ihn der Gott des Kangchendzönga in Form einer Wildgans heim und inspirierte ihn dazu, eine alte Prophezeiung zu erfüllen und einen heiligen Text zur Verehrung des Berges zu verfassen.

Als 1850 der erste Europäer, Sir Joseph Hooker, Ghunsa besuchte, war es eine blühende Handelsgemeinde. Die weitere Erschließung der Gegend erfolgte durch die berühmten «Pundits» – vom Indischen Kartographischen Institut ausgebildete Bengalis, die Daten sammelten, auf denen die ersten Karten des Gebietes basierten. 1879 besuchte Chandra Das, Pundit und Rektor einer Schule in Darjeeling, das Kloster. Er berichtete, es sei eines der schönsten und reichsten in Sikkim und Ost-Nepal und es gebe dort achtzig Lamas und ein Dutzend Nonnen. 1884 stellte Rinzing, ein weiterer Pundit, einhundertfünfzig wohlhabende Häuser fest. Als Händler daran gewöhnt, sich verschiedenen Kulturen anzupassen, zeigten sich die Bewohner nicht überrascht, als William Douglas Freshfield im Lauf seiner berühmten Kangchendzönga-Reise 1899 durch das Dorf kam, und nahmen bereitwillig sein indisches Geld an. Als 1930 die nächsten Europäer – Mitglieder der Internationalen Kangchendzönga-Expedition – auftauchten, war der Handel jedoch stark zurückgegangen. Frank Smythes ziemlich gönnerhafte Beschreibung des kindlichen Aberglaubens der Lamas und ihrer fassungslos-erstaunten Reaktion auf sein Grammophon ließ auch in religiöser Hinsicht auf einen Niedergang schließen.

Nur wenige Lamas erschienen, als wir den *Kani* passierten; die goldene Spitze des *Gömpa* – des Dorftempels – und ein paar von den Bauwerken waren in schlechtem Zustand. «Die Leute hier geben für das Kloster, soviel sie können. Aber es sind nicht mehr so viele hier wie früher», sagte Nima.

In Ghunsa machten wir Halt, um die Träger auszuzahlen, die unsere Ausrüstung von Dharan hierher geschafft hatten. Für den letzten Teil des Anmarschs heuerten wir vierzig Ortsansässige an. Als die Träger aus dem Tiefland gegangen waren, saßen wir vier um das Feuer und schlürften aus hölzernen Gefäßen *Tumba*, ein warmes Getränk aus vergorener Hirse. Zum ersten und letzten Mal aßen wir von einem drei Monate alten Stück Jak – die Sherpas schienen den reichlich pikanten Geruch und den eigenartigen Geschmack sehr zu mögen. Gemächlich kamen etliche der dreihundert Einwohner herbei, um uns in Augenschein zu nehmen. Ang Phurba fragte schon nach Trägern, die unsere Ausrüstung zum Basislager bringen sollten. Die Bhoti konnten seinen Sherpadialekt verstehen. Beide Sprachen fußen auf dem Tibetanischen, haben sich aber wegen des mangelnden Ost-West-Kontaktes zwischen den tiefen Tälern in Nord-Nepal zu eigenständigen Dialekten entwickelt. Ich freute mich, daß unsere Expedition nicht größer war; eine umfangreichere Gruppe hätte vielleicht das Leben des ganzen Dorfes durcheinandergebracht. So bedeuteten wir nur eine willkommene Zusatzeinnahme oder waren vielmehr eine seltsame Herde, die dafür bezahlte, durch das Tal hinaufgeleitet zu werden.

Die Leute hier hatten einen langen, bitterkalten Winter hinter sich. Viele husteten arg, hatten Ohrenschmerzen und rauchgerötete Augen. Doug eröffnete um fünf Uhr nachmittags seine Klinik. Durch seine Drahtbrille und sein langes Haar hindurch sah er sich die Patienten an und verabreichte, nachdem sie ihm ihre Probleme erklärt hatten, jedem etwas. Dougs Zähigkeit, Stärke und Ausdauer waren in Bergsteigerkreisen legendär, und auch für vulkanartige Unberechenbarkeit und kaum kontrollierte Heftigkeit war er bekannt. Hier jedoch war er von heiligmäßiger Sanftheit. Eine Gruppe kleiner Kinder verfolgte schweigend und mit scheuem Blick das Geschehen. Eines davon, ein etwa vier Jahre altes Mädchen, trug klaglos ein Baby auf seinem Rücken. Ich bestaunte inzwischen zahllose Paare gesunder Füße. Wo ich hinschaute, sah ich überall hüpfende, laufende, geschmeidige, mich verspottende Füße.

«Ein Wunder, daß so viele Leute normal funktionieren», sagte ich.

«Nein», entgegnete Doug, «das Wunder ist, daß wir jemals anhalten oder fallen, obwohl wir so gut programmiert sind.»

In der Nacht schneite es, und am Morgen erhob sich die Sonne erst spät über den hohen Bergen. Mit ihrem Aufgang gab es zuerst Wind, dann Wolken und etwas Regen. Wir beschlossen, zwei Tage zu bleiben, um meinem Knöchel eine Erholungschance zu geben und um uns an die augenblickliche Höhe von über dreitausendsechshundert Meter zu gewöhnen.

Nach traditioneller Trägermanier schilderten die Einheimischen, um mehr Geld verlangen zu können, die Gefahren und Schwierigkeiten zwischen Ghunsa und unserem in Pangpema vorgesehenen Basislager in den düstersten Farben. Für einen Jak, der mich tragen sollte, verlangten sie einen exorbitanten Preis, und so ging ich am 2. April zwei Stunden vor der Hauptgruppe los, entschlossen, den Rest des Weges ohne Hilfe zu schaffen.

Innerhalb von zwei Wochen hatten wir fast sämtliche Klimazonen der Erde durchquert, vom subtropischen Dschungel des Terai bis zum Bergödland, das wir nunmehr betraten.

Die letzte, erst seit Frühlingsanfang wieder bewohnte Siedlung war Kangbachen, ein winziger Ort von zehn Häusern. Die Kinder waren wild und schmutzig und hatten, obwohl sie sich gegen die Kälte recht gut geschützt hatten, alle laufende Nasen. Vor den Fremden fürchteten sie sich überhaupt nicht. Auf seinem Weg von Ghunsa zum Chabok La und nach Tibet hatte 1879 der Pundit Chandra Das hier ein großes Opfer an den Kangchendzönga erlebt.

Gewehrsalven, athletische Wettbewerbe und Übungen mit Bogen und Pfeil sind die Hauptbestandteile einer Zeremonie, von der man glaubt, daß sie das Wohlgefallen des Berggotts erregt. Die Jugend von Gyansar wetteiferte in athletischen Disziplinen miteinander; die bevorzugten Amüsements der Älteren waren Scheibenwerfen und das Schießen mit Pfeilen. Ich trug auch meinen Teil zu dem Ritual bei. Die Szene erinnerte an die Olympischen Spiele, und wie ein guter Buddhist erwies auch ich dem Kangchan, dem Olymp der Buddhisten, meine Referenz.

In Chandra Das' farbigem Reisebericht finden sich viele Legenden über das Tal, das wir jetzt entlanggingen. Sie erzählen von dem heiligen Wasserfall, in dem die acht indischen Heiligen gebadet hatten, von der Kaverne, in welcher der Schlüssel zum Himmel verborgen war, von der heiligen heißen Mineralquelle und der einer Bergnymphe geweihten Höhle.

Von Kangbachen aus konnten wir die hohen, glitzernden Riefen der Nordwand des Jannu erkennen. Dahinter flankierten mehrere prächtige, sechs- bis siebentausend Meter hohe Vorberge («namenlose Weißhörner», wie Freshfield sie nannte) unsere Route, die alle noch unerstiegen waren. Ich humpelte die grasbewachsene Moräne am Kangchendzönga-Gletscher entlang. Wir hatten immer noch zwanzig Kilometer vor uns; der Gletscher verdankte seine Länge den reichlichen Niederschlägen in Ost-Nepal. Ich war erleichtert, als die Träger in Rhantang eine Teepause einlegten. Das ausgedehnte Panorama beschneiter Gipfel machte verständlich, warum die Jak-Hirten diese Gegend als bevorzugten Sitz der Berggeister ansehen, als einen Ort, wo «Götter und Heilige in großer Zahl wohnen».

Am frühen Nachmittag erreichten wir Lhonak, das nächste Weidegebiet am Rand der Moräne. Für mich war es erregend, all die Berge zu sehen, die bis dahin für mich nur in Büchern existiert hatten, und denken zu können: «Ja, da sind wir jetzt wirklich.» Wir sahen den Wedge Peak, den Nepal Peak, den Kangbachen und auch den Kangchendzönga. Im Norden waren Pässe und Gipfel, die trocken und tibetanisch aussahen. Ich schrieb:

Über die Schönheit um uns herum bin ich ganz außer mir, und ich weiß, es ist richtig, daß ich hier bin. Nach einer sternklaren Nacht mit zunehmendem Mond herrscht frostige Stille, bis der Morgenwind den Berg hinaufzuwehen beginnt. Doug und vor allem Georges reden darüber, wie glücklich sie sich jetzt fühlen. Eine lange Diskussion hatten wir über die Vermarktung von Bergsteigern. Doug ist immer noch wütend über die Veröffentlichung eines ganzseitigen, von Joe aufgenommenen Fotos, das ihn mit einer Webpelz-Ausrüstung zeigt. Wie kann das, was er sagt, glaubhaft bleiben, wenn er in Anzeigen vermarktet wird? Wie kann er irgend etwas Bedeutsames über die Bergsteigerei sagen, wenn es so aussieht, als hätte er wirtschaftlichen Nutzen daraus gezogen? Das ist ein Problem, das ihn sehr bekümmert.

Der Boden war nicht sehr steinig. Zur Hauptsache ging es über ausgedehnte gelbe Wiesen, und mein Fuß hielt sich gut. Letzte Nacht träumten Joe und Georges, ich hätte den Gipfel erreicht; sie müssen also im Unterbewußten erwarten, daß ich auf dem Weg der Besserung bin. Trotzdem würde ich gerne etwas über meine Rolle beim Aufstieg wissen – schaffe ich durch eine wundersame Heilung den Gipfel, oder bleibe ich ein Krüppel, bis ans Ende meiner Tage zum Humpeln verdammt?

Der kurze Tag hatte auch die Frauen unter den Trägern kaum ermüdet. Den ganzen Nachmittag tanzten und sangen sie, zu Kreisen formiert, erst hoch auf einem Felsvorsprung unter flatternden Gebetsfähnchen und dann weiter unten auf einer Wiese. Georges hüpfte herum, schlug Räder und ging im Lotussitz auf den Knien – zum kreischenden Entzücken der Mädchen, die ihn recht unsanft umwarfen. Sein Hang zu Unsinn und Ulk gefiel ihnen sehr. Mir tat schon vom Zuschauen der Knöchel weh!

Am Abend teilten sich die Träger in zwei nach Generationen geordnete Gruppen. Für die Jüngeren war es ein soziales Abenteuer. Ihre Reise bedeutete einen Ausbruch aus der Feldarbeit, eine Möglichkeit, sich abseits vom Dorf zu treffen und miteinander zu sprechen. Während die Jüngeren schrien und kicherten, plauderten die Älteren um ihr Lagerfeuer geschart leise und schlaftrunken nickend. Die Sherpas bewegten sich zwanglos zwischen uns und den beiden Gruppen. Wir waren der Anlaß für diese Reise, ansonsten aber ohne Bedeutung.

Am Morgen des 4. April hielten die Träger an.

«Träger, sie sagen, das ist Pangpema Basis-Camp», erklärte Ang Phurba.

Wieder einmal fischten wir Frank Smythes Buch *Kangchenjunga Adventure* hervor und verglichen Felsformation, Moräne und Gletscher mit einer darin enthaltenen Abbildung. Ja, man hatte nicht versucht, uns zu beschwindeln. Wir waren im Basislager von 1930. Ich schaute den Berg hinauf.

«Seht mal, was ich gefunden habe», rief Doug. «Ein Zelthering von 1930.»

9. Türme aus Eis

4.–14. April

Lieber Mr. Boardman,
anbei zwei Fotos der Wand westlich des Nordgrats des Kangchendzönga. Ich habe sie während eines Fluges im Jahr 1975 aufgenommen. Die Wand besteht aus sehr steilem Fels und Eis, aber es herrscht keine Lawinengefahr. Sie ist fast tausend Meter hoch. Nehmen Sie sich vor Eislawinen von der Nordwestwand in acht! Pangpema ist ein sehr netter Platz für das Basislager.

Mit den besten Grüßen
Ihr
Erwin Schneider

Wir lasen Briefe von neuem durch, schauten Fotos noch einmal an. Was sie aussagten, bekam für uns jetzt eine neue Bedeutung, denn wir hatten jetzt ihr Thema vor Augen: die Nordwestflanke des Kangchendzönga.

Pangpema war tatsächlich «ein sehr netter Platz». Der Ort wurde unser letztes Verbindungsglied mit der Außenwelt, eine Zwischenstation, die uns Wärme, Komfort und Sicherheit bot. Hier gab es Gras, Blumen und fließendes Wasser, und hier konnten wir uns nach den Abenteuern in den eisigen Höhen der Gletscher wieder erholen. Das Küchenfeuer in Pangpema wurde für uns zum Angelpunkt. Mohan, der Verbindungsoffizier, der Koch Kami und der Küchenjunge Nima Tamang blieben hier und hielten Verbindung mit der Welt drunten im Nebel des Tales.

Die Erleichterung, die wir bei unserer Ankunft in Pangpema verspürten und die wir während der kommenden Wochen noch öfter verspüren sollten, wenn wir aus den Bergen dorthin zurückkehrten, spricht auch aus einer Schilderung von William Douglas Freshfield, des ersten Europäers, der sich dorthin begab. 1899 hatte Freshfield Pangpema von Sikkim aus erreicht, indem er den 6144 Meter hohen Jongsong La überquerte, den Paß der verborgenen Schätze. Die Kangchendzönga-Gruppe liegt südlich der Hauptwasserscheide des Himalaya, zu der ein nördlicher Kamm hindeutet. Dieser Rücken trennt Sikkim und Nepal und wird vom Jongsong-Paß durchschnitten. Freshfield wurde von Pundit Rinzing begleitet, der schon fünfzehn Jahre zuvor dort gewesen war. Er hatte den Paß von unserem gegenwärtigen Standort in Pangpema nach Sikkim hinüber begangen. Der Abstieg auf der anderen Seite war von Unglück überschattet gewesen; zwei seiner Träger waren erfroren, und ihm selbst gingen die Vorräte aus.

Diese Tragödie umwölkte Rinzings Gedächtnis, als er Freshfield den Paß hinuntergeleitete, und er erklärte, die Gruppe sei «verirrt und verloren». Freshfield war sehr betroffen von Rinzings Unsicherheit, gab aber nicht auf. Er war entschlossen, Klarheit über das «fehlende Glied» zu gewinnen, den großen weißen Fleck auf der Karte zwischen den bekannten Routen zur Nordwest- und zur Nordostseite des Kangchendzönga. Es sah aus, als sei der Ausgang des Tales, in das sie hinabstiegen, durch steile Wände blockiert, als eine dahintreibende Wolke eine bis dahin verdeckte Biegung freigab:

Plötzlich hatte ich das Gefühl, als komme ein geflügelter Botschafter der Außenwelt auf uns zu. Ziemlich tief zwischen zwei scheinbar miteinander verbundenen Wänden schwamm auf einmal ein Wölkchen weißen Dampfes daher. Wir brauchten nicht mehr auf gut Glück zu marschieren.

Seit sie Vegetation gesehen oder sich auf ebenem Grund ohne Felsblöcke und Eis bewegt hatten, waren fünf Tage vergangen. Zum Glück klärte sich nun Rinzings Erinnerung wieder. Er führte die Expedition nach Pangpema:

Wir waren in eine belebte, bewohnbare Welt zurückgekehrt. Eine plötzliche Fröhlichkeit packte uns ... Erkennbar breitete sich das erlösende Bewußtsein, der Gefahr entronnen zu sein, unter den Kulis aus. Ihre Mienen hellten sich auf, sie wurden gesprächiger. Da der weiche Schnee unsere Schritte nicht mehr hemmte, schritten wir jetzt alle mächtig aus, von neuer Hoffnung erfüllt.

Achtzig Jahre später saßen Doug, Joe, Georges und ich auf dem Rasen von Pangpema, schauten zum Kangchendzönga hinüber und ließen gelegentlich Bemerkungen über Möglichkeiten und Gefährdungen fallen. Wir waren wie Generale, die weit vom Schuß auf einem sicheren Hügel die Positionen des Feindes studieren und über Truppenbewegungen sprechen. Wir diskutierten Guerilla-Taktiken, während Georges' Fernglas von Hand zu Hand ging. Wir wußten, daß der erste Eindruck keine hinreichende Grundlage für ein endgültiges Urteil abgeben konnte, und versuchten, die riesige Masse des Berges in logische, überschaubare Etappen zu teilen. Das Ganze hatte etwas Irreales an sich. Ohne es auszusprechen, wußten wir doch: Wenn wir die Generale waren, waren wir gleichzeitig auch die Truppen. An diesem Tag freilich befanden wir uns noch in Sicherheit.

Die Nordwestflanke des Kangchendzönga sieht aus, als sei sie geschaffen, um Bergsteiger abzuschrecken. Geformt wie ein Hufeisen, weist sie drei etagenförmig übereinanderliegende gigantische Felsbänder auf, die durch Eisformationen voneinander getrennt sind. Dieses Eis ist das Verteidigungsbollwerk des Berges, das jedes Mal, wenn das hoffnungsvolle Auge eine Passage gefunden zu haben glaubt, unerbittlich Einhalt gebietet. Unsere Blicke durchforschten die Wand, folgten möglichen Wegen, die aber immer wieder an den drohend überhängenden Gletschern endeten. Nur der Nordgrat schien frei von solchen Gefahren. Aber wie sollten wir ihn erreichen, ohne russisches Roulette mit dem Eis zu spielen? R.L. Irving und andere

Mitglieder des Alpine Clubs hatten Professor G. O. Dyhrenfurth, den Leiter der Expedition von 1930, beschuldigt, «seine Männer in eine Todesfalle geführt zu haben». Dennoch hatte ihre Expedition auf dieser Seite des Berges die einzigen praktischen Erfahrungen gesammelt, aus denen wir lernen konnten.

Freshfield war der erste einer Reihe von Alpinisten, die erkannten, daß der Schlüssel zur Ersteigung des Nordgrats des Kangchendzönga der über siebentausend Meter hohe Nordsattel ist. Von Pangpema aus ist der Blick auf ihn durch den doppelten Gipfel des Twins Peak verstellt. Die ersten Panoramafotos dieser Seite des Kangchendzönga, aufgenommen von dem berühmten italienischen Bergfotografen Vittorio Sella, der Freshfield begleitete, zeigten nicht, was sich hinter den Twins im oberen Kangchendzönga-Gletscher verbarg. Dieser «unbekannte Fleck» war das fehlende Verbindungsstück, das wir erkunden wollten. Ich hatte Erwin Schneider, einem der wenigen noch lebenden Mitglieder der Expedition von 1930, geschrieben, und Doug hatte mit G. O. Dyhrenfurths Sohn Norman Kontakt aufgenommen. Von ihnen hatten wir eine Anzahl Fotos bekommen, die zeigten, daß wir die gefährliche Passage unter den hängenden Gletschern und Séracs des Kangchendzönga und des Twins Peak hinter uns bringen mußten, ehe wir eine neunhundert Meter hohe Wand zum Nordsattel aufsteigen konnten.

«Vielleicht sollten wir zuerst auf den Twins Peak hinauf und die Sache von dort angehen.»

«Dann sind wir schon völlig erledigt, bevor wir überhaupt am Kangch sind.»

«Außerdem haben wir dafür sowieso keine Genehmigung.»

«Vielleicht sollten wir über den Jongsong La gehen und von Sikkim aus aufsteigen.»

«Und einen internationalen Skandal auslösen, wenn man uns wegen Spionage verhaftet!»

«Von hier bis zum Gipfel sieht es ziemlich weit aus ...»

«Dreitausenddreihundert Meter Höhenunterschied, Junge, nicht mehr als von Chamonix auf den Mont Blanc.»

Pangpema liegt auf einer Höhe von fast fünftausendzweihundert Metern, und wir hätten uns gerne einen Tag lang ausgeruht und akklimatisiert. Allerdings hatten wir uns entschieden, sechs unserer Ghunsa-Träger einen zusätzlichen Tag zu beschäftigen; sie sollten uns helfen, genügend Ausrüstung zu einem ersten Lager zwischen dem Twins Peak und dem Eisfall zu bringen, der den oberen und den unteren Kangchendzönga-Gletscher verbindet. Am Nachmittag unserer Ankunft in Pangpema sortierten Georges und Doug Ausrüstung und Verpflegung für den großen Transport am nächsten Tag aus. Nima Tensing stellte Zelte auf, und Ang Phurba bezahlte die verbleibenden Träger. Kami und Nima Tamang machten sich daran, ein Schutzdach für die Küche zu bauen, indem sie eine Zeltbahn über von der 1930er Expedition hinterlassene rohe Steinwände spannten. Währenddessen diskutierte ich mit einem großen, scharfgesichtigen Tibetaner, der für uns mehrere Jak-Ladungen Holz zum Basislager gebracht hatte. Er hatte einen

KANGCHENDZÖNGA, NORDWESTWAND

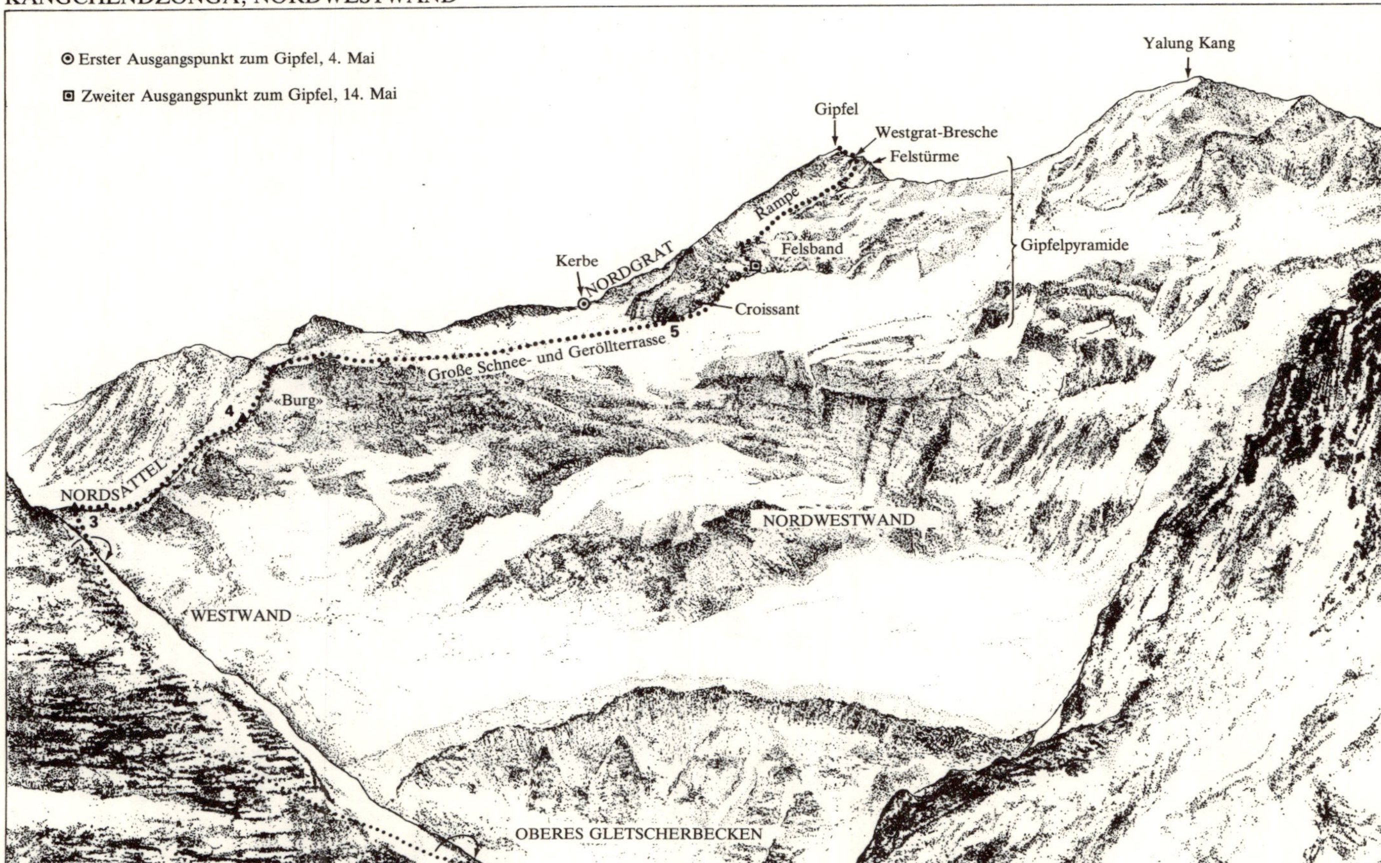

Teil der Arbeit an zwei andere Männer vergeben, und zusammen hatten sie hundert Kilo mehr Holz gebracht, als wir wollten. Außerdem verlangte er mehr als den in Ghunsa vereinbarten Preis. Ang Phurba ließ sich nicht in die Auseinandersetzung verwickeln, empfand aber großen Spaß daran, beiden Seiten zu übersetzen. Ich brauchte mehr Unterstützung.

«He, Joe, du kannst dich doch bei den Trägern so gut durchsetzen. Willst du mal kommen und mir helfen, mit diesem Kerl zu verhandeln? Dem muß man ein bißchen in die Parade fahren. Er labert mir ständig vor, er sei in Tibet vor zehn Jahren sehr reich gewesen, bis die Chinesen kamen und ihm seine Jaks wegnahmen.»

«Für mich sieht er gar nicht so arm aus – oh, den kenn' ich, das ist ein richtiger Haifisch. In Ghunsa hat er versucht, mir echte Dalai-Lama-Hüte und -Stiefel anzudrehen.»

«Na, wir sind in der stärkeren Position; nachdem er alles heraufgeschleppt hat, wird er es kaum wieder hinuntertragen, oder?»

«Die Sherpas sagen, sie können sowieso alles brauchen.»

«Ich denk' gar nicht daran, ihm so viel zu zahlen; der will uns nur übers Ohr hauen. Wenn wir auf Anhieb blechen, was sie verlangen, gibt es hier im Himalaya 'ne Inflation.»

«Gib ihm jetzt nur, was wir in Ghunsa vereinbart haben. Dann kann er sich die Sache heute nacht noch mal durch den Kopf gehen lassen. Morgen früh verhandelst du wieder.»

Am nächsten Morgen bot ich ihm den halben Preis für das zusätzliche Holz, und er war sofort einverstanden. Die Sherpas und die sechs verbliebenen Träger fanden die ganze Verhandlung sehr lustig, und ich lachte mit ihnen. Einen gewissen Argwohn, daß der Spaß auf meine Kosten ging, wurde ich freilich nicht los.

Eilig klebten wir Briefe zu, stopften sie in einen Plastikbeutel und wünschten Nima Wangdi, unserem «Postboten», gute Reise. Dann machten wir uns selbst auf den Weg. Um von Pangpema aus den Kangchendzönga-Gletscher zu erreichen, mußten wir über fünfzehnhundert Meter Geröll und Felstrümmer absteigen und dann eine Stunde lang das Chaos einer instabilen Moräne durchqueren, ehe wir den Fuß des Eishangs erreichten. Der Wind brachte Schnee, und bald rutschte und stolperte ich hinter der Gruppe her. Schließlich begriff ich, daß mein Fuß solche Touren noch nicht mitmachen wollte, und um meine Genesung möglichst wenig zu verzögern und die anderen nicht aufzuhalten, kehrte ich nach Pangpema zurück und ging in den Küchenschuppen. Das flatternde Zeltdach knatterte wie ein Preßluftbohrer, und so zog ich mich in den Schlafsack in meinem Zelt zurück. Ruhe fand ich allerdings nicht; am Nachmittag beschloß ich deshalb, einen Rundgang zu machen und mich dem schlechten Wetter zu stellen, statt mich vor ihm zu verkriechen.

Dreieinhalb Stunden später war ich zurück. Den Hang über dem Lager war ich im Sturm nahezu fünfhundert Meter hinaufgestiegen, hatte aber außer Wolken und Geröll nichts gesehen. Wetter dieser Art ist weniger schlimm, wenn man einen Marsch unternimmt; so kommt man mit Wind und Schnee am besten zurecht. Trotzdem war es so kalt, daß wir ein paar Tage brauchen würden, um uns an die veränderte Temperatur zu gewöhnen. Die anderen erreichten eine Biegung des Gletschers, die sie als einigermaßen gute Position für Lager 1 betrachteten. Sicher waren sie allerdings nicht, weil die Sicht so schlecht war. Sie hatten eine phänomenale Transportleistung vollbracht. Nach ihrer Rückkehr bemühten sie sich, mich wegen meines Fußes zu trösten.

«Sicher ist er bald wieder besser», sagte Georges.

«Wenn dir so etwas passiert, ist es meistens zu deinem Besten», erklärte Joe.

«Die tiefere Bedeutung ist: Während wir auf dich warten, müssen wir uns zwangsläufig akklimatisieren», verkündete Doug.

Die sechs Träger tranken *Rakshi*. ‹Stone Cold Sober Again›, krähte Rod Stewart aus dem Kassettenrekorder. Ich lag in meinem Schlafsack und schrieb das tägliche Bulletin über den Zustand meines Geistes und meines Fußes nieder:

Im Augenblick frißt mich die Unruhe auf. Ich muß etwas tun. Ernsthafte Bücher zu lesen, bringe ich nicht fertig. Es ist leichter, mit seiner Seele umzugehen, wenn sie in einem gesunden Körper steckt. Wenn ich zu gehen versuche, beschleichen mich schreckliche Gedanken über Georges, und ich frage mich ständig, ob es ein unterbewußtes Konkurrenzgefühl war, das ihn veranlaßte, mir diesen Stoß zu geben. Falls er eine Haftpflichtversicherung hat, könnte ich ihn auf das ganze Geld verklagen, das ich verliere, wenn ich in diesem Sommer nicht richtig arbeiten kann. Manchmal könnte ich vor Frustration und Wut schreien, vor allem beim Abstieg über Geröllhalden, die ich normalerweise herunterrutschen und -springen würde. Trotzdem: Ich muß auf diesen Gipfel hinauf.

Die Heftigkeit des Sturms steigerte sich im Lauf des Abends. Winde solcher Art hatte ich in dieser Höhe im Himalaya noch nicht kennengelernt – es waren schreckliche Böen. Um halb fünf Uhr morgens wurde es dann ruhiger, und in der Morgendämmerung krähten die Schneehähne bei einer Temperatur von minus achtzehn Grad Celsius einander zu. Wir lagen in unseren über das Feld verstreuten Zelten, redeten quer durcheinander, genossen Ruhe und Frieden und warteten auf die Sonne. Es war ein ungestörter Ruhetag bis zum Abend. Ich freilich war immer noch in einer selbstbemitleidenden, lieblosen Stimmung:

Sechs Uhr abends. Der Tag geht zur Neige, und der Kangchendzönga steht rot in der Sonne und sieht durch ein Loch in den Wolken hoch und gewaltig aus. Heute konnte ich mein großes Geschäft verrichten, ohne wie ein Kosakentänzer einen Fuß wegzustrecken. Das ist ein Fortschritt. Am Nachmittag flog ein großer brauner Himalaya-Gänsegeier, umschwärmt von Krähen, vorbei. Er war nur ein paar Meter entfernt und wandte den Kopf und starrte zu uns herüber. Er sah unglaublich riesig aus, und die flinken Krähen, die ihn belästigten, ließen ihn steif und ungeschlacht aussehen. Vielleicht stach ihm unser Abfall ins Auge. Die Sherpas weigern sich, ihn zu verbrennen, weil das Küchenfeuer für sie eine besondere Bedeutung hat. Auch sagten die Leute von Ghunsa, daß Brandgeruch schlechtes Wetter bringe. Die beiden Nimas stiegen nach Lhonak hinunter, um Wacholder zu holen, den sie auf ihrem Altar verbrennen. Mir ist jedes Mittel recht, wenn es etwas hilft, denn heute ging eine große Lawine von den Twins nieder und erreichte ungefähr jene Stelle, wo die Jungs glauben, gestern die Ausrüstung abgeladen zu haben. Warum respektiere ich, was die Sherpas glauben, und finde Dougs Gedanken dennoch zu gefühlsbeladen und abergläubisch und reagiere ablehnend darauf? Vielleicht habe ich nur etwas dagegen, verschiedene Kulturen zu sehr zu vermischen. Ich stimme dem zu, was er sagt, aber seine Introspektion reicht für uns alle aus, ohne daß auch ich noch daran teilnehmen muß.

Georges und Doug kamen eben zurück; sie haben versucht, Himalaya-Blauschafe aufzuspüren und zu fotografieren. Heute nachmittag haben sie auch noch eine Klettertour unternommen. Georges ist entweder hyperaktiv oder dann schläfrig und hypochondrisch; etwas dazwischen gibt es bei ihm nicht. Eine Weile hüpfte er um die Sherpas herum und diskutierte mit ihnen, was ihre Frauen zum Singen veranlasse – Kochen? Waschen? Chang? *Währenddessen jagt Joe, von seiner Veranlagung her träge, wenn nichts wirklich Dringendes ansteht, den kleinen Nima herum und läßt sich alles Mögliche in sein Zelt bringen. «Dafür bezahlen wir sie ja schließlich», sagte er. «Wir müssen mit unserer Energie haushälterisch umgehen.»*

Ich sitze im Eingang meines Zelts, höre Musik und benütze das letzte Tageslicht, um zu schreiben. In der Dämmerung haben sich die Nachmittagswolken verzogen; jetzt steht der zunehmende Mond am Himmel. Doug zitiert aus seinem Gelben Chinesischen Medizinbuch, der neue Mond bringe neue Kraft. Er hat eine Unmenge geistiger und ernährungswissenschaftlicher Rezepte für unser Vorhaben. Vor kurzem hat er sich zum Vegetarismus bekehrt, und da er die Verpflegung organisierte, haben wir jetzt eine ganze Anzahl verschiedener Bohnensorten dabei. Die Kochoperationen dirigiert er an Hand seines kleinen braunen Bohnenbuchs. Heute abend gibt es «Schwarzäugiges Bohnen-Stew».

Am nächsten Tag hatte Georges Durchfall und blieb im Basislager, während ich mit Doug und Joe den Gletscher hinaufstieg. Ohne Gepäck konnte ich mit ihnen mithalten und war beeindruckt von der Entfernung, über die sie zwei Tage zuvor ihre Lasten geschafft hatten. Von unserem Ausrüstungsdepot aus schätzten wir die Risiken ab, die die umgebenden Eisbrüche bargen. Die große Lawine, die tags zuvor vom Twins Peak abgegangen war, hatte unser Depot nicht erreicht, doch waren ihre Ausläufer nur fünfundvierzig Meter entfernt. Die einzige Gefahr, so schien uns, würde von den durch die Lawine verursachten Druckwellen ausgehen. Es war nicht schwierig, sich vorzustellen, daß man auf dieser Nordwestseite des Kangchendzönga überall von solchen Druckwellen bedroht war. Wir beschlossen zu bleiben, wo wir waren, und bauten die Zelte auf. Lager 1 war errichtet.

Joe und ich hatten gerade *Goodbye to All That*, Robert Graves' autobiographisches Buch über das Leben in den Schützengräben des Ersten Weltkriegs fertiggelesen. Während der Zeit, die wir am Kangchendzönga-Gletscher verbrachten, waren wir ständig begleitet vom Gedröhn kollabierender Eistürme, und dieses Buch machte uns mit einer ganz neuen Terminologie bekannt, mit der wir spielen konnten. «Heimatschüsse» waren kleinere Verwundungen, die es einem erlaubten, sich vor der fast unvermeidlichen Fatalität der Frontlinie zurückzuziehen. «Schüsse aus dem Hinterhalt» nannten wir gelegentlichen Steinschlag. Jetzt, im Lager 1, versuchten wir zwischen den Knack- und Berstgeräuschen des Gletschers unter uns zu unterscheiden und den anders gearteten Tönen des von der Nordflanke des Kangchendzönga kommenden Eisbeschusses. Erlaubten uns die einen, weiterzuschlafen, so mußte man bei den anderen sofort hellwach sein und sich in Sicherheit bringen. Etwa jede halbe Stunde kam ein Eissturz herunter. Es war eine unruhige Nacht.

«Wenn man angreift, tut man wenigstens etwas, statt bloß hier zu liegen und darauf zu warten, daß etwas passiert», sagte Joe. Wir blieben, bis die Sonne unsere Zelte erhellte. Um neun Uhr morgens stiegen wir in die Mitte des Gletschers hinaus, um uns den Eisfall anzusehen, der den Zugang zum oberen Kangchendzönga-Gletscher versperrte, und die Gefährlichkeit dreier darüberliegender Kollektionen von Gletscherbrüchen abzuschätzen.

«Nach unseren Erfahrungen in den Bergen von Derbyshire stand genau dies zu erwarten», sagte Joe.

Doug ermutigte mich immer wieder. «Komm einfach mit uns und sieh zu, wie weit du es schaffst. Wenn du dann umkehrst, ist es egal.»

Wir wanderten zwischen den Spalten und Zacken des unteren Eisfalls herum und bauten kleine Pyramiden aus den umliegenden Steinbrocken. Dann erreichten wir eine Vertiefung, welche die Lawinen zu einem steilen Schneehang aufgefüllt hatten. Hier zu verweilen war nicht ratsam. Während wir weitergingen, hielten wir sorgfältig nach Gletscherspalten Ausschau und fanden auch viele. Die Expedition von 1930 hatte in einer solch verborgenen Falle fast einen ihrer Träger verloren. Obwohl ich mir mit dem Seil über ein paar Stufen im Eisfall helfen lassen mußte, spurte ich nun eine Stunde im Schnee und war glücklich, richtig dabei zu sein.

Der Gletscherhang über uns war von riesigen Spalten durchzogen. Anfangs übernahm Joe die Führung, dann Doug; sie führten uns durch diese Passage und fanden in der oberen Kurve des Kangchendzönga-Gletschers eine begehbare Zickzack-Route. An einer Stelle blieb uns keine andere Möglichkeit, als einer der riesigen Spalten entlangzugehen. Sie hatte hohe, überhängende Wände, und wir tauften sie «Tal des Todes». Wir wollten einen Platz für unser zweites Lager finden und auch genügend Höhe erreichen, um einen guten Blick auf die Westwand des Nordsattels zu bekommen. Unsere Spur sah aus wie die eines Betrunkenen.

«1930 war das Lager weiter in der Mitte, nicht wahr?»

«Beinahe hätte es eine Lawine erwischt. Smythe flitzte davon, als er sie kommen sah.»

«Hier wäre ein besserer Platz für das Lager. Die Hänge an den Twins über uns sehen zu steil und zu eisig aus, als daß sich dort viel Schnee ansammeln könnte.»

Wir diskutierten das Problem, bis wir uns alle auf eine Stelle einigten. Obwohl jeder von uns großen Respekt vor den alpinistischen Fähigkeiten der anderen hatte, war es doch wichtig, die Entscheidungen der Kameraden ständig in Frage zu stellen. Wir wußten, daß dieses In-Frage-Stellen und die daraus resultierende Spannung unsere Überlebenschancen erhöhten. Neunundvierzig Jahre zuvor war auf diesem Teil des Gletschers der Sherpa Chettan zu Tode gekommen. Wir waren die ersten Menschen, die es seitdem betraten, und der Unglücksfall beschwerte unsere Gedanken, als wären wir selbst Überlebende dieser Tragödie.

Wir alle hatten verschiedene Beschreibungen der Lawine gelesen, die beinahe die meisten Mitglieder der Expedition von 1930 ausgelöscht hätte. Sie hatten den Nordkamm zu erreichen versucht und kletterten über die schmalste Stelle des Eisriffs unter der ersten Terrasse der Nordwestflanke, als ein riesiges Stück des Riffs zusammenbrach. Frank Smythe sah es vom Lager aus: «Gewaltige Eismassen, so groß wie Kathedralen, stürzten herunter und zermalmten alles auf ihrem Weg.»

Dyhrenfurth steckte mitten drin:

Ein knackendes Geräusch war das erste, was ich hörte. Dann sah ich, daß ganz oben auf dem Riff – etwas zu meiner Rechten – eine etwa dreihundert Meter breite Eiswand sich langsam vorwärtszuneigen begann. Mir war, als dauerte es Minuten – obwohl ich sicher bin, daß es nur eine Sache von Sekunden war –, bis die riesige Wand brach und als gigantische Eislawine herunterstürzte. Der Aufprall der Trümmer wirbelte einen Vorhang von Schnee und Eisstücken hoch, der sich mit unglaublicher Schnelligkeit zu einer breiten, senkrechten Wand ausdehnte. Ich rannte nach links – wenn ‹rennen› das richtige Wort ist für schnelle Schritte im tiefen Pulverschnee in sechstausend Meter Höhe –, mit wenig Hoffnung auf ein Entkommen. Es war ein fürchterliches Gefühl, als mich die Druckwelle umriß, aber als ich hinfiel, schützte ich mit dem Arm instinktiv mein Gesicht. Das Krachen und Tosen um mich herum war entsetzlich. Ich lag im Schnee und wartete auf den Tod.

Smythe schätzte, daß die abgestürzten Massen meterhoch lagen, einen halben Quadratkilometer des Schneefelds bedeckten und eine Million Tonnen wogen. Wie durch ein Wunder wurde nur ein Mann, Sherpa Chettan, getötet. Der Luftdruck hatte Erwin Schneider buchstäblich über den Haufen geworfen, wobei er jedoch unverletzt blieb.

Während wir in den folgenden Wochen am Fuß dieser Wand zur Flanke des Nordsattels gingen, begleitete uns ständig die Furcht, daß uns eine ähnliche Lawine überraschen könnte, ohne daß wir ebensoviel Glück hätten wie die Teilnehmer der Expedition von 1930.

Doug und ich deponierten unsere Lasten auf dem Felsen, um den herum wir das Lager 2 errichten wollten. Kurze Windböen fegten durch das Tal, als wir uns an den Abstieg machten. Weit drüben auf der anderen Seite der hufeisenförmigen Nordwestflanke ragte aggressiv und herausfordernd der Gipfel des 6749 Meter hohen Wedge Peak hoch. Nicht mehr lange, so hoffte ich, dann würden wir vom Nordkamm des Kangchendzönga auf ihn herabschauen.

Ich war froh darüber, zum ersten Male etwas für die Vorwärtsbewegung der Expedition getan zu haben. Meine Verletzung isolierte mich jetzt nicht mehr.

Während der ganzen Expedition schien es, als reichten wir einander Krankheiten und Behinderungen wie einen Staffettenstab weiter. Joe und Georges hatten schon an Erkältung und Durchfall gelitten. Jetzt war ich dran. Drei Tage lang war ich krank. Gelegentlich schaffte ich es, Aufzeichnungen in mein Tagebuch zu kritzeln:

So schlecht habe ich mich wohl noch niemals gefühlt ... Joe fegt herum, richtet seine Überstiefel, und seine Aktivität ist wie ein Hohn auf meine Schwäche und Bewegungsunfähigkeit. Beim Abendessen sage ich den andern, daß ich vorläufig nicht mit ihnen hinaufgehen kann. Alle sind dafür, daß wir beisammenbleiben und die Gruppe nicht teilen. Sie werden warten, bis es mir besser geht ... Wie ich zum ersten Mal nachts aufs Klo gehe, fühle ich mich elend. Ich werde danach kaum mehr richtig warm, ja die Kälte tut mir regelrecht weh. Hände und Füße schlafen mir ein, und ich mache mir Sorgen, ob ich vielleicht an Unterkühlung sterben könnte. Draußen schneit es heftig, und dann steigt der Mond auf – es ist geradezu surreal, sich hier krank zu fühlen. Ich wachte mit stechenden Kopfschmerzen auf, die sich bis in den Rücken hinunterzuziehen schienen ... Ich habe eine Menge warmes Wasser, das ich schluckweise trinke. Jetzt lese ich Sense and Sensibility, *eine angenehme Erinnerung an die Zivilisation und damit ein starker Kontrast zum Hier und Jetzt. Zu den Essenszeiten gehe ich immer ins Kochzelt, nicht um etwas zu mir zu nehmen, sondern weil ich bei allen Entscheidungen dabei sein will ... Schließlich passe ich die Steigeisen an meine Stiefel – immerhin etwas Positives ... Morgen werde ich es versuchen. Drei Tage lang habe ich kaum gegessen und fürchte, auf dem Weg zu Lager 2 ohnmächtig zu werden oder vor Schwäche zusammenzubrechen. Aber Fuß und Körper sollten gut ausgeruht sein. Wir müssen alle ein paar Tage arbeiten, bis wir Lager 2 eingerichtet und die Route zum Nordsattel festgelegt haben. Ang Phurba und Nima Tensing werden kommen und uns beim Transport der Ausrüstung helfen. Dann machen wir einen kurzen Erkundungsgang und kommen anschließend hierher zurück, um uns auszuruhen und den POSTBOTEN zu erwarten. Dann steigen wir wieder auf, um endgültig den Gipfel zu attakkieren. Das ist der Plan.*

Mein Fuß fühlte sich an, als wäre er schwach und nicht gebrochen, und zum ersten Mal trug ich nun eine Last. Bei der Überquerung des Geröllfeldes tat ich mir ein bißchen weh. Georges und Joe warteten auf mich, und wir plauderten miteinander. Der Nebel wehte herein, und an Eisflossen und -segeln vorbei stiegen wir zu Lager 1 auf.

Wir waren erfahrene Bergsteiger, und im Normalfall gingen wir davon aus, daß jeder auf sich selbst aufpassen würde. Gewisse Philosophien der Erziehung in der freien Natur wollen glauben machen, daß Bergsteigen Charakter, Mut, Findigkeit und Teamgeist entwickelt. Das mag so sein, aber es ist auch wahr, daß Kletterexpeditionen Egoismus, Fanatismus, Ruhmsucht und Schlawinertum produzieren. Im Lager 1 spielten wir die Eröffnungsrunden eines halbernsten Spiels, das sich mit «Hochgebirgs-Manöver» umschreiben läßt und sich im Lauf der Expedition noch entwikkeln sollte. Hauptziele dieses Spiels sind persönliches Überleben, Überleben des Ego-Images, persönlicher Erfolg und persönliche Bequemlichkeit. Erste Regel ist, sich beim Spielen nicht von anderen erwischen zu lassen. Spielt jemand zu offen oder extrem, bricht das Spiel – und die Expedition – zusammen.

Das Spiel erfordert die Mitwirkung sämtlicher Expeditionsteilnehmer und wird mehr oder weniger intensiv gespielt, seit es Expeditionen gibt. Mit wachsendem zeitlichem Abstand erscheint einem das listige Ausmanövrieren eines anderen nicht mehr so ernst, sondern lustiger, die eigene Haltung selbstgefällig. Ich füllte meine Tagebücher mit Beobachtungen der Manöver der anderen, aber wenigen Selbstbekenntnissen:

> *Nebenan teilen Georges und Doug ein Zelt. Georges hat keine Bücher mitgebracht und kann nicht stillsitzen. Stundenlang plärrt Bob Dylan aus dem Kassettenrekorder. Es ist, als kampiere man neben einem Wolfsrudel. Doug hat es so weit gebracht, daß wir für die Sherpas kochen. Er läßt sie nicht kochen, weil sie sich in seinem Tunnelzelt aufhalten und er fürchtet, sie brennen es nieder. So sind sie also bei uns drinnen und vergasen uns mit einem Primuskocher, der sich weigert, zu brennen. Mit Primuskochern können Sherpas nie etwas anfangen. Joe hat entschieden, daß ich das Abendessen zu kochen habe; er macht das Frühstück. Jetzt stellt sich heraus, daß ich auch den Sherpas Tee kochen muß ... Doug muß offenbar beweisen, wie stark er ist (das wissen wir ohnehin), indem er das Gewicht übertreibt, das er trägt, während er die Last der anderen gering einschätzt. Ich versuchte, den Kassettenrekorder von ihm zu borgen, aber er verübelt Joe seine geringe Tragelast und glaubt, wir seien des Gerätes nicht würdig. Aber dann entschuldigt er sich. «Wenn ich das Ding raufgeschleppt habe, steht sein Gebrauch allein mir zu» – so eine Maxime darf doch nicht gelten ... Was die Sherpas wohl von uns denken?*

Wir beschließen, zwei Tage lang Lasten zu Lager 2 zu tragen und dann von dort aus weiterzusteigen. Weil er bei unserer vorherigen Tour zum oberen Kangchendzönga-Gletscher nicht dabei gewesen war, schubsten wir Georges an die Spitze der Gruppe. Wind und Schnee hatten unsere Spuren gelöscht. Auf der Suche nach verborgenen Spalten stocherte Georges heftig mit einer langen Bambusstange herum. Sie sank überall tief ein.

«Bloß gut, daß du nicht selber so dünn bist», sagte Joe.

Im Aufsteigen verbesserten und markierten wir die Route für künftige Transporte. Wir bauten weitere Steinpyramiden, hackten Stufen ins Eis und schlugen Randstücke von Gletscherspalten ab, die wir zu überqueren hatten. Zu unserer Erleichterung war die Stelle, auf der wir Lager 1 errichtet hatten, inzwischen nicht von Lawinen heimgesucht worden.

Wieder im Lager 1 zurück, lagen Joe und ich am Abend hellwach im Zelt und horchten auf Lawinen.

«Am Everest warf im Lager 2 die Druckwelle einer Lawine ein Zelt mit fünf Leuten drin auf ein anderes drauf», sagte ich.

«Das gebrannte Kind scheut das Feuer.»

«Für uns wird's jetzt ernst, die Eistürme am Twins Peak warten auf uns. Wenn die sechshundert Meter runterfallen, kriegen sie ein ganz schönes Tempo drauf.»

«Wir können da gar nichts machen. Wir können höchstens unterscheiden, was für Munition da verfeuert wird.»

Ich fuhr hoch, als die ersten Blöcke dumpf herunterdonnerten.

«Ein Probeschuß», sagte Joe. «Sie visieren zweimal, um ihr Ziel richtig zu treffen, und dann ...»

«Und wer steht denn am Visier? Gott?»

Im Dröhnen der zweiten Lawine war eine unheilverkündende Note. Ich öffnete den Reißverschluß der Zelttür, steckte den Kopf hinaus und fluchte. Eis und Schnee kamen vom Himmel herab und donnerten mit dem Geräusch eines abstürzenden Düsenflugzeugs auf uns zu.

«Halt dich fest, Joe!»

Sekundenlang erzitterte das Eis unter uns, und das Zelt hob sich und flatterte. Wir klammerten uns weiter fest. Dann verebbte die Druckwelle. Ich streckte wieder den Kopf hinaus und sah, daß Georges das gleiche tat. Kein Block hatte uns getroffen; wir waren nur durchgeschüttelt und eingestaubt worden. Im Tunnelzelt hörte ich Nima flehentliche Gebete murmeln. Wer oder was auch den Finger am Abzug des Eisbruches hatte – ich wünschte inständig, ich hätte ihn oder es besänftigen können. Der dritte Schlag war dann weniger stark.

«Es hat zuviel Kraft in den zweiten gelegt», meinte Joe.

«Ich glaube, dieses Camp sollte doch anderswo hin», sagte ich.

Nebenan sagte Georges das gleiche. Der Mond ging auf, und ich sah auf die Uhr. Zehn Uhr abends, Freitag, 13. April.

«In ein paar Stunden müßte alles vorüber sein.» Wir blieben nie wieder in Lager 1.

Am nächsten Tag stiegen wir zu Lager 2 auf. Nima Tensing hatte einen Plastikbeutel mit heiligem Reis bei sich, den er, Anrufungen singend, über gefährlich aussehende Spalten, Hänge und Wächten verstreute.

«Vielleicht hält das den Schnee zusammen», sagte Joe.

«Für mich ist da unten in der Spalte ein Yeti und ißt alles auf», sagte ich.

Als Nima im Lager 2 ankam, warf er einen Blick auf die etagenweise übereinanderliegenden Eistürme und schleuderte den Rest des Reises mit weit ausholender Geste über die ganze Nordwestflanke des Kangchendzönga.

10. Die Wand

15.–30. April

Befangenheit befiel uns. Wir redeten nicht mehr viel; jeder von uns empfand Scheu davor, in seiner Kleinheit allzu keck vor diesen ungeheuren Eiswänden zu paradieren. Auch die anderen waren sichtlich in Gedanken versunken.

> *Sind sie ebenso bekümmert wie ich? Maßen wir uns nicht zuviel an? Wie oft werden wir uns auf unsicheren Beinen durch diese Gefahrenzone stehlen? Aber wenn wir das erst einmal geschafft haben, können uns die Twins nichts mehr anhaben. Und sobald wir dann den nächsten Punkt erreichen, bedeutet der Kangchendzönga keine Gefahr mehr. Zumindest sieht die Wand des Nordsattels zu steil aus, als daß sich dort Schnee und lockeres Eis ansammeln könnten. Sie sieht so steil aus, daß sie sicher sein müßte.*

Wenn wir den Nordsattel über die Westwand erreichen könnten, würden wir dem von Eisbrüchen bedrohten Gletscher entkommen. Der Nordkamm, der vom Sattel zum Gipfel hinaufkurvt, schien frei von Gefahren. Wir zogen eine Linie durch die cordstoffähnliche Struktur und die Schneerinnen und wählten die direkte Route durch die Wand zum Nordsattel.

1930 hatte man die Wand als «schieren eisgepanzerten Absturz» erachtet und war zu dem Schluß gekommen, es gebe keinen möglichen Weg zum Nordkamm, außer über die Eiswand und die untere Terrasse, über die sie es damals versucht hatten. Aber 1930 hatten die Alpinisten noch nicht unsere Jümar-Steigbügel, unsere Eispickel und -hämmer, unsere zwölfzinkigen Steigeisen, Nylonseile und unsere ausgeklügelten Fels- und Eishaken. Jetzt, da unsere Blicke die neunhundert Meter hohe Wand hinaufgingen, wußten wir, wie gefährlich der Weg zu ihrem Fuß war. Um sie zu durchsteigen, würden wir lange brauchen, aber zumindest hatten wir in den Alpen schon ähnliche Hindernisse bezwungen. Wenn die Wand auch offensichtlich sehr schwierig war, so schien sie doch sicher zu sein, und während des Aufstiegs konnten wir uns weiter akklimatisieren.

Doug spurte hinauf ins obere Gletscherbecken, und wir markierten unsere Route mit Stöcken. Um die Schneebrücke jenseits der Spalte am Fuß der Wand zu erreichen, benötigten wir zwei Stunden. Dieser Punkt lag fast tausend Meter senkrecht unter der tiefsten Stelle des Nordsattels. Unser Angriff auf den Berg erfolgte ohne jenen logistischen Aufwand, den man etwa bei der großen, systematischen Expedition zur Südwestflanke des Everest im Jahre 1975 betrieben hatte. Dieses Mal hatten wir einfach Seile und Schlosserei in unsere Rucksäcke gestopft und gingen los, um uns umzusehen. Unsere Truppe hatte keinen offiziellen Leiter – was sie zu einer aus vier Chefs bestehenden Expedition machte. Entscheidungen mußten indessen gefällt werden. Trotz seines entschiedenen Eintretens für Demokratie war es oft Doug, der bei unseren ständig wiederkehrenden Diskussionen kraft seiner starken Persönlichkeit die überzeugendsten Vorschläge machte. Joe fiel es vermutlich am schwersten, sie anzunehmen; statt ständig mit Doug zu hakeln, zog er es häufig vor, seinen Standpunkt für sich zu behalten, wenn das Thema für eine Konfrontation nicht wichtig genug erschien. Wenn man sich mit anderen zusammentut, um einen Berg zu besteigen, muß man viele Gefühle hintanhalten, auch den Stolz. Eine Idee brachte man am besten in den Verkehr, indem man sie Georges «fütterte» und zusah, daß er sie übernahm. Alle vertrauten seiner Aufrichtigkeit. Er konnte unumwunden und offen sagen, was er dachte, ohne daß jemand gekränkt war. Die drei «Anglais» kannten ihre Schwächen zu gut. Georges akzeptierten wir jedoch ohne Argwohn. Jemand mußte ja einen Vorschlag machen. Keiner wollte den Eindruck erwecken, als unterhielte er eine Sonderbeziehung zu einem der anderen. Unsere Kletterpartner mußten austauschbar sein, sonst war das Ergebnis Rivalität statt Einheit.

«Wie wäre es, wenn Joe und Georges zusammen klettern und du mit mir kommst?» fragte Doug.

Ich war geschmeichelt, daß er den Verletzten gewählt hatte, denn das bedeutete, daß er der Belastung der ganzen Führungsarbeit ausgesetzt war.

«Tak, tak, tak», rief Georges. Es war seine bevorzugte Eiskletter-Lautmalerei, der er seinen Lieblings-Franco-Amerikanismus «Let's go for eet» folgen ließ. Er band sich zwei der Seile um, stiefelte über die Schneebrücke und hüpfte den darüberliegenden Hang hinauf.

Die Spalte befand sich in einer Höhe von sechstausend Metern. Wir schauten zurück auf unsere Spuren im Tal, die vermutete Gefahrenzonen umgingen, bis hin zu dem dunklen Fleck von Lager 2 am Rande der glatten weißen Welt des oberen Gletscherabschnitts über dem Chaos des Eisfalls. Bedrohlich wie dichtgedrängte Reihen von Nuklearwaffen zogen sich die Eisnadeln über die Nordwestflanke des Kangchendzönga. Gut hundert Kilometer westlich ragten der Everest und Makalu empor.

«Eigentlich können wir zum Lager zurückgehen», sagte Doug. «Hier mit kalten Zehen herumzustehen, hat keinen Zweck.»

«Ja, laß die mal machen.»

Fünfundvierzig Minuten später verfolgten wir durch das Fernglas, wie Georges und Joe vorankamen. Auf dem Öfchen neben uns schmolz Schnee fürs Teewasser. Dann zogen Wolken ins Tal, und es begann leicht zu schneien.

Als Georges und Joe zurückkamen, hörten wir gespannt ihren Bericht und diskutierten ihr Unternehmen in allen Einzelheiten.

«Nach den ersten paar Seillängen ist es gutes, hartes Eis. Das Gestein ist äußerst kompakt – Haken mag es nicht so besonders.»

«Es ist sehr weit hinauf. Ich hoffe, das Seil geht uns nicht aus, bevor wir den Sattel erreichen.»

«Wer führte?»
«Georges. Ich hab' mich heute als Träger verdient gemacht. Was gibt's denn zu essen?»
«Bohnen-Stew.»
«In dieser Höhe kannst du doch keine Bohnen kochen.»
«Mit einem Druckkocher geht das.»
«Ich nehme ab.»
«Wir furzen einfach so viel, daß uns der Rückstoß hinaufschiebt.»
«Daheim holen sie jetzt den Ostersonntagsbraten aus dem Rohr.»
Am nächsten Tag war das Wetter zu schlecht, und wir lasen und redeten. Der Schnee schreckte allerdings Ang Phurba und Nima Tensing nicht ab, die mit einer Traglast ankamen. Nima erklärte uns, daß nach seinem tibetanischen Kalender das Wetter drei Tage lang schlecht sein werde.
«Seht ihr die Krähen? Die sind uns auf dem ganzen Weg gefolgt.»
«Das sind Aasfresser. Die stellen sich anscheinend bei jeder Expedition ein.»
«Bist du sicher, daß das keine Dohlen sind?»
«Das könnte schon sein. Jedenfalls irgendeine Art Rabenvögel.»
Am 17. April bahnte Georges den Weg durch den frischgefallenen Schnee, gefolgt von uns anderen. Schneerutsche hatten die Ausrüstung, die wir am Fuß der Wand zurückgelassen hatten, begraben. Wir wühlten danach, den Kopf voraus und mit den Beinen in der Luft strampelnd. Alle vier trugen wir Lasten zu den fünf Seilen, die Joe und Georges festgemacht hatten. Dann blieben Doug und ich zurück, um weiterzuklettern.

Von elf Uhr morgens bis fünf Uhr nachmittags führte Doug durch steiles Eis und Gestein. Nach Atem ringend, kletterte ich die Seile hoch, die er festgemacht hatte; die große Höhe ließ meine unklaren Gedanken immer wieder ins Nichts abtriften. Das letzte Stück war eine schwierige Querung, bei der eine ziemlich unangenehme Felsbarriere zu überwinden war. Als Doug sich hinaufgekämpft hatte, war er von Anstrengung und Durst völlig erschöpft. Er ließ sich am Seil hinuntergleiten, und nachdem ich meine Last oben deponiert hatte, folgte ich ihm.

Wieder auf dem Gletscher, krümmte sich Doug vor Magenkrämpfen. Nach der Überanstrengung und der Hitze eines Tages ohne Flüssigkeit mußte er sich übergeben. Wasserflaschen mitzunehmen, hatten wir völlig vergessen. Hinter dem Everest und Makalu ging jetzt die Sonne unter. In Lager 2 fanden wir Erfrischung und Gesellschaft. Das winzige Dörfchen aus drei Zelten wurde immer mehr unser sicherer Hafen, unser Ruhe- und Zufluchtsort. Der Zustand meines Fußes ermutigte mich; er schien schon wieder stärker geworden zu sein. Ich freute mich auf den Schlaf der kommenden Nacht, auf einen Tag der Ruhe, während Joe und Georges an die Front mußten, und auf die Aktivität des Tages danach.

Der Ruhetag war schauderhaft heiß. Doug entkleidete sich bis auf die Unterhose. Wir saßen im sengenden Sonnenschein; das glitzernd weiße Gletschertal reflektierte ihn und verwandelte es in einen riesigen Ofen aus Eis. Die Hitze machte uns müde und schlapp. Müßig fingerten wir an

Kameras, Steigeisen und Lampen herum und beobachteten Joe und Georges, die wie zwei winzige Punkte das schimmernde Eis der Wand hinaufkrochen. Untätig an unserem sicheren Platz, empfanden wir wohltuenden Abstand von ihrer anstrengenden Arbeit.

Dann erscholl ein donnerndes Dröhnen, und fieberhaft irrten unsere Augen herum, bis wir die Ursache sahen. Vom Twins Peak kam mit der Energie eines plötzlichen Dammbruchs eine Lawine herunter. Als sie zwischen unserem Lager und der Wand auf den Gletscher aufschlug, sprang sie in einer explosionsartigen Bewegung vorwärts und stieg dann ein-, zweihundert Meter die Nordwestflanke des Kangchendzönga empor, nachdem sie den Gletscher ganz überquert hatte. Als sich der Schneestaub endlich gesenkt hatte, waren wir über und über mit feinen Kristallen bedeckt.

Aus der Vogelperspektive ihres Horsts in der Wand konnten Joe und Georges den ganzen Vorgang gut überblicken. Als sie später am Tag die Schneemassen der Lawine durchquert hatten und wieder zurückkamen, schätzten die beiden, daß sie ihre Spuren vom Morgen auf einer Länge von achthundert Metern drei Meter hoch bedeckten.

Am nächsten Tag über dieses Geschütte steigen zu müssen, war entnervend, trotz meiner Versuche, die Sache von der vernünftigen Seite zu sehen: «Zur Durchquerung der Gefahrenzone brauchte ich etwa zwanzig Minuten. Die ganze Lawine dauerte nur etwa drei Minuten – ein winziger Bruchteil der Zeit, die wir jetzt hier sind. Außerdem war das, was da runterkam, wahrscheinlich der gefährlichste Abschnitt, und jetzt ist er sicher.»

Doug kletterte als erster die Seile hinauf, und als er ein geeignetes kleines Sims erreichte, zündete er ein Öfchen an und richtete Orangensaft her, während er auf mich wartete. «Hier, Junge, nimm mal 'nen Schluck davon. Woran denkst du eigentlich, wenn du hier herumkraxelst?»

«Ach, ich weiß nicht, eigentlich nicht an viel. Irgendwie drehen sich meine Gedanken um alles mögliche, wie im Traum. Ich kann sie nicht kontrollieren; sie führen ein richtiges Eigenleben.»

«Gurdijief würde diese Art, ohne Richtung zu denken, Energieverschwendung nennen. So, nimmst du mal meine Kamera und fotografierst mich, während ich hier voraussteige? Ich will versuchen, an das Ende dieser Rampe zu kommen. Die Freunde haben gestern ein paar ganz schön steile Stücke geschafft.»

«Das Eis sieht brüchig aus. Georges sagte ja, daß dieses Dach schwierig sei.»

«Zumindest gewinnen wir Höhe; wir müßten auf etwa sechstausendsiebenhundert Meter sein. Allmählich ist der Kangbachen auf unserem Niveau.»

Im Schneefall des Nachmittags arbeitete sich Doug zum glatten Eis der Rampe hinauf. Eine Seillänge über ihm ragte eine weitere Felsbarriere heraus. Von unseren Erkundungen mit dem Feldstecher wußten wir, daß sie das letzte Hindernis vor dem obersten Hang des Nordsattels war. Daß mein Fuß mir nicht erlaubte, meinerseits Führungsarbeit zu übernehmen, frustrierte mich. Immerhin: Noch einmal eine große Anstrengung, so hofften wir, und es würde geschafft sein.

 Die Nordwestwand des Kangchendzönga wirkt auf Bergsteiger abschreckend. Eisbrüche oberhalb Lager 1. ▷

Nach unserer Rückkehr ins Lager faßten wir gemeinsam den Beschluß, einen Ruhetag einzulegen, dann zum Nordsattel aufzusteigen, einen Tag lang den Kamm zu erkunden und anschließend wieder ins Basislager zurückzukehren, um uns dort auszuruhen und weiter zu akklimatisieren.

Besser als an diesem Ruhetag habe ich mich lange nicht mehr gefühlt. Trotzdem mache ich mir, wie gewöhnlich, Sorgen um meine Gesundheit – wegen kleiner Wehwehchen. Ich weiß, daß ich ständig nervös bin; aber ob es immer so schlimm war? Meine Ängste und meine Leistungen in der Vergangenheit und in der Gegenwart zu vergleichen, ist so schwierig. Bei verschiedenen Klettertouren ist man nicht immer derselbe. Alle möglichen Geschichten, Ängste, Erfahrungen und die Bilder der Zukunft kommen wie eine Woge daher und überschlagen sich in einer Mischung aus Optimismus und Furcht. Im Rückblick war der Everest insofern eine unkomplizierte Angelegenheit, als mein Ziel damals sehr einfach und klar war. Auch fühle ich mich älter und verletzbarer als auf der Changabang-Expedition 1976, die ich mit Joe unternahm. Daß wir nur zu zweit waren, schuf ein Klima äußerster Anspannung, das viele Ängste gar nicht erst aufkommen ließ. Entweder waren damals auch die Risiken geringer, oder ich war mir der Gefahren nicht in gleichem Maße bewußt. Und der Fels war solider Granit! Jetzt wollen wir, wenn Gesundheit und Wetter es zulassen, in der ersten Mai-Woche auf dem Gipfel sein. Ich hoffe es.

Ang Phurba und Nima Tensing kamen mit Tragelasten vom Basislager und brachten auch ein paar Briefe mit. Obwohl diese nicht lange nach unserer Abreise geschrieben und somit schon über einen Monat alt waren, stürzten wir uns auf unsere Postpakete und versenkten uns für den Rest des Tages in Gedanken an zu Hause. Ich las meine Briefe ein ums andere Mal, lag dann, die seelische Nahrung verdauend, da und tauschte mit den anderen Schnipsel von Neuigkeiten aus.

«Warum steht da immer ‹Schreib mir eine Karte›? Die sollten mir schreiben. Ich brauch' das mehr als die.»

«Schaut, da ist eine Postkarte von einer sechzehnköpfigen tschechoslowakischen Expedition zum Westkamm des Jannu. Alle haben unterschrieben. In Ghunsa haben sie unseren Postboten getroffen. Nett von ihnen.»

«Ob die wohl übriges Seil haben?»

«Jedenfalls haben sie einen Arzt. Vielleicht können wir den noch brauchen.»

Die Morgendämmerung war eisblau, als wir unsere Rucksäcke mit der Ausrüstung für den Nordsattel schulterten. Wir manövrierten um die Startpositionen. «Du und Joe, ihr solltet besser als letzte die Seile hochklettern. Falls irgendwas runterkommt, habt ihr ja Helme.»

Einer nach dem anderen gingen wir über die Spalte und hangelten uns an den Seilen hinauf. Jeder von uns ging zu sehr in seinen einsamen Bemühungen auf, um überhaupt zu bemerken, wie Wolken sich um uns ballten und Schnee sich lautlos auf unserer Kleidung niederließ – Symptome, die sich nach und nach zur heftigen Krise eines Sturmes verdichteten.

◁ *Oben:* Der starke Wind machte den Schnee für die Steigeisen griffig. Georges Bettembourg auf dem Weg zur 550 Meter höher gelegenen «Burg».
Unten: Blick von oberhalb Pangpema auf die Nordwestwand.

Ich sah kaum mehr als drei Meter weit. Donner grollte über den Himmel. Die anderen kauerten sich, durch einen Eishaken gesichert, auf einer Rampe zusammen. Pulverschnee fiel auf mich herab, häufte sich auf meinem Rucksack, zog mich hintenüber, fand Wege in meine Schneebrille, in Augen und Nase.

«Pete!» Klick. «Was für ein Foto!»

Zu viert balancierten wir auf dem Eis, packten unsere Rucksäcke, banden uns die Schlafsäcke um den Leib. Es blieb nur ein Ausweg: der Rückzug, Abstieg. Der Wind wehte uns Pulverschnee über die Füße; es war, als stünden wir in einer seichten weißen Flut. Größere Schneebretter rutschten über Felsstufen und zerstoben dann in der Luft.

«So gefährlich, wie sie aussehen, sind sie gar nicht.»

«Dieser Hang ist zu steil, als daß sich eine wirklich gefährliche Lawine aufbauen könnte.»

Dann tanzten wir die Seile hinunter. Wir beugten uns der Entscheidung des Berges, und ich bemerkte, daß ich ein angenehmes Gefühl empfand.

Im Lager 2 kroch ich am Abend in meinen Schlafsack und zog mir die Kapuze über den Kopf. Eine Hand mit Kugelschreiber streckte ich wie eine Antenne in die Kälte hinaus und schrieb:

Es war ein Scheitern, das mir wie ein Erfolg erschien. Unglaublich, wie schnell das Wetter an diesem Berg umschlägt. Auch jetzt schneit es noch leicht – und zu meiner Besorgnis auch ziemlich naß. Nicht so naß, hoffen wir, daß sich der Schnee die ganze Nacht auf dem langen Hang der Twins neben uns aufbaut und morgen unseren Frühstückstisch umwirft. Wir haben beschlossen, morgen hinunterzugehen und im Basislager zu essen. Wir brauchen viel Nahrung – wir essen nicht genug, um den Energieverlust auszugleichen, der durch diese Transporte auf über sechstausendsiebenhundert Meter Höhe entsteht. Auch haben wir schon ziemlich Gewicht verloren. Die letzten paar Tage hat der Körper wohl schon Muskelsubstanz abgebaut, um sich mit Energie zu versorgen. Den größten Teil unserer Ausrüstung haben wir am höchsten erreichten Punkt gelassen. Die Daunenanzüge, Pißflaschen und anderen Dinge fehlen mir jetzt sehr!

Mir kam es vor, als wären wir vier schon immer zusammen gewesen. Weil wir uns für die Vorarbeiten in der Wand in zwei Seilschaften aufgeteilt hatten, hatte ich allerdings ein paar Tage lang kaum mit Georges und Joe sprechen können. Wenn wir alle zusammen waren, war es unmöglich, übereinander zu reden. Als Joe und ich jetzt durch den tiefen Schnee zum Basislager abstiegen, ergaben wir uns ohne Hemmung dem Klatsch. Das war eine Art Sicherheitsventil für uns; es verbesserte die Sicht auf uns selbst und unsere Leistung und verkürzte den Weg.

Als wir nach neun Tagen zum ersten Mal wieder im Basislager ankamen, gab es echte, warme Wiedersehensfreude. Mohan erzählte uns, was in der Welt los war. Nima Wangdi hatte außer der Post auch Orangen, Bananen und Kohl gebracht. Kami und Nima Tamang bereiteten Nirwana-Snacks aus Kartoffeln und Eiern zu. All dies erlebten wir, als befänden wir uns in einer anderen Welt.

Zuerst dachten wir nur an die drei Ruhetage, die vor uns lagen. Hätte ein Außenstehender unser erregtes, glückliches Schwatzen gehört, hätte er vielleicht geglaubt, daß wir den Gipfel bereits erreichten. Die Ruhe und das Gefühl der Sicherheit im Basislager machten uns erst richtig deutlich, welchen Belastungen wir am Berg ununterbrochen ausgesetzt gewesen waren. Unter der im Wind knatternden Segeltuchplane des Küchenschuppens mußten wir uns zusammennehmen, um nicht bei jedem Geräusch von draußen zusammenzufahren. Plötzliche Geräusche stellten hier keine Bedrohung dar. Mit glänzenden Augen und rudernden Armen hielt uns Georges einen lebhaften Monolog über die Arbeit eines Bergführers am Mont Blanc und über die Suche nach Mineralien und Kristallen in jener Gegend. Drei Tage lang hatten wir Pause vom Krieg – und drei Tage haben einen Anfang, eine Mitte und schließlich ein Ende. In der ersten Nacht war unser Glück ungetrübt.

Es war ein langer Abend, und als ich über das Gras zu meinem Zelt ging, fiel mir ein, wie krank ich hier schon gewesen war. Jetzt konnte ich wieder fast normal gehen und war auch nicht mehr durch Magenbeschwerden geschwächt. Mein Interesse am Lesen, Schreiben, Klettern, überhaupt an allem war größer. Die Luft war überaus sauerstoffreich, und ich schlief friedlich. Joes morgendliches Gähnen und Ächzen aus dem nächsten Zelt und eine Tasse Tee signalisierten den neuen Tag.

Gestern war ich unendlich erleichtert, hier unten zu sein – jetzt bedrängt mich der Berg schon wieder. Was steht uns bevor? Ein schneller Vorstoß zum Gipfel – so schnell, daß wir das Unterwegs kaum mehr wahrnehmen? Aber dann hätten wir nicht die Zeit, uns droben «heimisch» zu fühlen, und dieses Gefühl ist für das Selbstvertrauen wichtig.

Drei Stunden lang plauderten wir vor meinem Zelt in der Sonne, schauten zum sturmumtosten Berg hinauf und redeten über unsere Ängste und Hoffnungen, geeint durch die Gemeinsamkeit der Gefahr. Keiner von uns wußte, ob wir körperlich imstande waren, den Gipfel zu schaffen. Selbst die beiden Superathleten vom Kontinent, die im Jahr zuvor den Everest ohne Sauerstoffgerät bezwungen hatten, hatten unter Halluzinationen und doppelter Sicht gelitten. Würden unsere Lungen kollabieren? Würde uns das Hirn im Schädel anschwellen, so daß wir die Besinnung verloren? Würden wir Blutgerinnsel in den Beinen bekommen? Würde sich unser Herzschlag rasend beschleunigen? Würden wir einen dauernden Gehirnschaden davontragen und nie wieder fähig sein, zu denken und zu sprechen wie vorher? Und wenn wir einmal oben waren – würden wir auch noch den Abstieg bewältigen?

Die Distanzen auf dem Berg selbst schienen gewaltig. Anhand von Schneiders Karte berechneten wir, daß sich der Höhenunterschied von tausendfünfhundert Metern zwischen dem Nordsattel und dem Gipfel über gut dreieinhalb Kilometer des Nordkamms hinzog. Wir nahmen Bücher über den Berg und Fotos davon zur Hand und schauten abwechselnd sie an und wieder den Berg.

«Bauer – das ist der Bursche, von dem wir lernen müssen. Seht bloß, was der 1929 und 1931 mit seinen Münchnern am Nordostsporn gemacht hat. Das *Alpine Journal* meinte, es sei die größte Leistung aller Zeiten gewesen: ‹Eine Tat ohne Parallelen in den Annalen ...› etc.»

«Ein Haufen von Fanatikern war das. Die kämpften den Ersten Weltkrieg weiter. Was Bauer sagt, läuft mehr oder weniger darauf hinaus, daß sie die Besteigung machten, um die Schmach des Versailler Vertrages zu tilgen. Hört mal, was er hier schreibt: ‹... strenger, kriegerisch disziplinierter Geist ... ein Kreis von Männern, die eins geworden sind bis in den Tod›.»

«Ganz so weit wird es bei uns hoffentlich nicht kommen.»

«Sie machten Schneelöcher, die groß genug für acht Leute waren, und rechneten damit, Lasten halb so schnell wie in den Alpen auf achttausend Meter Höhe bringen zu können.»

«So hoch kamen sie aber nicht.»

«Wenn wir den Berg schafften und in zehn Tagen wieder hier wären, wäre das nicht phantastisch?»

«Bloß ist das ein bißchen unwahrscheinlich.»

«Schade, daß es Samstag war, als wir am Nordsattel wieder umkehren mußten. Nach Nimas tibetanischem Kalender bleibt das Wetter eine ganze Woche lang schlecht, wenn es an einem Samstag schlecht ist.»

«In Pakistan sagt man dasselbe vom Freitag.»

«Hört mal, erst müssen wir immer noch auf den Nordsattel rauf, und dafür haben wir nicht genug Seil.»

Wir hatten unsere Geometrie-Lektionen vergessen. Wir hatten tausend Meter Seil mitgebracht, und von Erwin Schneider wußten wir, daß die Westwand annähernd tausend Meter hoch war. Es hatte lange gedauert, bis wir begriffen, daß unsere tausend Meter nicht reichen konnten, da die Wand nicht ganz senkrecht und unsere Route nicht völlig direkt war.

«Von den lausigen Schnüren, die hier rumliegen, möchte ich keine benutzen.»

«Und was ist mit den Tschechoslowaken am Jannu? Die könnten uns vielleicht aushelfen.»

«Bis zu ihrem Basislager und zurück brauchst du gut vier Tage.»

«Ang Phurba schaut mal schnell bei denen vorbei, wenn wir ihn recht lieb fragen.»

Ang Phurba erklärte sich bereit, nach Ghunsa und von dort hinauf zum Basislager der tschechoslowakischen Jannu-Expedition zu traben. Wir gaben ihm einen mit viel Bescheidenheit formulierten Bettelbrief mit – und als Friedensgabe einen Obstkuchen. Zwei Tage später kam er mit hundertzwanzig Meter Seil und einer Dose Wodka zurück und verlangte zu Recht einen Ruhetag.

Von der K2-Expedition hatte ich eine Menge Postkarten mit dem Text «Nur noch dreitausend Meter!» verschickt. Vier Tage später hatten wir aufgegeben. Jetzt hatten wir keinen regelmäßigen Kontakt mit Zeitungen, die die Öffentlichkeit regelmäßig an unser Abenteuer erinnerten. Ich beschloß, nur Hilary und meinen Eltern zu schreiben, bis ich etwas Positives berichten konnte.

Wir schliefen jetzt tiefer, erinnerten uns an weniger Träume. Dann wurde es Zeit. Wir mußten wieder zum Berg.

An einem strahlend hellen Vormittag kehrten wir zu Lager 2 zurück. Unsere Kondition war nun besser, unsere Gedanken klarer, unser Appetit äußerst herzhaft. Es schien, als wären wir gar nicht weggewesen. Am Nachmittag senkte sich der Nebel herab. Wir lagen in unseren Zelten und verkündeten im Abstand von dreißig Sekunden laut unsere Pulsfrequenzen:

«37.»

«41.»

«47.»

«47.»

«Ihr zwei seid nicht sehr fit.»

«Ich lese Pornographie.»

«Ich hab' 'nen Kater vom Wodka.»

Um halb fünf Uhr morgens hatte uns die unangenehme Realität eingeholt. Georges hatte sich schon beim Aufstieg über Magenkrämpfe beklagt. Er fühlte sich auch jetzt noch nicht wohl und hatte überhaupt nicht geschlafen. Joe wurde von Kopfschmerzen geplagt und hatte ebenfalls eine ziemlich schlaflose Nacht verbracht. Ich fühlte mich frustriert. «Wenn ihr nicht schlafen konntet, hättet ihr eben auch eine Schlaftablette nehmen sollen wie ich», sagte ich ungeduldig.

«Wenn man sowas nimmt, ist man am nächsten Tag nicht auf dem Damm», sagte Doug.

«Sollen wir jedes Mal, wenn jemand schlecht geschlafen hat, einen Ruhetag einlegen?» fragte ich.

«Du hast kein Mitgefühl, wenn jemand anderer krank ist», knurrte Joe.

Wir beschlossen, den Aufstieg einen weiteren Tag zu verschieben. In meinem Tagebuch beklagte ich die verlorene Zeit:

Noch nie war ich auf einer Expedition mit so vielen frustrierenden Unterbrechungen. Wir haben jetzt schon mehr Ruhetage eingelegt als Joe und ich auf der ganzen Changabang-Tour. Draußen ist es neblig und sehr still. Wir sind jetzt wieder da, wo wir vor genau einer Woche waren. Ich möchte hinauf und das Problem anpacken, so oder so, denn Zeit, Kräfte, Vorräte und gutes Wetter – alles geht allmählich dahin. Bei Georges ist es ein Auf und Ab wie bei einem Jojo. Er ist eben ein echter Romane. Joe nennt ihn einen Schmetterling. Jetzt fehlt es ihm an der Gallenblase oder der Leber. Ich biete ihm Pillen an, schließlich entscheidet er sich für eine Septrin-Kur. Plötzlich hüpft Georges wieder ganz optimistisch herum, was den kopfschmerzgeplagten Joe noch mehr irritiert und auch ein bißchen taktlos ist.

Am 28. April kletterten Doug, Georges, Joe, Ang Phurba, Nima Tensing und ich die in der Wand festgemachten Seile hinauf. Am Nordsattel wollten wir ein Lager errichten. Doug und Georges kamen mit leichten Lasten ziemlich schnell hoch, und am späten Vormittag kämpfte sich Georges in einen überhängenden Kamin hinauf, der den Fels unter dem letzten Schneehang teilte. Währenddessen hatten die Sherpas große Schwierigkeiten an der auf halber Höhe liegenden Felsnase, die gequert werden mußte und über die als erster Doug geführt hatte. Nima mußte aufgeben und stieg wieder ab; Joe und ich teilten uns seine Last. Dann blieb Ang Phurba eine Stunde lang stecken. Um ein Uhr mittags hatte ich zwei Drittel der Wand geschafft und befand mich hundertzwanzig Meter unter Doug und Georges, die jetzt ihre Rucksäcke durch den Kamin hinaufzogen.

Plötzlich stieß Joe einen Schrei aus, und als ich hochschaute, war der Himmel voll herabstürzender Steine. Ich versuchte, nach der Seite hin auszuweichen, aber die Brocken schlugen um mich herum auf, einer davon auf meinen linken Unterarm direkt oberhalb des Handgelenks. Mir war, als hätte mich eine Kugel erwischt. Vor Angst, Schmerz und Wut schrie ich laut auf. Geschockt streifte ich mir die Handschuhe ab und fand eine böse aussehende Schwellung und eine offene Wunde. Blut tropfte in den Schnee. Joe kam herunter und war sichtlich von Mitleid gepackt, als er das Unheil sah. Ihm war es gerade noch gelungen, unter einem Überhang Schutz zu finden. Einer der Brocken hatte Ang Phurbas Kopf nur um Zentimeter verfehlt. Joe erzählte mir in aller Ausführlichkeit, wie er sich einmal am Three Pebble Slab in Froggatt vier Handgelenksknochen gebrochen hatte. Sein Handgelenk habe genauso ausgesehen wie meines.

«Zehn Minuten lang spürte ich überhaupt nichts. Dann kam der Schmerz.»

«Auf dieser Tour geht bei mir einfach alles schief. Ich weiß nicht, was ich verbrochen habe», sagte ich.

«Wahrscheinlich hast du gesündigt», meinte Joe. «Vielleicht ist es, weil du mit einem Mädchen nach Neuguinea gingst.»

«Man könnte fast meinen, jemand habe das Zeug absichtlich heruntergetreten», sagte ich. «Die Brocken hätten nicht besser gezielt sein können.»

«Es war Unachtsamkeit.»

«Die ungeschickten Idioten hätten uns alle drei umbringen können. Wenn du raufkommst, dann sag dem, der die Brocken losgerissen hat, sag ihm von mir, sag ihm ...» Wutschnaubend wandte ich mich ab und ließ mich mit einer Hand am Seil hinunter. Dabei schlug ich mit dem Fuß so zornig in das Eis, daß ich um ein Haar eines der Steigeisen verlor. Während ich es wieder festmachte, atmete ich tief durch und versuchte mich zu beruhigen. Es fing zu schneien an. Am Fuß der Wand traf ich Nima Tensing, der auf Ang Phurba wartete. Als er mein Handgelenk sah, schüttelte er den Kopf und sagte, ein gebrochenes Handgelenk sei besser als ein gebrochener Schädel. Ich ging allein zum Lager 2 und verarztete mich.

Alpträume von Arterienquetschungen und Blutvergiftung rissen mich aus dem Schlaf. Ich wechselte den Verband. Am nächsten Tag lag ich im

Tunnelzelt, wo ich las und zu schreiben versuchte, um Ordnung in die verfahrene Situation zu bekommen.

Morgendämmerung: Nebenan röhrt der Petroleumofen. Nima murmelt monoton «Om Mani Padme Hum». Ang Phurba wird wach. Gestern abend war er sehr müde, und heute früh scheint es nicht anders zu sein. Er hat eine Halsentzündung und steife Glieder von all dem harten Eis gestern – «härter als an der Südwestflanke des Everest», sagte er.

Der Himmel ist im Westen unnormal dunkel; nur auf dem Wedge Peak ist es ein wenig lichter ... Jetzt donnert es; der dichte Schneefall kommt senkrecht herunter, weil kein Wind geht. Das Geräusch abstürzender Eisbrüche läßt meine «irrationale» Angst vor Lawinen von neuem aufflakkern. Die anderen erreichten den Sattel gestern bei einbrechender Dunkelheit in einem Schneesturm. Als ich sie zuletzt sah, hatten sie noch ein ziemliches Stück vor sich. Ich frage mich, wie es ihnen heute wohl geht (nicht überbesorgt, denn sie können sehr wohl auf sich selbst aufpassen) und ob sie wieder runterkommen oder droben ausharren. Wenn das Lager hinhaut, bleiben sie wohl. In gewisser Weise wäre es mir lieber gewesen, wenn Joe gestern mit mir abgestiegen wäre. Es ist viel lustiger, wenn man mit jemand reden kann, obwohl ich jetzt ganz fröhlicher Stimmung bin. Ich hab' ziemlich viel Krach gemacht, als mich der Stein traf – wie ein Kind –, und das ist mir jetzt peinlich. Auf dieser Tour klebt mir einfach das Pech an den Stiefeln. «Alles ruht in der Götter Schoß», um Doug zu zitieren. Vielleicht werd' ich langsam ein wenig komisch, aber ich mach' mir Gedanken über Aberglauben und gewisse Ereignismuster des Lebens. Erstaunt – und vielleicht auch ein bißchen schockiert – bin ich über meine eigene Entschlossenheit, diesen Aufstieg zu schaffen. Er scheint sich immer mehr in die Länge zu ziehen, und ich möchte ihn hinter mich bringen. In den letzten zwei Wochen sind wir nur fünf Tage geklettert. Ein Tag um den andern vergeht, und ein Durchbruch muß kommen.

Mittag: Die Sherpas putzen Schnee von ihrem Zelt. Es ist durch eine Spannschnur mit meinem verbunden, und so entsteht ein dröhnendes Geräusch, das mich aufweckt. Anscheinend sind die Stürme am Kangch nur kurzlebig. Als heute früh einer wütete, schlief ich noch einmal ein, und jetzt, da ich aufwache, ist es schon wieder ruhig. Sogar die Dohlen sind wieder da. Ich habe die Wunde an meinem Handgelenk von neuem verbunden, und das Gefühl ist jetzt etwas besser. Vielleicht kommt das auch daher, daß die Luft wärmer ist ... Vor einer Weile sah ich durch das Fernglas Gestalten auf dem Sattel. Ich wünschte, ich wäre dabei und könnte nach Sikkim hinunterschauen. Hoffentlich haben sie nicht vor, den Gipfel anzugehen, ehe ich morgen nachkomme.

5.15 Uhr. Lange rollender, dann wieder scharf krachender Donner. Dieser Platz geht mir auf die Nerven. Heute fällt schon zum vierten Mal Schnee; die Schicht auf dem Gletscher ist ziemlich dick. 1975 hatten wir am Everest einen Monat lang schönstes Wetter! Vor einer halben Stunde winkte mir eine Gestalt auf dem Sattel zu – zumindest schien es durch das Fernglas so, als ob er mir zuwinkte, obwohl ich bezweifle, daß er mich sehen konnte. Unsere Lasten für morgen habe ich hergerichtet.

Dämmerung: Der Schneefall hat aufgehört. Ein paar Sterne und ein milchiger Sichelmond scheinen. Über dem Kangchendzönga blitzt es immer noch.

Den ganzen nächsten Tag schneite es. Von Ang Phurba und Nima Tensing gefolgt, zog ich mich mit einer Hand an den nun schon vertrauten Seilen hoch, rund tausend Meter Eis und Fels entlang. Ich war fest entschlossen, diesmal nicht wieder umzukehren. Pulverlawinen ergossen sich über uns; eine von ihnen verbarg einen Steinbrocken, der Nima Tensing traf und ihn am Rücken verletzte. Nima bestand darauf, daß wir weitergingen; er sei imstande, allein abzusteigen. Er machte seine Last an einem Haken fest und seilte sich ab.

Im Nebel über uns hörte ich Stimmen. Doug und Georges kamen herunter, um Ausrüstungsgegenstände zu holen, die sie unterhalb des letzten Hangs deponiert hatten. Sie hatten nicht geahnt, daß wir bei solch schlechtem Wetter aufsteigen würden, und hatten loses Gestein weggefegt.

Die Wand war voll von Tragesäcken und Ausrüstungsgegenständen, die wir während des Hin und Hers der vergangenen zwei Wochen dort zurückgelassen hatten. Georges' Kamin war schauderhaft anstrengend, aber der letzte Hang war nur noch fünfundvierzig Grad steil. Das tschechoslowakische Seil war dort festgemacht, und ich klinkte mich ein. Von eins bis fünfundzwanzig zählte ich meine Schritte; dann legte ich meinen Kopf auf den Eispickel und rang keuchend nach Atem. Ich war entschlossen, mich nicht von Ang Phurba einholen zu lassen; er sollte im Nebelgrau außer Sicht bleiben. Das Seil war an einem großen Block festgemacht. Ich kletterte auf den Felsen, und der Wind wehte mir ins Gesicht. Die Wand war unter mir. Hoffentlich muß ich da nicht noch einmal rauf, dachte ich.

11. Der Sturm

30. April–5. Mai

Ich folgte den nach Sikkim führenden Spuren. Bis zu einer Höhe von zehn Metern unterhalb des breiten Sattels zerrte der Westwind an uns. Dann wurde der Schnee tief und pulvrig, das Licht wärmte mein Gesicht, und der Wind erstarb von einem Moment auf den anderen. Die Sonne brannte durch die Wolken hindurch, und am Himmel wimmelten Milliarden leuchtender Punkte wie der Gischt eines fernen Wasserfalls. Die Sicht war zwar an diesem Nachmittag äußerst schlecht, aber der Umstand, daß ich nun auf dem Sattel war, und die Aussicht auf die Gesellschaft der anderen bedeuteten für mich nach der Einsamkeit des Langstreckenaufstiegs am Seil mit Jümarklemmen genügend Belohnung.

«He, Junge, komm rein, hier ist heißer Orangensaft für dich.»

Dankbar schlürfte ich das Getränk; der Flüssigkeitsverlust während der stundenlangen Plackerei an den Seilen war beträchtlich gewesen. «Am besten, ich trinke nicht alles. Gleich kommt Ang Phurba mit einer Ladung.»

Zwanzig Meter unterhalb des Sattels waren zwei Tunnelzelte in einen Graben im Hang eingebaut. Sie wirkten gut geborgen wie zwei zum Winterschlaf eingegrabene Larven.

«Wir dachten, du ziehst bei Georges ein», sagte Doug.

«Wir beide haben uns in diesem Zelt eingerichtet.»

«Ich bin froh, daß ihr nicht ohne mich gegangen seid», sagte ich.

«Dazu war schon das Wetter zu schlecht. Wie geht's deinem Handgelenk?» fragte Joe. Er hatte Kopfschmerzen und erklärte, daß er an dem Abend, als sie den Sattel erreichten, ausmanövriert worden war. «Ich kam als letzter an und wurde mit den Worten begrüßt: ‹Wo wirst du schlafen?› Wir konnten nur ein Zelt aufstellen, und ich verbrachte, ganz hintendrin zusammengekrümmt, eine ziemlich üble Nacht. Seitdem habe ich Kopfweh. Ja, ich habe alles versucht – Fortral, Panadol, Codeïn, Schlaftabletten – alles. Nichts will helfen. Doug hat diesen Platz hier gefunden. Gut, was?» Dann schloß Joe die Augen und antwortete nur noch einsilbig.

Ang Phurba kam und begutachtete das Lager mit zustimmendem Nicken. «Geht ihr von hier zum Gipfel?» fragte er. Dann packte er aus, was er mitgebracht hatte, trank und stieg wieder die Wand hinunter zum Lager 2 ab. Wir vier waren allein auf dem Nordsattel.

Die Zelte waren durch einen gemeinsamen Eingang miteinander verbunden. Wir kochten abwechselnd, wobei wir mit den Getränken und Lebensmitteln so sorgfältig umgingen wie Astronauten, die kostbare Materialien von Raumfahrzeug zu Raumfahrzeug weitergeben.

«Angenehm und ruhig ist es hier nach all dem Krach im Lager 2», sagte ich.

Aus dem Inneren des Hangs drang ein scharfes Knacken. «Ist schon in Ordnung, das tut er ständig», beruhigte mich Georges. «Wir kampieren nämlich auf einem Eisbruch. Wahrscheinlich rutschen wir langsam nach Sikkim hinunter, aber für die kurze Zeit, die wir hier sind, macht das ja nichts. Jedenfalls ist es ein guter Grund, bald weiterzusteigen.» Daß wir uns jetzt höchstens Gedanken darüber machen mußten, ob wir mitsamt unserem Lager abstürzen würden, statt von Gestein und Lawinen erschlagen zu werden, bedeutete immerhin eine Abwechslung.

Das Licht des Tages erlosch, begleitet vom Geräusch unseres Atems und dem Knacken des Hangs. «Die Sache wird», schrieb ich in mein Tagebuch. «Es ist großartig, hier oben zu sein.»

Die Sonne ging früh auf; wir waren ja von der West- zur Ostseite des Berges gewechselt. Von der Innenseite der Zelte blätterte das gefrorene Kondenswasser ab.

«Hier draußen ist es wirklich ganz prima!» rief Doug.

Auch mich hielt es nicht mehr im Zelt. Ich stieg zu ihm hinaus und fotografierte. Der Morgenwind, der über den Sattel kam, blies mir kalt ins Gesicht. Im Westen lag das obere Becken des Kangchendzönga-Gletschers mit dem als winzigen Punkt erkennbaren Lager 2 noch in der Dunkelheit. Der Wedge Peak hatte seine drohende Aggressivität eingebüßt und sank vor uns in die Erde. Gut hundert Kilometer entfernt glühte die Kangshungflanke des Everest in gelblichem Licht. Im Osten, wo die Sonne aufging, konnte ich die weißen Gletscher und braunen Moränen von Sikkim sehen; aus niedrigen Wolken lugten verschleierte Gipfel hervor. Direkt hinter uns fiel die von vielen Rippen durchzogene Ostseite des Nordsattels ab. 1937 war Reggie Cooke bis auf ein-, zweihundert Meter an die Stelle herangekommen, wo sich jetzt unser Lager befand. In Sikkim war auch noch der Nordostsporn des Kangchendzönga zu erkennen, in den hoch über unseren Köpfen in 7739 Meter Höhe der Nordkamm mündete. Dieser lange Sporn wies eine Anzahl hängender Eistürme auf. Drei Expeditionen hatten sich schon über diese Hindernisse gekämpft: 1929 und 1931 die Deutschen, 1977 die erfolgreiche indische Expedition.

Joe ließ sich nur selten etwas von seinem Schmerz anmerken, meist lag er nur da und litt vor sich hin. Niemand schlug vor, daß wir den Aufstieg verschieben sollten, bis es ihm wieder besser gehe, und ohne ein Wort der Klage erklärte er, er wolle absteigen, weil seine Kopfschmerzen immer noch schlimm seien.

«Von uns vieren ist er der einzig wirklich harte Bursche», sagte Doug.

Den größten Teil der steilen, schwierigen Kletterei hatten wir jetzt, so hofften wir, hinter uns. Nun waren wir gespannt, ob der Nordsattel wirklich der technische Schlüssel zum Nordkamm war, wie Freshfield und Dyhrenfurth vorausgesagt hatten. Wir schlüpften nun in Kleidungsstücke, die für größere Höhen besser geeignet waren. Unsere normalen Pelzstiefel hatten wir bereits gegen spezielle, zur Epoche der Weltraumfahrt passende Skistiefel aus Plastik und Schaumstoff vertauscht. Sie waren leichter und wärmer, wenn auch zu klobig für steile Partien. Plastikstiefel hatte man im Himalaya schon seit 1975 verwendet; sie ermöglichten es auch kleinen Gruppen, ohne Sauerstoffgeräte große Höhen zu erreichen, ohne Erfrierungen an den Füßen davonzutragen. Die revolutionäre Bedeutung dieser Stiefel war allerdings noch wenig bekannt, und wie die meisten Kletterer waren wir in Hinsicht auf eine so radikale Veränderung unserer Ausrüstung äußerst vorsichtig und skeptisch gewesen. Jetzt waren wir überzeugt. Wir legten unsere Kunstfaseranzüge ab und schlüpften in locker sitzende, einteilige Daunenanzüge, über die noch Windschutzanzüge kamen. Dann packten wir unsere Rucksäcke. Nach ein paar Haferbiskuits und etwas Tee waren wir bereit für die ersten Schritte auf den Nordkamm und für den oberen Teil des Berges.

«Geh du heute voran, Georges. Du bist der Schnee- und Eismann. Ich bin noch zu müde von gestern», sagte ich.

Doug war einverstanden. Georges war ganz scharf darauf, daß es losging. Er kam aus der Bergführertradition von Argentière. Sein Vater war Bergführer, und sein Großvater mütterlicherseits war der berühmte Führer Georges Charlet, Bruder des noch berühmteren Armand Charlet. Diese Männer hatten eine Reputation als unfehlbare Götter ihres Metiers, deren bergsteigerisches Urteil in den französischen Alpen von gewöhnlichen Sterblichen ohne Widerspruch hingenommen wird. Wenn Georges wie an diesem Morgen voller Zuversicht rief: «Let's go for eet», sagten wir lächelnd: «Charlet a dit» (Charlet hat gesprochen) und folgten ihm willig.

Georges wetzte den Hang hinauf wie ein unruhiger Hund an der Leine. Sein Kletterstil war lebendig, leicht und energisch und unterschied sich von Dougs starken, gleichmäßig zielgerichteten Bewegungen. Zum Glück sorgte der starke Wind für guten Steigeisenschnee, und trotz der Höhe kamen wir rasch voran. Von den über Sikkim hängenden Schneewächten hielten wir gebührend Abstand; dann und wann mußten wir einen Bogen um Felstürme machen. Das weiße Licht des Himmels spiegelte in Flecken harten, geriffelten Eises.

«Wie wär's mit einer kleinen Stärkung, Georges?» Georges wollte davon nichts wissen, und so ließen Doug und ich uns auf einem Buckel nieder und öffneten eine Fischdose. Als Georges schließlich vom Seil gestoppt wurde, mußte er einsehen, daß ihm nichts anderes übrig blieb, als mit uns Pause zu machen.

Wir befanden uns knapp unterhalb des Kammes, und der Blick war großartig. «Wir sind fast so hoch wie die Hauptspitze des Twins Peak», sagte ich. «Sieht wirklich aus, als könne man vom Nordsattel in ein paar Stunden dort sein.»

«Nur in der falschen Richtung», sagte Georges.

«Da ist der Siniolchu», rief Doug, «und weiter dort drüben muß der Chomolhari sein. Dort führten sämtliche Vorkriegsexpeditionen vorbei, und dann den ganzen Weg über die tibetanische Ebene hinüber zum Everest.» Mit weitausholender Geste deutete er den großen Bogen der Route an.

Im Norden konnten wir zum ersten Mal die sanften Linien der purpurnen, schneebedeckten Berge von Tibet sehen, eine ferne, verlassene Welt strenger Stille, verglichen mit den jungen, himmelstürmenden Himalayariesen in unserer Nähe. Vielleicht lagen diese unbekannten, unbenannten Berge, wie es sich Freshfield vorgestellt hatte, als er vom Jongsong La aus über Tibet blickte, innerhalb der Gesichtsweite von Lhasa, und die Phantasie konnte, vom einen zum anderen springend, zu den goldenen Terrassen des Dalai-Lama-Palastes in Potala fliegen.

Über uns kurvte der zunehmend steiler werdende Nordkamm zu einer zweihundert Meter hohen Wehrmauer hinauf; zu unserer Linken zog sich diese Mauer oberhalb gefährlich aussehender Hänge mit tiefem Pulverschnee zum Nordostsporn hin. Zu unserer Rechten erweiterte sie sich zu der Wand zwischen der zweiten und dritten Terrasse der Nordwestflanke des Kangchendzönga. Die Deutschen waren vor allem von der Schneepracht dieses Abschnitts beeindruckt gewesen, weshalb sie ihn «Zuckerhut» genannt hatten. Seine lawinenträchtigen Hänge hatten sie 1931 in einer Höhe von siebentausendsiebenhundert Meter zur Umkehr gezwungen. Von unserem Standpunkt aus ähnelte der Abschnitt mehr einer uneinnehmbaren Burg, und deswegen änderten wir den ursprünglichen Namen. Wir hofften, die «Burg» über ihre anscheinend verwundbarste Stelle bezwingen zu können, eine steile Schneerinne nämlich, welche die Mauer spaltete und von einer dreißig Meter hohen Felsstufe gekrönt wurde. Um den Fuß dieser Rinne zu erreichen, traversierten wir – es war die windabgewandte Seite – schräg zu einer kleinen Mulde am Fuße der Wand. Dort deponierten wir, was wir an Lebensmitteln und Ausrüstung mitgebracht hatten. Unsere Höhe schätzten wir auf siebentausendvierhundert Meter. Vom Nordsattel aus waren wir sechshundertfünfzig Meter geklettert, ein ansehnliches Quantum Frühsport. Im Vergleich zu den vergangenen Tagen, wo wir in der Wand unterhalb des Nordsattels um jeden Zentimeter hatten ringen müssen, waren wir wirklich blendend vorangekommen.

Georges schlug eine sehr rasche Gangart an. Ich beneidete ihn um sein uneingeschränktes Selbstvertrauen. Da wir nun keine Last mehr zu tragen hatten, konnten Doug und ich ihm gerade noch folgen. Unser Tempo beschleunigte sich, als der Wind sich zu einem eisigen Sturm steigerte und Schnee über den Kamm nach Sikkim fegte. Es war unmöglich, weiter als ein paar Meter zu sehen, und wir folgten unseren Steigeisenspuren vom Morgen, bemüht, uns nicht auf eine Wächte zu verirren. In weniger als einer Stunde stiegen wir von der «Burg» ab und erreichten um zwei Uhr nachmittags die Zelte von Lager 3 auf dem Nordsattel.

Den Nachmittag hindurch diskutierten wir mögliche Taktiken und versuchten, die verschiedenen Wettermuster dieser großen Höhe zu analysieren. In der Dämmerung schrieb ich:

Der Wind peitscht über den Nordsattel, und der Berg über uns verändert infolge der Turbulenzen ständig sein Aussehen. So schön der Morgen auch sein mag, gegen Mittag verschlechtert sich das Wetter immer. Während der ganzen Tour hatten wir noch keinen einzigen «Gipfeltag» ohne Wolken und Wind. Wenn es das Wetter erlaubt, gehen wir morgen los und graben uns unterhalb der «Burg» ein. Oberhalb wird es dann sehr auf das Wetter ankommen. Ist es ruhig, dann haben wir wohl eine gute Chance. Ausrüstung und Lebensmittel müßten für eine Fünf-Tage-Tour reichen. Gestern abend litt ich vermutlich unter Dehydration. Fast dreieinhalb Liter Flüssigkeit und auch nur annähernd so viel wie das tägliche Minimum von dreitausend Kalorien in uns hineinzubringen, ist unter den gegenwärtigen Umständen unmöglich.

Am nächsten Morgen stieg ich, während Doug und Georges eines der Zelte zusammenpackten, das wir mitnehmen wollten, ein Stück der Westwand hinunter und zog ein paar von den tschechoslowakischen Seilen herauf, die wir für die «Burg» brauchten. Um acht Uhr brachen wir zur Ersteigung des Nordkamms auf. Daß ich einmal führte, war längst überfällig, und so ging ich als erster. Der Sturm war sehr heftig, und während mancher Böen mußten wir anhalten. Am Fuße der «Burg» hatte es eine Menge Schnee um die Ecke herum nach Sikkim hereingeweht, und wir brauchten sehr lange, bis wir die letzten zweihundert Meter zu der für Lager 4 vorgesehenen Stelle geschafft hatten.

Der die «Burg» durchschneidende Schneehang mündete nach einer Kurve am Fuß des Pfeilers in eine vom Wind zusammengeschobene Wächte. Fünf Meter voneinander entfernt, begannen wir um halb elf Uhr, von beiden Seiten in die Flanke dieser Wächte Löcher zu graben. Doug und ich waren überzeugt, daß wir in dieser Höhe eine Schneehöhle brauchten, die wir als stabile Basis für weitere Vorstöße benutzen konnten. Georges stimmte uns bald zu und nannte unser Werk den Mont-Blanc-Tunnel.

«Für jemand anderen würdest du nie so schuften», sagte Doug und schaufelte mit rhythmischen Bewegungen Schnee nach Sikkim hinein.

«Als Kind habe ich immer gerne Schneeburgen gebaut», erwiderte ich.

Um ein Uhr nachmittags trafen wir uns in der Mitte und schüttelten einander die Hände. «Wo ist der Champagner?» schrie Georges. Eine Stunde später hatten wir das Loch zu einer prächtigen Höhle erweitert. Wir schlüpften hinein und versperrten mit großen Schneeblöcken die Sicht durch den Eingang.

Im Eifer der Schaufelei hatten wir vergessen, unsere Windanzüge über die Daunenanzüge zu ziehen, und in der Höhle waren wir jetzt von Schnee und Schweiß ganz durchnäßt. Es dauerte lange, bis wir uns wieder aufgewärmt hatten. Wir waren müde. Die Höhe machte die Glieder bleischwer, und jede Bewegung bedeutete Anstrengung. Doug hatte sich in der Mitte der Höhle niedergelassen, und als er das Öfchen anzündete, ging es wegen Sauerstoffmangels bald aus. Er las *Journey to Ixtalan* von Carlos Castenada. Nervig das Buch umklammernd wie ein Fundamentalist seine Bibel, unterstrich er ihm bedeutsam erscheinende Stellen rot.

«Reisevorbereitungen, Junge», sagte er.

Mir schien, daß die anderen beiden faul waren und mich ausmanövrierten.

Wahrscheinlich empfanden sie das gleiche. Georges lag da und wollte dieses und jenes von mir – ich solle den Luftzug abstellen und um zehn Uhr abends wie um drei Uhr früh Tee kochen. Doug schien auch um fünf Uhr früh Tee notwendig. Natürlich wußte ich, wie wichtig es war, daß wir viel Flüssigkeit aufnahmen. Dennoch kam es mir vor, als hätte ich die ganze Nacht damit verbracht, Eis auf dem Öfchen zu schmelzen. Für jede Pfanne Wasser benötigte ich eine Stunde.

Als wir am Morgen den Eingang freimachten, konnten wir die Kuppel des 7450 Meter hohen Nepal Peak sehen, den Erwin Schneider 1930 von der anderen Seite her im Alleingang bestiegen hatte. Das Wetter war ermutigend ruhig. Die Vorbereitungen für den Aufstieg waren in der Höhle einfacher als tiefer unten in der Enge der Zelte. Bei Grabesstille und konstanter Temperatur waren wir vor dem Wetter draußen völlig geschützt. Hier gab es kein gefrorenes Kondenswasser, das uns auf die Schlafsäcke fiel, und keine Bodenfolie, die man versehentlich mit den Steigeisen aufschlitzen konnte. Voll gerüstet für den «Kampf mit dem Elefanten», wie mal jemand sagte, schlüpften wir hinaus ins Tageslicht.

Ich probierte Dougs gespielt muffige, aber wirksame Art, Vorschläge zu machen, aus: «Wie wär's, wenn du heute als erster gingst, Doug?» Georges und ich folgten ihm den kleinen Schneegrat entlang, bis er in den Hang mündete. Die Seile trugen wir aufgerollt zwischen uns.

Der Zustand des Schnees machte mich sehr besorgt, und Georges ging es, wie mir schien, ebenso. Doug war zu weit vor mir, als daß ich seine Gedanken hätte erahnen können. Ich hackte in den Hang, um seine Konsistenz zu prüfen. Unter der Oberfläche lag großkristalliger Tiefenfirn – eine instabile, tückische Schicht. Nachdem Georges und ich vorsichtig sechzig Meter hochgekrabbelt waren, riefen wir Doug zu, wir müßten uns sichern. Wie in Zeitlupe sah ich vor meinem geistigen Auge, wie wir alle nach Sikkim hinunterrutschten. Als ich so wartend am Hang stand, fühlte ich mich hilflos an die anderen gefesselt. Die Situation erschien mir abscheulich, und dann erschien mir auch die ganze Bergsteigerei widerwärtig. Ich wünschte, ich wäre ganz woanders gewesen.

Fünfzig Meter unterhalb der «Burg» sicherte sich Doug mit einer Eisschraube; Georges und ich machten noch einen Schneeanker fest. Allzusehr durfte man beidem nicht trauen. Über uns wurde der Eishang sechzig Grad steil. Doug plagte sich hinauf. Drei Meter unterhalb der fünfzehn Meter hohen Felsstufe, die den Hang krönte, drehte er eine weitere Eisschraube ein und rief herunter, jetzt sei alles sicher. Nun war mir wohler zumute; ich stieg zu ihm und hielt sein Seil, während er sich in einer Felsrinne hochstemmte. Der helle Klang eines weiteren Hakens, den Doug einschlug, und eine an einem Felsdorn verankerte Seilschlinge signalisierten Sicherheit, und meine Nervosität legte sich. Nach einer Stunde verschwanden seine Stiefelsohlen über der Kante der «Burg». Als ich ihm nachstieg, genoß ich das Gefühl des warmen, rauhen Gesteins.

«Gut gemacht, Doug. Ich bin froh, daß du hier führtest.» Georges folgte mir dicht auf den Fersen.

«Irgendwie ist mir ganz anders.»

«Mir auch.»

«Das verstehe ich nicht, wir müssen o.k. sein. Wir sind kaum zweihundert Meter gestiegen.»

«Trotzdem, wir sind jetzt auf siebentausendsechshundert Meter Höhe.»

Ich kniff die Augen zusammen und versuchte das Schwindelgefühl zu bekämpfen. Die Konzentration beim Aufstieg hatte uns vor den Auswirkungen der großen Höhe geschützt. Wir taumelten auf einen Felsblock zu, bei dem wir Ausrüstungsgegenstände deponierten. Dann kamen fünfzig Meter leicht geneigtes, von Brocken durchsetztes Eis, bis die große Terrasse aus Schnee und Geröll vor uns lag. Vom Wind gebeugt, konnten wir durch die Wolken hindurch den Kegel des Gipfels sehen.

«Sieht gar nicht so weit entfernt aus.»

Wir rutschten wieder hinunter und machten dann Seile fest, deren letztes dreißig Meter von der Schneehöhle entfernt endete. Der Abstieg dauerte nur eine halbe Stunde, und um ein Uhr nachmittags waren wir in der Höhle zurück. Als wir zum ersten Mal dort ankamen, war uns dieser Platz wie der trostloseste und abgelegenste Ort in der Welt erschienen. Jetzt, ein paar Stunden danach, fühlten wir uns hier bereits heimisch. Später sollte er schlicht das Leben für uns bedeuten.

«Der Wind dort oben gefällt mir nicht.»

«Diese Wolkengebirge scheinen am Morgen von Sikkim heraufzusteigen, bis sie an das Westmassiv stoßen. Dann entfesseln sich die Stürme.»

Der Kamm über unseren Köpfen war die Gefechtszone.

Ich war zwar nicht hungrig, zwang mich aber zur Nahrungsaufnahme. Wir aßen sehr wenig, obwohl wir im Lauf eines Tages sehr viele Kalorien verbrauchten. Ich fühlte mich sehr schläfrig, widerstand Georges' Druck, die Rolle des Kochs zu spielen, und verbrachte in Gedanken an den Gipfel einen angenehmen Nachmittag und anschließend eine ruhige Nacht. Zumindest würden wir es versuchen.

Der Morgen des 4. Mai begann spät mit einer stupiden, wortlosen Konfrontation, nachdem wir unsere Positionen abgesteckt hatten. Doug hatte schon gesagt: «Während der ganzen verdammten Tour habe ich ständig gekocht.»

Ich hatte geantwortet:

«Mußtest du wohl, weil du dich immer da niederläßt, wo am meisten Platz ist.»

Nach meiner langen Kochsitzung zwei Nächte zuvor war ich nicht gewillt, den Ofen anzuzünden. Georges berief sich selbstgefällig darauf, daß er am Vortag gekocht habe. Ich wartete, bis Doug Georges sagte, er solle den Kocher anzünden. Ich kam mir dabei überaus albern vor. Als wir endlich startbereit waren, war es halb acht Uhr geworden, und ein langer Tag stand uns bevor. Jetzt ging es zum Gipfel.

Etwas nach neun Uhr waren wir auf der Kuppe der «Burg». Wir nahmen die Ausrüstung mit, die wir am Tag zuvor dort zurückgelassen hatten, und hoppelten in Skistiefeln und Steigeisen schwerfällig über das lose Gestein.

Zuerst war ich verblüfft darüber, wie schnell wir vorankamen; ich war mir nicht sicher gewesen, ob man in einer solchen Höhe richtig zu gehen vermochte. Typische Stellen, die mir von Fotos oder von Beobachtungen mit dem Fernglas in Erinnerung waren, glitten auf mich zu, und ich keuchte an ihnen vorbei, als hätte sich eine Figur auf diesen Bildern selbständig gemacht. Tief unten konnte ich die blauen Zeltbahnen des Basislagers in Pangpema erkennen, und gelegentlich wurde zu meinen Füßen Lager 2 sichtbar. Wir querten unterhalb der Spitzen, wo der Nordkamm in den Nordostsporn mündete.

Von nun an befanden wir uns auf der westlichen Kette.

Der Sturm fegte mit über hundert Kilometern Geschwindigkeit über die Große Schnee- und Geröllterrasse. Das Seil, das uns miteinander verband, schwang wild in der Luft herum, verfing sich an unseren Knöcheln und Skistöcken und blieb an Felsblöcken und Eisformationen hängen. Immer wieder riß uns der Luftzug Kapuzen und Wollmützen übers Gesicht. Häufig zwang uns der Druck in die Knie, und wir stemmten uns mit letzter Kraft gegen Salven von Schnee und Eiskörnchen. Wegen des eisigen Sturmwindes vermochten wir nur noch den Fels und den Firn zu unseren Füßen zu sehen. Bei der Überwinterung auf einem arktischen Plateau wäre es uns wohl ähnlich ergangen, aber da hätten wir nicht unsere bauschig-bizarren, eisverkrusteten Überanzüge getragen. Außerdem meldeten uns unsere Lungen unmißverständlich, daß wir uns auf einer Höhe von über siebentausendachthundert Meter befanden. Unser Ziel war der Croissant, ein großer sichelförmiger Pfeiler am Fuße der steilen, sechshundert Meter hohen Gipfelpyramide. Der leichteste Weg zum Gipfel schien über die rechte Seite zu laufen, aber diese Route lag direkt im Wind. Wir machten Halt und besprachen die Lage. Unsere einzige Chance, die Nacht zu überleben, lag darin, daß wir uns irgendwie vor dem Wind in Sicherheit brachten. Der Schnee war zu solcher Dichte gepreßt, daß uns trotz unserer Äxte, Sägen und Schaufeln der Kältetod ereilt hätte, bevor wir uns irgendwo eingraben konnten. Die Erfahrung der Lager 3 und 4 hatte uns gelehrt, daß die Sikkim zugewandte Seite des Grates geschützt war. Doug übernahm die Führung, und wir hielten auf eine entfernte, in etwa siebentausendneunhundert Meter Höhe liegende Kerbe im Nordkamm zu, durch die wir auf die andere, ruhige Seite hinüberzukommen hofften.

Lange Zeit hing die wolkenverschleierte Kerbe vor uns wie ein Trugbild. Dann schaffte Doug den Übergang. Von Schneegischt geblendet, flogen wir fast hinüber – der Sturm tobte nun ständig mit hundertzwanzig bis hundertvierzig Kilometern Stundengeschwindigkeit. Als ich die Kerbe durchquerte, hatte ich das Gefühl, als stächen tausend Nadeln in meinen Rücken, als breche mein Körper in Stücke. Die Schneegischt nahm mir die Sicht. «Ich kann nichts sehen!» schrie ich in den Sturm. «Ist bei euch alles klar? Kann ich runterkommen?»

«Ja, aber du mußt dich mit dem Eispickel sichern», schrie Doug.

Benommen knieten wir auf der anderen Seite nieder und versuchten, unsere Gedanken zu ordnen. Unter uns verlor sich der fünfundvierzig Grad

Oben: Wir stiegen an Felszinnen vorbei. Georges Bettembourg auf dem Nordgrat des Kangchendzönga. ▷

Unten: Doug Scott und Georges über dem Nordsattel. Zum ersten Mal konnten wir Tibet sehen.

steile Hang in einem verschwommenen Weiß. Hier wehte kein Wind; über unseren Köpfen allerdings fauchte er durch die Kerbe. Doug hatte schlimme Schläge statischer Elektrizität abbekommen.

Es war drei Uhr nachmittags. Drei Stunden lang hackten wir nun müde und schwach auf das Eis los, bis wir ein kleines Sims freigelegt hatten, das gerade ausreichte, um unser Tunnelzelt aufzunehmen. Doug leistete den Hauptteil der Eisarbeit, und Georges stellte das Zelt auf. Die Höhe machte uns furchtbar zu schaffen. Mir kam es vor, als sei mein Körper mit Bleigewichten beschwert. Im Zelt überlegten wir, was wir am nächsten Tag tun konnten. Wir würden den Aufstieg versuchen. Legten wir in dieser Höhe einen Ruhetag ein, würden wir danach wahrscheinlich schwächer als vorher sein und die verbleibenden vierhundert Meter zum Gipfel nicht mehr bewältigen können. Kurze Zeit schliefen wir, wachten dann aber mit Kopfschmerzen wieder auf. Das Öfchen ging ständig aus, aber Doug kochte unerschütterlich Suppe und machte dann heißes Wasser für Georges, der stark unter der Kälte litt. Dann nahm jeder von uns eine Schlaftablette und zwei Aspirin, und wir entspannten uns und hörten dem Sturm zu, der über den Kamm hinweg in die Nacht hinaustoste. Endlich eingeschlafen, hatte ich wunderbare Träume von warmen Gestaden.

Das Geräusch flatternden Stoffes weckte mich plötzlich. Die Welt war in Aufruhr. «Der Wind hat gedreht.»

Ich sah auf die Uhr. Halb zwei Uhr morgens. Der Sturm zerrte am Zelt und drückte seine Wand gegen uns. Ich fühlte mich immer noch behaglich und wünschte mir nur, der Wind würde aufhören, damit ich gleich wieder einschlafen konnte. Aber bald waren wir alle hellwach. Wir knipsten die Taschenlampen an. Das Zelt flatterte und knatterte wild und überschüttete uns mit Reif – und unser Leben hing von ihm ab. Woher war dieser Wind denn gekommen? Warum? Langsam begriffen wir die Gefahr. Um halb zwei in der Frühe brach der mittlere Reifen. Jetzt wußten wir, daß wir um unser Leben kämpfen mußten. Damit die Bruchstellen nicht den Zeltstoff zerrissen, hielten wir abwechselnd den Reifen fest, bis unsere Finger taub wurden. Die anderen fuhren währenddessen in ihre Stiefel. Kalt, diszipliniert und ohne Erregung riefen wir einander zu, was zu tun war. Nur unsere Augen verrieten den Schrecken, der uns gepackt hatte: das war vermutlich das Ende. Meine Gedanken überschlugen sich. Kaum eine Chance, hier herauszukommen. Familie, Angehörige, Freunde; wenn ich hier lebend davonkomme, habe ich sicher schlimme Erfrierungen. Dieser Berg – und wir waren nicht einmal oben! Wenn es einen Gott gibt, dann bitte, bitte, laß diesen Sturm aufhören. Warum sollte er? Bin ich stark genug für das, was jetzt kommt? Ist es soweit? Konzentriere dich auf dich selbst, wir müssen das alle tun. Keine Zeit zum Beten.

Sekundenlange Pausen erweckten falsche Hoffnungen. Doug spähte hinaus. «Das Zelt reißt sich los. Es hat sich schon über einen halben Meter verschoben ... Es bläst uns über das Sims hinunter – wir müssen raus!» Er kroch hinaus und hielt sich irgendwo fest.

Von einer Sekunde auf die andere konnten wir in die dunkle, stürmische

◁ *Oben:* Makalu, Lhotse, Everest und Wedge Peak vom Nordgrat gesehen.
Unten: Vor der Schneehöhle des Lagers 4 nimmt Georges ein Sonnenbad.

Tiefe stürzen. Der Wind hatte die Gewalt eines Hurrikans und riß Stoffstreifen aus dem Zelt.

«Laßt die Ausrüstung nicht liegen, gebt nicht auf!»

In wilder Hast rollten Georges und ich die Schlafsäcke zusammen und wanden uns aus dem Zelt. Wir ließen es zusammenfallen, schlitzten es mit einem Messer auf und holten die restliche Ausrüstung heraus. Im nächsten Augenblick riß es der Wind davon. Die Morgendämmerung kämpfte sich durch den Wolkenstrom. Tellergroße Steinbrocken wurden vom Kamm hochgerissen und sausten durch die Luft wie Meteoriten. Verzweifelt suchte ich Deckung, um nicht von einem davon hinuntergeworfen zu werden. Georges verschwand in dem Hang über uns, dann Doug. Sie zerrten an dem verrückten Durcheinander der Seile und versuchten, auf Händen und Knien die Kerbe im Kamm zu erreichen. Beim dritten Versuch schafften sie es, und mein Seil spannte sich. Etwas Dunkles stürzte an mir vorbei. «Mein Gott, einer ist abgestürzt!» Es war jedoch Georges Rucksack.

Von Seilen gezerrt, stieg ich mühsam den beiden anderen nach und zog mich an meinem Eispickel durch die Kerbe im Fels. Es war wie der Versuch, in das Düsenaggregat eines Jumbos zu kriechen, während der Pilot Vollgas gibt.

Wie in einem Alptraum taumelten wir über die Große Schnee- und Geröllterrasse, widerstanden wir dem Aufschrei unserer Körper, die sich hinlegen wollten und schlafen. Unsere Gesichter waren so eisverkrustet, daß wir kaum noch etwas zu sehen vermochten. Jetzt war der Moment, wo wir aufgeben konnten, das allerletzte Quentchen Kraft nicht mehr aufbieten mußten, zur Erde hinabsinken durften. Schlafen, nur schlafen! Stimmen schrillten mir durch den Kopf: «Du mußt hinunter.» «Du mußt hinunter.» «Schnell.» «Schnell.» «Jetzt ist der Zeitpunkt da, wo Fehler gemacht werden.»

Wir waren dem sicheren Tod so nahe gewesen, daß unsere Angst jetzt eingelullt war. Am Tag zuvor hatten uns noch kleine Wächten mit Sorgen erfüllt. Jetzt gaben wir nicht mehr acht, sondern stapften einfach darüber. Um acht Uhr morgens erreichten wir die Schneehöhle. Der Eingang war zugeweht, und Doug schaufelte ihn aus. Wir tranken etwas heißen Orangensaft und versuchten, Hände und Füße aufzutauen. Ich schluckte gefäßerweiternde Pillen.

Um zwanzig nach zehn erreichten wir den Nordsattel, aßen getrocknete Aprikosen und schmolzen erneut Getränke. Georges wurde schneeblind und beklagte sich über das Dunkel vor seinen Augen. Wir behandelten ihn mit Augentropfen. Unsere körperliche Verfassung konnten wir erst jetzt richtig beurteilen. Doug hatte an den oberen Gliedern von vier Fingern Erfrierungen abbekommen, als er sich im Sturm an das Zelt klammerte. Ich hatte Erfrierungen an einer großen Zehe und an der Nase. Wir hatten Glück gehabt.

Wir beschlossen, unsere Hochgebirgsausrüstung auf dem Nordsattel zu lassen und noch am selben Tag zum Basislager abzusteigen. Das Eis in der Wand hatte sich verhärtet. Wir ließen uns an den Seilen hinunter und stapften über den Gletscher am Fuß der Wand zu Camp 2. Hinter uns rasten die Wolken mit solcher Geschwindigkeit über den Himmel, daß der Kangchendzönga in der entgegengesetzten Richtung zu rotieren schien. Ich bemerkte, daß mich das Hand- und Fußgelenk nicht mehr schmerzten.

12. Vor der Dämmerung

5.–14. Mai

«Ich dachte: ‹Warum bin ich hier unten und nicht dort oben und sterbe mit euch?›» Joe wartete in Lager 2 mit Ang Phurba auf uns. Auf dem Öfchen dampften Getränke. Joe war überfroh, uns zu sehen. «Hier unten fegte der Sturm wie ein Expreß-Zug durch», erzählte er aufgeregt. «Wir fürchteten schon, er würde das ganze Lager fortreißen. Ang Phurba und ich mußten fast die ganze Nacht die Zelte festhalten. Wir konnten nicht schlafen. Deswegen trugen wir auch heute früh nichts zum Sattel rauf. Ich wußte: Wenn es euch nicht gelang, irgendwo Schutz zu finden, dann konntet ihr diese Nacht nicht überleben.»

«Wo ist Nima?»

«Unten im Basislager. Wir mußten ihn wegen seiner Rückenverletzung hinunterbringen. Wie ernst sie ist, weiß ich nicht. Gehen konnte er jedenfalls. Wahrscheinlich ist es nur eine arge Prellung. Ang Phurba und ich kamen gestern wieder herauf.»

«Was ist mit deinen Kopfschmerzen?»

«Das scheint wieder in Ordnung zu sein. Beim Abstieg vom Nordsattel war ich schaurig deprimiert. Als ich hier ankam, fühlte ich mich, als würde ich in 'ne Streichholzschachtel reinpassen. Jetzt sieht es aus, als hätte ich noch eine Chance. Seit die Kopfschmerzen weg sind, versuche ich, Ang Phurba für die Tour zu begeistern, aber er geht nicht darauf ein. Ihr wißt ja, wie gelassen und ruhig er ist. Für den Weg über die Moränen und den Gletscher hinauf ist er aber einsame Spitze, den kennt er wie seine Hosentasche. Ich trete einfach in seine Spuren, und alles geht wie geschmiert. Er ist unglaublich schnell. Gestern schafften wir den Weg vom Basislager herauf in dreieinhalb Stunden. Versucht mal, ihm auf dem Weg hinunter zu folgen.»

Gletscherspalten hatten sich verlagert, Schnee war geschmolzen, die Route hatte sich verändert. Die intensive Spannung des Abstiegs legte sich nun, und ich machte Bilder vom Sonnenuntergang. Eine überwältigende Schönheit, die mir vorher entgangen war, teilte sich mir nun mit, und ich fühlte mich wunderbar empfänglich für alle Eindrücke. Joe und Ang Phurba gingen über die Moränen voraus.

«Stellt schon mal Kartoffeln auf!» rief ich. Gestärkt durch den Gedanken an das Basislager und den reichlichen Sauerstoff hüpfte ich von Felsblock zu Felsblock. In der Dämmerung kam ich schweißdurchnäßt an. Unser Abenteuer steckte uns immer noch schwer in den Knochen. Im wärmenden Schein des Feuers im Küchenschuppen tauschten wir unsere Gedanken aus. «Ich hatte wirklich Angst», sagte Georges.

«So einen Sturm habe ich noch niemals erlebt», erklärte Doug.

Ich wollte diese schlimmen Stunden für eine Weile vergessen und wechselte das Thema. «Das Innere der Schneehöhle solltest du sehen, Joe, da würde dir schlecht. Wir haben alle an die Decke gespuckt – die Farbe änderte sich je nach dem Fruchtsaft, den wir tranken. Und laut wurde es auch. Du weißt ja, wie es klingt, wenn Georges gegen Halsweh gurgelt. Gurgle uns mal was vor, Georges.»

Es gab die erste Mahlzeit seit zwei Tagen. Es war unser Lieblingsessen im Basislager: Kartoffeln mit Eiern. Doug trank etwas Whisky, um Leben in seine Finger zu kriegen, und ließ die Flasche rumgehen. Kami versprach für den nächsten Tag einen Kuchen. Mohan teilte uns die Ergebnisse der Wahlen in England mit. «Wenn wir den Gipfel geschafft hätten, könnten wir sagen, wir hätten die Tour als Protestdemonstration unternommen», sagte jemand.

Die dichtere Luft hüllte uns ein wie stützendes warmes Wasser. Für Stunden narkotisierten die Ruhe, die köstliche Wärme und der Geruch von Holzrauch, Vegetation und feuchter Erde unsere Gedanken, unterdrückten Zweifel, verdrängten Probleme. Unsere Seelen wurden friedvoll, öffneten sich. Um Abstand von mir selbst zu gewinnen, verbrachte ich den Tag mit Lesen. Mein Handgelenk war auch jetzt noch geschwollen; eine große Zehe war taub und schwarz unter dem Nagel. Der Knöchel war aber in Ordnung! Am späten Nachmittag war ich dann soweit, daß ich schreiben konnte:

Wir haben die Krise nicht nur überlebt, sondern gut überstanden. Äußerlich haben wir Narben, aber innen herrscht Ruhe. Die Erinnerung an den Kampf hält mich hier im perfekten Gleichgewicht gegenüber den Gedanken an den Berg über mir und das Tal und die Zuflucht tief unten – Gedanken, die mich abwechselnd ausfüllen. Ich, der ich glücklich bin, noch am Leben zu sein, habe mit dem Mann, der mit dem Sturm kämpfte, noch vieles gemeinsam. Ich bin so froh, mich jetzt entspannen zu können; nachdem ich in siebentausendneunhundert Metern Höhe eine solche Nacht überlebt habe, traue ich mir zu, den Berg bezwingen zu können. Ich weiß jetzt, in welchem Maß uns unsere Ausrüstung schützen kann und welche Entfernungen wir dort oben zurücklegen können. Ich weiß jetzt, daß ich kein Supermann zu sein brauche. Es war eine bereichernde Erfahrung – ich habe viel gelernt und spüre, wie mir aus dem Erlebten Stärke zufließt. Vielleicht habe ich dieses Gefühls wegen dieses Erlebnis gebraucht und fast Freude dabei empfunden. Ich möchte es nicht mehr missen, das gebe ich ehrlich zu. Aus einer der schlimmsten Erfahrungen meines Lebens habe ich wieder gelernt, wie kostbar das Leben ist. Wir haben einen neuen Maßstab für unser Leben. Mit der Zeit und durch die Kraft, die wir ihm widmen, dringt der Berg in uns ein. Durch diese Kommunikation, da bin ich sicher, werden wir am Ende den Schlüssel finden. Allmählich fühle ich mich bereit.

Am nächsten Tag sollte Nima Wangdi, der «Postbote», kommen.

«Jan schreibt jeden Tag ein bißchen was», sagte Doug.

«Hilary auch.»

«Das gehört sich doch wohl», meinte Joe.

Ich hatte fast Angst vor Briefen, und Doug wohl auch – es konnte etwas passiert sein, oder vielleicht klangen die Briefe nicht glücklich oder irgend etwas in ihnen lenkte uns vom Kangchendzönga ab. Oben am Berg konnten wir den Wind wehen hören – ein schwaches und fernes Murmeln, welches uns die Tatsache, daß wir uns an sicherer Zufluchtsstätte befanden, noch stärker zu Bewußtsein brachte. In der Ruhe der Nacht erwachten meine Schmerzen von neuem:

7. Mai, 6.10 Uhr. Ich höre das Gegacker der Schneehühner und schwache Küchengeräusche: der Morgentee wird gemacht. Eine fünfzehn Zentimeter hohe Schneedecke liegt über dem Boden, und vom Osten her scheint die Sonne auf den Kangchendzönga hinüber. Oben scheint der Wind nachgelassen zu haben. Bald wird die Sonne auch uns erreichen, und darauf freue ich mich, denn als ich aufwachte, fühlte ich mich müde, kalt und ein bißchen krank. Irgendwie kommt es mir vor, als hätte ich ein Geräusch in der Lunge. Ich atme tief durch, um mich möglichst rasch zu erholen. Vielleicht gibt mir die Post wieder Auftrieb.

10.30 Uhr. Die Sonne knallt herunter. Nach dem Frühstück bin ich jetzt wieder im Zelt und höre Musik. Auf meinem Gesicht habe ich solche Blasen, daß es aussieht, als brauchte ich eine Hautverpflanzung. Doug, Georges und ich sind der gleichen Meinung. Wir fühlen uns heute schlechter als gestern. Nach einer kurzen Entspannungsphase haben uns Kraftaufwand und Erschöpfung der letzten paar Tage nun wieder eingeholt. Die hochgestimmte Erregung ist jetzt dahin, und alle unsere Verletzungen erscheinen uns schlimmer und tun mehr weh. Am Handgelenk habe ich von der Uhr eine Kälteverbrennung, und Ohrenschmerzen machen sich auch bemerkbar. Außerdem tut mir vom Liegen auf der Seite die Hüfte weh; das Fettpolster ist weg, hat sich in Energie verwandelt! Joe macht sich natürlich Sorgen, ob seine Kopfschmerzen wiederkommen und wie er sich weiter oben halten wird; er war ja im Sturm nicht auf fast achttausend Metern Höhe wie wir. Doug sagte: «Gestern wollte ich gleich wieder hinauf – heute möcht' ich nach Hause.» Er meint, daß seine Finger nur noch einen Versuch durchhalten und daß es die Qualität des Kampfes ist, die für ihn zählt. Er ist ja schon auf vielen Touren gewesen und wird eben älter; da bedeutet das Erreichen des Gipfels nicht mehr so viel wie früher.

Ich wollte keinen Rückzug, nicht in einer Stimmung, wie sie mich ein Jahr zuvor nach der tragischen Enttäuschung am K2 befallen hatte. Damals hatte ich nur noch das unwiderstehliche Bedürfnis empfunden, fortzugehen, nach Hause zu fliegen und zu vergessen. Vielmehr wünschte ich mir, noch mal das großartige Gefühl des Wohlbefindens und der Befriedigung zu verspüren, das ich nach erfolgreichen Besteigungen bei anderen Expeditionen gehabt hatte.

Ich sah Charles Evans' Buch *The Untrodden Peak* durch, die Geschichte der erfolgreichen 1955er Expedition. George Bands Foto der Großen Schnee- und Geröllterrasse fiel mir ins Auge, aufgenommen vom sechshundert Meter höher gelegenen Gipfel. Vor meinem geistigen Auge sah ich, wie sich kleine Gestalten langsam über die Terrasse nach oben kämpften. Ich schrieb:

Ich bin sicher, daß wir nie wieder in unserer Bergsteigerlaufbahn auf einer so guten neuen Route in einer solchen Position sein werden. Doug hat sein «I Ging», das «Buch der Wandlungen» um eine Vorhersage gebeten, aber die Antworten sind wie gewöhnlich mehrdeutig, wenn auch interessant.

Georges schlug beim Essen Doug und mir vor, unsere Tagebücher untereinander auszutauschen, damit jeder lesen könne, was die anderen über den Sturm geschrieben hatten. Wir lehnten das ab. Mein Tagebuch war mein Beichtstuhl, und so lange der Berg noch seine Bedeutung in unserem Leben hatte, waren unsere rasch formulierten Eindrücke nicht für fremde Augen geeignet und hätten zu Auseinandersetzungen führen können. Durch die unscharfen Erinnerungen dreier an Sauerstoff mangelnder Gehirne gesehen, hätte die Wahrheit drei verschiedene Gesichter gehabt. Ich notierte:

Nach einer solchen Krise schreiben wir alle zwangsläufig, was unserem Selbstbewußtsein gut tut. Doug zum Beispiel glaubt wahrscheinlich, daß er unser aller Leben rettete, indem er das Zelt festhielt – und ich glaube ja auch, daß das stimmt. Aber um überleben zu können, muß jeder von uns genausosehr an sich selbst glauben. Außerdem: Jeder von uns war im Kampf mit dem Sturm so allein, daß er danach nur seine ganz persönliche Geschichte erzählen kann.

Das Wetter beruhigte sich:

Eine ruhige Nacht, in der ein strahlend heller, zunehmender Mond unter Myriaden von Sternen am wolkenlos klaren Himmel steht – es ist schon beinahe quälend. Wenn es stimmt, daß die Stärke des Menschen bei Vollmond wächst, dann ist unser Timing vielleicht jetzt gerade richtig. Der «Postbote» kam heute nicht. Wie sehr ich ihn erwartete, wurde mir erst bewußt, als er sich nicht meldete.

Der nächste Tag, der 8. Mai, war der letzte unserer geplanten drei Ruhetage im Basislager, bevor wir von neuem aufsteigen wollten. Doug sagte nach dem Frühstück: «Wenn die Post auch heute nicht kommt, sollten wir noch auf sie warten. Wenn uns hier oben etwas passiert, freuen sie sich sicher, wenn wir noch ihre Briefe gelesen haben.»

«Du morbides Aas», sagte ich.

«Du mußt drauf gefaßt sein, Junge. Gestorben ist schnell, und traurig sind nur die anderen.»

«Na, wollen wir hoffen, daß der Kerl kommt. Irgendwann müssen wir weiter.»

Es war ein herrlicher Morgen. Die üblichen zwei Wolkenetagen – die stille Schicht im Tal und die Windfeder über dem Nordsattel – waren verschwunden. Nach dem Sturm waren wir an einem Tag die über dreitausenddreihundert Meter zum Basislager abgestiegen. Für den Wiederaufstieg würden wir vier Tage lang alle unsere Kräfte einsetzen müssen.

«Nur ein sanfter Zephyr, der dein Gesicht umschmeichelt und dich wachhält», sagte Joe. «So hätte es vor drei Tagen sein sollen.»

«Ich wünschte, wir wären jetzt oben.»

«Wie es in ein paar Tagen ausschauen wird, weiß jetzt noch kein Mensch.»

«Wenn es wirklich schlimm ist, dauert es offenbar eine Woche, bis sich alles wieder beruhigt.»

«Ich glaube nicht, daß es da eine Gesetzmäßigkeit gibt.»

«Das ist der erste ‹Gipfeltag›, den wir hier oben haben.»

«Vielleicht hat die Zeit der Windstille bereits begonnen.»

«Hast du die Beschreibung dabei, wie die Inder den letzten Abschnitt genommen haben, Doug?»

«Nein, viele Einzelheiten standen da nicht drin, und schließlich haben wir ja auch unseren Entdeckerstolz, oder? ‹Ohne Sauerstoff fast unmöglich›, hieß es da, glaube ich.»

«Daß sie sich bis viertausendneunhundert Meter Höhe Vorräte abwerfen ließen, fand die BBC ‹nicht ganz sportlich›.»

«Wenn uns jetzt ein Hubschrauber wieder da raufschaffen würde, hätte ich gar nichts dagegen.»

«Mir graut vor dem Abschnitt, wo wir uns an den fixierten Seilen hochhangeln müssen.»

«Ja, oberhalb der Wand ist es viel schöner, nicht wahr!»

Bei den beiden bis dahin erfolgreichen Kangchendzönga-Expeditionen hatten die Gipfelteams die Spitze Ende Mai erreicht: 1955 Brown und Band am 25. Mai, Streather und Hardie am folgenden Tag. 1977 waren Prem Chand und der Sherpa Nima Dorje am 31. Mai auf dem Gipfel gewesen. Wir hatten gelesen, was Charles Evans über das Timing der 1955er Expedition schrieb:

> *In den ost-nepalesischen Bergen ändert sich die Wetterlage regelmäßig gegen Mitte Mai: Die in der ersten Jahreshälfte vorherrschenden Nordwestwinde lassen nach, und es gibt eine kurze und einigermaßen verläßliche Periode schönen, ruhigen Wetters, ehe Anfang Juni der Südwest-Monsun einsetzt. Er bringt nicht nur starke Schneefälle auf den höheren Hängen, sondern auch Wärme, die den Tiefschnee aufweicht und ihn gefährlich macht.*

Bis dahin hatte man keine vorhersehbare Regelmäßigkeit des Wetterablaufs erkennen können, und wir argwöhnten, daß Charles Evans' Darstellung zu sehr vereinfacht sei.

Es schien, als wolle das ruhige Wetter unserer Ungeduld spotten. Unsere innere Anspannung steigerte sich, während wir nach Mittag auf die Post warteten.

«Joe, hast du noch *Die sieben Säulen der Weisheit?*»

«Nein, das liest Ang Phurba gerade.»

Ang Phurba verbrachte oft lange Zeit mit Lektüre im Zelt, und ich ging zu ihm hinüber. «Ang Phurba, bist du mit den *Sieben Säulen der Weisheit* jetzt fertig?»

«Ja.»

«Hat es dir gefallen?»

«Ja.»

«Worum geht es da?»

«Um Araber.»

Ich konnte nicht genug Konzentration aufbringen, um mehr als ein paar Seiten zu lesen. Als die Schatten länger wurden, versammelten wir uns im Küchenzelt. «Er muß heute kommen; zwei Wochen ist er jetzt weg.»

Nima Tensing, der sich von seiner Rückenverletzung erholt hatte, stand auf einem unweit gelegenen Hügel und spähte mit scharfen Augen zum Horizont. Wir hörten den BBC World Service – ein Quiz, Nachrichten und ein Wunschkonzert. Es war schon fast dunkel, als Nima verkündete, er sehe Nima Wangdi kommen. Wir hatten Wangdi immer als den «faulsten Kerl in ganz Nepal» bezeichnet. Eine Viertelstunde später begrüßten wir den Mann herzlich, den wir so sehnlich zu sehen wünschten wie keinen anderen. Wir rissen ihm die Post förmlich aus der Hand. Ich war furchtbar aufgeregt, als würde ich gleich das Ergebnis eines Examens zu sehen bekommen. Ein rascher Blick im Licht der Petroleumlampe: In meiner privaten Welt war alles in Ordnung, aber die Briefe waren schon vier Wochen alt. Achtlos schlang ich das Essen hinunter, verkroch mich dann in meinem Zelt und las eineinhalb Stunden lang die Briefe. Joe spielte passende Kassetten auf dem Rekorder – «The Tracks of my Tears», «Help Me Make it Through the Night» –, bis sich Georges über den Lärm beschwerte. Es war eine unruhige Nacht voller Träume.

In der Kühle des nächsten Morgens verließen wir das Basislager und kamen um neun Uhr in Lager 2 an. Dort schrieben wir unsere Antwortbriefe, die Nima Tensing und Ang Phurba zwei Tage später ins Tal bringen sollten. In den drei Tagen unserer Abwesenheit hatte sich der Gletscher bewegt, und wir mußten die Zelte neu aufstellen. Wir wärmten im Basislager vorgekochte Kartoffeln und Reis auf. Und da wir uns entspannt und zuversichtlich fühlten, aßen und schliefen wir gut.

Am 10. Mai kam um halb fünf morgens Bewegung in Lager 2. Kalt war es gar nicht; dünne Wölkchen hingen am merkwürdig ruhigen Himmel. In den Alpen wären das keine guten Zeichen gewesen. Aber hier wußte man nicht, woran man war.

Ang Phurba, der uns zum North Col begleiten sollte, führte unter anderem eine Sauerstoffflasche für Notfälle mit.

Am Fuß der Wand angekommen, in der wir die Seile befestigt hatten, stellten wir fest, daß die Sherpas zwei der Jümarklemmen im Basislager vergessen hatten. So blieben uns acht davon für fünf Mann. Da Doug Erfrierungen an den Fingern hatte und Ang Phurba die schwerste Last trug, brauchten die beiden je zwei. Nach kurzer Diskussion losten Joe, Georges und ich die restlichen vier unter uns aus. Georges gewann. Den ganzen Morgen und den frühen Nachmittag kletterten wir an den Seilen hoch.

Lager 3 – Nordsattel. Dämmerung. Ich liege vor dem Tunnelzelt und braue Tee. Doug hatte die gute Idee, Joe eine seiner Steigklemmen am Seil herunterzulassen, damit er den steilen Kamin besser bewältigen konnte, und danach überließ Joe sie mir. So ging es viel besser als letztes Mal, als ich nur eine Jümarklemme und außerdem die frische Verletzung am Handgelenk hatte. Joe riß sich einen Finger ziemlich schlimm auf und hinterließ auf dem Gestein große Blutflecken. Inzwischen ist die Wunde aber ordentlich verpflastert und verbunden. Der Morgennebel hatte bald aufgeklart, und es war ein heißes Stück Arbeit gewesen. Bis hierher brauchten wir sechs Stunden, und Ang Phurba stieg ziemlich bald wieder ab. Wir kamen alle sehr durstig an. Hier haben wir nur eine Pfanne – die andere ließen wir im Lager 4 –, und so haben wir alle Hände voll zu tun, um so viel Schnee zu schmelzen, wie wir zum Ausgleich des Flüssigkeitsverlusts brauchen. Für das Zelt, das während des Orkans in Sikkim verschwand, brachten wir Georges' kleines Tunnelzelt mit und richteten dafür eine neue Plattform her. Georges teilt es mit mir. Er schläft jetzt, was bei ihm nicht ohne Seufzen und Grunzen abgeht. Vom Wind, der über den Sattel weht, fällt ständig feiner Schnee herab. Dieses Zelt ist nicht so geschützt wie das andere, und wenn gelegentliche Böen Schneegischt herblasen, werde ich an das Drama der letzten Woche erinnert. Wir planen, morgen zu der Schneehöhle von Lager 4 aufzusteigen. Darüber können wir wegen des Windes vermutlich keinen geschützten Platz finden, und deswegen akzeptierten wir Georges' Vorschlag, morgen um Mitternacht aufzubrechen. Wir wollen versuchen, die zwölfhundert Meter bis zum Gipfel in einem einzigen Nacht/Tag-Angriff zu packen. «Der Bahn des Mondes durch die Nacht zu folgen» – ist das von Byron? Ich rechne, daß unsere Vorräte notfalls zehn Tage reichen (es ist noch Brot vom Basislager dabei). Wie schon letztes Mal sind wir alle der gleichen Meinung: Diese Wand wollen wir nicht noch einmal rauf! Was den Berg über uns angeht, wer weiß? Ich bin sicher, daß wir ihn packen können, aber ein Wetterumsturz könnte uns zwingen, neuerdings abzusteigen (stöhn!). Wie lautete André Gides paradoxe These: Das Glück des Menschen liegt nicht in der Freiheit, sondern im Annehmen einer Pflicht? Nun, wir erfüllen jetzt alles wie eine Art Pflicht, aber ich fühle mich dabei nicht recht glücklich, sondern wie unter Zwang. Ich sehne mich nach der Zivilisation, nach viel gutem Bier im «Swan», nach den anderen Jungs, nach Leysin, nach allem.

Am nächsten Morgen setzte ich um halb fünf Uhr den ersten Tee an, und dann kochte Doug noch welchen. Bald waren wir startbereit. Doug und Joe kletterten zuerst auf den Grat; Georges und ich folgten. Der Himmel war tiefblau, und der heftige Wind zwickte uns in die Gesichter, die vom Orkan der vergangenen Woche noch ziemlich empfindlich waren. Unsere Beine waren noch sehr müde vom Aufstieg des Vortages, und wir brauchten den ganzen Vormittag, um die Schneehöhle von Lager 4 zu erreichen.

11. Mai, 4.00 Uhr nachmittags. Dieser Wind ist abscheulich. Er fetzt aus allen Richtungen, und während einer Bö muß man sich zuerst in diese, dann gleich in eine andere Richtung stemmen, wegen der Höhe ständig nach Atem ringend. Ich ließ es einfach geschehen, daß meine Kleidung mich schützte, mein Körper gegen den Sturm kämpfte, meine Gedanken abschweiften. Wenn man in dieser Höhe klettert oder sich ausruht, sind verworrene Gedanken nicht unangenehm – der Geist bleibt ganz unlogisch an Ereignissen, Orten, Personen hängen. Ich freue mich auf die Sicherheit des Lebens und die Freuden dort unten. Wir liegen jetzt alle im Schneeloch. Es ist geschrumpft, seit wir das letzte Mal hier waren, und wir sind zusammengepackt wie Sardinen. Erst mußten wir ganz schön schaufeln, bis wir alle vier reinkonnten. Über unseren Köpfen sieht man die Rillen, die unsere Hacken beim ersten Mal hinterließen. Sie sind ganz nah vor meinem Gesicht, und ich starre sie an. Es ist, als sei man in einem aufgelassenen Bergwerk gefangen. Georges hat eben eine längere Kochaktion zu Ende gebracht und möchte, daß wir alle es wissen! Die Zehen hier warmzuhalten, ist ein Problem. Wir haben erwogen, um Mitternacht den großen Angriff zu starten, aber wegen des Sturms und unserer Müdigkeit fehlt uns allen der Mut. Also werden wir morgen einen Ruhe- und Wartetag einlegen. Verpflegung ist genug da, und morgen hat Joe Geburtstag. Er hatte gar nicht daran gedacht, und Doug mußte ihn erst daran erinnern! Wir kommen uns wie in einer Kühltruhe vor, aber es ist besser als Camping. Der Aufstieg beschäftigt uns bis zur letzten Minute. Draußen ist es jetzt ruhig, aber was der Wind auf dem Grat treibt, können wir, ohne hinaufzusteigen, nicht wissen. Hätten wir, als wir vor drei Tagen vom Basislager hochschauten, so einen schönen Tag für möglich gehalten? Alle anderen pennen jetzt hier im Eisschrank.

Am nächsten Tag rührten wir uns nicht von der Stelle. Wieder und wieder schaute ich auf die Uhr und wartete darauf, daß die Zeit verging.

12. Mai, 3.10 Uhr nachmittags. Ein Tag in der Leere. Ein Geburtstag bedeutet hier nicht viel. Wir hatten Zeit, uns über Wetter, Lungen und Beine Sorgen zu machen. Mit Kopfschmerzen wachten wir auf, aber sie legten sich, als wir den Eingang zur Höhle vergrößerten. Am Morgen krochen wir hinaus und nahmen ein Sonnenbad; es schien ein makellos schöner, ruhiger Tag zu sein. Unter uns sahen wir die Gipfel und Wolken von Sikkim. Wir lüfteten unsere Sachen, bis wir es mit der Angst zu tun bekamen, es könnte etwas hinunterfallen. Schließlich trieb uns Schneewind wieder in die Höhle zurück. Wieder einmal haben wir keine Ahnung, was das Wetter jetzt treibt; es scheint alle halben Stunden zu wechseln. Ob wir die Kraft aufbringen werden, noch einen Versuch zu wagen, weiß ich nicht. Es ist eine Gleichung mit zu vielen Unbekannten. Ob bei anderen Touren auch eine derartige Unsicherheit herrschte? Ich kann mich nicht mehr erinnern. Wenn wir den Gipfel sehen könnten, wäre es gut für die Stimmung, aber er ist nicht zu erkennen. Hoffentlich ist es wirklich richtig, auf eine Nacht Schlaf zu verzichten und die zwölfhundert Meter Höhendifferenz in einem Stück anzugehen. Wir werden sehen. Sehnsüchtig denke ich daran zurück, wie schön wir auf dem Everest schliefen, aber da hatten wir Sauerstoffflaschen. Hier ist es wie in einem Unterseeboot, sehr, sehr eng, und ich fühle mich kribbelig. Aber innerlich sehe ich Momente der Zukunft vor mir – daß wir es nicht geschafft haben, oder doch.

Zwischen halb acht und halb zwei krochen wir in dieser Nacht abwechselnd ins Freie hinaus, um am Himmel nach Zeichen einer Wetterberuhigung zu suchen. Der Mond war von Pulverschneewolken verhüllt. Schließlich beschlossen wir, noch einen Tag zu warten, und versuchten zu schlafen.

Im Lauf des zweiten Tages wurde die Vorstellung, noch länger hier auszuharren, schmerzlicher als die Aussicht auf einen weiteren Gipfelangriff bei Schlechtwetter. Der Plan, um Mitternacht loszugehen, drängte sich wieder mehr und mehr auf.

13. Mai, 2.35 Uhr nachmittags. Am 13. wollte ich ohnehin nicht auf den Kangch. Doch so, wie sich das Wetter heute morgen entwickelte, hätten wir ruhig losgehen können. Das ganze ist ziemlich entnervend, und wir sind heute noch reizbarer als gestern. Joe und Doug drücken sich ums Kochen. Joe scheint sich Sorgen zu machen, wie es da oben sein könnte; er kommt mir weniger zuversichtlich als sonst vor. Vielleicht ist er auch nur ruhig und in sich gekehrt. Keiner spricht viel. An der Decke bildet sich Eis, und sie wird immer niedriger. Wir dösen vor uns hin, schlafen von Zeit zu Zeit ein. Ich glaube nicht, daß wir wirklich Willen genug haben, noch einen Tag hier zu bleiben und einander auf die Nerven zu gehen. Diese Unruhe überwiegt unsere Angst vor einem erneuten Sturm. Es wird uns nichts anderes übrigbleiben, als einfach unser Glück zu versuchen. Nicht mehr lange, dann werden wir alles wissen.

Wir würgten eine gefriergetrocknete Mahlzeit hinunter und füllten zwei Flaschen mit Wasser, um sie in unseren Anzügen mitzuführen, wo sie vor der Eiseskälte geschützt waren. Um halb sechs Uhr nachmittags entschieden wir uns gegen besseres Wissen zum Aufbruch.

«Ungünstiger könnte das Wetter nicht sein», sagte Doug.

Unter, neben und über uns lagen drei Wolkenschichten, und ein starker Wind wirbelte Schneestaub über den Hang, der die «Burg» unterteilte. Bei Anbruch der Nacht verschwammen die Wolken im Tal und am Himmel zu einer einzigen grauen Suppe. Das Seil war vereist und hatte sich, vom Wind fortgezerrt, gut zwanzig Meter oberhalb der Höhle verklemmt. Joe, Doug und ich traten vor dem Eingang von einem Fuß auf den anderen und schauten zu den mit Steigeisen bestückten Stiefelsohlen Georges' hinauf, der munter die Wand traversierte, um das Seil loszumachen. Sein Energieausbruch war wirklich bemerkenswert. «Ich glaube, das wird wieder mal so ein Tag», sagte er, als wir uns auf der Kuppe der «Burg» versammelt hatten. Es war acht Uhr abends, und um uns herum türmten sich dunkle Wolken. Für kurze Zeit wurde der Mond sichtbar, versteckte sich aber dann bald hinter Schneeschauern und weigerte sich, noch einmal zu erscheinen. Entgegen unserer Erwartung zog er hinter dem Berg seine Bahn. Wir knipsten unsere Helmlampen an. Ich streifte eine weiße Operateurmaske über, um mein Gesicht vor den stechenden Eiskristallen zu schützen und die Atemluft anzuwärmen.

«Der Sturm ist nicht so stark wie letztes Mal», rief ich. «Wir müßten es schaffen, wenn er nicht schlimmer wird», sagte Doug.

Schwerfällig stapften wir weiter, und die Strahlen unserer Helmlampen streiften wie zittrige Finger über den Boden. Alle paar Minuten lehnten wir uns, auf unsere Skistöcke gestützt, in den Wind, um keuchend Atem zu holen. Dreimal fiel mein linkes Steigeisen ab. Doug, mit dem ich eine Seilschaft bildete, wartete geduldig, während ich mit meinen behandschuhten Händen an den Riemen herumfummelte. Die beiden anderen verschwanden in der Dunkelheit.

Als wir wieder zu ihnen stießen, hatten sie hinter einem großen Block Schutz gesucht und erhitzten einen Topf mit Orangensaft. «Wo sind die anderen?» hätte ich beinahe gefragt. Während dieser nächtlichen Reise über die Große Schnee- und Geröllterrasse hatten wir alle das Gefühl, unsere Gruppe sei größer, als sie in Wirklichkeit war, und wir seien ein großes Team.

«Das Wetter hat schon in schlimmeren Nächten aufgeklart», sagte ich.

«Let's go for eet», sagte Georges.

Unsere dicke Schutzkleidung bewährte sich gut und schuf eine gewisse Distanz zwischen uns und der Situation. Doug holte einen Steigeisen-Spanner hervor. «Sieh zu, daß du das Ding festmachen kannst, Junge. Bring das in Ordnung.» Nach einigen Versuchen änderte ich das System der Verschnürung, und das Steigeisen saß nun fest. Wir trotteten weiter.

Gelegentlich schimmerte die dunkle Silhouette des Croissant im Sternenlicht zwischen Nebelfetzen herüber. Das Gipfeldreieck freilich war ständig in Wolken gehüllt, und der Mond hatte sich hinter dem Kamm verloren. Unsere Helmlampen schnitten Schneisen in das wallende Grau. Das Wetter schien sich zu verschlechtern, doch darüber, in welchem Maße dies geschah, waren wir verschiedener Meinung. Dunkelheit, Höhe und Wetter vereinten sich, um die Grenze zwischen unserem Denken und Fühlen und dem Berg zu verwischen. Wie Schlafwandler wanderten wir durch eine Traumwelt.

Am Berg ist es nie leicht, sich zu viert über eine Frage zu einigen, und wenn um Mitternacht in siebentausendneunhundert Meter Höhe die Klauen des Windes an einem zerren, sind Entscheidungen schwierig. Verschlechterte sich das Wetter wirklich? Sollten wir hier haltmachen und zu biwakieren versuchen? Wir konnten uns nicht einigen, und Verwirrung entstand. Georges stieg weiter und merkte nicht, daß die Mannschaft hinter ihm Zweifel beschlichen. Doug fing an, ein Loch in den Schnee zu graben, und Joe folgte bald seinem Beispiel. Ich sagte, der vom Wind zusammengepreßte Schnee sei viel zu hart, und eine Höhle zu graben, würde zu lange dauern. Um Joe zu überzeugen, schrie ich: «Da habe ich mehr Erfahrung als du!»

«Na, dann sieh mal zu, ob du 'ne bessere Stelle findest.»

Ich ging zu Doug hinüber. «Würdest du dich losbinden? Ich versuch' es ein Stückchen höher.»

Joe band sich von Georges los, als ich mich in Bewegung setzte. Erbittert über die Meinungsverschiedenheit mit Joe, tauschte ich mit Doug einige Zurufe aus. Das leere Seil hinter mir herziehend, folgte ich der undeutlichen Silhouette Georges' in den Sturm hinaus, und die beiden anderen verschwanden rasch hinter mir.

Der Hang wurde steiler. In Abschnitten von zwölf Schritten arbeitete ich mich mühsam nach oben. Ich bemühte mich, Georges' Lampe in dem wehenden Nebel nicht aus den Augen zu verlieren, konnte aber mit ihm nicht Schritt halten. Georges hatte den Fels des Croissant erreicht und folgte nun seiner Kante. Bei der ersten Spur einer Höhlung stoppte er. Ich holte ihn ein. Mit den Schneepickeln hieben wir einen Eingang und glitten in die Windschutz bietende Spalte.

Das grelle, hellgelbe Licht in der Höhlung rief uns abrupt in die Gegenwart zurück.

«Ich hatte bemerkt, daß mir jemand folgte, wußte aber nicht, daß es du warst», sagte Georges. Er steckte das Öfchen an und schirmte es mit seinen behandschuhten Händen gegen den kalten Zug ab. Ich machte mich daran, mit Axt und Stiefeln das Loch zu vergrößern, wobei ich mich bemühte, warm zu bleiben und mich im Chaos der Nacht nicht verloren zu fühlen. Es war dreiviertel Stunden nach Mitternacht.

Der Gipfel wollte Georges nicht aus dem Kopf. «Wir dürfen hier nicht haltmachen. In dieser Höhe ist das ganz schlecht. Wir müssen jetzt an den Gipfel ran – auf Gedeih und Verderb. Die Chance kommt nicht wieder.»

Sein Elan riß mich mit. Zu handeln schien leichter und positiver, als am Platz zu verharren. Georges besaß den nötigen Schwung, und ich ergriff die Gelegenheit und nützte ihn aus. Daß wir einen Unterstand gefunden hatten, in den wir uns zurückziehen konnten, war trotz allem beruhigend.

Georges kroch aus dem Loch hinaus, und ich folgte ihm in die Nacht. Wir drückten uns an dem Fels entlang. Mein Geist klammerte sich an ein paar simple Gedanken wie «Das ist es jetzt», «Danach kann ich nach Hause», «der Gipfel». Ich hatte die Topographie nicht mehr im Kopf und wußte nur noch, daß wir auf zwei Rinnen zuhalten mußten, die zu einer langen diagonalen Schneerampe führten, die fast sechshundert Meter oberhalb des Croissant in die Felstürme des Westkamms hineinlief. Ich ließ meinen Skistock im steiler werdenden Hang zurück und holte meinen

Eispickel aus dem Halfter, ehe Georges es tat. Ich hatte zu dem vom Wind dicht zusammengepackten Schnee nicht so viel Zutrauen wie er.

Georges traversierte nach rechts. «Wir sind auf der Rampe», rief er. Sekundenlang klarte der Himmel auf, und im trügerisch-grauen Mondlicht sahen wir die Zinnen des Gipfels. «Noch zwanzig Minuten!» schrie Georges. Der Gipfel war mir nahe vorgekommen, aber nicht so nahe. Georges meinte, wir hätten eine der Rinnen durchklettert. Ich war nicht seiner Ansicht.

Felsbalkone blockierten den Aufstieg. «Das ist der falsche Weg, Georges, zumindest für heute nacht.»

Ich führte zwei Seillängen nach rechts. Die Schneeplatte, auf die ich jetzt kletterte, fühlte sich hohl und unstabil an, und im Schein meiner Helmlampe sah ich ein Labyrinth von Fels- und Schneeformationen. Ich hatte mich verstiegen. «Verlaß dich immer auf dein eigenes Urteil, Pete», sagte ich mir wieder und wieder vor. Ich schrie in den Wind: «Georges, wir sind viel zu niedrig. Wir sollten zur Höhle zurück und aufs Tageslicht und die anderen warten!»

Georges stieg zu mir herüber. «Wir dürfen die Höhe nicht wieder verlieren. Wir haben drei- oder vierhundert Meter geschafft. Wir sind ganz nah dran.»

«Warten wir wenigstens bis zum Anbruch der Dämmerung», sagte ich. «Bis dahin ist es noch ungefähr eine Stunde.»

Es war eine kalte Stunde. Wir stampften ein kleines Sims aus dem Schnee, vertraten uns die frierenden Beine, schlugen die ertaubenden Hände gegeneinander und hofften, daß sich mit der Dämmerung das Wetter ändern und die Sicht bessern würde. Als es am Himmel graute, wurde die Wolke, die um uns herumwehte, dicker. ‹Das ist Wahnsinn›, begann eine Stimme in meinem Kopf zu singen. Ich hoffte, daß Georges sie ebenfalls hörte.

«Steigen wir ab», sagte er.

«Was, zu unserem Loch am Croissant?»

«Nein, ab!» Dann überlegte er es sich anders. «Wir warten am Croissant, bis die Sonne herauskommt.»

Im fauchenden Sturm stiegen wir eilig ab, überrascht über unser Tempo, aber das Licht der Dämmerung ließ die Steilheit der Wände weniger bedrohlich erscheinen.

In der Höhle versuchten wir, Schnee zu schmelzen. Der Brennstoff ging aus, und so wechselten wir die Patronen. Wegen der bitteren Kälte leckte die erstarrte Dichtung des Kochers, und so warfen wir die Patrone weg und kauten Nüsse. Georges schüttelte mir die Hand und sagte: «Mir genügt es, bis auf ein paar hundert Meter an den Gipfel herangekommen zu sein.» Er ging hinaus. Ich machte mich daran, die Höhle zu vergrößern. Sollten wir es ein weiteres Mal versuchen, konnte sie uns als Stützpunkt dienen.

«Da sind die anderen!» schrie Georges herein. «Komm raus!»

«Wie weit sind sie noch weg?»

«Ungefähr zwanzig Minuten.»

«Ich bleib' drinnen, ich muß an der Decke weiterarbeiten.»

Dann hörte ich Georges sagen: «Wir waren nur noch ein-, zweihundert

Meter vom Gipfel entfernt.» Dougs Stimme klang kalt und zornig. Ich wollte von der Höhle aus mitdiskutieren, aber der Schnee verschlang meine Worte. Doug kroch herein. Er war verärgert darüber, daß sich die Gruppe getrennt hatte. Daß er sich stundenlang um uns Sorgen gemacht hatte, war ihm deutlich anzumerken.

«Als wir vorhin nur Georges sahen, glaubten wir, der Sturm hätte dich runtergeschmissen. Wir sind ein Team, verstehst du? Wir müssen alle zusammenbleiben, und keiner darf sich zum Gipfel davonschleichen.»

Ich erklärte ihm meine Sicht der Vorgänge dieser Nacht.

«Es war jedenfalls ein guter Versuch», sagte Doug.

Joe und Georges kamen herein. Um Objektivität bemüht, diskutierten wir darüber, ob diese Höhle besseren Schutz gewähre als das Loch, das Joe und Doug in der Nacht gegraben hatten. Zumindest lag dieser Unterschlupf höher. Draußen war die Sicht nicht besser geworden, und die Entscheidung lautete: Abstieg.

Wir deponierten die Seile und einige Ausrüstungsgegenstände und stapften dann mit eisverkrusteten Gesichtern durch die stürmische Dämmerung. Ich war der letzte, der die Spalte verließ, aber das Gefühl, hinter mir müßten noch andere kommen, war so stark, daß ich stehenblieb und mich umsah.

Während der Nacht war viel Schnee gefallen. Noch viel müder und schwächer als vorher kehrten wir zu Lager 4 zurück. Seit wir hier aufgebrochen waren, hatten wir in Wirklichkeit kaum an Höhe gewonnen.

144 Doug Scott beim Anstieg zum Kangchendzönga von der Schneehöhle aus. ▷

13. Zum unbetretenen Gipfel

14.–16. Mai

In der Schneehöhle lagen wir wie monströse rote, tote Würmer in unseren Schlafsäcken und versuchten, Ruhe zu finden. Wir waren erschöpft und verbiestert und redeten kaum; unsere Zungen waren wie Leder, unsere Gedanken vagabundierten. Unsere Kraft schien zu verebben. Draußen zischte der Schneesturm. Ich brauchte lange, bis ich Tagebuch und Bleistift hervorgeholt hatte und daran gehen konnte, durch die Niederschrift meiner Gedanken Ordnung und Sinn in unsere Situation zu bringen. Es war mein letzter Eintrag:

> *14. Mai, 3.00 Uhr nachmittags. Ich bin ziemlich durcheinander. Nach unserer Nachttour im Schneesturm komme ich mir vor, als stünde ich unter dem Einfluß von Drogen. Wir hätten uns keine schlechtere Nacht für unseren «Blitz»-Angriff aussuchen können. Das Wetter auf diesem Berg ist einfach beschissen, und ich möchte nach Hause. Aber ich möchte auch auf den Kangch. Das Problem ist, daß man in einer Nacht wie der vergangenen ungemein viel Energie verbraucht; wir sind jetzt viel müder als nach dem Sturm, der beinahe unser Zelt fortriß. Von Mal zu Mal haben wir weniger Schwung, weniger Spannkraft, weniger Energie. Andererseits sind wir dem Ziel so nahe, und trotzdem wieder so weit entfernt ... Alle sind wir erschöpft, grimmig und einsilbig. Ich weiß, daß wir in jeder Hinsicht schwächer werden; wie sehr unsere Urteilskraft beeinträchtigt ist, ist jedoch schwer festzustellen. Georges sagt, er habe genug und wolle morgen zum Basislager absteigen. «Dann haben wir ein Maul weniger zu stopfen», war eine meiner weniger mitfühlenden Reaktionen. Aber wir sind zu hoch gestiegen, als daß wir uns in Mitleid ergehen könnten. Wahrscheinlich werden wir zum Nordsattel absteigen, dort Verpflegung holen und übermorgen dann wieder zum Croissant aufsteigen, wo wir eine Spalte gefunden haben (sie muß nur vergrößert werden). Am 17. werden wir dann zum nächsten (dritten) Mal den Gipfel angreifen. Wenn nur letzte Nacht besseres Wetter gewesen wäre. Jetzt werden wir wahrscheinlich froh sein, wenn wir die Spitzen auf dem Westkamm erreichen (das ist der Punkt, wo die Expeditionen von 1955 den Kamm von der anderen Seite erreichte). Über den Gipfel des Kangch bliebe noch zu reden. Ich selbst komme in großer Höhe ganz gut zurecht, huste aber nach dem Abstieg wie alle anderen auch ... Nachdem es längere Zeit wolkig und stürmisch war, ist jetzt draußen ein ruhiger Tag. Beim Wetter scheinen wir hier immer danebenzutappen.*

◁ Doug auf der letzten Seillänge zur Spitze der «Burg».

Den ganzen Nachmittag kümmerte ich mich um das Öfchen. Wenn ich eine längere Kochphase einlegte, so dachte ich, würde ich guten Gewissens eine Weile ausruhen und den langen, gereizten Debatten, wer nun als nächster dran sei, entgehen können. Ich machte Tee, Rinderbrühe und «Shrimps Creole» und schmolz dann Schnee, um eine Wasserflasche zu füllen. Wenn mich jemand fragte: «Wie spät ist es?» ärgerte ich mich jedesmal, denn meine Uhr hatte ich in der Tasche. Um das Öfchen zu erreichen, mußte ich mich über Georges beugen, und dabei tat mir das verletzte Handgelenk weh.

Unsere Gespräche flackerten auf und erstarben wieder; mit den kleinen Scherzen war es nun vorbei. Ich fragte mich, wie entschlossen wohl die anderen waren. Objektiv war das unmöglich einzuschätzen. Joe konzentrierte sich ganz auf seine Erholung. Nie bot er sich an, Tee zu machen oder zu kochen; er lag nur da, in seinen Schlafsack eingehüllt wie in einen Kokon, schlief und ruhte und nahm entgegen, was man ihm anbot. Er brauche zwei Tage Ruhe, sagte er; sonst redete er nicht viel. Ich hoffte, er würde nicht schwächer werden, denn im Grunde vertraute ich seinem Urteil. Irgendwie hatte ich auch das Gefühl, die Kombination unserer Persönlichkeiten könne etwas Unbesiegbares in sich haben.

Doug lag am hinteren Ende der Höhle und pflegte seine frostgeschädigten Finger; er sprach mehr als wir anderen. Das ständige Hin und Her zwischen den Lagern, das er langweilig und negativ fand, untergrub seine Moral und ermüdete ihn. Außerdem plagten ihn Sorgen um seine Familie, und er sehnte sich förmlich danach, an seinem Geburtstag am 29. Mai bei seiner Frau und den drei Kindern zu sein. Wie sehr ihn diese Gedanken belasteten, war für mich schwer zu schätzen. Doug war nahe daran, aufzugeben; mehr als noch einmal, sagte er, werde er es nicht mehr versuchen, obgleich er zugab, daß es schade wäre, wenn wir so nahe vor dem Ziel aufgäben. Bewundernswert fand ich, mit welchem Einsatz er Georges dazu zu überreden versuchte, bei uns zu bleiben. Ich hatte nicht mehr genug Energie, mit ihm zu argumentieren.

Georges' Anwesenheit manifestierte sich nur durch Geräusche und durch seine Nase, die er aus der fest zusammengezurrten Kapuze seines Schlafsacks streckte. Er schien isoliert und verschlossen, als fehle ihm der Kontakt mit Menschen seiner eigenen Sprache. Das gefriergetrocknete Essen ekelte ihn, und er verweigerte jegliche Nahrung. Er wollte absteigen und sprach von Parallelen mit Routen im Mont Blanc-Gebiet, die man beendete, ohne auf irgendeinen Gipfel zu steigen. Er hatte genug, und ich respektierte die Festigkeit seiner Entscheidung. Vielleicht kannte er sich selbst besser als wir und hatte den Mut, auf Grund dieser Selbsterkenntnis zu handeln.

Ich wollte den Berg nicht verlassen, ohne ihn ganz erstiegen zu haben. Der Gipfel ließ mich einfach nicht los. Unsere beiden Versuche, die uns im Schneesturm auf eine Höhe von siebentausendneunhundert Meter führten, hatten mir Selbstvertrauen gegeben. Unsere Wetterprobleme schrieb ich der frühen Jahreszeit zu. Ich war der Meinung, wir sollten in Erwartung der zehntägigen ruhigen Periode vor dem Monsun, von der in Charles Evans' Buch die Rede war, die Lebensmittel aufbrauchen, die wir am Nordsattel deponiert hatten.

Der nächste Tag dämmerte so ruhig und blau, daß es mich zunächst ärgerte. Der Sturm hatte seine Energien verbraucht, und der Himmel versprach Stabilität. Doug verkündete, in der Nacht habe er eine Erleuchtung erfahren, so klar, als sei sie niedergeschrieben. Er wußte nun, daß er den Gipfel angehen mußte und nicht absteigen durfte. Joe und ich sagten nichts. Doug setzte sich lebhaft dafür ein, schon an diesem Morgen aufzubrechen. Ich verkniff den Kommentar: «Was wäre denn, wenn wir alle unseren Träumen gehorchten?» – denn ich wußte, er hatte recht. Die Entdeckung einer dritten Gaspatrone gab den Ausschlag, denn die bedeutete, daß wir nicht zum Nordsattel zurückmußten, um unseren Vorrat zu ergänzen. Auch ich sprach mich nun dafür aus, den Versuch zu wagen, wobei ich nur bedauerte, daß ich den Tag zuvor so viel Energie aufs Kochen verwendet hatte.

Doug bemühte sich noch einmal, Georges zu überreden. «Glaubst du nicht, daß du dieses Abenteuer bis zum Ende mit uns durchstehen solltest?» fragte er. «Willst du es nicht noch mal mit uns zusammen versuchen?»

«So wie das Wetter jetzt ist, finde ich eure Entscheidung richtig, aber meine Batterien sind leer», sagte Georges. Hastig packte er seine Sachen und machte sich an den Abstieg. Bald war er hinter der konvexen Biegung des Nordkamms verschwunden.

Ein Teil unserer Ausrüstung war vom vorhergehenden Versuch noch vereist, und so gingen wir auf dem kleinen Sims vor der Schneehöhle im Sonnenschein an die Vorbereitungsarbeiten. Der Wind pustete uns indes Schnee ins Gesicht und trieb uns bald in die Höhle zurück. Wir packten langsam, und ebenso langsam machten wir uns mit der Vorstellung eines erneuten Aufstiegs vertraut. Um halb neun Uhr waren wir fertig und sahen mit Erleichterung Georges als winzigen Punkt auf dem Nordsattel erscheinen. Der Himmel blieb wolkenlos.

Joe war an der Reihe, zur «Burg» zu spuren, sträubte sich aber immer noch gegen den Aufbruch. Als er sechs Stufen geschlagen und das untere Ende des von uns angebrachten Seiles erreicht hatte, blieb er stehen und rief, er sei noch zu langsam und brauche einen weiteren Tag Ruhe. Doug ging hin, um ihn aufzumuntern, und übernahm dann die Führung. Ich wartete, bis die beiden ein Stück hinter sich gebracht hatten, damit unser Gewicht auf dem zweifelhaften Hang besser verteilt war. Und ich hoffte, daß wir uns nach der gewaltigen nächtlichen Anstrengung und der kurzen Ruhepause danach nicht zuviel zumuteten.

Als Doug die «Burg» erreicht hatte, streckte er den Kopf über die Kante und schrie: «Es geht fast kein Wind!»

Joe und ich stiegen ihm nach, und es stimmte. Nach all den Unsicherheiten, Zweifeln, Irrtümern und Rückschlägen machten wir nun plötzlich eine Entdeckung. Die Luft war unglaublich ruhig – so ruhig, daß wir nur mit unterdrückter Stimme zu sprechen wagten, als hätten wir Angst, einen schlafenden Sturm aufzuwecken. Es war, als hätte die Erde nun beschlossen, uns zu Hilfe zu kommen.

«Der höchste mit Steinpyramiden markierte Fußweg der Welt, Junge, siebentausendsechshundert bis siebentausendneunhundert Meter über Meer», sagte Doug. Er war voller Elan und errichtete im Abstand von hundert Metern eine Linie von kleinen Pyramiden, die quer über die Große Schnee- und Geröllterrasse führte. Wenn es stimmte, daß man sich in großer Höhe Gehirnschäden zuziehen konnte, dann konnten wir sie beim Abstieg vielleicht noch brauchen, als Wegweiser der Erlösung für halluzinierende Geister.

Gelegentlich türmten sich von unten her Wolken auf und zogen dann über die Terrasse, doch hatten wir das Gefühl, daß es nur ein Nachmittagswind sei, und über uns blieb der Himmel blau. Wir gingen ungesichert, denn unsere beiden Seile hatten wir am Tag zuvor oben in der Spalte gelassen. So waren wir frei und unbehindert von den lästigen Manövern, die ein sicherndes Seil immer wieder notwendig macht.

Doug erreichte um halb drei Uhr nachmittags als erster die Höhle. Ich und Joe folgten in Halbstunden-Abständen. Jeder von uns suchte sich im Inneren eine Ecke aus, die er mit Eispickel, Säge und Spaten bearbeitete. Ein Abfallbeseitigungsproblem gab es nicht, denn die Spalte ging zwischen Felsen und Eis tief in den Berg hinein. Ich versuchte, System in meine Arbeit zu bringen, aber mein sauerstoffarmes Gehirn erhielt immer wieder Instruktionen imaginärer Waliser und Iren. Zwei Stunden, und wir hatten genügend Raum, um uns niederzulegen und auszuruhen. Mir gelang es, den mittleren Platz zu buchen; Joe manövrierten wir an den Eingang. Karabiner als Wäscheklammern benutzend, hängten wir Aluminiumfolie über eine Schnur, um den Luftzug zu vermindern.

Ich kroch hinaus. Der Berg war dabei, die Nachmittagswolken von sich zu schütteln. Eispartikel tanzten vom Gipfeldreieck herab und glitzerten im erlöschenden Licht der untergehenden Sonne. Vom Wetter hatten wir nichts zu befürchten. Die rund siebenhundert Meter unbekannten Schnees über uns konnten freilich noch unangenehme Überraschungen bringen. Ich schnitt ein paar Schneeblöcke aus und schob sie, nachdem ich wieder in die Höhlung gekrochen war, vor den Eingang wie den Lukendeckel eines Unterseebootes.

«Es gibt gefriergetrockneten Truthahn zum Abendessen, Doug.» Er überwand seinen Vegetarismus, denn zu diesem Menü war keine Alternative vorhanden.

Mit Georges hatten wir einen Code vereinbart. In Pangpema sollte er den Abendwetterbericht hören und Signalfeuer anstecken, wenn die Vorhersage gut war – eines bei günstiger, zwei bei ausgezeichneter Wetterlage. Sobald wir aber jetzt in der Höhlung waren, wollten wir weder Wärme verlieren noch Schnee auf die Kleidung bekommen oder den Windschutz am Eingang zerstören. Wir nahmen Schlaftabletten, lagen bewegungslos da und bewahrten unsere Körperwärme wie Penner zur Winterszeit.

In der Nacht plagten Doug seine erfrorenen Finger, und er fragte nach

Schmerztabletten. Ich schlief warm eingenistet zwischen den beiden anderen und fühlte mich beim Aufwachen ausgeruht. Wir tranken Fruchtsaft und Tee und aßen Getreideschrot. Dann packten wir ein, was wir brauchten: Filme und Kameras, einen Haltehaken, zwei Eisschrauben, zwei Felshaken und fünfundvierzig Meter Seil. Wir würden ohne zu große Belastung gehen und keine Notausrüstung mitnehmen, denn wir hofften schnell genug zu sein, um es an diesem Tag zum Gipfel und wieder zurück zu schaffen. Durch Spalten zwischen den Schneeblöcken am Eingang konnte ich blauen Himmel sehen. Ich kroch als erster hinaus und verkündete einen perfekten Tag. «Wenn wir es heute nicht schaffen, können wir uns heimgeigen lassen», rief ich erregt in unser kaltes, dunkles Verlies.

Um acht Uhr morgens gingen wir los, ich an der Spitze. Nur zehn Meter vor uns lag Sonnenschein auf dem Hang, und wir begaben uns in seinen Bereich. Wir peilten eine Linie rechts vom Croissant an, so wie Georges und ich vierundfünfzig Stunden zuvor. Dieses Mal freilich schien das Terrain, auf dem wir uns während des bösen nächtlichen Sturms verirrt hatten, förmlich an uns vorbeizufliegen. Ich schaffte jeweils zwanzig Schritte hintereinander, und der felsige Abschnitt, der den Zugang zur Rampe versperrte, kam überraschend schnell näher.

Obwohl wir das Gelände von Pangpema aus durchs Fernrohr studiert hatten, hatte ich die Topographie nicht so genau im Kopf wie Joe und Doug. Als ich die hohle Schneeplatte erreichte, die mich zwei Nächte zuvor so entnervt hatte, befand ich mich zu weit links, so daß Doug übernahm und dreißig Meter hoch durch die rechte von zwei Rinnen führte, die hier den Fels spalteten. Dann querte Joe über ein Schneebrett zur linken Rinne hinüber, die er in zwei Abschnitten trickreich durchkletterte.

Da ihm seine Plastik-Skistiefel nicht paßten, trug Doug gewöhnliche pelzgefütterte Stiefel, und die Kälte setzte seinen Füßen stark zu. «Könnt ihr jetzt führen?» fragte er. «Ich verbrauch' bei jedem Schritt eine Unmenge Energie, bloß um meine Zehen warm zu halten.»

Über uns verengte sich ein Schneedreieck zu einer Passage zwischen Felsblöcken, und durch sie führte ich zum Anfang der Rampe.

«Könnt ihr ein paar Minuten halten, während ich meine Füße aufwärme?» hörten wir Doug.

Zu einer Ruhepause brauchte man mich nicht zu überreden. Dreihundertsiebzig Meter über uns ragten täuschend nah die Spitzen des Westkamms über der ununterbrochenen, dreißig Grad steilen Rampe in den Himmel. Der Weg war frei. Unser Selbstvertrauen stieg mit der Höhe. Unsere Gehirne platzten nicht, das Blut in unseren Beinen gerann nicht zu Klumpen, Herz und Lungen rasten nicht bis zum Zusammenbruch; wir mußten nur öfter pausieren als sonst. Unsere Stimmung war gut.

Joe übernahm die Führung und stieg kraftvoll und stetig durch losen und scholligen Schnee. Ich ging als letzter. Um für den Fall, daß uns ein Teil des Hanges unter den Füßen davonrutschte, gewappnet zu sein, achteten wir darauf, daß das Seil stets gespannt war. Meine Gedanken hingen dumpf am Rhythmus der Schritte der anderen; die Anstrengung nahm mich zu sehr in

Anspruch, als daß ich mir über die Zeit, die wir brauchten, Gedanken gemacht hätte. Zumindest werden uns diese Spuren den Rückweg zeigen, es sei denn, sie werden verweht. Eine weitere Gelegenheit für den Aufstieg zum Gipfel haben wir nicht, brauchen wir auch nicht. Wir müßten jetzt die Zinnen erreichen. Jetzt kommt es drauf an, sich zu konzentrieren. Werde ich ohnmächtig, wenn ich die Augen schließe? Wann beginnen wohl die Halluzinationen? Ich möchte über die Zinnen hinaussteigen. Ich will auf den Gipfel, will in meinem Inneren spüren, daß ich den Kangch bezwungen habe.

Joe kam zu einer rippeligen Mulde auf einem kleineren Felsrücken. Hier machten wir fünfzehn Minuten Halt, und Doug zog seine Stiefel aus, um seine Füße zu wärmen. Joe öffnete den Reißverschluß seines Daunenanzugs und drückte die kalten Füße an seinen Bauch.

«Du gehst gut, Joe», sagte ich.

«Freut mich zu hören», antwortete er. «Ich glaubte, ich käme nur sehr langsam voran.»

Ich sah mich um, um mir über unsere Position klar zu werden. Wir befanden uns etwa hundertfünfzig Meter unterhalb der Bresche neben den Felstürmen des Westkamms. Mit Ausnahme des Yalung Kang, des Westgipfels des Kangchendzönga, lagen die uns umgebenden Spitzen nun unter uns. Das langsame Sinken des 7900 Meter hohen Kangbachen war ein vager Maßstab für unser Vorankommen. Die Felsen des Croissant verschwanden unter dem steilen Grund zu unseren Füßen. Der obere Rand des Nordostsporns krümmte sich wie eine dicke weiße Raupe zum Nordkamm hinüber. Die terrassierten Schneefelder der Nordwestwand verstärkten den Eindruck von Höhe, und die Eisbrüche des Twins Peak, die wir unten so fürchteten, wirkten jetzt winzig. Die sanft geschwungenen Hügel Tibets waren warm, rot und sonnig. Die Architektur des Himalaya, die unten auf den Gletschern einen chaotischen, feindlichen Eindruck gemacht hatte, erschien jetzt einfach und kühn. Das Gipfeldreieck des Kangchendzönga stand beherrschend über der endlosen Stille einer geordneten Welt. Wir waren im Begriff, zu ihrem Thron aufzusteigen, und alle Anstrengungen der vergangenen Wochen lagen jetzt vergessen tief unter uns.

Nun war ich dran. Während ich Joe gefolgt war, war es für mich am einfachsten gewesen, meine Ängste über den Zustand des Schnees zu verdrängen, indem ich mich seinen Entscheidungen anvertraute. Nun war ich besorgt wegen des hohlen Geräuschs der Wächte unter meinen Füßen. Zuerst stieß ich die Stiefel hinein, doch das erforderte zuviel Kraft und Zeit. Ich verteilte mein Gewicht auf Hände und Füße und krabbelte so auf sichereren Schnee, wobei ich, ohne es zu merken, in einer plötzlichen Entladung von Energie die anderen mitzog. Eine lange gebrochene Rippe aus schwarzem Turmalin lief von der Bresche herunter, ein Ort der Sicherheit über einem Ozean von immer wieder anders beschaffenem Schnee. Der Gebrauch der Hände und die Gleichförmigkeit der Bewegungen, die der Fels hier verlangte, verdrängten die abstrakten Vorstellungen meiner Gedanken. Ich wischte Schnee von Griffen und verlagerte mein Gewicht von einem Fuß auf den anderen, wobei mir die Freude an der Bewegung ein Gefühl der

Leichtigkeit verlieh. Ich befand mich im Schatten, und das vom Grat herunterströmende Sonnenlicht zog mich nach oben. Ich keuchte vor Aufregung und zerrte an den unsichtbaren Fesseln, die mir die dünne Luft auferlegte.

Dachlose Säulen aus verschwimmenden und sich neu formierenden Wolken und tiefem, blendendem Sonnenlicht begrüßten mich. Sanft bewegte Luft strich mir über das Gesicht und zog meinen Blick nach Süden. Das war der Punkt auf dem Westgrat, den Joe Brown und George Band vor vierundzwanzig Jahren erreicht hatten. Seitdem war dort kein Mensch mehr gewesen. Durch ein Wolkenloch unter mir konnte ich ein Stück der Yalung-Südwand erkennen: Band und Brown waren dort aufgestiegen. Es sah flach, weiß und nah aus. Hätten wir diese Seite des Berges gekannt, dann hätten wir uns vielleicht überlegen können, dort abzusteigen. Eine solche Kenntnis wollte freilich erst mühsam verdient sein.

Ich war dankbar, ein paar Augenblicke auf der anderen Seite des Berges allein sein zu können. Es kam mir vor, als taue mein verhärtetes Innere auf, und ich fühlte mich von der Spannung, die mich noch eben auf der Rampe beherrscht hatte, befreit. Die Ruhe des Nachmittags, die warme Sonne und der rauhe, goldene Gneis des Grats schienen mir sagen zu wollen, ich sei hier schon einmal gewesen. Die blauen Umrisse kamen mir verwirrend bekannt vor. Das Bild vor meinen Augen schimmerte wie eine ferne Erinnerung. Ich hielt mich fest, sammelte mich. Dann hob ich ein paar Steine auf und packte sie fest mit den Händen.

Der Aufstieg über die Rampe hatte sechs Stunden gedauert. Es war jetzt halb vier Uhr nachmittags, und die Sonnenbahn verlief abwärts. Ich holte das Seil ein, während Joe zu mir heraufkletterte. Der Ausblick nach Süden erschien in seinen verspiegelten Gläsern, zauberte ein Lächeln auf sein Gesicht. Er holte Dougs Seil ein.

Brown und Band waren dem Westkamm gefolgt. Unmittelbar unter dem Gipfel war Joe Brown, der seine Sauerstoffzufuhr auf sechs Liter pro Minute eingestellt hatte, eine Spalte in einer senkrechten Wand hochgeklettert. Am Tag danach hatten allerdings Streather und Hardie diese Anstrengung durch eine Querung auf der südlichen Seite vermieden. Die hofften wir nun zu finden. In achttausendfünfhundert Meter Höhe würde schon die geringste Kräftevergeudung unsere Energiebilanz schwer belasten.

«Wir haben eine Chance», sagte ich.

«Um welche Zeit sollten wir deiner Ansicht nach umkehren?» fragte Joe.

«Viertel nach fünf», antwortete ich. «Dann haben wir bis Sonnenuntergang noch eine Stunde.»

Doug kam hinzu. «Bleibt, wo ihr seid», sagte er. «Gebt mir zehn Minuten zum Fotografieren. Dann kann ich eine Zeitlang führen.»

Wir wußten nicht genau, wo der Gipfel lag und wie weit er entfernt war. Doug kletterte, gefolgt von Joe und mir, über kleine Rippen und Spalten in der Südwand. Der Blick, der sich uns darbot, war überwältigend. Unter uns erschien und verschwand das Great Shelf zwischen treibenden Wolken; im Westen ragte festungsgleich der Jannu neben der untergehenden Sonne hoch. Im Südosten, in Sikkim, türmten sich gewaltige amboßförmige Wolken auf.

Doug blieb zweimal stehen, um sich zu vergewissern, daß wir nicht abbrechen wollten. Dann verschwand er hinter der Kuppe und erschien plötzlich wieder auf einem Felsblock.

«Der Gipfel ist drei Meter entfernt!» schrie er.

Ich hielt den Daumen hoch – phantastisch! – und folgte dem Seil, so schnell es meine Lungen erlaubten. Es war ein Viertel nach fünf, und kein Windhauch regte sich.

Wir streckten uns und sahen uns um. Unser Lächeln kam tief aus unserem Innern. Wir stolperten herum, machten Fotos, schüttelten, überwältigt von unserem Erfolg, wortlos die Köpfe. «Jetzt müßten mir große Gedanken kommen», dachte ich. Aber keiner kam. Für Momente war ich kaum zu sprechen imstande. Lange Sekunden fühlte ich mich überwältigt von dem Glücksgefühl reiner, sorgloser Leere, abgeschottet von dem Bewußtsein, daß wir ja noch absteigen mußten.

Wir waren schon vorher auf Gipfeln gewesen. Wir hatten von ihnen geträumt, denn ihre Verlockung währt ewig, und es gibt kein Entkommen, denn Gipfel entsprechen Träumen. Aber diesen Gipfel berührten wir nicht. Er war drei Meter entfernt.

Der Selbstauslöser von Dougs Kamera funktionierte erst beim dritten Versuch. Gefroren zu lächeln fiel uns nicht schwer.

«Der Südgipfel kommt einem ganz nahe vor.»

«Der abgeplattete Berg muß der Kabru sein. Liegt der Jannu nicht weit unter uns?»

«Ich kann's gar nicht glauben.»

«Geh nicht an den Gipfel ran, Doug. Wir wollen ja wieder runter und dürfen nicht stören, was da vielleicht lebt.»

«Ich versuch', um den Gipfel herumzuklettern; es ist sowieso zuviel Schnee drauf.»

«Es ist Viertel vor sechs.»

«Komm, Doug, hör auf zu fotografieren, wir sind keine Schauspieler. Es wird Zeit, daß wir uns an den Abstieg machen.»

«Du wirst noch sehr froh über die Abzüge sein, Joe.»

Wir wollten uns gerade zum Gehen wenden, als von irgendwoher eine große, schwarze Bergdohle flog, über unsere Köpfe flatterte und wieder verschwand. Eine Dohle bedeutet Geburt. Zwei Dohlen bedeuten Tod. Dieser einsame Vogel schien ein gutes Omen zu sein. Wir ließen den Gipfel unbetreten und hofften, er würde es immer bleiben.

Um uns herum waren Himmel, Felsen und Eis in Rot getaucht. Bemüht, bis zum Eintritt der Dunkelheit möglichst tief hinunterzusteigen, schlugen wir eine rasche Gangart an. Es war uns vergönnt gewesen, uns unbemerkt nach oben zu schleichen. Würden wir auf dem Abstieg wieder das gleiche Glück haben? Ich konnte mich des Gefühls nicht erwehren, daß wir jemanden oder etwas beschwindeln mußten, um den Abstieg zu schaffen und unser Leben zu retten. «Alles, was ich jemals gelernt habe, muß mir jetzt da hinunterhelfen», dachte ich. «Wenn meine Disziplin nur einen Augenblick nachläßt, stürze ich ab.»

Flackernde Gewitterwolken trieben vom Everest und vom Makalu auf uns zu. Hinter ihnen erschien dann wieder die untergehende Sonne. Wir nahmen das Rennen gegen Sturm und Dunkelheit auf. Die dichter gewordene Luft unterstützte jetzt unsere Eile, und für eine gewisse Weile schien uns unser Tempo beruhigend. Ich wartete bei der Bresche, während Doug und dann Joe die Turmalinrippe hinunterkletterten. Die Schatten des Westgrats und -gipfels reichten vom Gipfeldreieck bis zum Croissant. Die Flanken des Nordkamms und der Twins erglühten im Schein der untergehenden Sonne. Die einzelnen Bewegungen des Aufstiegs an der Felsrippe hatte ich noch frisch im Gedächtnis, und jetzt vollzog ich sie sorgfältig in umgekehrter Reihenfolge. Wir hatten die Rampe erreicht. Eine riesige, an den Rändern orange-grau schimmernde schwarze Wolke schwamm auf uns zu.

In Dunkelheit und Schneegewehe verloren sich unsere Spuren von vorher. Doug stolperte über eine Stufe im Schnee und fiel drei Meter, ehe er rutschend zum Halt kam. Wir schalteten unsere Helmlampen an, und ich übernahm die Führung, da ich im Gegensatz zu Joe und Doug weder Gläser noch Kontaktlinsen trug. Rings herum zuckten und flackerten Blitze, aber zu kurz, um uns bei der Orientierung zu helfen. Kerben in der Schneefläche wiesen mir den Weg, und ich setzte meine Stiefel hart in die Wächte, die mir vorher so Angst gemacht hatte. In Pangpema, tief unten im Tal, blinkte ein einsames Feuer zu uns herauf wie aus einer Vulkanspalte. Sie hatten unsere Lampen gesehen! Sie wußten, daß wir es geschafft hatten! Sie waren bei uns! Ich fühlte mich stark.

Um neun Uhr abends fanden wir den Eingang zur oberen Höhle. Doug kroch hinein, um das Öfchen anzuzünden. Joe und ich plauderten noch eine Weile, erregt wie sicher gelandete Passagiere eines in Not geratenen Flugzeugs.

14. Abstieg

16. Mai–2. Juni

In der Höhle schlürften wir Tee. Vor den Unbilden der Nacht geschützt, vergaßen wir den draußen wütenden Sturm. Schlaftabletten konnten die grimmige Kälte nicht vertreiben, und wir warfen uns die ganze Nacht lang herum, um nicht zu sehr zu frieren. Wenn Dougs halberfrorene Finger Schmerzpfeile durch seinen Körper schossen, stöhnte er gelegentlich auf. Joe kümmerte sich um ihn und gab ihm Schmerzmittel, während ich die Kordel meines Kapuzenschlafsacks festzog. Durch all unsere Schutzschichten hindurch kroch die Kälte herein. Ein einziger Gedanke war es, an dem wir uns festklammerten: Wir hatten es wirklich geschafft!

Am nächsten Morgen waren unsere Bewegungen träge und energielos.

«5 – Die Große Schnee- und Geröllterrasse; 4 – Die «Burg»; 3 – Der Grat; 2 – Die Wand; 1 – Gletscher und Eisbrüche.» Joe zählte die Hindernisse auf, die wir noch zu überwinden hatten, ehe wir in Lager 2 in Sicherheit waren.

«Hier oben tut man sich leicht – nicht viel zu packen», sagte Doug.

Wir stopften unser Schlafzeug in die Rucksäcke, fummelten an Steigeisen und Stiefeln herum und stapften hinaus in die kalte Dämmerung. Wegen des Mangels an Flüssigkeit und der Kälte waren wir stark geschwächt, und seit Tagen hatten wir nur sehr wenig gegessen. Die Versuchung war groß, uns einfach von der Schwerkraft hinunterziehen zu lassen, weil unsere Körper kaum mehr den Befehlen gehorchten, die wir ihnen erteilten. In der rauhen Hochgebirgswelt muß ein Kletterer der Stimme seines Gewissens gehorchen, denn die einfachen Anordnungen dieser Stimme sind sein einziger Schutz: «Stoß mit dem Stiefel Tritte in diesen Hang, nimm den Pickel in die andere Hand, ball die Faust, um die Finger zu wärmen, wisch dir den Schnee von der Brille, bleib nicht mit dem Steigeisen an diesem Stein hängen, vorwärts, es ist nicht mehr weit.»

Ohne Seilsicherung absteigend, gerieten wir auseinander, fanden uns aber immer wieder zusammen, um am Boden kauernd auf das Abklingen der Schwindelanfälle zu warten, die uns immer wieder zu schaffen machten. Das war die schlimmste Zeit.

Bei der «Burg» glitt Doug als erster die Seile hinunter und schaufelte den Eingang zur Höhle frei. Die Decke hatte sich so weit abgesenkt, daß der Innenraum kaum noch einen Meter hoch war, aber wir hatten genügend Platz, um uns neben dem Öfchen niederzulegen und darauf Schnee zu schmelzen. Ehe wir das Getränk hinunterschluckten, rollten wir es im Munde herum – der Effekt war fast der einer Wunderkur.

«Noch drei Hindernisse», sagte Joe. Der Sturm hatte sich nur am Tag unseres Gipfelangriffs gelegt. Jetzt brach er wieder los. Seine eisige Gewalt stieß uns herum, peitschte uns mit unseren Rucksackriemen, zerrte an unseren Wollmützen und Daunenkapuzen. Seilenden wurden uns aus der Hand gerissen; überhaupt schien das Seil auf verrückte Weise lebendig geworden zu sein. Trotz allem kam dieser Sturm aus einem blauen Himmel heraus, der von uns bis zum Everest reichte und keine Drohung erahnen ließ. Als wir den Nordsattel erreichten und vom eisigen Harsch in den tiefen Pulverschnee der geschützten Sikkim-Seite hinüberstiegen, war das wie eine Erlösung. Hier konnten wir reden, ohne zu schreien.

Wieder tranken wir, durchkämmten den Lagerplatz nach Eßbarem und sammelten unsere Kräfte für den Abstieg durch die nahezu tausend Meter hohe Wand. Es gab zuviel Ausrüstung hinabzubefördern; schwere Lasten würden uns zusätzlich behindern und das Risiko steigern. Dennoch mochten wir nichts zurücklassen. So schnürten wir alles zu Bündeln und warfen sie einfach hinunter.

Länger als zweieinhalb Stunden konnten wir nicht am Nordsattel bleiben, denn es war schon Nachmittag, und wir mußten vor Einbruch der Nacht noch zwei Hindernisse bezwingen. Das sich ständig wiederholende Ritual des Abstiegs begann. Seillänge auf Seillänge glitten wir in die Tiefe.

Die Eiswand schmolz. Die hohe Nachmittagstemperatur kündigte das Kommen des Monsuns an. Wir hatten nun viele Tage bei Eiseskälte verbracht, und der Temperaturwechsel überraschte uns. Um uns herum bröckelte die Wand überall ab; harschiger Schnee war zu wäßrigem Eis geworden. Große schwarze, durch die Wärme gelockerte Blöcke lösten sich bei der leichtesten Berührung von Seil oder Steigeisen und sausten in die Tiefe hinunter. Am Seil rann das Wasser entlang, und wo immer wir unter Überhängen Schutz finden konnten, taten wir etwas gegen unseren Durst. Doug, der als erster abstieg, riß einen Haken aus dem sulzigen Eisschnee, doch das Seil bewahrte ihn vor dem Absturz. Wachsam und konzentriert bewältigten wir den Rest der Wand.

Die Säcke, die wir heruntergeworfen hatten, waren zum Teil geplatzt, und etliche Überbleibsel staken an unerreichbaren Stellen der Wand. Der Rest lag über eine beträchtliche Fläche des Gletschers verstreut. Wir hatten mit Ang Phurba und Nima Tensing vereinbart, daß sie uns helfen kommen sollten. Zwei winzige Pünktchen hatten das Zelt von Lager 2 verlassen, als wir mit dem Abstieg über die Wand begannen. Sie bewegten sich aber entsetzlich langsam, und als wir am Fuße der Wand angelangt waren, hatten sie immer noch ein weites Stück Weg vor sich.

Joe streckte mir die Hand hin. «Du kennst mich, Pete; ich habe gewartet, bis wir wieder unten waren», sagte er. Beim Erreichen des Gipfels hatte er mit Bedacht auf diese Geste verzichtet. Auch jetzt kam sie noch zu früh. Bald sollten wir wissen, warum die Sherpas so langsam vorankamen.

Normalerweise hätte uns eine halbe Stunde genügt, um Lager 2 zu erreichen. Dieses Mal wühlten wir uns nach einer halben Stunde nur ein paar hundert Meter vom Fuß der Wand entfernt durch nassen, hüfttiefen Schnee. Wir nahmen unsere Rucksäcke ab und zogen sie zur besseren Gewichtsverteilung neben uns her. Im Westen flackerten Blitze. Große Schneeflocken fielen vom dunkler werdenden Himmel und verhüllten die Bedrohung der uns flankierenden Eisbrüche.

«Ein kleiner Siegestrunk, Sahib?» Nima Tensing hatte Tee mitgebracht. Es war ein freudiges Wiedersehen. Nima und Ang Phurba gingen bald weiter, um die Ausrüstungsgegenstände zu holen, die wir am Fuß der Wand aufgetürmt hatten. Die Nacht brach herein, und wir verloren ihre Spuren.

Die Spalten bildeten jetzt andere Muster. Doug und ich riefen einander scherzhaft gemeinte Zurechtweisungen zu. «Paß auf das Seil auf, Pete, du willst doch ein Bergführer sein.»

«Halt den Mund, du ältlicher Hippie.»

«Bourgeoiser Streber.»

«Held der Arbeiterklasse.»

Jetzt, da wir Sicherheit schnupperten, kehrte unser Humor zurück. Schneebedeckt kam das einsame Zelt von Camp 2 ins Blickfeld, und bald kehrten die beiden Sherpas zurück. Im Zelt summten die Primuskocher, und wir rollten uns im hinteren Teil zusammen und fühlten uns wunderbar wohlig und warm. Die Sherpas verwöhnten uns mit heißem, gesüßtem Tee und einem üppigen Mahl. Für mürrische Manöver um die Öfchen herum bestand kein Anlaß mehr. Die Aversion gegen das Kochen war uns allen gemeinsam. Wurde man aber bekocht, dann war das der Himmel. Wir wurden verhätschelt wie kranke Kinder und brauchten keine Entscheidungen mehr zu treffen. Ang Phurba zeigte sich redseliger, als wir ihn jemals erlebt hatten.

«Auf Bergen wie Kangchendzönga man sollte Walkie-talkies haben», sagte er. «Großes Problem wir wissen, was ihr tut.»

In seiner ruhigen, beiläufigen Art gab er uns die neuen Himalaya-Nachrichten weiter, die er im Basislager am Transistor gehört hatte. Der Gauri Sankar war von einer amerikanisch-nepalesischen Expedition bestiegen worden, und Ang Phu, einer der talentiertesten Sherpa-Kletterer und Gefährte bei unserer 1975er Everest-Expedition, war tödlich verunglückt. Wir waren zu müde, um die Bedeutung der Nachrichten zu erkennen; wir nahmen sie nur am Rande wahr, bevor wir in Schlaf fielen. Draußen hatte der Schneefall aufgehört. Seit wir am Fuß des Kangchendzönga angekommen waren, stieg zum dritten Male ein neuer Mond hoch.

Um der schnee-erweichenden Sonne zuvorzukommen und obendrein motiviert durch die Gier auf ein Basislager-Frühstück, gingen wir zeitig los. Doug stampfte an der Spitze voran; Joe und ich ergingen uns in belangloser Plauderei. Manchmal stolperten wir; auf ebenem Grund zu gehen, mußten wir erst wieder lernen. Der Sauerstoffreichtum der Luft wirkte wie eine Narkose auf unsere erschöpften, schmerzenden Glieder.

Ich war besorgt, wie Georges wohl auf unseren Erfolg reagieren würde, aber ich hätte mir keine Gedanken zu machen brauchen. Er kam uns über die Moräne entgegengeeilt, brachte als Begrüßungstrunk Fruchtsaft und umarmte uns in gallischem Überschwang. Er machte nicht einmal eine Andeutung, daß er enttäuscht sei, und auch wir machten keine derartige

Anspielung. Meine Besorgnis war töricht gewesen und wurde jetzt abgelöst durch ein Gefühl respektvoller Zuneigung.

Aufgeregt sprudelte er hervor: «Wie war es? Wir konnten euch fast den ganzen Tag sehen bis auf die Zeit, wo ihr auf der anderen Seite des Grats wart. Ich hab' viele Fotos mit dem Tele gemacht. Auch die anderen haben euch gespannt zugesehen. Es war wirklich aufregend. Habt ihr meine Feuer gesehen? In der ersten Nacht nicht? Der Wetterbericht war schlecht, aber ich dachte mir, was zum Teufel, und zündete zwei an, um euch Mut zu machen! He, und 'n paar Mädchen gibt es auch hier. Dawa und ihre Freundin. Sie kamen mit Holz und Eiern herauf. Wirklich putzig sind sie, als wären sie von einem anderen Planeten.»

Dawa war da mit ihrem bezaubernden Lächeln, und ich getraute mich kaum sie anzusehen. Ein Gänsegeier schwebte wie zum Gruß über unsere Köpfe hinweg. Mit stolzem Grinsen begrüßten uns Mohan und der kleine Nima Tamang. Kami hatte einen Schokoladenkuchen gebacken, und rasch war eine Flasche Whisky geleert. Die Wiese von Pangpema war grüner als bei unserer ersten Rückkehr dorthin. Unsere Sinne empfanden sie als ebenso duftend wie Freshfield achtzig Jahre zuvor bei seiner Ankunft vom Jongsong La. Daß wir frisches Frühlingsgras gesehen hatten, schien lange her.

Am folgenden Morgen kletterte ich nach dem Frühstück den Hang hinter dem Basislager hinauf. Es herrschte noch weiches Dämmerlicht, und der Boden war schneegefleckt. Das Steigen, so hoffte ich, würde meine Gedanken klären. Bald scheuchte ich eine Herde von zwanzig *Bharal* (Himalaya-Blauschafen) auf. Sie sehen ähnlich wie Steinböcke aus. Eine halbe Stunde lang folgte ich ihnen bergauf; ich hielt mich in etwa zwanzig Metern Entfernung und bewunderte ihre geschickten Bewegungen in dem steilen Gelände. Als dann die Sonne aufging, hüpften sie plötzlich davon und verschwanden hinter einer unweit gelegenen Felsnase.

Ich war gut fünfhundert Meter aufgestiegen. Jetzt setzte ich mich auf einen Felsblock, bevor mein Geist vor Ermüdung stumpf wurde. Mein Magen hatte das ungewohnt reichliche Essen nach unserer Rückkehr nicht gut verkraftet und gurgelte. Ich ließ mir die Fragen durch den Kopf gehen, die sich nach einem alpinistischen Erfolg unweigerlich stellen. War die mystische Erfahrung der Bezwingung des Westkamms nicht mehr als das Ergebnis einer Kombination von Mangel an Sauerstoff, Nahrung und Wasser und vielleicht auch noch eines Überschusses von negativen Ionen in der Atmosphäre gewesen? «Dieser Berg, steil und gezackt, der Ort der Wahrheit.» Berge eröffnen keine Wahrheit, entschied ich, aber sie tragen dazu bei, daß in der Seele des Menschen etwas wächst – was, konnte ich noch nicht ganz erklären. Unser Abenteuer war nun zu Ende, und ich versuchte, die neue Richtung zu erfühlen, die ich jetzt einschlagen sollte. Der Dichter William Wordsworth liebte die Berge, wanderte aber den größten Teil seines Lebens unterhalb der Fünfhundert-Meter-Grenze. Er hatte die Erfahrung so heftiger Stimuli und derartiger Risiken nicht gebraucht, um solche Augenblicke der Sensibilisierung und Luzidität zu erleben. Einem Gipfel soviel Bedeutung beizumessen, schien albern. Wäre Wesentliches anders gewesen, wenn wir ihn nicht erreicht hätten? War ich auf solche Extreme zu sehr angewiesen, wie Marie, die Malerin, viele Monate zuvor in Paris gemeint hatte?

Ich fühlte mich in Ekstase, hatte jedoch keine Hoffnung, daß dieser Überschwang über lange Zeit anhalten würde. Mein Leben wollte ich mit Hilfe von Kontrasten messen, und dazu mußte ich in das «andere Leben» zurückkehren. Hätten wir uns am Berg zu tief in die Psyche der Kameraden versenkt, wir hätten die Einheit geschwächt, die wir um des angestrebten Erfolges willen aufrechtzuerhalten versuchten. Nie hatten wir zugelassen, daß Gegensätzlichkeiten offen zu Tage traten; vielmehr hatten wir sie stets in einem frühen Stadium zu entschärfen vermocht. Im «anderen Leben» jedenfalls hatten die Menschen andere Sorgen und Wünsche. Dort stand man nicht unter ständigem Druck, sondern konnte entspannt reagieren und subtilere Beziehungen reifen lassen. Da lag das Gegengewicht, das zur Verwirklichung echter Menschlichkeit erforderlich war.

Stolz, Selbstbewußtsein und Ehrgeiz analysiert der Bergsteiger selten, aber wir leugneten alle nicht, daß wir uns darauf freuten, bei unserer Rückkehr ein paar muntere Tage zu erleben. Unsere Freunde sollten uns, das Bierglas in der Hand, im Pub auf die Schulter klopfen, nichts weiter. Die Katastrophe am K2 hatte mich ein Jahr lang bedrückt. Jetzt aber war mein Ego für eine Weile wiederhergestellt. Ich war glücklich, unbeschadet davongekommen zu sein, wenn man von einem schwarzen Zehennagel und ein paar tauben Fingerspitzen absah. Ich hatte Selbstvertrauen gewonnen und viel gelernt. Zukunftspläne sah ich in neuem Licht, geblendet von den Möglichkeiten, die sie mir boten. Meine Angst vor großen Höhen war jetzt vertrieben wie durch eine Teufelsbeschwörung. Sechs Wochen Akklimatisation und Anstrengung hatten uns geholfen, einen Schlüssel zum Gipfel zu finden. Unsere drei Vorstöße auf ein Niveau von über siebentausendneunhundert Meter hatten uns besonders intensiv für große Höhen vorbereitet.

Die Morgensonne beschien jetzt das Kangchendzönga-Massiv, und ich kehrte zum Lager zurück. Der Schnee der Nacht war geschmolzen. Uns blieb ein Tag, um zu packen, bevor zwanzig Träger von Ghunsa kamen. Georges verließ uns; er wollte am nächsten Tag das Lager der Slowaken am Jannu aufsuchen, um ihnen für die Überlassung der Seile zu danken. Mohan begleitete ihn. Von der langen Wache im Basislager befreit, hüpfte er wie ein junges Lamm und sang vor Glück vor sich hin. Doug hatte schon mehrere große Säcke mit der Aufschrift KHUMBU gefüllt. Er und Georges hatten die Erlaubnis erhalten, im Herbst drei nepalesische Gipfel – den Kussum Kanngguru, den Nuptse und den Everest – zu besteigen, und Ang Phurba sollte die Ausrüstung zu seinem in der Nähe dieser Berge gelegenen Dorf mitnehmen, ehe Flüge wegen des Monsuns nicht mehr möglich waren. Dougs Gedanken hatten sich rasch seinem nächsten Projekt zugewandt, als sei der Kangchendzönga schon Bestandteil seiner ausgedehnten Himalaya-Erfahrung. Nach meinem verträumten Morgenspaziergang fand ich sein Tempo erschreckend. Über meine Bitte um ein paar Zelte für meine Herbst-Expedition zum Gauri Sankar gerieten wir fast in Streit.

Am Morgen des 20. Mai verließen wir das Basislager. Beinahe schien es uns, als wolle uns der Zauber des Kangchendzönga unser ganzes Leben lang nicht mehr loslassen. Als wir bei Lhonak durch die Flußebene wateten, sahen wir mit unseren dünnen, bloßen Beinen wie Störche aus. Am frühen Nachmittag hatten wir den Rand des Waldes oberhalb Ghunsa erreicht. Unsere ersten Schritte unter grünen Bäumen erzeugten in uns eine Stimmung vollkommenen Friedens.

«Daß wir auf diesen Berg gestiegen sind, kann ich noch immer nicht fassen», sagte Joe.

Mitten in gelbe Blumen hinein legten wir uns ins Gras. Der milchige Fluß unter uns erfüllte die Luft mit entferntem Brausen und ein leichter, leise seufzender Wind strich durch die Baumwipfel. Wir schlossen die Augen und genossen die warme, sauerstoffreiche Luft und den Blumenduft. Nach so vielen Wochen in einer unfruchtbaren Welt von Schnee und Gestein waren wir nun in einem Garten, der uns so märchenhaft bezaubernd vorkam, als hätten wir ihn im Traum schon gesehen. Wir schliefen tief bis in den Nachmittag hinein und erwachten erfrischt. Dieser Schlaf war das Abschiedsgeschenk des Kangchendzönga.

Wir hatten am Berg viel Kraft eingebüßt, und unsere Schenkel und Gelenke schmerzten, als wir durch den Wald abwärts stapften.

Unterhalb Ghunsa hingen düstere Nebel an den steilen, bewaldeten Hängen: eine Stimmung wie in «Peer Gynt». Unsere Sauerstoff-Euphorie war nun abgeklungen, und ich war froh, daß die Träger einen Ruhetag forderten. Doug machte sich über Joes veranschaulichende Gestik lustig.

«Was meint ihr, mit welcher Inbrunst er über diese Expedition redet, wenn wir zurück sind. Ich sehe ihn schon im Pub, wie er mit blauäugigem Blick die Arme ausbreitet: ‹Also, da waren wir in 8600 Meter Höhe, drei ganz gewöhnliche Jungs. Jeder andere hätte das auch fertiggebracht. Es ließ sich alles völlig normal an›.»

Am Nachmittag gab es nach Schulschluß den üblichen Volksauflauf, und ein paar aufgeregte junge Leute entfesselten mit alten Plastikspritzen um uns herum eine Wasserschlacht. Einer der Burschen stolperte auf der Flucht vor seinem Verfolger über die Kochstelle und schoß unser Abendessen in die Luft. Kami geriet aus der Fassung und verabfolgte dem Täter einen Fußtritt, was einen wilden Krawall auslöste. Es war das erste Mal, daß ich sah, wie ein Sherpa die Beherrschung verlor. Gewöhnlich verfielen sie in das andere Extrem und sagten aus Höflichkeit nicht, was sie dachten. Doug warf Kami über seine Brillengläser hinweg einen strafenden Blick zu und appellierte streng an sein Buddhisten-Gewissen. Erneut wurde Essen aufs Feuer gestellt, und uns lief das Wasser im Mund zusammen, während wir Kami und dem kleinen Nima zuschauten, wie sie alles für das Mahl vorbereiteten. Nima, unser Küchenjunge, war einer der beiden jungen Brüder Tamang, die Ang Phurba in seinem Haus in Khumjung adoptiert hatte. Joe, der ein Gefühl für hierarchische Verhältnisse hatte, bemerkte oft neckend zu Ang Phurba, daß er, ein Mitglied der Sherpa-Superrasse, Nima wie einen Sklaven ausbeute. Und Ang Phurba lachte, denn auch er hatte gerade ein paar Geschichten von James Lester über schwarze Sklaven in Amerika gelesen.

Ich fragte Ang Phurba, wofür er das bei der Expedition verdiente Geld ausgeben wolle, und er antwortete sofort: «Jaks.» Materieller Komfort oder ein Umzug nach Kathmandu, wo er besser am Touristen- und Expeditionsgeschäft partizipieren konnte, interessierten ihn nicht. Wichtiger war das Prestige, das eine große Jak-Herde bei den Sherpas bedeutet. Jaks sind seit Urzeiten die bevorzugte Investition, und es war gut zu wissen, daß alte Gebräuche und Verhaltensweisen noch nicht gänzlich verschwunden waren. Obschon in den meisten Haushalten zumindest ein Mitglied in irgendeiner Weise für Bergsteigerei und Tourismus arbeitete und manche von den jüngeren Männern bis zu acht oder neun Monate im Jahr auswärts verbrachten, hatte in Ang Phurbas Dorf noch niemand sein Haus verkauft, um auf Dauer nach Kathmandu umzuziehen.

Wir dachten jetzt viel an das Wiedersehen mit der Familie und mit Freunden, während diese Vorstellung die Sherpas überhaupt nicht zu beschäftigen schien. Lange Abwesenheit von zu Hause sind sie gewöhnt und wissen, daß man keine Nachricht von ihnen erwartet, bis sie unerwartet aufkreuzen, um ihre Rückkehr selbst anzukündigen. Nur Kami sprach von der Heimkehr, weil er seinem Vater helfen mußte, ein Fest in Namche Bazar durchzuführen.

Bei der Brücke in Dobhan – sie war der magische Markierungspunkt auf der Hälfte des Rückwegs – platschten Kinder im Fluß. Wir traten zur Seite, um Hunderte von Leuten durchzulassen, die auf dem schmalen Pfad auf uns zukamen. Fasziniert sahen wir zu, wie geschmeidige junge Mädchen in leuchtend roten und blauen Saris und große Familien von drei oder vielleicht vier Generationen in ihren besten Gewändern vorbeizogen. Sie wollten zu einer Hochzeit und starrten uns verständnislos an. Was ausländische Touristen treiben, begreifen Hindus meist nicht. Für sie waren wir sicher nur *Paisawallahs,* die so viel Geld hatten, daß sie reisen konnten – nicht um Verwandte zu besuchen oder einer Hochzeit beizuwohnen, sondern einfach um Neues zu sehen, ohne irgend etwas zu wissen und Arbeit und Familie einfach im Stich lassend.

Als wir die Höhe des Kamms erreichten, schauten wir zum Berg zurück, aber der beginnende Monsun verbarg ihn vor unseren Blicken. Georges machte Halt, um sich von einem brahminischen Wahrsager aus einem Dorf zwischen den terrassierten Feldern tief unten die Zukunft prophezeien zu lassen. Verlegen lachend übersetzte Mohan Fragen und Antworten. Nur eine Antwort war richtig: «Habe ich den Gipfel des Kangchendzönga erreicht?» fragte Georges.

Der Wahrsager sagte nichts, sondern hob seine Hand zum Himmel und deutete auf die Spitze des Zeigefingers.

Wir ließen Sherpas und Träger einen Tag zurück und eilten nach Hille und Dhankuta weiter. An einem langen Tag marschierten wir ohne Unterbrechung fünfzig Kilometer. Es schien, als seien wir «Lunggom-Mystiker», die einem der legendären Energie-Meridiane des Himalaya folgten, welche Doug uns auf dem Heimweg beschrieben hatte.

Im Flughafen von Biratnagar wogen wir uns mit der Besorgnis eines Boxers nach seinem Kampf. Ich hatte fast zwölfeinhalb Kilo verloren.

 Im Eiltempo ging es bei beginnender Dunkelheit über die Flanke der Gipfelpyramide des Kangchendzönga hinunter. ▹

Als wir über die sich auftürmenden Monsunwolken nach Kathmandu flogen, richtete ich das Zoomobjektiv meiner Kamera auf das gewaltige Kangchendzönga-Massiv und darüber hinweg auf den schwarzen Bug eines uneinnehmbar wirkenden Berges: des Gauri Sankar, des «Eigers des Himalaya». Noch ehe der Sommermonsun vorbei war, würde ich wiederkehren.

Vier Tage später hatten uns die sanftgeschwungenen grünen Hügel von Derbyshire wieder.

◁ *Oben:* Die Gipfelpyramide mit Croissant, Rampe und Bresche, daneben die Zinnen des Westgrats.
Unten: Flackernde Gewitterwolken trieben auf uns zu.

15. Sommer

2. Juni–18. September

Englische Bergsteiger haben einen Ausdruck für ihr Bedürfnis, die wochenlangen Entbehrungen während einer Tour auszugleichen: «Pub-Training». Meine Rückkehr vom Kangchendzönga fiel erfreulicherweise mit dem jährlichen «Karneval»-Umzug des Bergsteigerklubs von Mynydd zusammen. Zu diesem Ereignis gehörte eine Rundtour durch sämtliche Pubs im Distrikt von New Mills am Vorabend des Karnevalstags. Dabei ist einzige Regel, daß man in jedem Pub einen Drink hinuntergießt. Etwa zwanzig Mitglieder versammelten sich zu diesem Anlaß, und Hilary und Steve, ein amerikanischer Freund, kamen nach achtzehnstündiger Fahrt gerade noch rechtzeitig aus der Schweiz hinzu. Der Umzug beginnt mit einer Durchquerung der Moore oberhalb der Stadt, um bei den an der Peripherie liegenden «Land»-Pubs zu beginnen. Es war meine erste körperliche Anstrengung seit dem Rückweg vom Kangchendzönga. Das Trinken wurde mit Dart- und Pool-Spiel gewürzt, und ich ließ sämtliche Blondie-Platten in den verschiedenen Juke Boxes laufen. Debbie Harrie war auf dem Kangchendzönga unsere Kultfigur gewesen. Hilary, die noch nie eine solche Tour mitgemacht hatte, entdeckte Ecken und Winkel von New Mills, von deren Existenz sie bis anhin keine Ahnung gehabt hatte. Wir hatten einander lange Zeit nicht gesehen, und zunächst verhielten wir uns wie Fremde, die einander mißtrauisch mustern. Es dauerte freilich nicht lange, und wir waren wieder entspannt.

Steve kannte zunächst niemanden in der Gruppe. Auf halbem Wege kannte er alle, und als wir bei der anstrengenden Folge von sechs Pubs in der Market Street angelangt waren, führte er mit Fremden, die niemand kannte, lange und engagierte Gespräche über Vietnam und die Welt überhaupt.

«Was für schöne Menschen!» rief er immer wieder und ging zum Fish and Chip-Stand, um sich breiige Erbsen zu kaufen.

Wir brauchten ein paar Tage, um uns von diesem Abend zu erholen.

In Joes Geschäft in Hope, Derbyshire, traf sich das Kangchendzönga-Team ein letztes Mal, um zusammen Fotos zu ordnen. Im ganzen gesehen war unsere Expedition zweifellos recht friedlich verlaufen; an diesem Nachmittag aber entstand eine so harmonische Stimmung, wie sie sich während der schweren Tour nur selten eingestellt hatte. Wie wir uns so untereinander und mit Georges' amerikanischer Frau Norma unterhielten, wurde Joe und mir klar, wie sehr Georges während der Tour unter einem Mangel an Kommunikation hatte leiden müssen. Obwohl Georges' Englisch sehr gut war, waren ihm viele der Feinheiten des Gesprächs und des Humors der drei Engländer unzugänglich geblieben – Subtilitäten auf wohlvertrauten Ebenen, die sich auf vielen gemeinsamen Expeditionen entwickelt hatten. Auch begann ich nun zu verstehen, wie zwischen Joe und mir bei vielen Anlässen eine starke Komplizität geherrscht hatte, ein unausgesprochenes Verständnis, das auf unsere langen gemeinsamen Wochen am Changabang zurückging und Dritten offenbar nicht zugänglich war.

Wir stellten fest, daß wir kein brauchbares Expeditionsfoto hatten, auf dem wir alle vier gemeinsam zu sehen waren. Auf einer Wiese mit Bäumen, deren Laub in einer Juni-Brise rauschte, machte Norma mit ein paar Kameras Schnappschüsse. Zwei markante Punkte dominieren das Hope Valley: ein sehr hoher Fabrikschornstein bei Castleton und das dunkle Massiv des Mam Tor, des «zitternden Berges». Um den Gipfel ziehen sich weithin sichtbar Grabenlinien einer Bronzezeitsiedlung. Wir wählten den Mam Tor als fotografischen Hintergrund.

Auf das freudige Nacherlebnis des Kangchendzönga fiel der Schatten des Gauri Sankar. Mitte September würde ich zu einer Gauri Sankar-Expedition nach Nepal aufbrechen. Meine Zusage hatte ich fast zwei Jahre zuvor gegeben, als ich noch für den *British Mountaineering Council* in Manchester arbeitete. Brieflich wurde uns mitgeteilt, die nepalesischen Behörden gäben den Berg für Expeditionen frei. Einen Tag später kam Dennis Gray, der Generalsekretär des B.M.C., in mein Büro und sah die Mitteilung.

«Vielleicht kann ich eine Expedition dorthin auf die Beine stellen», sagte er darauf.

«Da haben Sie Pech; ich hab' schon ein Telegramm abgeschickt», erwiderte ich.

Es schien vernünftig, mit vereinten Kräften zu Werke zu gehen. Einige Tage nach meiner Rückkehr vom Kangchendzönga hatte ich mich mit Dennis Gray und den beiden anderen Mitgliedern, Tim Leach und John Barry, getroffen, um unsere Expedition zu besprechen. Welche Route die amerikanisch-nepalesische Expedition im Frühling wählte (Ang Phurba hatte uns bei unserem Abstieg vom Kangchendzönga von ihr berichtet), war noch nicht klar. Eine große Rolle spielte das aber nicht, denn viele anspruchsvolle neue Routen waren noch zu begehen. Wir bekräftigten unsere Absicht, die Tour zu machen, und beschlossen, auf dem Postweg weitere Informationen und Fotos zu beschaffen.

Zum Glück schienen die drei anderen Mitglieder der Expedition bereit, den größten Teil der Arbeit zu tun. Tim Leach, ein Architekturstudent, hatte mit der Beschaffung der Ausrüstung die schwierigste Aufgabe zu bewältigen. Die Räder bewegten sich, aber ich drehte mich vorerst nur teilweise mit. Es fiel mir schwer, Begeisterung für das neue Projekt zu zeigen, denn der Kangchendzönga hatte in mir ein Gefühl der Erschöpfung und gleichzeitig der Sättigung hinterlassen. Für längerdauernde körperliche und geistige Anstrengungen fehlte mir die nötige Energie, und ich fürchtete, mit einer Expedition zum Gauri Sankar über meine augenblicklichen Möglichkeiten hinauszugehen. Es war das erste Mal, daß ich mich in einem Jahr auf zwei Himalaya-Expeditionen einließ. Dennoch hatte ich das Gefühl, keinen Rückzieher machen zu können, und ich vertraute diesem Gefühl. Ich hatte drei Monate Gnadenfrist, um wieder zu Kräften zu kommen, und genoß den Sommer so intensiv wie ein Soldat auf Heimaturlaub. Nicht daß ich es mir hätte leisten können, müßig zu sein. Geldbeschaffung war dringend erforderlich, und so kehrte ich nach Leysin zurück, wo Hilary in einem Krankenhaus einen Aushilfsjob hatte. Mein Fuß und mein Handgelenk waren immer noch schwach, und so stellte sie mich einer kanadischen Physiotherapeutin vor, die für die kanadische Olympia-Mannschaft gearbeitet hatte und deren Augen glitzerten, als ich ihr von meinen Problemen erzählte.

«Es ist ewig her, daß ich einen Athleten behandelt habe», verkündete sie.

Nach zwei Wochen mit ihr erklärte ich mich für geheilt.

Die Rückkehr in die Schweiz brachte eine Veränderung im zwischenmenschlichen Umgang mit sich. Die Stammgäste im *Club Vagabond,* in dem die Internationale Bergsteigerschule ihren Sitz hat, sind hauptsächlich Angelsachsen oder was die wenigen Engländer dort herablassend «colonials» nennen: Australier, Neuseeländer, Südafrikaner, Kanadier und Amerikaner. Vor seinem tödlichen Unfall schrieb mein Vorgänger als Direktor der Kletterschule, Dougal Haston, den Roman *Calculated Risk.* Er spielt in Leysin und enthält ausführliche Beschreibungen der «beautiful people» im *Vagabond.* Es handelt sich dabei fast ausnahmslos um gutaussehende, kosmopolitische Mittzwanziger, die dem Alkohol und dem Sex frönen. Sie bekommen weder den Schrei eines Kindes noch die zittrige Stimme eines Pensionisten jemals zu hören, und der Gedanke an Arbeit und Verantwortung taucht bei ihnen schon gar nicht auf. Die wirkliche Situation ist nicht ganz so romanhaft. Dennoch machen die gute Stimmung, die Vielfalt des Publikums, die gute Musik und das billige Bier die Bar zu einem angenehmeren Treffpunkt als die oft recht nüchternen schweizerischen Bistros.

Ich war noch am Kangchendzönga, als ich zum Präsidenten der britischen Bergführervereinigung bestellt wurde. Bei meiner Rückkehr geriet ich dann mitten in die leidenschaftliche Auseinandersetzung über die Bedingungen, zu denen Großbritannien Vollmitglied der Internationalen Bergführervereinigung werden sollte. Im Prinzip war unser Beitritt schon zwei Jahre zuvor gebilligt worden, aber die Vorurteile gegen uns waren stark.

«In meinem Dorf erlebt ein Kind Schnee, sobald es laufen kann. Von frühesten Kindesbeinen an entwickelt es ein Gefühl für die Berge. Eure Führer hingegen sind alle in Städten geboren.»

«Die Engländer? Die *nehmen* sich doch Führer! Da können sie doch nicht selbst Führer werden!»

Unterschwellig lag all diesen Einwänden ein Element von Stammes- und Handelsprotektionismus zugrunde, ein Verdacht, daß – wären die Tore einmal geöffnet – barbarische Horden ungekämmter, beutegieriger Briten von Norden daherströmen und sämtliche Kunden rauben würden.

Ich nahm am Sommertreffen der Internationalen Union teil, die mit der jährlichen Zusammenkunft sämtlicher Führer im Schweizer Kanton Wallis zusammenfiel. Diese fand auf der Bettmeralp statt, einem hoch auf einer Terrasse über dem Rhonetal gelegenen Ort. Am Sonntag morgen feierten die Bergführer eine Messe unter freiem Himmel, und der Priester segnete die

Banner der verschiedenen Sektionen. Die melodischen Töne der langen Alphörner, die grauen Kleider der Bergführer und das weiße Gewand des Priesters, die sonnenbeschienenen Berge und Wiesen –: alles vereinte sich in einer ganz besonderen Harmonie. Das Meßritual erinnerte mich an die Segnung der Sherpas durch einen Lama vor einer Expedition.

Britische Bergführer in den Alpen haben einen wertvollen Freund in Madame Joan Pralong, der Postmeisterin von Arolla. Von ihrer Herkunft her ist sie Engländerin, aber seit zwei Jahrzehnten ist sie mit einem Schweizer verheiratet. Ohne selbst aktive Bergsteigerin zu sein, begeistert sie sich für die Berge und das Bergsteigen und glaubt an das Diktum: «Berge mögen Völker trennen, aber sie vereinen die Bergsteiger.» Sie sah sofort die Mißverständnisse und Probleme zwischen britischen und kontinentalen Bergführern und arrangierte eine Anzahl von formlosen Treffen zwischen britischen und Schweizer Bergsteigern. Bei einem dieser Anlässe lernte ich André Georges aus La Sage kennen, den Großneffen von Joseph Georges, dem berühmten Bergführer und Gefährten von I.A. Richards und Dorothy Pilley. Außerdem machte ich auch die Bekanntschaft von Denis Bertholet aus Verbier. Denis hatte 1954 an der ersten Gauri Sankar-Expedition teilgenommen und stellte mir eine Anzahl sehr wertvoller Aufnahmen des Berges zur Verfügung.

Anfang Juli wurde ich plötzlich zum Leiter unserer Expedition. Ich erhielt einen Brief von Dennis Gray, in dem er erklärte, daß er aus finanziellen und Arbeitsgründen aussteigen müsse. Es war ein beklagenswerter Verlust, denn Dennis hatte 1964 eine Expedition angeführt, die fast den Gipfel erreicht hätte, und seit vielen Jahren galt dem Gauri Sankar sein besonderer Ehrgeiz. Nun mußte ich in den noch verbleibenden zwei Monaten einen Ersatz finden. Zum Glück anerbot sich ein Schweizer Bergführer aus Leysin, der etwa im gleichen Alter wie ich stand, mitzukommen. Guy Neithardt verkehrte im *Club Vagabond,* war mit Dougal Haston geklettert und arbeitete in der Bergsteigerschule. Er sprach Englisch mit nördlichem Akzent – «in Bars gelernt», wie er sagte –, tolerierte die Eigenheiten britischer Bergsteiger und schätzte ihren Humor.

Wie die meisten Schweizer hing Guy sehr stark an seinem Dorf, und ich hatte viel von ihm darüber erfahren, was es bedeutete, ein «Leysenoud» zu sein. Seine Teilnahme an unserer Expedition bedeutete, daß ich das einzige Mitglied des Teams mit Himalaya-Erfahrung war, wenn man von einer kleinen Expedition in Indien absah, die John Barry mitgemacht hatte. Ich hoffte, daß sich das günstig auswirken würde, denn so konnten wir den Berg ohne zuviele vorgefaßte Meinungen angehen; überdies würde es eine erfrischende Abwechslung für mich sein, mit talentierten Alpin-Technikern zu klettern.

Ein Brief von Al Read, dem Ko-Direktor der amerikanisch-nepalesischen Gauri Sankar-Expedition vom Frühjahr, begeisterte mich noch mehr:

Ich kann mir vorstellen, welche Gefühle Sie angesichts unseres Erfolges am Gauri Sankar bewegen. Wir brauchten viel Glück dabei! Es ist ein unglaublicher Berg, und wenn Sie nun eine andere Route versuchen, ist das zweifellos ein sehr lohnendes Unterfangen.

Al beschrieb dann, wie seine Expedition die Westwand-Direktroute zum Nordgipfel genommen hatte. Das bedeutete, daß der Südgipfel und der zu ihm führende Westgrat, der die von dieser Expedition ursprünglich ins Auge gefaßte Route darstellte, noch nicht bestiegen war. Al zählte die zu erwartenden Schwierigkeiten auf, meinte aber, es könne «einen Versuch wert sein».

Als ich vierzehn war, war ich nach Manchester gereist, um meinen ersten alpinistischen Vortrag zu hören. Er hieß «Gauri Sankar, der Eiger des Himalaya». Don Whillans hatte beschrieben, wie ihre Expedition von 1964 von tibetanischen Banditen heimgesucht worden war und wie man 1959 den Japanern alles bis auf die Unterhosen geraubt hatte. Die unbegreifliche Größe des Berges und die komplexe Topographie des Gebietes um ihn herum hatten mich fasziniert. Wochenlang hatte sich Don Whillans' Team durch den dichten, von Blutegeln wimmelnden Dschungel und dann über die Ausläuferkämme des Berges gequält, ehe es dann knapp an der Nordwand scheiterte.

Lebhafte Erinnerungen an diesen Vortrag vereinigten sich mit dem immer wieder vor meinem geistigen Auge stehenden Bild des Gipfelgrates des Kangchendzönga. Hat ein Bergsteiger einmal eine solche Höhe erreicht, dann träumt er den Rest seines Lebens von einer Rückkehr. Ich brauchte jetzt keine Entspannung mehr, keine Ruhe, keinen Schlaf und kein Vergessen. Geistig war ich wieder für die Berge bereit. Als ich aber in den Bergen von Leysin übte, war ich über meine Schwäche und den daraus resultierenden Mangel an Selbstvertrauen schockiert. Einfache Probleme, die ich schon oftmals zuvor gelöst hatte, bereiteten mir ernsthaften Kummer. Als ich zum ersten Mal zwei Kunden der Kletterschule die Tour d'Aï, einen der spektakulären Kalksteintürme hoch oberhalb von Leysin, hinaufführte, beging ich einen Fehler, der jedoch eher auf Unvorsichtigkeit als auf Schwäche beruhte. Am Fuß der Südwestwand schlüpfte ich aus meinen Stiefeln, um meine Shorts auszuziehen und in meine Bundhose zu steigen. Einer meiner Stiefel rollte davon und hüpfte auf der Geröllhalde zweihundert Meter in Richtung Leysin hinunter. Es war ein schönes Stück Weg, bis ich ihn wieder geholt hatte. Wenn mir das im Himalaya passiert wäre, wäre er allerdings noch tiefer hinuntergefallen.

Jede Woche verließ ich Leysin mit einem oder zwei Gästen, um in verschiedenen Gebieten zu klettern. Überrascht stellte ich fest, daß man nach zwei oder drei Stunden Autofahrt im Norden, Osten und Süden den Menschenmassen entgehen konnte. Es gab hier gewissermaßen eine Linie, unterhalb derer die zahlreichen Touristen, denen man begegnete, die Augen abwandten, während oberhalb dieser Grenze Wanderer und Bergsteiger selten waren und einander fröhlich begrüßten. Ich vervollständigte mein Bild vom Charakter der verschiedenen Berge, ihrer Grate, Wände und verborgenen Täler. Nie gingen wir den gleichen Weg zweimal. Ich setzte das Puzzle der Täler und Pässe zusammen und freute mich an «konkretem Wissen». In meine Karte der Schweiz kam Leben, und ich baute eine Struktur von Erinnerungen und Gedankenverbindungen auf, die mir halfen, mich mehr und mehr zu Hause zu fühlen.

Wer viele Touren macht, dessen Sinne werden durch das Hin und Her zwischen zwei verschiedenen Welten geschärft. Am Berg lebt er in Spannung und Isolation, im Tal in Sicherheit und Geselligkeit. Die Gefühlsbewegungen von Abschied und Wiederkehr, die bei einer Expedition zeitlich weit auseinanderliegen, werden in den Alpen in den Ablauf eines einzigen Tages zusammengedrängt.

Gegen Ende meiner alpinen Sommersaison wurde der innere Frieden, den ich in den Bergen wiedergewonnen hatte, erschüttert. Telefonisch erfuhr ich von meiner Mutter aus England, daß bei meinem Vater eine Untersuchung vorgenommen und ein Tumor an der Bauchspeicheldrüse entdeckt worden war.

Reisende gehen immer davon aus, daß sich während ihrer Abwesenheit zu Hause nichts ändert. Zu Hause, das ist der sichere Hafen, wo man immer Liebe und Obdach findet, ohne selber verpflichtet zu sein. Zu Hause, das ist der Ort, auf dessen Stabilität man baut; wird die gestört, so ist man erschüttert. Erst war ich schockiert und verzweifelt, dann weigerte ich mich einfach, die Nachricht zu glauben. Mein Vater war erst neunundfünfzig. Die Mitglieder meiner Familie hatten immer ein hohes Alter erreicht; alle meine Großeltern waren über achtzig geworden, und eine Großmutter lebte noch rüstig mit siebenundachtzig. Sicher würde die Krankheit nicht tödlich sein.

Ein paar Tage darauf fuhren Hilary und ich zum Haus meiner Eltern in Bramhall in der Cheshire-Ebene. Wir besuchten meinen Vater im Krankenhaus, und er schien guten Mutes zu sein, lächelte tapfer und zeigte Vertrauen in die ärztliche Kunst. Danach unterzogen wir zusammen mit meiner Mutter die Äußerungen der Ärzte einer eingehenden Analyse, wobei wir manchmal Hoffnungen oder Ängste aus Ausdrucksnuancen herleiteten. Ich hatte nie an Wunder geglaubt. Jetzt aber, da das Leben meines Vaters in Gefahr war, glaubte ich daran.

Eine der besten Krebskliniken der Welt, die «Christie», ist in Manchester, und mein Vater sollte sich dort alle vierzehn Tage einer Behandlung mit den neuesten amerikanischen Medikamenten unterziehen. Er kam aus dem Krankenhaus heim. Ich redete mit ihm, während er unruhig im Zimmer herumging.

«Aus der Bergsteigerei weißt du ja wohl, wie man sich fühlt, wenn man schlimm in der Klemme ist», sagte er. Ich versuchte, ihn zu trösten, mußte mir aber eingestehen, daß ich es nicht wußte und niemals erfahren hatte. Dunklere Gedanken äußerte er nie. Ich konnte mir nur vorzustellen versuchen, wie so eine Krankheit eine Barriere zwischen ihm und der Welt der Gesunden errichtete.

Die Organisation der Gauri Sankar-Expedition verlor für mich sehr stark an Bedeutung. Meine Verantwortlichkeiten zerstreuten mich, und ich wikkelte die Vorbereitungsarbeiten mechanisch und ohne innere Anteilnahme ab. Wenn ich zum Gauri Sankar fuhr, so wollte ich den Berg rasch und auf sichere Weise besteigen und so bald wie möglich wieder nach Hause zurückkehren.

Hilary mußte rechtzeitig zum Beginn des Herbstsemesters wieder an die amerikanische Schule in Leysin zurück. An ein paar Nachmittagen kletterte ich im Sandstein des Peak Districts, der nördlich von Derbyshire liegt. Wenn man Probleme hat, kann eine Tour in die Berge manches erleichtern. Es gibt viele andere Bergsteiger dort, und es ist nicht schwer, Freundschaften zu schließen oder zu erneuern. Und die Routen im Sandstein ändern sich nicht; die gleichen Griffe, Bewegungen, Probleme wiederholen sich immer wieder und kehren rasch ins Gedächtnis zurück. Es gibt keine Stürme, die die Landschaft verändern, keine Lawinenhänge, keine Blöcke, die splitternd abstürzen. Mein Universitäts-Kletterklub in Nottingham pflegte Wettbewerbe am Pubtisch zu veranstalten. Jemand begann, die Beschreibung einer der vierhundert zwanzig Meter hohen Aufstiege von Stanage zu lesen, und wer die Stelle als erster erkannte, gewann. Manche Bergsteiger fanden schon nach drei oder vier Worten die Lösung.

Der amerikanische Kletterspezialist Yvon Chouinard bemerkte einmal, alle Bergsteiger seien «ein Produkt ihrer ersten Touren», und es stimmt, daß jemand, der das Klettern an kleinen, aber schwierigen Felsformationen lernt, später vielleicht hohe Wände durchsteigt oder an Hochgebirgsexpeditionen teilnimmt. Von seiner ersten Liebe, dem freien Klettern in kleineren Felsformationen, wird er aber nicht loskommen. Mich zieht es immer wieder in den Sandstein zurück. Man streckt sich, man hängt am Griff, man schiebt, man zieht – es ist das beste Training der Welt.

Ich kletterte bis in die Abendstunden hinein. Sanft kämmte der Wind das Moorgras, Wolken schwammen vorbei, Licht und Farbe variierten zwischen strahlender Helle und der schwarzen Düsternis von Gewittern, bis die Sonne endlich flammendrot unterging. Gegen Ende August war das Grün in den Tälern müde geworden. Der Fels aber war immer noch warm.

Anfang September kehrte ich in die Schweiz zurück, um ein paar Artikel zu Ende zu schreiben. Ich brachte auch eine Wagenladung Ausrüstung und Verpflegung hin, die Guy nach Kathmandu mitnehmen sollte. Er flog ein paar Tage später als wir drei anderen, weil er seinen Bergführerkurs noch abschließen wollte. An der Schweizer Grenze verlangte der Zoll, daß ich das Auto ausräumte und das ganze Zeug in ein Gebäude zum Wiegen trüge. Ich verlor die Nerven und fuhr die Zöllner an, sie könnten mir den Buckel runterrutschen. Sie versicherten mir, daß das Geld zurückgezahlt würde, sobald Ausrüstung und Verpflegung wieder ausgeführt würden, wollten mich aber nicht einreisen lassen, ehe ich etwa vierhundert Franken Zoll bezahlt hatte. Als ich in Leysin ankam, stellte ich das Auto vor meiner Wohnung ab und bekam einen Strafzettel. Als ich es wegfuhr, drohte jemand in einem anderen Chalet, die Polizei zu rufen, weil ich ihren Parkplatz benutze. Am nächsten Tag wurde ich aus einem anderen Grund zur Polizei bestellt.

Während meiner Abwesenheit war in einer Walliser Zeitung ein irreführender Artikel über meine Kletterschule erschienen. Ich würde schweizerischen und ausländischen Führern Diplome ausstellen, hieß es darin. In Wirklichkeit hatte ich einen einzigen britischen Führer geschult; irgendein Diplom hätte ich gar nicht ausstellen dürfen. Zwei Leiter von schweizerischen Kletterschulen hatten jedoch protestiert und das unerbittliche Räderwerk einer bürokratischen Untersuchung in Gang gesetzt. Die Legitimität meiner Arbeitserlaubnis und mein Recht, eine Kletterschule zu betreiben, wurden in Frage gestellt. Ich fühlte mich nach diesen Auseinandersetzungen mit den Behörden ziemlich übel, denn sie störten den Frieden, den mir Leysin gegeben hatte, aufs empfindlichste. Die Freunde, die ich in Leysin gefunden hatte, und meine Liebe zu den Schweizer Bergen hatten mir bisher das Gefühl gegeben, dort zu Hause zu sein.

Die politischen Probleme meiner Arbeit in der Schweiz wurden dadurch, daß in England Hunde nach dem Schwanz der Gauri Sankar-Expedition schnappten, ganz und gar nicht erleichert. Ken Wilson, der frühere Herausgeber des *Mountain Magazine* und selbsternannter Wächter des moralischen Gewissens der britischen Alpinistenzunft und ihrer Politik hat eine feurige, direkte Art, die sehr unterhaltend für jene ist, die er gerade nicht angreift. Als Mitglied des *Mount Everest Foundation Management Committee,* das die Expedition unterstützte, hatte er Kritik an unserer Mannschaft geäußert. Für die Schwierigkeit dieses Berges sei sie zu schwach. Als sich John Barry, der Direktor des *Plas-y-Brenin Mountain Centre,* dem Team anschloß, hatte Ken als Mitglied des *Plas-y-Brenin Management Committee* erklärt, das Centre könne sich Johns Abwesenheit im Himalaya nicht leisten. Als Dennis Gray ausstieg und ich Guy Neithardt einlud, schlüpfte Ken wieder in seine Everest-Foundation-Rolle und kritisierte, daß Ausländer unterstützt würden.

Schließlich wurde John Barry von verschiedenen Seiten schwer unter Druck gesetzt, nicht mit uns zu gehen. Fünfzehn Tage vor unserer Abreise sandte er mir ein Telegramm, in dem er seine Beteiligung an der Expedition aufkündigte. Ich mußte einen Tag lang mit England telefonieren, Unterstützung zusammentrommeln und an Johns Gewissen appellieren, bis er sich schließlich entschied, bei seiner ursprünglichen Absicht zu bleiben und mit uns zu kommen.

In der letzten Woche vor unserer Abreise wurde mir bei einem Empfang in London ein Preis für mein Buch *The Shining Mountain* überreicht. Mein Vater, der trotz seiner Krankheit der Preisverleihung unbedingt beiwohnen wollte, kam mit meiner Mutter per Bahn aus Manchester. Auf eine traurige Art war ich stolz auf ihn. Auch Hilary flog für diesen einen Tag herüber. Unsere Beziehung hatte in diesem Sommer viele gespannte Momente erlebt, denn ich hatte nur wenig Zeit gemeinsam mit ihr verbringen können – wenig Zeit für die Pausen und den ständigen Gedankenaustausch, die erforderlich sind, wenn sich Liebe entwickeln soll. Die Trennung war hart, denn wir entwickelten und veränderten uns getrennt. Jetzt verurteilte ich sie von neuem dazu, zu warten und immer wieder auf Post zu hoffen. Sie war stark und verabschiedete sich ohne zu weinen, aber auch ohne zu lächeln.

Während der letzten Tage führte ich ein doppeltes Leben. In meinem Haus in New Mills herrschte das Chaos, als John und Tim mit Verpflegung und Ausrüstung kamen, die noch verpackt werden mußten. Das Telefon läutete ununterbrochen. Dann verließ ich die Gauri Sankar-Expedition in New Mills und besuchte Mutter und Vater, um mich mit ihnen zu unterhalten und mich zu entspannen. Die Gewißheit, daß sie beide, umgeben von Freunden, geschätzte Mitglieder einer Gemeinschaft waren, war für mich beruhigend. Ich wußte auch, daß mein Bruder regelmäßig von London hinfahren würde, um sie zu sehen.

Als Tim, John und ich von Heathrow abflogen, hegte ich die vage Hoffnung, daß sich alles zum Guten wenden und unsere Expedition sinnvoll erscheinen würde, sobald wir erst einmal am Fuß des Berges angelangt waren. Dennoch bedrückte mich ein schmerzliches Schuldgefühl. Ich wußte, daß ich mir selbst gegenüber nicht ehrlich gewesen war und drei Fragen vermieden hatte:

«Wird er sterben?»

«Wird er sterben, während ich fort bin?»

«Soll ich überhaupt fahren?»

Ein Bild ging mir nicht aus dem Sinn: Meine Eltern, wie sie mir in der Haustür zum Abschied zuwinkten, nachdem ich den Nachmittag apfelpflükkend in ihrem Garten verbracht hatte.

Dritter Teil

Gauri Sankar

16. Die Herausforderung

19. September–8. Oktober

Der Gauri Sankar hat für Hindus wie Buddhisten eine besondere religiöse Bedeutung. Sankar (der Nordgipfel) ist der Hindu-Gott Shiva. Er ist mit der Göttin Gauri (dem Südgipfel) verheiratet. Die südlich des Berges lebenden, buddhistischen Rolwaling-Sherpas können nur den Südgipfel sehen und nennen ihn Jomo Tseringma. Bis nach Sikkim hinein betrachten die buddhistischen Lamas die Tseringma als den heiligsten Berg der Sherpas.

1971 besuchte eine kleine Gruppe aus Norwegen das Dörfchen Beding im Rolwaling-Tal am Fuße des Berges und schlugen den Einwohnern vor, an die Behörden in Kathmandu ein Gesuch zu richten, ihr Gipfel solle vor «Eroberungen» und großen Expeditionen geschützt werden. Die Geste, wie beim Kangchendzönga die letzten Meter des Berges unbetreten zu lassen, genüge nicht. *Mountain Magazine* brachte das Foto eines Einwohners von Rolwaling, der die Petition mit seinem Daumenabdruck besiegelte. Mehr als alle Worte brachte dieses Bild zum Ausdruck, daß der Protest der Dörfler aufrichtig war – eine bedeutsame Geste dieser sonst so überaus toleranten Menschen.

Die Norweger gehörten zu den Begründern einer in den siebziger Jahren immer einflußreicher werdenden Denkschule namens *Friluftsliv*. Sie forderten, die Kletterei solle weniger wettbewerbsmäßig betrieben werden, und sie verlangten auch, der Alpinismus müsse Umweltgesichtspunkte besser berücksichtigen. Sie zogen Parallelen zwischen dem, was in den vorangegangenen hundertdreißig Jahren in den Alpen geschehen war, und dem, was sich in den letzten drei Jahrzehnten in Teilen von Nepal getan hatte.

Die unberührten Gipfel des Gauri Sankar waren ein ideales Symbol für die Prinzipien, für die sich die Norweger einsetzten, denn sie waren nicht nur für die am Fuße dieses Massivs lebenden Menschen von religiöser Bedeutung, sondern stellten auch für Bergsteiger in aller Welt eine Herausforderung dar. Gauri und Sankar waren zwei der letzten unbestiegenen Siebentausender im Himalaya. Das eindrucksvolle Profil des Berges überragte die Ebenen südlich der Himalaya-Kette, und alle Aufnahmen zeigten rasiermesserscharfe Grate, Lawinenhänge und senkrechte Wände. Für Bergsteiger in aller Welt war dieser Berg das «letzte ungelöste Problem» der Hochgebirgskletterei, und mehr als vierzig Expeditionen hatten die Erlaubnis beantragt, ihn zu besteigen. Eine Anzahl illegaler Versuche war unternommen worden, darunter der einer japanischen Gruppe, die im Herbst 1973 von den nepalesischen Behörden gestoppt wurde.

Gegen Ende des Jahres 1977 wurde der Gauri Sankar nach langem Zögern zusammen mit siebenundvierzig anderen Gipfeln wieder auf die Liste der «zugelassenen» Berge gesetzt. Einige Zeit war nicht klar gewesen, ob er überhaupt in Nepal lag. Die 1960 getroffene Vereinbarung zwischen Nepal und Tibet/China ging von der Wasserscheide als Grenze aus. Eine 1968 veröffentlichte, von Erwin Schneider erarbeitete Karte zeigte jedoch den Nordgipfel eindeutig in Tibet. Erst Anfang 1979 gestanden die Chinesen dieses nördliche Höhengebiet einschließlich beider Gipfel Nepal zu, während alle nördlichen und östlichen Grate und Zugangswege weiterhin unzweideutig für Tibet in Anspruch genommen wurden.

Die Regierung Nepals forderte, daß der Erstbesteigungs-Expedition mindestens zwei Nepalesen angehören müßten, von denen einer dem Gipfelteam anzugehören habe.

Al Read war Präsident von *Mountain Travel Nepal* in Kathmandu. Diese Position ermöglichte ihm die erste erfolgreiche Bewerbung unter dem neuen Reglement. Im Hinblick auf die Bedeutung des Gauri Sankar stellte er eine Expedition aus fünf nepalesischen Sherpas und fünf Amerikanern zusammen. Als stellvertretenden Leiter wählte er Pertemba Sherpa aus, meinen Kameraden vom Everest. Im Frühjahr 1979 war die Expedition dann auch erfolgreich, wobei ein Amerikaner und ein Sherpa auf das Betreten auch der letzten Meter des höheren Nordgipfels nicht verzichten mochten.

Nachdem der Nordgipfel nun bestiegen war, war die Bestimmung, die nur Expeditionen unter nepalesischer Beteiligung erlaubte, überholt. Dennoch wollten wir einen Sherpa in unsere Gruppe aufnehmen, um so den Geist der Kooperation mit den Nepalesen zu stärken. Ein Sherpa konnte uns helfen, den Berg in einer Art zu besteigen, die seiner religiösen Bedeutung so weit wie möglich Rechnung trug. Unsere «Leichtgewichts»-Expedition würde, so hofften wir, kaum Spuren auf dem Berg hinterlassen.

Im Gebäude der Sherpa-Kooperative in Kathmandu trafen Tim, John und ich Mitglieder einer norwegischen Expedition. Zu ihnen gehörte auch Nils

Faarland, einer der ersten Protagonisten von *Friluftsliv*. Er war großgewachsen und trug Bundhosen, Pelzanorak und Seidenhalstuch, eine Bekleidung, die zu unseren T-Shirts und Drillich-Shorts in einem nicht zu übersehenden Kontrast stand. Sein kurzer Haarschnitt akzentuierte noch den etwas traurigen Ausdruck seines Gesichts.

Nils bat uns, den Südgipfel nicht zu betreten, sondern nur so weit zu steigen, daß wir vernünftigerweise für uns in Anspruch nehmen konnten, den Berg erklettert zu haben. Die Norweger wollten den Numbur, einen anderen heiligen Berg, angehen. Nils bekannte, sie seien sich über seinen Status erst klar geworden, als die Vorbereitungen für die Expedition schon sehr weit gediehen waren. Wir fragten ihn, ob er kein Schuldgefühl dabei empfinde, einen heiligen Berg zu betreten.

Langsam und betont, als diktiere er eine Erklärung, antwortete Nils: «Doch. Ich wünschte, ich hätte das gewußt. Jetzt jedenfalls fühlen wir uns veranlaßt, diese Expedition auf die bestmögliche Weise, nämlich in einem alternativen Stil durchzuführen. Wir führen nur Ausrüstung aus Naturfasern mit; wir haben keine Nylonbekleidung und benützen fast keine aus Stahl oder Aluminium gefertigten Gegenstände. Wir wollen weg von der Techno-Kultur. Deswegen verwenden wir Ausrüstung, welche die Natur so wenig wie möglich beeinträchtigt und gleichzeitig dauerhaft und für unsere Zwecke geeignet ist. Die Kluft zwischen Mensch und Natur wird immer tiefer. Wir bemühen uns, sie wieder zu schließen.»

«Habt ihr keine Nylonseile?»

«Doch. Wir wollten Seidenseile mitnehmen, aber es ging nicht. Vielleicht in Zukunft.»

«Gibt es viel, das ihr eigens habt anfertigen lassen?»

«Nein. Wir kauften alles in Geschäften und zu Einzelhandelspreisen. So können wir uns aus dem ‹Zirkus› heraushalten. Wir finden es nicht richtig, daß die Hersteller, nur um verkaufen zu können, immer wieder neue Modelle herausbringen und Himalaya-Expeditionen für ihre Werbung einspannen.»

«Das muß euch ja ein Vermögen gekostet haben!»

«Zum Glück ist Arne Naess, unser Boß, Schiffs- und Finanzmakler. Deswegen brauchen wir uns um Geld keine Sorgen zu machen, sondern können uns auf Wichtigeres konzentrieren. Mit einer Anzahl Lamas habe ich darüber gesprochen, wie wir am besten vorgehen sollten. Sie sagen, man dürfe einen heiligen Berg, den man respektiere, nicht aggressiv angehen. Vielmehr sollten wir in den am Wege gelegenen Klöstern um Segnung der Expedition bitten, uns dem Berg mit positiven Gedanken und offener Seele nähern, mit ihm zu leben versuchen und unsere Zelte als transportable *Gömpas* verstehen.»

«Wie entscheiden Sie denn, welche Berge nun heilig sind?»

«Ja, das ist eben die Frage. Am besten wäre es, man erklärte die ganze Natur – Flüsse, Meere, Wälder – für heilig. Aber nur noch ein paar Berge sind heute unberührt. In der Regel sind heilige Berge ständig mit Eis und Schnee bedeckt und haben doppelte Gipfel. Aber besser als an diesen

Äußerlichkeiten erkennt man einen heiligen Berg an den Gefühlen, die er erweckt – Kraft, Angst oder Freude.»

«Daß der Gauri Sankar heilig ist, hat uns gegenüber in Kathmandu noch niemand erwähnt.»

«Es kommt eben darauf an, wie sehr ein Mensch mit seiner ursprünglichen Kultur verbunden ist. Viele Hindus und Sherpas, vor allem diejenigen, die durch den Tourismus und technische Hilfsprogramme schon länger in Kontakt mit Menschen unseres Kulturkreises stehen, sind so sehr von unserer westlichen Geisteshaltung, die keine Verbindung mehr mit der Natur hat, beeinflußt, daß sie die Existenz heiliger Berge schlichtweg leugnen.»

Nils sprach mit großem Nachdruck weiter. Als wir uns von ihm verabschiedeten, hielten wir ein Taxi an.

«Solche Maschinen benutze ich nicht; ich gehe lieber», erklärte Nils.

«Ob der wohl zu Fuß von Norwegen hermarschiert ist?» fragte John, als wir losfuhren.

«Wenn er Zahnschmerzen hat, geht er aber bestimmt zum Zahnarzt», sagte ich.

«Dämlicher Sack.»

«Ihre Einzelzimmer im *Yak and Yeti* müssen sie ein Vermögen kosten.»

Das *Yak and Yeti* war ein luxuriöses Hotel im Hilton-Stil. Wir übernachteten im *Himalayan View.* Dort gab es die billigsten Zimmer mit Dusche, die wir hatten finden können.

Nils beschäftigte uns immer noch. «Ein Spinner.»

Aber beeindruckt hatte er uns trotz allem.

«Eines muß man ihm lassen», sagte John. «Er glaubt, was er sagt.»

Unsere Fähigkeit zur Verarbeitung geistiger Fragestellungen war allmählich erschöpft. Wir wollten die prosaischeren Details unserer Expedition diskutieren; außerdem verspürten wir ein Bedürfnis nach leichter Unterhaltung.

«Kriegsrat», empfahl John.

«Die Entscheidung wird bei einem Glas Bier getroffen», verkündete ich.

«Aye, aye, Captain.»

Wir gingen ins Dachrestaurant der *Yellow Pagoda* und beobachteten bei nepalesischem Bier den Sonnenuntergang über der Stadt.

«Diese nepalesischen Puppen sind wirklich toll», kommentierte John. «Nur einsfünfzig groß, aber eins vierzig davon sind LÄCHELN.»

Wir stiegen in den Metallkäfig des Hotelaufzugs. Ich war skeptisch. «Das muß ein Relikt aus der Rana-Dynastie sein, ein wirkliches Museumsstück», sagte ich. Ich erklärte das Verhalten beim Aufzugabsturz. «Man hüpft immer wieder hoch. So hat man eine fünfzigprozentige Chance, in der Luft zu sein, wenn die Kabine aufprallt. Ist das der Fall, fällt man nur knapp einen Meter.»

Durch diesen Vorschlag angeregt, fing John an zu hüpfen, als sich der Lift in Bewegung setzte. Der Aufzug schwang auf und ab wie ein Jo-Jo.

«Hör auf damit, John! Das tut man doch nur im Notfall!»

Dreißig Meter über dem Erdgeschoß kam der Lift ruckelnd zum Stehen.

Der Fußboden eines der Stockwerke lugte in Kopfhöhe durch das Gitter herein.

«Was hast du denn da angestellt, Menschenskind. Wahrscheinlich ist das Kabel von der Rolle heruntergehüpft», schimpfte ich.

Wir fingen an, um Hilfe zu rufen. Dutzende von Beinpaaren erschienen aus dem Nichts, plapperten aufgeregt auf Nepali und stiegen vor unseren Nasen herum. Panik im Blick, stemmte ich die Beine links und rechts gegen die Käfigwand, hielt mich in der Luft und wartete auf den Absturz. Tim schien meine Nervosität ratlos zu machen; John fand sie lustig und lachte aus vollem Halse. Eine Stunde später kam ein Mechaniker, löste die Geheimnisse des hängengebliebenen Kabels und hob die Kabine an, so daß wir sie verlassen konnten. Wir stiegen durchs Treppenhaus ab.

«Du hattest wirklich Schiß», sagte Tim.

Ich schämte mich, als hätte ich bei irgendeinem Mannbarkeitsritual versagt.

Während der ersten paar Tage in Kathmandu hatten wir schier endlosen Verwaltungskram zu bewältigen – wir mußten zur britischen Botschaft, brauchten Visa, Reisegenehmigungen, Versicherungen. Außerdem mußten wir uns noch um Ausrüstung und Nachrichtenverbindungen kümmern. Ich vereinfachte die Vorbereitungen dadurch, daß ich Aufgaben delegierte. Fünftes Mitglied unseres Teams war Pemba Lama, unser Sherpa-*Sirdar,* der an der Everest-Tour von 1975 sowie an sieben weiteren Himalaya-Expeditionen teilgenommen hatte. Pembas Hilfe machte das Einkaufen leicht; wir planten zusammen mit ihm, was wir an Lebensmitteln und Ausrüstung brauchten, und gaben ihm Geld. Er verschwand dann im Basar und besorgte die Sachen.

Als unser Vormann wurde Pemba auch mit der Aufgabe betraut, einen Sherpa-Koch und einen Kochjungen anzuheuern. Allerdings gefiel mir der Koch nicht; er wirkte verschlagen. Ich verließ mich auf meinen ersten Eindruck, denn oft kann man den Charakter eines Sherpas von seinem Gesicht ablesen.

Ich wurde also bei Pemba vorstellig. «Schließlich handelt es sich um den wichtigsten Job der ganzen Expedition.»

Allem Anschein nach war Pembas Wahl entweder durch Familien- oder andere Interessen beeinflußt worden. Am nächsten Tag war alles geregelt. Pemba stellte uns Dawa, den neuen Koch, vor.

«Und was ist mit dem anderen, Pemba?»

«Der ist krank und kann leider nicht mit», kam grinsend die Antwort.

Pemba war groß und gut gebaut. Sein breites, freundliches Lächeln ließ einen Goldzahn sichtbar werden, ein Andenken an einen Motorradunfall. Im allgemeinen klettern Sherpas für Geld, nicht aus Spaß. Von Mike Cheney wußten wir aber, daß es sich bei Pemba anders verhielt. Er war ein ehrgeiziger Bergsteiger, und Mike bat uns, Pemba wenn möglich zu erlauben, daß er uns zum Gipfel begleitete. Pemba war bemüht, seinem Ruf gerecht zu werden; er wußte sehr wohl, daß ihm das Prestige des perfekten Bergsteigers bei seiner Karriere viel half. Pembas Familie war ein Tiefland-Clan von

Sherpas aus Solu. Die Khumbu-Sherpas wie Ang Phurba und Nima Tensing hingegen lebten in höher gelegenen Gegenden. Wie viele Angehörige der modernen Sherpa-Generation behielt Pemba sein Haus in seinem Heimattal bei, hatte aber im Herzen von Kathmandu Räume gemietet. Dorthin lud er uns ein, zu Mittag zu essen und seine Frau kennenzulernen. Wir suchten uns unseren Weg durch ein Gewirr von Gassen und Höfen, traten in einen Korridor und stiegen eine gewundene Treppe hinauf. In einer Ecke sahen wir einen buddhistischen Altar, Butterlampen und einen hochwertigen Kassettenrekorder nebst vielen Kassetten mit westlicher Musik.

Wie alle Sherpas war Pemba ein geschickter, fröhlicher Absahner von Expeditionsfinanzen. «Gebühren», «Vorauszahlungen», «Kautionen» – er handelte um alles und jedes. Was Nils gesagt hatte, hatte unser Gewissen beeinflußt, und wir zahlten für heiligen Reis und bunte Gebetsfähnchen und stifteten Geld für ein Kloster in Kathmandu, wo ein Lama unsere Expedition gesegnet hatte. Dann schloß sich auch unser Verbindungsoffizier, ein hinduistischer Unterinspektor der Polizei von Kathmandu, den Forderungen nach Ausrüstungsgegenständen und Vorauszahlungen an. Er hieß genau wie der Berg, den wir angehen wollten, Sankar Pradan. Mike Cheney spielte bei allen diesen Verhandlungen eine Mittlerrolle. Er war in einer unguten Position. Als Angestellter der Sherpa-Kooperative mußte er die Interessen der Sherpas vertreten und darauf hinarbeiten, daß wir so viele wie möglich von ihnen beschäftigten. Als Engländer mußte er aufpassen, daß er das Vertrauen, das wir ihm entgegenbrachten, nicht enttäuschte. Mike war früher Darjeeling-Teepflanzer gewesen. Er war klein und dünn, hatte eine gewaltige Hakennase und trug pluderige Militärshorts. In England hatte er nie gearbeitet. Er gehörte zu jener nie aussterbenden Art von Engländern und Engländerinnen, die mit einem nostalgischen Hunger geboren werden, der nur im Osten gestillt werden kann. Nepal hatte ihn ganz und gar absorbiert.

Sankar verlangte ein Zelt von uns.

«Versuch bloß nicht, deinen Rang auszuspielen, Junge», sagte John.

«John war Hauptmann», erläuterte ich.

Als Polizeileutnant in Kathmandu verdiene er nur einundzwanzig Rupien (etwa drei Mark) im Tag, erklärte er. Das war gleich viel, wie wir unseren Trägern beim Anmarsch zahlten. Aber Bettelei sei das nicht. So stehe es in den Vorschriften. Wir bemühten uns um die Vermittlung des Fremdenverkehrsministeriums. Ja, wurde uns bestätigt, wir müßten ihm ein Zelt kaufen.

Im Tourismusministerium trafen wir auch Arne Naess, den Leiter der norwegischen Numbur-Expedition. Er war zweiundvierzig Jahre alt, dynamisch und drahtig, hatte seinen Wohnsitz in London und schien der alpinistischen Philosophie – und dem Humor – der Briten näher zu sein als Nils. Das zweitausendneunhundert Kilo schwere Gepäck seiner Expedition war in Delhi steckengeblieben, und er war im Begriff, dorthin zurückzufliegen, um sich darum zu kümmern.

Unsere Expedition war nun startbereit. Wir mieteten einen Bus und schichteten unser Gepäck hinein, gefolgt von frischem Gemüse. Dann kamen unsere Sherpas und zahlreiche andere, unidentifizierbare Reisegenossen, die eine freie Fahrt nach Barahbise machen wollten, wo wir unsere Träger zu rekrutieren beabsichtigten. Wie es schien, hatten wir mehr Kassetten (zweiundvierzig) dabei als irgendein Stück alpinistischer Ausrüstung, Haken und Karabiner mit eingeschlossen.

«Sieht wunderbar aus!» rief John. «Alles nur von Schnur, Riemen, Hoffnung und viel Glück zusammengehalten.»

Sankar kam an, von seiner Frau und Verwandten mit Abschiedskränzen behängt. Die Freunde Dawas, des Kochs, hatten ihn den ganzen Morgen mit *Chang* traktiert; er war angetrunken und regte sich panisch über verlorengegangenes Gepäck auf. Das machte ihn John, der die Symptome gut kannte, sympathisch.

«Einziges Mal Sherpa kann sich nicht helfen, wenn betrunken», ließ Pemba wissen.

Alles war bereit.

Nur Guy war nicht da. Wir hatten ihn schon am Tag zuvor, am 24. September erwartet, doch war er weder da noch an diesem Morgen mit dem Flugzeug aus Delhi gekommen. Tim erbot sich, zusammen mit Pemba nach Barahbise und zurück zu fahren, und wir baten die Sherpas, die Träger dort bis zu unserer Ankunft zusammenzuhalten.

«Wenn ich so jung wäre wie Tim, wäre ich mitgefahren», sagte John, als das Fahrzeug davonratterte, «aber nach zwölf Stunden im Bus bei dieser Hitze ist mir nicht gerade zumute.» Er wandte sich Sankar zu. «Abgeblasen, Lieutenant.»

Unfroh über diese Wendung nach allen Abschiedsformalitäten ging Sankar widerstrebend nach Hause.

Die Tage in Kathmandu trieben vorbei – und damit die Zeit, kostbare Zeit. John wurde zum Chef-Sucher bestellt. Bewaffnet mit einer kurzen Beschreibung von Guy und ausgerüstet mit etwas elementarem Französisch, fuhr er zweimal im Tag mit dem Taxi zum Flughafen in der Hoffnung, Guy würde sich zeigen.

Im Februar 1977 hatte ich John bei einer Bergführerprüfung am Ben Nevis kennengelernt. Im Gegensatz zu anderen Soldaten, denen ich in den Bergen begegnet war, hatte er entschlossen und rasch bewiesen, daß er ein begeisterter und fähiger Amateurkletterer war. Auf sein Soldatentum war er stolz. Wir diskutierten lange über den moralischen Wert des Mutes. Für mich nahm Mut die unterste Stufe auf der Wertskala ein. Ich führte an, das graue Einerlei des alltäglichen Lebens biete mehr Gelegenheit, Mut zu beweisen, als die auf den ersten Blick eindrucksvollen Schwarz-Weiß-Probleme am Berg oder auf dem Schlachtfeld, und daß Mut oft nur ein beschönigender Ausdruck sei für ein Gemisch aus Wut, Stolz, körperlicher Stärke und Sturheit. Obwohl John inzwischen die Königliche Marine verlassen hatte, um Direktor von Plas-y-Brenin zu werden, fühlte er sich idealistischen Kriegertugenden immer noch sehr verpflichtet: der Bereitschaft zum Opfer für eine gemeinsame Sache, disziplinierter Unterordnung unter höhere Rangstufen, der Einsicht, daß man im Augenblick der Gefahr keine Angst zeigen dürfe und vor allem einer sehr starken Betonung von Freundschaft und Vertrauen zwischen Männern.

John liebte es, mich mit seinem Militärslang zu löchern. «Aye, aye, Captain», sagte er, wenn einer meiner Vorschläge seine Zustimmung fand, und wenn ich ihn um seine Meinung fragte, antwortete er: «Was ich denke? Gar nichts.» Oder: «Erwarte Orders, Capt'n. Brauche Einweisung.»

Zu seiner großen Enttäuschung bestanden die einzigen Befehle, die er von mir bekam, aus ein wenig Gemurmel. Gegenüber dem Tabu, das am Kangchendzönga auf der Frage der Führerschaft gelegen hatte, bedeutete dies eine geradezu lustige Umkehrung. Endlos diskutierten wir Bedeutungsnuancen zwischen «Freundschaft» und «Solidarität». John und Tim waren von meinen Erzählungen über unsere «Hochgebirgs-Manöver» am Kangchendzönga und bei anderen Expeditionen entsetzt. Mir wurde klar, daß ich zuviele Expeditionen mit den gleichen Leuten gemacht hatte. Dieses Mal mußte ich ganz von vorne anfangen.

Auf unseren Spaziergängen plauderten John und ich so viel, daß Tim überhaupt nicht zu Wort kam. Auf der Hindukusch-Expedition von 1972 war ich im gleichen Alter gewesen wie er; wie schockiert ich gewesen war, als ich zum ersten Mal ein asiatisches Elendsviertel kennenlernte, war mir noch in lebhafter Erinnerung. Ich projizierte diese Erinnerungen auf Tim, doch der behielt seine Ansichten für sich. Was den Humor betraf, so war er nicht ganz auf unserer Wellenlänge – oder bevorzugte er eine höhere Ebene?

Am 27. September befand sich Guy nicht unter den Passagieren der Morgenmaschine. Am Nachmittag gingen wir alle zum Flughafen. Die Norweger waren da. Ihr Gepäck war gekommen, und man verlangte von ihnen sechzehntausend Mark Zoll.

«Warum habt ihr keinen niedrigeren Wert angegeben?» fragte ich.

Mit betrübter Resignation nahmen sie diesen «Tribut an den König» hin. Wieder war Guy nicht gekommen. In unseren Gesprächen nahm er die Rolle eines Erzdämons an, und die anderen begannen allmählich zu zweifeln, ob ich bei der Auswahl der Teammitglieder den richtigen Griff getan hatte. Wir beschlossen, noch rasch einen Teil der Seile und Zelte, die er hätte mitbringen sollen, zu besorgen und am folgenden Mittag ohne ihn aufzubrechen.

«Flexibilität, eines der wichtigsten militärischen Prinzipien», verkündete John.

Als wir nach dem Verlassen des Flugplatzes in ein Taxi einsteigen wollten, um in die Stadt zurückzukehren, sahen wir den Gauri Sankar zum ersten Mal. Zweihundertzehn Kilometer entfernt, glühte der Berg in der untergehenden Sonne. «Absolut phantastisch!» Unser Stimmungsbarometer stieg kräftig.

Ich verstand, warum man den Gauri Sankar so lange für den höchsten Berg der Welt hielt und warum er mit dem Everest verwechselt wurde, der weit im Osten lag und für uns außer Sicht war. Die Großartigkeit des Gauri Sankar war für uns eine Herausforderung. Für mich bedeutete der Anblick dieses Berges einen Wendepunkt; er flößte mir Zuversicht ein.

Am folgenden Morgen rief John vom Flughafen an. «Guy ist da. Ja, wir

ANMARSCHWEG ZUM GAURI SANKAR

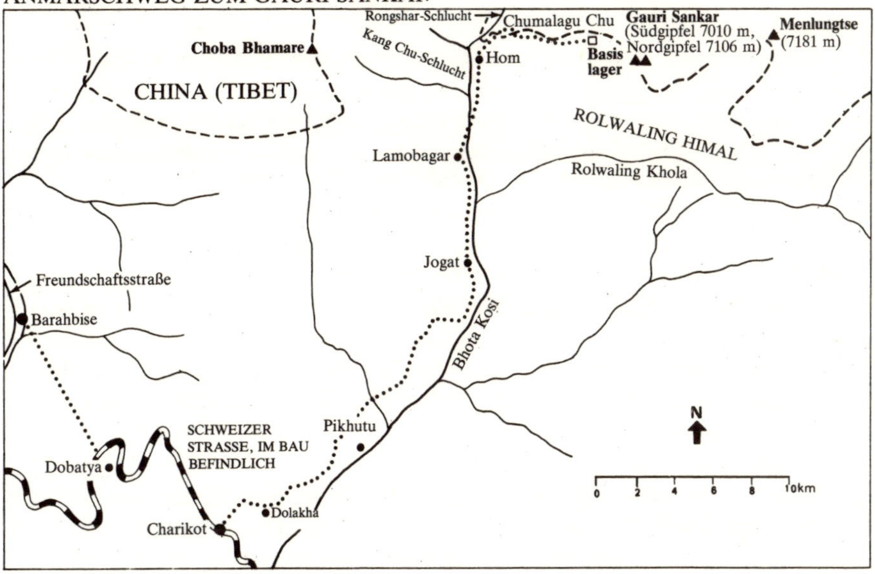

haben das ganze Zeug durch den Zoll gebracht, und zwar gratis. Im Kopf muß man's eben haben. Er hat eine Reise von homerischer Dramatik hinter sich, dagegen war unser Weg hierher die reinste Erholung. Feuer im Flughafen von Bombay, Verzögerungen, Umleitungen, alles mögliche. Ich bin noch nie so froh gewesen, jemand zu treffen, den ich mein ganzes Leben noch nicht gesehen habe. Zum siebten Mal bin ich jetzt hier. Er ist völlig erledigt, aber er spricht perfekt Englisch!»

Endlich war die Mannschaft beisammen. Guys Füße hatten noch kaum den Boden berührt, als er schon mit Tim, John, Pemba, Sankar und mir in den Landrover der Sherpa-Kooperative verladen wurde. Auf der Straße von Kathmandu zur tibetanischen Grenze – sie war nach dem im April 1960 unterzeichneten Friedens- und Freundschaftsvertrag zwischen Nepal und China erbaut worden – fuhren wir drei Stunden nach Norden.

Barahbise war der äußerste Vorposten des Gebietes, wo Bier zu erhalten war. Wir genossen die letzten Tropfen. Auch zwei mittelalterliche amerikanische Ladys waren zugegen. Sie trugen dickes Make-up, waren schwer mit Juwelen behängt und schlürften Coca-Cola.

«Barahbise ist doch was anderes als New York», scherzte John fröhlich. Die Damen waren im Taxi an der tibetanischen Grenze gewesen und blieben nur ein paar Tage in Nepal, ehe sie nach Bali abreisten.

Die vierzig Träger, die vier Tage gewartet hatten, waren drauf und dran, zu desertieren, aber wir lächelten nur, als ihr Vormann Nykay kam, um sich zu beschweren. Nykay war ein Sherpa aus dem Rolwaling-Tal. Er trug eine flache chinesische Mütze, die ihm das bedrohliche Aussehen eines fernöstlichen Guerillas verlieh. Unsere Zelte wurden aufgestellt, die Lasten der Träger waren bereit, und Dawa brachte uns einen Topf Tee. Er hatte das Kochzelt wie eine gut gedrillte Brigade organisiert – sehr zum Gefallen Johns.

Am Morgen hängte uns Pemba Stücke purpurner Schnur um den Hals. «Von Lama, Kathmandu. Sein Segen – nicht wegtun», erklärte er. Pembas Vater war Lama im Kloster von Junbesi, und dies verlieh seinen Instruktionen Autorität. Der Tag war heiß und der Weg steil, weshalb unser reichlich vergossener Schweiß die Farbe aus den Schnüren herauswusch und unsere T-Shirts mit alarmierenden Blutflecken verzierte.

«Eine so lustig zusammengesetzte Truppe hatte ich bisher noch nie», sagte ich.

«Der Stämmige, der Große, der Kurze und der Dünne», erwiderte John.

«John ist kräftig und kurz, Guy groß und dünn, Tim dünn und kurz, und ich bin normal», sagte ich.

Wir diskutierten im Gehen.

John und Guy versuchten, Lasten der Träger zu schleppen. Während sie mit aus den Höhlen tretenden Augen und vor Anstrengung zitternden Nacken herumtaumelten, stapfte ein kleiner Junge von etwa neun Jahren mit einer ähnlich gewaltigen Last vorüber.

«Das kann ihm doch wirklich nicht guttun.»

«Ich glaube, wir sollten Nykay sagen, daß er ihn auszahlen soll.»

Dann kamen vier schwerbeladene barfüßige Mädchen vorbei. «Ich weiß nicht, wie sie das machen», staunte John. «Da würde es Frauenrechtlerinnen die Sprache verschlagen, wenn sie die sähen.»

Guy war von seiner Reise noch völlig benommen. «Ich weiß noch gar nicht recht, wo ich eigentlich bin», klagte er. «Mir kommt es vor, als sei ich irgendwo in Asien mit dem Fallschirm abgesprungen.» Wir zeigten ihm unsere Position auf der Karte.

Pemba und Sankar erschreckten uns mit der Mitteilung, «diese Träger und überhaupt alle Leute hier» seien Räuber, und wir verteilten uns über die ganze Karawane, um unsere Sachen nicht aus den Augen zu lassen.

«Keine Gruppen bilden, Freunde. Wenn die 'ne Handgranate schmeißen, erwischen sie uns alle zusammen», bellte John.

Von den Reisterrassen stiegen wir durch den Dschungel tausend Meter zu einer mit Rhododendren bestandenen Gegend auf. Am 30. September erreichten wir bei kühlem, nebligem Wetter einen Grat und feierten das Ereignis mit Hirsegeist oder *Rakshi,* der berühmt war für seinen Geschmack nach Essig und schmutziger Tischwäsche.

Mir war die Rolle des Hypochonders der Expedition zugefallen. Zur großen Erheiterung Johns vermied ich peinlich alle kriechende Fauna und jedwedes irgendwie zweifelhafte Getränk oder Lebensmittel. Dafür bespöttelte ich seine Ungeschicklichkeit und Geistesabwesenheit. Er hatte seine Uhr verloren und mit einer Kerze ein Loch in ein Zelt gebrannt. Außerdem hatte er vergessen, aus Nord-Wales Suppen, Ferngläser, zwei Zelte und detaillierte Aufzeichnungen über den Anmarschweg mitzubringen.

«Kein Wunder, daß du eine Frau geheiratet hast, die gleichzeitig Kindermädchen bei dir spielen kann!» höhnte ich. Gespräche mit John glichen Gefechten mit schweren Säbeln; jeder von uns beiden versuchte, den Panzer der Anmaßung des anderen zu durchdringen. Eines Morgens ging das Hickhack zu weit und nahm körperliche Formen an.

Ich plagte mich hinter John einen steilen, matschigen Hang hinauf. Als er eine schlafende Schlange entdeckte, schleuderte er sie mit seinem Regenschirm schnell nach hinten. Das Reptil ringelte sich um mein Bein, und ich tanzte herum, bis ich es wieder abgeschüttelt hatte. Ich war außer mir und verabreichte John einen wuchtigen Schlag mit dem Skistock.

«Hier gibt es giftige Vipern!»

«Die war nicht giftig, das konnte man an der Form ihres Maules sehen», ließ Guy sich vernehmen.

«Meine letzte Tour wurde durch eine solche Gedankenlosigkeit fast kaputtgemacht», schrie ich. «Wie, wie ...» Ich suchte nach dem richtigen Epitheton. «Wie kindisch, wie unprofessionell!»

Die anderen röchelten förmlich vor Lachen, als ich davonstelzte und über eine Stunde lang schmollte. Ich hörte auf, den verschrobenen Hypochonder zu spielen, und John warf nicht mehr mit Schlangen nach mir.

Fast einen Tag lang gingen wir eine unbefestigte Straße entlang, welche die Straße von Kathmandu nach Tibet im Westen mit dem Dorf Jiri im Osten verband. Es handelte sich um ein schweizerisches Entwicklungshilfe-Projekt, das vor zwei Jahren begonnen worden und jetzt halb fertig war. Wir bestaunten die vielen tausend Terrassen. Ihr lebhaftes Monsun-Grün hob sich von den Vorbergen unterhalb ab, und das weiche, schräg einfallende Sonnenlicht akzentuierte die Linien und Wellen der Vegetation. Reis wuchs offenbar bis tausendachthundert Meter Höhe – Reis, der im Juni, also vor dem Monsun gepflanzt worden war. Stattliche, chaletartige Häuser punktierten die Hänge und bildeten einen scharfen Kontrast zu der Armut, die uns in den vorangegangenen Tagen begleitet hatte. Was aber war der Preis dieser äußerlichen Prosperität?

Das Erosionsproblem war hier so katastrophal wie nirgends sonst auf der Welt. Die Mittellagen von Nepal waren einst mit Wäldern bedeckt. In den vergangenen fünfundzwanzig Jahren jedoch hatte man über die Hälfte des Landes abgeholzt, um Brennstoff und Agrarland für die rapide zunehmende Bevölkerung zu gewinnen. Im Golf von Bengalen entsteht mittlerweile aus dem weggewaschenen Boden von Nepal eine riesige Insel. In seinem Buch *Stones of Silence* schreibt George Schaller tief besorgt und betroffen:

> *Der größte Export von Nepal ist Erde. Jahr für Jahr tragen seine Flüsse sechzig Milliarden Tonnen davon nach Indien. Falls Nepal seine Wasserscheiden nicht schützt, bleibt bald kein fruchtbarer Boden mehr übrig. Wenn der Mensch erst einmal zerstört hat, was die Berge ihm schenkten – Wälder und Boden –, ist keine Rettung mehr möglich.*

Bei dem kleinen Ort Charikot verließen wir die Straße. Junge Burschen in westlicher Kleidung wollten uns überreden, den Dorfzwerg zu fotografieren. Ihr Gekicher kontrastierte mit der frischgesichtigen Unbekümmertheit der Kinder in Dolakha, wo wir am Abend unser Lager aufschlugen. Sie kamen von ihrem am Hang gelegenen Fußballfeld herüber, um ihr Englisch zu üben: «How are you?» «Where are you going?» «We are very hungry, you give us rupees.» 1975 hatte ich auf dem Weg zum Everest auch dort kampiert, und die Konversation war die gleiche gewesen.

Das Dorfleben näherte sich dem Höhepunkt des zehn Tage langen, wichtigsten nationalen Festes in Nepal; es trägt neben vielen anderen Bezeichnungen auch die Namen Durja Puja oder Dassera. Hohe hölzerne Schaukeln aus fasrigen Schnüren waren die Hauptattraktion des Fests. Auf unserem Pfad hatten wir viele von ihnen passiert und gesehen, wie junge Männer, darunter auch unsere Träger, energisch und mit einer Art Wettbewerbsgeist darauf in den Himmel geschleudert wurden, wobei sie brüllten vor Lachen. Wann immer sich eine Gelegenheit bot, versuchten auch wir es. Die Schaukeln waren derart umkämpft, daß die zusehenden Kinder nur selten eine Chance hatten, sie zu benutzen!

An diesem Abend tönten Trompeten und Trommeln, Zimbeln und Gongs den Hang herauf. Sankar erklärte uns die Bedeutung des Fests für die Hindus. Man feiert die Rettung der Göttin Durga aus den Klauen des neunköpfigen Büffel-Dämonen Mahisasoor. Nach neun Tagen Gebet tötet der Gott Rama am zehnten Tag den Dämon, und das Gute triumphiert über das Böse.

«Auch ich habe in Kathmandu die Hindu-Filme gesehen», lachte Pemba.

Mir war nicht klar, ob er deswegen lachte, weil unser Interesse ihm peinlich war. Glaubte er, Menschen aus dem Westen und seine Sherpa-Generation sollten sich nicht herbeilassen, sich mit so altmodischem Aberglauben zu beschäftigen? Oder meinte er, Religion müsse nicht unbedingt etwas Ernsthaftes sein?

«Wie ich höre, ist der Gauri Sankar ein sehr heiliger Berg», erwähnte ich bei einem Gespräch mit Sankar.

Er sah abrupt auf. «Wer hat das gesagt?» fragte er.

Am folgenden Morgen schritten wir im Schutz unserer hellfarbenen Golfschirme die gepflasterte Straße von Dolakha entlang.

«Heute ist der Tag des Jahres, an dem alle Leute sich waschen und ihre Kleider wechseln», erläuterte Sankar. Er selbst war wie gewöhnlich makellos angezogen, sein Haar sauber gekämmt und gescheitelt. Durch offene Türen sahen wir Frauen fegen und schrubben. Nackte Kinder planschten herum und wuschen ihre Kleider in Wassertrögen. Alle hatten sich die Stirn mit gefärbtem Reis und mit Blütenblättern geschmückt. Die Bevölkerung ließ sich durch unsere Anwesenheit nicht bei ihrem gemächlichen Treiben stören. Ebensogut hätten wir unsichtbar sein können. Wir folgten Sankar zum Tempel. Dunstschwaden umwehten uns, und die Gebäude tropften vor Feuchtigkeit. Wir kamen an farbig bemalten Löwenfiguren vorbei.

«Dieser Tempel ist dem Gott des Mutes geweiht; er reitet die Löwen», sagte Sankar.

«Mut – davon brauchen wir auch 'ne Portion», seufzte John.

Ein langhaariger alter Mann saß mit untergeschlagenen Beinen auf einer kleinen umfriedeten Plattform aus rotem, getrocknetem Lehm, klingelte mit Handglöckchen, sang Gebete und starrte in Trance vor sich hin. Sankar bot mir an, meine Stirn mit farbigem Reis zu verzieren, aber ich wehrte ab. Guy schrieb in sein Tagebuch:

Wir verlassen nun diesen Ort. Alles ist seltsam hier. Pete zeigt sein Vertrauen zu uns mit offenem Lächeln, aber innerlich ist er unruhig. Wir sind alle etwas nervös. Haben uns die Göttergeschichten von gestern abend derart beeindruckt? Auf Petes Wunsch hin sahen wir alle nach, ob wir die Glücksschnüre noch um den Hals hängen hatten. Uff! Damit uns der Zorn der Götter nicht trifft! Wie man's auch nimmt, die Atmosphäre war eigenartig. Ich werde den Gedanken nicht los, daß eine Gruppe von Menschen in religiöser Trance irgend etwas ausstrahlen könnte. Teilen sich diese Vibrationen uns mit, oder spielt uns nur unsere überreizte Phantasie einen Streich?

Die tausend Meter Abstieg zum Bhota Kosi – dem «Fluß, der in Tibet entspringt» – gingen uns schwer in die Knie, aber wir schafften die Passage sehr rasch. Diesem Fluß mußten wir anschließend folgen. Erstaunlich, wie sich die Landschaft innerhalb von zwei Stunden veränderte. Der Anblick einer sich von Baum zu Baum schwingenden Affengruppe erheiterte uns. John wünschte sich, daß Bounce, sein kleiner Junge, sie hätte sehen können. In dieser Nacht kampierten wir bei Pikhutu auf einer sandigen Wiese am Fluß.

In der Dämmerung kam aus einem eine Stunde weiter oben am Berg gelegenen Dorf ein Paar herunter. Es brachte ein Baby mit schrecklichen Verbrühungen an Kopf, Hals und Brust mit. Mindestens dreißig Prozent seiner Haut waren geschädigt. Wir fragten, wann dies passiert sei. Vier Tage zuvor. Der Puls des Kindes ging rasch; es atmete nur mit Mühe und hatte seit dem Unfall nichts mehr zu sich genommen. Es lebte gerade noch eben. John riß ein Stück seines Schlafsackfutters heraus, um das Kind, das im Schein der Taschenlampe die Augen kurz öffnete, damit zuzudecken. Wir gaben den Leuten zweihundert Rupien und drängten darauf, daß sie das Kind ins Krankenhaus brachten – obwohl wir wußten, daß es drei Tagereisen entfernt war. Wie war es möglich, daß sie vier Tage lang nichts unternommen hatten? Sie hatten geglaubt, wegen des Festes sei alles geschlossen. Wir waren fassungslos angesichts ihrer Hilflosigkeit und ihres scheinbaren Mangels an Fürsorge. Warum hatte keiner der Ortsansässigen einen Finger gerührt, um zu helfen? Oder hatten sie vielleicht nicht begriffen, wie ernst der Zustand des Kindes war? Akzeptierten sie den Tod einfach bereitwilliger als wir? Die Eltern gingen mit ihrem Sohn in die Nacht hinaus. Keiner von uns brachte es fertig, etwas zu sagen. Jeder verkroch sich mit seinen Gedanken in seinem eigenen Zelt.

Tagelang hatte der Dunst unsere Augen ermüdet und unsere Lider beschwert, aber am nächsten Morgen öffneten wir sie weit: Über dem Einschnitt am Ende des Tales thronte der Gauri Sankar. Eine Wolke lag zwischen den beiden Gipfeln. Der Westgrat, unsere erwählte Route, kurvte wie ein riesiges «S» durch die Ansicht. Die Morgensonne hob die charakteristischen Züge des Berges hervor, die durchaus der Vorstellung entsprachen, die wir uns anhand zahlreicher Fotos gemacht hatten. «Ein Bergsteiger-Alptraum»; «tiefe Kerben wie von den Zähnen eines wütenden Riesen» ... Ich versuchte, die Beschreibungen zu verdrängen, die andere von diesem Berg gemacht hatten. Vielleicht konnte ich seine Form nur aus dieser Entfernung verstehen. Ein Kletterer nähert sich einem neuen Berg wie ein Blinder und muß erst wieder lernen, ihn anzusehen, als wäre es das erste Mal. Ich starrte mit halbgeschlossenen Augen zum Gauri Sankar hinüber und bemühte mich, die symbolische Kraft der beiden Gipfel zu begreifen. Ein Paar Hörner. Der Schoß der Göttin, in dem das Auge auf natürliche Weise zur Ruhe kommt, vergleichbar dem Schoß der Isis, auf dem die Pharaonen saßen; der nährende, fruchtbare, gebärende Berg.

Der Anblick des Gauri Sankar entfesselte eine lebhafte Diskussion, über die Route und die Wichtigkeit der Akklimatisierung. Im Vergleich zu Ang Phurba war Pemba ziemlich gesprächig. Er trug Geschichten zum Treiben des «Herdentourismus» bei, die mit saftigem Tratsch über die schamlosen Waschgewohnheiten junger französischer Touristinnen gewürzt waren. Seine deftig-humorigen Schilderungen waren so plastisch, daß wir um jede Biegung des Flusses spähten und lustig planschende, knusprige Pariserinnen zu entdecken hofften.

Obwohl er weniger extravertiert war und sein Englisch langsamer, vermochte Guy unseren Gesprächen meist besser zu folgen als Georges am Kangchendzönga. Wenn wir drei «Anglais» aber wieder einmal auf das unvermeidliche Thema der Bergsteigerei in England verfielen, dachten wir oft nicht daran, in welchem Maße es Guy ausschloß und ärgerte.

Bei diesen Diskussionen erwies sich im übrigen immer wieder, wie verschieden unsere Einstellung zur Kletterei war. Seit meiner Teilnahme an einer Reihe von Expeditionen hatte ich das Gefühl, den Kontakt zum harten, technischen Klettern und zu der differenzierten Analyse des Schritt-für-Schritt-Vorgehens zu verlieren. Ich war verblüfft, als Tim sagte, Routen wie Right Wall und Citadel seien «in Ordnung». Wir zogen ihn auf wegen seines Vokabulars und der Art, wie er die Qualität des Lebens in fünf Rangstufen einteilte: «Superb», «zauberhaft», «in Ordnung», «Mist» und «Scheiße». Die acht Jahre Altersunterschied zwischen uns bedeuteten, daß er schon einer anderen Bergsteigergeneration angehörte, und wegen seiner Schwarz-Weiß-Urteile kam Tim mir sehr jugendlich und unausgegoren vor. Andererseits hatte er etwas vom gestandenen Wesen der Menschen aus Yorkshire an sich, und niemand konnte wie er alpinistische Leistungen vollbringen – zum Beispiel die Alleinbegehung der Nordwände der Aiguille des Grands Charmoz, von Les Droites und des Super-Couloir –, ohne spezifische Stärken und besonderes Selbstvertrauen. Zumindest fand er aus seinem anfänglichen Schweigen heraus und lernte, auf Frotzeleien richtig herauszugeben. Auch fragte er mich oft, wie man «Profi» werde. Sein Lebensweg schien ihm klar: ein Gipfelsieg nach dem anderen.

Daß wir nach Norden abgebogen waren, weg von den überlaufenen Vorbergen und der vielbenutzten Ost-West-Route, erwies sich als günstig. Am 4. Oktober verkündete John, als er von der Karte aufsah: «Basislager fünfundzwanzig Kilometer entfernt, Höhenunterschied dreitausend Meter. Jetzt heißt es rangehen, Freunde!»

Während der vergangenen Tage hatte sich gelegentlich ein Blutegel an uns festgesogen. Die Träger nannten sie *Tsuga;* das lautmalerische Wort erzeugte eine lebhaft-bedrohliche Assoziation schmerzhaften Saugens. Jetzt wimmelte der Dschungel von diesen Feinden. Wenn wir die Blätter streiften, fielen Hunderte von den Bäumen herunter und setzten sich an unserem Körper oder unseren Schuhen fest. Ohne daß wir sie sahen oder spürten, krochen sie hierhin und dorthin, durch Schnürsenkellöcher, in Socken hinein, an unseren Beinen hinauf. Hatten sie die wärmsten, saftigsten Stellen erreicht, spritzten sie uns ihr schmerzbetäubendes, die Blutgerinnung verhinderndes Mittel ein und saugten an uns. Alle paar Minuten blieben wir stehen, um uns zur Wehr zu setzen. Unsere Egelbekämpfungsbücher empfahlen dazu Salz oder Feuer. Meist schüttelten wir sie unter gurgelnden Schreien ab. Die Rekordzahl, die wir von einem einzigen Fuß entfernten, belief sich auf über zwanzig. In John erkannten die Egel das am besten geeignete Objekt für ihre Raubzüge; seine Füße waren von blutigen Bissen durchsiebt. Zur Mittagessenszeit flüchteten wir uns auf einen Felsblock im Fluß. Von dort konnten wir sie ungedeckt angreifen sehen, ihre Saugöffnungen wie Radargeräte schwenkend. Guy kam nie dazu, seine Gauloises zu rauchen. Sobald er sich eine ansteckte, ging sie von Hand zu Hand, ein sengendes Werkzeug der Egelvernichtung.

In dem Maß, wie wir Höhe gewannen, entfernten wir uns aus dem Feindesgebiet. In der gegenüberliegenden Wand des Bhota Kosi sahen wir die Öffnung des Rolwaling-Tals – «die von einem Pflug gezogene Kurve» – und das Heimatgebiet der Rongsherwa Khambas. Die ersten Expeditionen zum Gauri Sankar – die helvetisch-französische von 1954 unter Raymond Lambert, die britische von 1955 unter Alf Gregory und die japanische von 1959 – hatten alle dieses Tal als Zugangsweg gewählt. Über den 5713 Meter hohen Teshi Lapcha-Paß läuft östlich jenseits des Tales eine Route zu der Sherpa-Stadt Namche Bazar im Khumbu-Distrikt am Fuße des Everest. Diese traditionelle Handels- und Wanderroute zwischen Rolwaling und Khumbu wurde in neuerer Zeit auch häufig von treckenden Touristen benutzt. Das hängende Tal, durch das wir jetzt aufstiegen, war noch steiler als das Rolwaling. Neben dem Pfad stürzte der Bhota Kosi über Fälle hinab und rauschte durch Kessel, in denen sich Felsblöcke türmten. Dann kam flaches Gelände. Wir hatten Lamobagar erreicht und damit offenes Gebiet.

Das erste Gebäude war die weißgetünchte Polizeistation; daneben stand eines mit der Aufschrift «Zoll». Die Behörden warteten schon auf uns. Unsere «Trekking Permits» wurden gründlich inspiziert und die Mitteilung unserer Ankunft nach Kathmandu gemorst.

Auf zwei Reihen einander gegenübergestellter Stühle fand eine nepalesische Tee-Party statt. Ein Polizist mit einem Gewehr stand etwas beiseite.

«Lee Enfield 303», identifizierte John die Waffe und drückte einen Film in seine Kamera, als lüde er eine der Flinten. «Wurden im Ersten Weltkrieg benutzt – schießen wirklich präzise.»

Wir stellten die üblichen Fragen. Nein, Leute aus dem Westen waren noch nicht viele gekommen, abgesehen von den Amerikanern im Frühjahr. Ja, es gab noch etwas Handel mit Tibet, hauptsächlich mit Salz, Butter und Tee. Die alten Traditionen des Handels zwischen Einzelpersonen waren jetzt freilich nicht mehr legal, und die Leute verhandelten nicht gerne mit den unpersönlichen chinesischen Beamten in den tibetanischen Dörfern. Nein, zweieinhalbtausend Meter Höhe war zu niedrig für Jaks, aber die Dörfler hielten Ziegen, Kühe und klapprige Kuh-Jak-Mischlinge. Ja, natürlich gab es viele Sherpas, Rongsherwa Khambas und tibetanische Flüchtlinge in Lamobagar – über die Hälfte der Bevölkerung von zweihundertfünfzig Köpfen. Sie lebten auf der anderen Seite der Flußebene im Umkreis von einem Kilometer um ein *Gömpa* herum. Allem Anschein nach war das Leben hier nicht ganz leicht.

Mit einer Mischung aus Respekt und Hochnäsigkeit deuteten die Polizisten wie amerikanische Kavallerieoffiziere, die eine Indianerreservation inspizieren, auf ferne Gruppen grauer Steinhäuser.

Wir kampierten im Niemandsland auf halbem Wege zwischen Buddhisten und Hindus. Tim und Guy zahlten die Träger aus Barahbise aus; Pemba und Nykay sollten eine neue Trägergruppe aus dem Dorf anheuern und begannen mit den Verhandlungen. In der Dämmerung gingen John und ich dem Klang einer Trommel nach. Er führte uns in einen kleinen Hof vor dem *Gömpa.*

Etwa zwanzig Mädchen in tibetanischer Kleidung hüpften herum, lachten und kicherten. Hatten sie ursprünglich einen Tanz begonnen, so war er jetzt in ein übermütiges Gehüpfe und Geschubse ausgeartet. Ein bärtiger Lama in den Mittdreißigern sprang auf und führte uns in den Vorraum des *Gömpa,* wo etwa fünfzehn Männer *Chang* aus einem gewaltigen Bottich ausschenkten. Offenbar hatten sie schon den ganzen Tag lang getrunken und waren jetzt entschlossen, uns in den gleichen Zustand der Angeheitertheit zu versetzen.

«Großartig!» freute sich John. «Das reicht, um mich zum Buddhismus zu bekehren!»

Wir kauerten uns nieder und wurden mit *Chang* versorgt. Entsprechend dortiger Gewohnheit wurden unsere Schalen ständig nachgefüllt, ehe sie leer waren. Als Guy und Tim dazukamen, waren wir angesäuselt und leicht euphorisch. Neben mir hockte, zerrauft und faltig, ein alter Tibetaner mit langen Zöpfen und ein paar Barthaaren. Meine haarigen Beine interessierten ihn sehr. Auf der anderen Seite kauerte ein melancholischer junger Mann mit gewaltigen Zähnen. Er sprach ein paar Worte Englisch. Anscheinend wollte er weg aus seinem Dorf, und wir sollten ihm das Tor zur Außenwelt öffnen. Allerdings brachte er nicht einmal die Willenskraft auf, als Träger für uns zu arbeiten. Wie sich herausstellte, war er der Dorfdrückeberger und ein «Bittsteller» – er wollte einen Regenschirm, Zigaretten und Filme.

Zur allgemeinen Erheiterung konversierte Guy mit einer Mutter und ihrer Tochter. Das Mädchen wollte als Trägerin arbeiten, die Mutter verlangte zu wissen, ob Guy verheiratet sei. Bezüglich der ersten Frage verwies Guy an Pemba; hinsichtlich der zweiten sperrte er sich höflich gegen jedwede Folgerungen.

Bei Dunkelheit und strömendem Regen sausten wir zu unseren Zelten zurück.

Trotz der *Chang*-bedingten Euphorie hatte mich die Begegnung mit dem jungen Mann deprimiert. In seiner Person spiegelte sich, wie mir schien, der Niedergang der Gemeinde seit den Tagen des blühenden Handels mit Tibet – ein Niedergang, der in scharfem Kontrast zu dem hoffnungsvollen Unternehmungsgeist stand, den ich zu Anfang des Jahres im tibetanischen Hille beobachtet hatte.

Als wir am nächsten Tag zum *Gömpa* zurückkehrten, war keine Spur des Festes mehr zu erkennen. Ein anderer der vier Lamas von Lamobagar, ein lächelnder kleiner Mann, öffnete die klobigen alten Schlösser der inneren Türen und führte uns ins Innere. Von einer riesigen, in einem Behälter stehenden Kerze beleuchtet, thronten drei Buddhas auf dem Altar. Pemba warf sich vor ihnen nieder und stutzte dann den Docht der Kerze. In den bemalten Wänden waren Fächer mit heiligen Büchern. Der Lama berührte mit einem von ihnen segnend unsere Stirnen, ehe er die schützende Hülle aus Stoff entfernte. Das Buch war ungefähr fünfzehn Zentimeter dick und enthielt lose Blätter, etwa sechzig Zentimeter lange, fünfzehn Zentimeter breite Streifen, mit tibetanischen Lettern bedruckt. Pemba konnte nicht Tibetanisch lesen, vermochte sich aber in seiner Sherpa-Sprache dem Lama verständlich zu machen. Der Lama wußte nicht, wie alt die Bücher waren; zur Zeit seines Großvaters habe es sie jedoch schon gegeben. Hing ein kleiner Stoffstreifen aus einem Buch, so bedeutete das, daß es jemand gelesen hatte.

Der Lama empfahl Umsicht bei unserem Vorhaben und sagte, unser Basislager müsse ein heiliger Ort sein, und wir dürften dort keine Tiere töten.

Die Häuser des Dorfes waren zwischen riesigen Felsen verstreut. Ein weiterer Lama schlurfte herbei. Ich fragte mich, ob es Gebete waren, die er da murmelte, oder Erinnerungen an bessere Zeiten, die jemand zu hören verlangte. Er gehörte einer anderen Sekte an, und auf Pembas Rat gaben wir auch ihm Geld. Gebetsfähnchen, die das Wohlwollen der Götter erwirken sollten, hingen an einer Brücke und flatterten, als wir sie überquerten, im Rhythmus der schwingenden Drahtseile. Obwohl sie zerfetzt und verblichen waren, wirkten sie immer noch, sagten die Sherpas. Der Sonnenschein kroch über den bewachsenen Hang herab auf einen alten Mann zu, der in der Kühle des Morgens zitterte. Eine Hand hatte er auf die Schulter eines kleinen Jungen gestützt. Beide sahen still zu, wie wir die Rongshar-Schlucht hinaufstiegen. Viele Sherpas glauben, daß ihre Vorfahren durch diese Schlucht kamen, als sie vor fünfhundert Jahren nach Nepal wanderten, nachdem sie von der Kham-Region in Ost-Tibet zweitausend Kilometer zurückgelegt hatten. Nach der Legende sahen sie ihre neue Heimat im Traum. Unser Weg führte nun auf ihr geistiges und ethnisches Ursprungsland zu.

Der Fluß war älter als die Berge. Er behielt seinen Lauf vom höchsten Plateau der Welt bei, als sich der Himalaya im Eozän, vor fünfzig Millionen Jahren, erhob. Der gewaltige Rongshar-Canyon gräbt sich immer noch ein, während die Gebirge sich weiter erheben.

Der Fußweg war nur wenig begangen, überlebte aber immer noch in der wuchernden Vegetation; er war sehr matschig und führte an der Böschung der tiefen, schattigen Schlucht entlang. Wir begegneten einem Vater mit seinem Sohn; sie kamen mit chinesischen Plastikschuhen und tibetanischer Butter aus dem Norden zurück. Ich beneidete sie um die Kameradschaft, die in den Tagen und Nächten ihrer einsamen Reise zwischen ihnen entstanden sein mußte.

Der Pfad fiel jetzt steil zum Fluß ab. Im Nordosten mündete eine andere Schlucht – der Kang Chu – in den Rongshar. Dieser Sturzbach entwässerte einen Landfinger, der sich nach Tibet hinein erstreckte und erst durch die Vereinbarungen von 1961 an Nepal gegangen war. In diesem Tal liegt das Dorf Lapche (La-Rimpoche «Kostbarer Hügel»), der heilige Geburtsort von Jetsun Mila Repa, einem wandernden Lama-Dichter und Heiligen, der im elften Jahrhundert lebte und durch Parabeln und Lieder lehrte. Mila Repa war einer der Bodhisattwas, eine Wiederverkörperung Buddhas, der in Höhlen und unter Felsen lebte, wo die Gläubigen heute noch andächtig seine Fußabdrücke bewundern. Es heißt, er habe Tseringma, die Göttin des langen Lebens, zum Buddhismus bekehrt.

Die frühen Everest-Expeditionen gingen, weil Nepal für sie verbotenes Land war, den Berg von Norden an. Die Expeditionen von 1921 und 1924 stiegen durch die Rongshar-Schlucht bis zur nepalesischen Grenze ab. A.F.R. Wollaston, der seinen Ehrgeiz, Neuguinea zu erforschen, zugunsten der verlockenden Himalaya-Erkundung hintanstellte, berichtete 1921, die im Gebiet der Schlucht lebenden Menschen seien «freundlich, gutmütig und sehr religiös». 1951, also dreißig Jahre später, stieg wieder eine Gruppe durch die Schlucht ab. Eric Shipton und Mike Ward verirrten sich bei der Erkundung der nördlichen Seite der Wasserscheide. Dann äußerte einer ihrer Sherpas, er könne die nördliche Öffnung des Rongshar erkennen, weil er die Route beim Pferdeschmuggel verwendete. «Auf einmal wurde uns die Geographie der Region klar», berichtete Shipton. Die Gruppe hatte keine Aufenthaltserlaubnis für Tibet, und so reiste sie nachts, um nicht entdeckt zu werden. Dennoch wurden sie von schwerterschwingenden Tibetanern zurück nach Nepal gejagt.

Laut Erwin Schneiders 1968er Karte folgte die Grenze einem der Zuflüsse des Rongshar, dem Chumalagu Chu. Bevor wir dessen Tal in Richtung zum Gauri Sankar hinaufstiegen, machten wir an der Stelle der Einmündung

Halt. 1964 wurde Dennis Grays Expedition hier, in zweitausendzweihundert Meter Höhe, von ihren Trägern verlassen. Die Gruppe mußte ihr Basislager in diesem Gebiet errichten. Es war vermutlich das niedrigste Basislager aller Himalaya-Expeditionen.

Die friedvolle Atmosphäre des Rongshar-Tales hatte sich seit Wollastons Zeit verändert. Dennis und sein Team mußten zum Schutz ihres Lagers zwölf nepalesische Soldaten herbeiholen, als es von bewaffneten tibetanischen Banditen bedroht wurde. Don Whillans berichtete, diese Räuber seien «nicht wählerisch gewesen, was ihre Opfer betraf. Nationales Ansehen, Zugehörigkeit zu Bergsteiger-Klubs, behördliche Erlaubnisscheine – all das bedeutete diesen Burschen nicht das geringste. Ganz gleich, was du hast, sie wollen es!» Wir befragten Nykay wegen der Räuber, und er versicherte uns, das letzte Mal habe man fünf Jahre zuvor Probleme gehabt; die nepalesischen und chinesischen Behörden hätten das Gebiet nunmehr fest im Griff. Fröhlich erzählte er die Geschichte des Überfalls, der 1959 auf der anderen Seite des Berges passiert war, und ahmte Sherpas und japanische Bergsteiger nach, wie sie, Eispickel schwingend, mit berittenen Tibetanern fochten.

Gray und Whillans hatten Wochen damit verbracht, durch Unterholz und Gebüsch am Chumalagu Chu einen Pfad zu schlagen, um darauf Lasten zum Berg zu bringen. «Es war», berichtete Dennis, «einer der dichtesten Dschungel der Welt.» Ihre Route hatten sie mit roter Farbe markiert, und manchmal war noch etwas davon zu sehen. Als wir durch diesen Dschungel krochen, halfen uns diese Markierungen sowie die Spuren der amerikanisch-nepalesischen Expedition des Frühjahrs und das Wissen unserer Träger, von denen die meisten auch bei dieser Expedition beschäftigt gewesen waren, die richtige Route zu finden.

«Wir sind auf der tibetanischen Seite des Flusses», sagte ich zu Sankar und deutete auf die Karte.

«Wenn wir in Tibet sind, müssen wir wieder zurück», erwiderte er.

«Dann stimmt eben die Karte nicht.»

Die Träger schrien, heulten und pfiffen, als sie über den steilen, moosigen, von dichter Vegetation überwucherten Pfad am Rande der kolossalen Schlucht schlichen. Auf dem schwarzen Boden des Bambusdschungels rutschten wir immer wieder aus. Bambus ist eine starke Pflanze, an der man sich gut festhalten kann, wenngleich die Gefahr von Schnittwunden droht. Die schlammverschmierten Felswände über den Fluß stellten immer wieder gefährlich Abschnitte dar. An solchen Punkten war es oft nötig, daß wir die Gruppe aufteilten und, uns gegenseitig sichernd, den Trägern mit ihren Dreißig-Kilo-Lasten über die kritischen Punkte halfen. Ihre Blicke dankten es uns. Das Wasser toste so laut, daß wir schreien mußten, um uns verständlich zu machen.

Als es dämmerte, drängten wir uns unter dem zwischen Bäumen aufgespannten Küchenzeltdach zusammen und warteten auf das Essen; die Wärme des Küchenfeuers war uns lieber als die Isolation unserer Zelte.

«Warum wohl Ang Rinzi so darauf aus ist, uns das Essen herüberzubringen?»

«Nicht aus einem religiösen Grund, glaube ich. Sie wollen nicht, daß wir sehen, was sie so alles an Essen kochen oder wieviele Leute wir füttern.»

«Was brodelt denn da in dem Dampfkochtopf? Da kriegen wir bestimmt nichts davon.»

«Mindestens vierzehn Leute futtern da mit.»

«Heute abend verlangen wir mal was von *ihrem* Kartoffel-Chili.»

Die Sherpas umsorgten uns. Auf meinen früheren Expeditionen waren wir es selbst gewesen, die kochten und Träger einstellten oder feuerten. Jetzt waren wir Aufseher und wußten nur vage, was vorging. Lebten wir in Flaschen mit westlicher Luft, wie Jung es ausdrückte, vor dem Erlebnis unserer Reisen geschützt durch Objektivität, Kausalität und den ganzen sonstigen intellektuellen Apparat? Pemba und Sankar hatten die Feuersteine der Träger zu benutzen versucht, aber ohne Erfolg, denn sie waren Städter wie wir.

Auf allgemeinen Wunsch erzählte uns John ein paar von seinen Lieblingsgeschichten: «Der Faustschlag, der einen Berg hätte spalten können», «Der Mann, der aus dem Haus ging, um ein Paket Zigaretten zu kaufen, und sich in Peru wiederfand», «Die Keilerei in der Disko von Courmayeur» und «Der Tag, an dem ich einem Schwein einen Hinterhalt stellte.»

«So kann nur ein Ire daherreden», sagte ich. «Aber bloß mit Quatschen schaffst du die Route hier nicht.»

«Macht nichts, wenn die Geschichten nicht wahr sind», erklärte Guy. «So sollte es jedenfalls gewesen sein.»

«Alle meine Geschichten sind wahr», beteuerte John. «Wartet nur, bis ich von dieser Tour hier zurück bin; dann weiß ich noch ein paar mehr!» John hatte die Gabe, alle zum Lachen zu bringen.

Durch ein dünnes Linienwerk ineinandergreifender Zweige war ein sternenklarer Himmel zu sehen. John hielt mit seiner staunenden Bewunderung nicht hinter dem Berg. Guy konterte mit einem Wust von Fakten und Zahlen über die Größe des Universums.

«Das war die Kosmologie-Lektion für heute abend», endete er.

«Ist John nicht einfach reizend?» sagte ich gönnerhaft. Reizend – wir verbrachten den Rest des Abends mit Versuchen, Guy dieses Wort zu erklären.

Während des ganzen Anmarsches hatten wir Angst gehabt, daß der regelmäßige Nachmittagsregen in dem oberen Bereich der Route als dicker Schnee fallen würde. In der Morgendämmerung spähten wir besorgt zu dem schneebedeckten Berghang oberhalb des Dschungels hinüber und hofften, die Schneedecke würde nur dünn sein und in der Vormittagssonne schmelzen. Wir wußten, daß die barfüßigen Träger auf keinen Fall durch Schnee gehen würden und hetzten sie deswegen möglichst rasch zum Basislager hinauf, um nicht in eine längere stürmische Schlechtwetterperiode zu geraten. Den Fluß überquerten wir mit Hilfe von Seilen und Baumstämmen. Dann ging der Aufstieg zwischen knotigen, verkümmerten Bäumen weiter; sie waren mit bärtigen Flechten bewachsen, die mattgrün in der Luft leuchteten. Torfmoos bedeckte wie ein dicker Teppich die Steine, und wir mußten die Stiefel bis zu den Knöcheln hineinstoßen. Mit zunehmender Höhe jedoch lichtete sich der Dschungel, und wir konnten oberhalb eines kleinen, offenen Absturzes zwischen Rhododendren ein Lager aufschlagen. Als die Bewölkung für einen kurzen Augenblick aufriß, war der Blick in die fünfzehnhundert Meter tiefer gelegene Rongshar-Schlucht atemberaubend.

«Un pays de loups!» sagte Guy.

Dann brauchten wir nicht mehr gebückt durch Rhododendrongebüsche zu gehen; die offenen Hänge waren mit kümmerlichem Wacholder bewachsen. Später liefen die steilen Bergwiesen in Geröllhalden aus. Nebel fiel herunter, und die Route erklomm in kompliziertem Zickzack verschiedene Bergrükken. Hier fühlten wir uns zu Hause. Wir sprachen über Bergsteigerpolitik. Nur unser schwerer werdende Atem erinnerte uns daran, daß wir eine Höhe von viertausendneunhundert Metern erreichten.

«Basislager», verkündete Pemba, nachdem er einen der Träger aus Lamobagar konsultiert hatte. Geschäftigkeit brach aus; vermummte Gestalten errichteten Zelte. Der Schneefall hüllte uns in eine weiße, sich bewegende Leere. Es war nichts mehr zu sehen.

17. Annäherungen

9.–26. Oktober

Ein plötzlich knatternder Lärm weckte mich aus dem Schlaf. Pemba klopfte und schüttelte den Schnee von meinem Zelt. An den freigelegten Stellen drang das Tageslicht durch das Gewebe.

«Die Amerikaner hatten auch schlechtes Wetter», sagte er in sachlichem Ton. «Die ersten paar Male hat ein Berg schlechtes Wetter. Dann, wenn viele Leute gekommen sind, geht der Gott weg, und das Wetter ist gut.»

Draußen dämmerte grau und neblig der Tag. Es schneite weiter. Pemba und die anderen Sherpas begannen mit den Vorbereitungen eines Rituals, dessen Bedeutung in den Tiefen der Zeit versunken ist.

Als der Buddhismus im siebenten Jahrhundert nach Tibet kam, wurde er vom dort herrschenden animistischen Vielgötterglauben – der B'on-Religion – absorbiert. Der tibetanische Lamaismus, die heutige Sherpa-Religion, ist ein Gemisch aus dem alten, sich in Mystizismus, Magie und Dämonenglauben manifestierenden Animismus mit überlagernden Elementen des Buddhismus.

Der älteste Mythos über die Anfänge der tibetanischen Zivilisation betrifft die Erbauung des Klosters von Samyang, des ersten buddhistischen Klosters in Tibet. Jeden Tag, so erzählt die Legende, arbeiteten die Leute aus Leibeskräften am Klosterbau; jede Nacht jedoch kamen böse Dämonen und zerstörten das Werk. Da sie überhaupt nicht vorankamen, fragten die Leute den Guru Rimpoche, was sie tun sollten. Kein Wunder, wenn sie Probleme hätten, erklärte der Guru, machten sie doch die Götter nicht glücklich, sondern gaben nur eine Menge Geld aus. Als er sie lehrte, wie man ein Opferritual zelebriert, halfen die Götter den Leuten beim Bau des Klosters. Sie hielten nicht nur die Dämonen ab, sondern beförderten auch schwere Lasten und arbeiteten, während die Leute schliefen, so daß der Bau dann in sehr kurzer Zeit fertig war.

Am 10. Oktober wurde, ehe wir zum ersten Mal den Fuß auf den Gauri Sankar setzten, im Basislager eine Zeremonie abgehalten. Sie folgte dem Grundmuster eines tibetanisch-buddhistischen Rituals. Pemba hatte eine Fähnchengirlande an eine Schnur zwischen zwei hölzerne Stangen gehängt. Vor dem Küchenschuppen wurde ein Altar errichtet; er bestand aus einem flachen Steinblock, der von vier senkrechten Steinen umgeben war. Auf die Spitze dieser vier Steine hatten die Sherpas ein wenig Butter gestrichen. Unter unseren Regenschirmen vor dem Schneefall geschützt, sahen wir zu, wie Kräuter in ein Becken mit glühender Asche geworfen wurden, das auf dem Altar stand. Dahinter war eine große Platte mit Opfergaben zu sehen –

etwas Reis, Schokolade, Nüsse, eine Tasse Milch, Käsestückchen, eine Dose Bier und eine Flasche Whisky. Unter Gesängen verspritzten die Sherpas Whisky und warfen Reis in die Luft – eine weitere Einladungs- und Willkommensgeste. Diese Bewirtung der Götter sollte sie uns geneigt stimmen und zum Kampf gegen die bösen Dämonen der Gegend veranlassen.

Zwei Träger blieben, um uns mit Holz zu versorgen. Einer von ihnen, Pemba Sherpa, war ein Lama und las die entsprechenden tibetanischen Texte für Tseringma, wobei er Reis ins Feuer warf. Er tränkte auch einen Wacholderzweig in Whisky und Milch und besprengte das Feuer damit. Die Zeremonie dauerte eine halbe Stunde. Gegen Ende des Rituals legte uns Pemba Sherpa kleine, whisky-getränkte Wacholderzweige auf die Hand, und wir mußten den Alkohol auflecken. Schließlich hißte Sankar, unser Verbindungsoffizier, die nepalesische Flagge und gab das Zeichen zum Absingen der nepalesischen Nationalhymne, die allerdings ziemlich unsicher klang. Obwohl er selbst Hindu war, hatte er ohne Zögern an dem Ritual teilgenommen.

Am Ende der Zeremonie riß der Dunst plötzlich auf, und ein Sonnenstrahl fiel durch ein Wolkenloch. Die Regenbogenfarben der Gebetsfähnchen schimmerten im schrägen Licht, und die Felsnase, auf der sich unser Basislager befand, wurde zu einer glühenden Insel inmitten wogender Wolken. Das Wetter war so schlecht, und der Sonnenstrahl kam so urplötzlich, daß es wirklich schien, als hätten wir jemand geärgert und für einen kurzen Augenblick wieder versöhnt. Einen gewissen emotionalen Wert hatte die Zeremonie ohne Zweifel.

Die Sonnenstrahlen ermutigten uns. Nach dem Ende der Zeremonie stiegen wir den Ausläufer des Gletschers hinauf, um uns ein klares Bild der Gegebenheiten machen zu können. Nach Schneiders Karte und Al Reads Informationen gab es zwischen dem Gauri Sankar und dem Basislager einen Bergkamm. Der Höhenunterschied zwischen seinem Grat und dem Lager betrug dreihundert Meter. Die Amerikaner hatten sich auf ihrem Weg zur Westwand von einem Einschnitt in diesem Kamm über dessen von uns abgewandte Seite abgeseilt.

Wir waren ein Risiko eingegangen, als wir aus einer Höhe von zweitausendsiebenhundert Metern von der Rongshar-Schlucht aus in drei Tagen zum viertausendneunhundert Meter hoch gelegenen Basislager stiegen; dieses Tempo war ganz und gar gegen die Regel, die Akklimatisierung langsam zu vollziehen. Die Frühjahrs-Expedition hatte für die gleiche Distanz sechs Tage gebraucht. Wir beschlossen deshalb, uns mindestens eine Woche lang an die neue Höhe zu gewöhnen. Guy genoß jetzt, da er sich oberhalb Mont Blanc-Höhe befand, jede Minute. Von seinem dreiwöchigen Bergführerkurs in der Schweiz war er noch in ausgezeichneter Kondition und stieg sehr gleichmäßig. Ich hatte noch einen Rest Akklimatisierung vom Kangchendzönga herübergerettet. Als John schon einmal im Himalaya war, hatten ihn heftige Kopfschmerzen eine Woche lang im Basislager festgehalten. Dieses Mal allerdings fand er den raschen Höhengewinn während der vergangenen Tage zwar ermüdend, spürte indes keine ernsthaften Folgen.

Mit der Höhenkrankheit ist es wie mit der Seekrankheit: Man weiß nicht, wann sie zuschlägt. Als wir durch den schweren Schnee hochstapften, kam Tim nur mühsam voran und mußte sich gelegentlich übergeben. Er zwang sich aber dazu, weiterzusteigen.

Wir überquerten eine schlanke, über eine tiefe Spalte führende Schneebrücke. Bald nachdem wir das Basislager verlassen hatten, verdichtete sich der Nebel wieder, als hätte Tseringsmas Besänftigung nur für eine kurze Weile angedauert. Jetzt trieb der Wind dicken Schnee vor sich her. Dann signalisierte dunkles Gestein den Grat. Der Höhenmesser zeigte rund fünftausendzweihundert Meter. Aus einer neuen Richtung blies uns jetzt der Wind ins Gesicht, und in der Luft summte statische Elektrizität. Aber wo war der Einschnitt? Fels- und Schneeflächen verliefen in verwirrenden Richtungen, und unsere Ansichten waren geteilt. Wir kauerten uns um Karte und Kompaß herum und teilten uns dann auf, um im angehenden Schneesturm zwanzig Meter nach der und jener Seite hin zu erkunden. Was wir fanden, half uns nicht weiter.

«Wir müssen auf besseres Wetter warten», sagte ich.

«Akklimatisierungstraining», meinte John. Wir folgten unseren Spuren zum Basislager hinunter. Es wurde schon dunkel; die Zelte waren verschneit. Die einhundertfünfzig bunten Gebetsfähnchen flatterten schutzverheißend im stürmischen Wind. Was uns bevorstand, war ungewiß, und dieser Gedanke bedrückte uns. Bis anhin hatten wir den Berg noch nicht einen Augenblick lang gesehen.

Wir befanden uns jetzt mitten in einem zwei Tage dauernden Sturm. Wenn der Schnee früher gefallen wäre, wären wir schon weit unterhalb des Basislagers gestrandet. In dieser Nacht türmte sich der Schnee hoch um uns herum auf und schmolz dann wieder in der warmen Morgensonne. John wurde aus seinem Zelt geschwemmt. «Ich werde dieses Lager ‹Camp Niagara› nennen», verkündete er.

Ich verbrachte den Tag lesend und schlafend. Im Schutz der Küchen-Zeltplane sortierten John und Guy Verpflegung für fünfzehn Tage aus, die wir auf den Berg mitnehmen wollten. Gelegentlich eilte jemand dick vermummt im Schneegestöber zwischen den Zelten herum. Die wattige Stille verschluckte Gespräche und Küchengeräusche. Die beiden Holzträger drängten sich den ganzen Tag an das Feuer. Tim zeigte sich nicht.

Am Abend schwammen die Wolken in horizontalen Formationen durch das Tal unter uns. Jenseits der schwarzen Tiefen der Rongshar-Schlucht zeichneten sich gezackte Gipfel unter der Milchstraße ab. Unsere Zelte standen am Rande des Raumes. Wir krochen in sie hinein und zündeten Kerzen an, um die kalte Nacht draußen zu halten.

«Pete, schnell, die Kamera!» hörte ich in der Dämmerung des nächsten Morgens eine erregte Stimme. Wir konnten den Berg, den wir erklettern wollten, nicht klar sehen, aber seine eckige Form war zu erkennen. Wie gewaltige Schattenrisse ragten die beiden Gipfel des Gauri Sankar in die frostige Morgenluft.

«Mein Gott, sieht der groß aus.»

«Und steil.»

Nach einem raschen Frühstück schulterten wir die ersten Lasten, um am Fuß des Westgrats ein Depot anzulegen. Die Sonne kam angerollt, als wir uns eine Spur gletscheraufwärts bahnten, und hauchte Energie in unsere eisigen Glieder. Ihre strahlende Helligkeit legte das Gerippe des Berges frei und brachte Aufschluß, wo vorher Unklarheit geherrscht hatte. Der Kamm war gegabelt, und wir mußten einen Felssporn übersteigen, um zu dem Einschnitt zu kommen. Endlich stand der Berg vor uns, und wir legten uns lang, betteten den Kopf auf den Rucksack und sahen ihn an. Pemba kletterte frohgemut auf eine unweit gelegene Spitze, um ihn noch besser sehen zu können.

Als die ersten Sherpa-Völker auf ihrem Weg von Ost-Tibet den Gauri Sankar passierten, nahm der Berg in ihrer Phantasie schon einen wichtigen Platz ein. Der Anblick des wirklichen Berges belebte dann den alten Göttinnenkult, den sie mitgebracht hatten.

Die Göttin Tseringma hat einen schönen und gut geformten weißen Körper, dessen Farbe sich im Schnee des Berges widerspiegelt. Sie hat ein leuchtendes, schmales Gesicht wie der Mond, drei Augen und schimmerndes, blauschwarzes Haar, das schlangenartig hochgewickelt und mit einem Rubin geschmückt ist. An ihren Ohren hängen hübsche Ohrringe, und in ihren Händen hält sie eine Phumpa (Vase des ewigen Lebens) und ein Dorje (Gebetszepter) mit Schmuckstücken, die kostbarer als diejenigen der irdischen Menschen und Götter sind. Sie trägt ein dünnes, weiches und enges Kleid und sitzt auf einem Löwen in aufbäumender Haltung, der von sehr heller Farbe ist. (Aus einem tibetanischen Lama-Text).

In unserem Jahrhundert erklärte selbst Don Whillans, der schweigsame Mann aus Lancaster, nach seiner Rückkehr vom Gauri Sankar: «Das ist eine Dame.»

Wir schickten uns an, das Unberührbare zu berühren. Der Berg verschwamm nicht in fernem Wolkendunst wie der Kangchendzönga; er zog sich mit massiver, starker Präsenz durch unser Gesichtsfeld und streckte sich, um uns mit einem der Ausläufer seiner Hufeisenform zu berühren. Riesige Fangarme aus Eis hingen von den Schneekappen der Gipfel herunter.

Kundig deuteten wir mit den Händen und setzten uns unserer Unwichtigkeit zum Trotz groß in Szene, wie Bergsteiger es gerne tun, wenn sie nervös sind.

«Das muß der Punkt sein, den Glough und Whillans '64 erreichten, ehe sie wieder zurückstiegen und auf einem tieferen Nievau zum Nordwestgrat traversierten.»

«Die amerikanische Route sieht steil aus.»

«Ja, aber wir haben hier direkte Draufsicht. Nach ihrer Meinung ist sie viel besser zu schaffen als unser Grat.»

«Verdammt starke Leistung.»

«1954 ging Lambert um den ganzen Berg herum. Seiner Meinung nach war er oberhalb fünftausendfünfhundert Meter völlig unmöglich.»

«Na, das ist ja in der Zwischenzeit widerlegt.»

«Unser Grat macht einen ziemlichen Bogen.»

«Und messerscharf ist er obendrein.»

Wir teilten den Westgrat in Stücke auf, denn unser Herz war für sein ganzes Ausmaß noch nicht groß genug. Der überwältigende Anblick des Berges drohte, uns in Ehrfurcht und überdrehter Heiterkeit zu ertränken, und das waren Gefühle, die man am leichtesten unter Kontrolle brachte, wenn man sich einredete, das Ziel unseres Ehrgeizes sei einfach ein Job, der getan werden müsse. Zunächst würden wir vom Einschnitt aus hundert Meter zum Tseringma-Gletscher absteigen, der aus dem Bogen des Hufeisens nach Tibet hinausfloß. Dann würden wir unterhalb dieses niedrigen Armes des Westgrates dem Gletscher folgen und fast auf demselben Höhenniveau, auf dem wir uns jetzt befanden, ein vorgeschobenes Lager errichten. Bei dem dafür ins Auge gefaßten Punkt schwang sich der Kamm siebenhundertsechzig Meter hoch steil zum eistütenförmigen Punkt 6035 Meter auf. Nach diesem spitzen Kegel verlief der Grat etwa einen Kilometer weit horizontal, mündete in eine weitere, höhere horizontale Sektion und lief wie ein Strebepfeiler in eine Felswand unterhalb des Plateaus des Südgipfels hinein. Nach Schneiders Karte war die Route von den ersten Schwierigkeiten an vier Kilometer lang. Dann kam, wenn wir die Energie aufbrachten, die Traversierung zum Nordgipfel.

«Es ist einfach», verkündete John. «Wir müssen auf den Grat und dann darauf bleiben, bis der Gipfel erreicht ist. Tim macht die Felsstufen, Guy die eleganten Eisgrate, du, Pete, die anderen schwierigen Passagen und ich, was dazwischen ist. Die Sache ist so gut wie geschafft. Jetzt müssen wir bloß noch raufsteigen.»

Wir banden ein paar Seile zusammen und ließen uns zum Gletscher hinuntergleiten, um uns an die lange Traversierung zu machen. Der Neuschnee lag tief; aus Löchern entweichende Luft dröhnte Protest gegen unsere störenden Schritte. Eindringlinge werden mit Lawinen bestraft, donnerte die vibrierende Fläche. Fragend sahen wir Guy an.

«Der Neigungswinkel ist gering, es fällt nicht runter», sagte er.

Der Anblick des Berges über unseren Häuptern lieferte uns einen Vorwand, stehenzubleiben und vor Atemnot keuchend hinaufzuschauen.

Wir markierten unseren Weg mit Gebetsfähnchen an Bambusstöcken. Wieder auf dem Grat angelangt, deponierten wir unsere Lasten bei einer sanftgeschwungenen Schneekuppe. Wolken umwogten uns, und es schneite, als wir zum Basislager zurückkehrten. Das Tagesziel war erreicht, und wir fühlten uns entspannt und glücklich. Der erste Schritt war getan.

Die unangenehmen Transporttage verschwammen ineinander. Dreimal wiederholte sich der Vorgang des ersten Tages: Wir schleppten unsere Lasten zum Einschnitt hinauf, seilten uns ab und überquerten den Tseringma-Gletscher, um Brennstoff, Verpflegung, Zelte, Seile und andere Ausrüstung zu einem immer größer werdenden Haufen zu schichten. Nach-

GAURI SANKAR, WESTGRAT

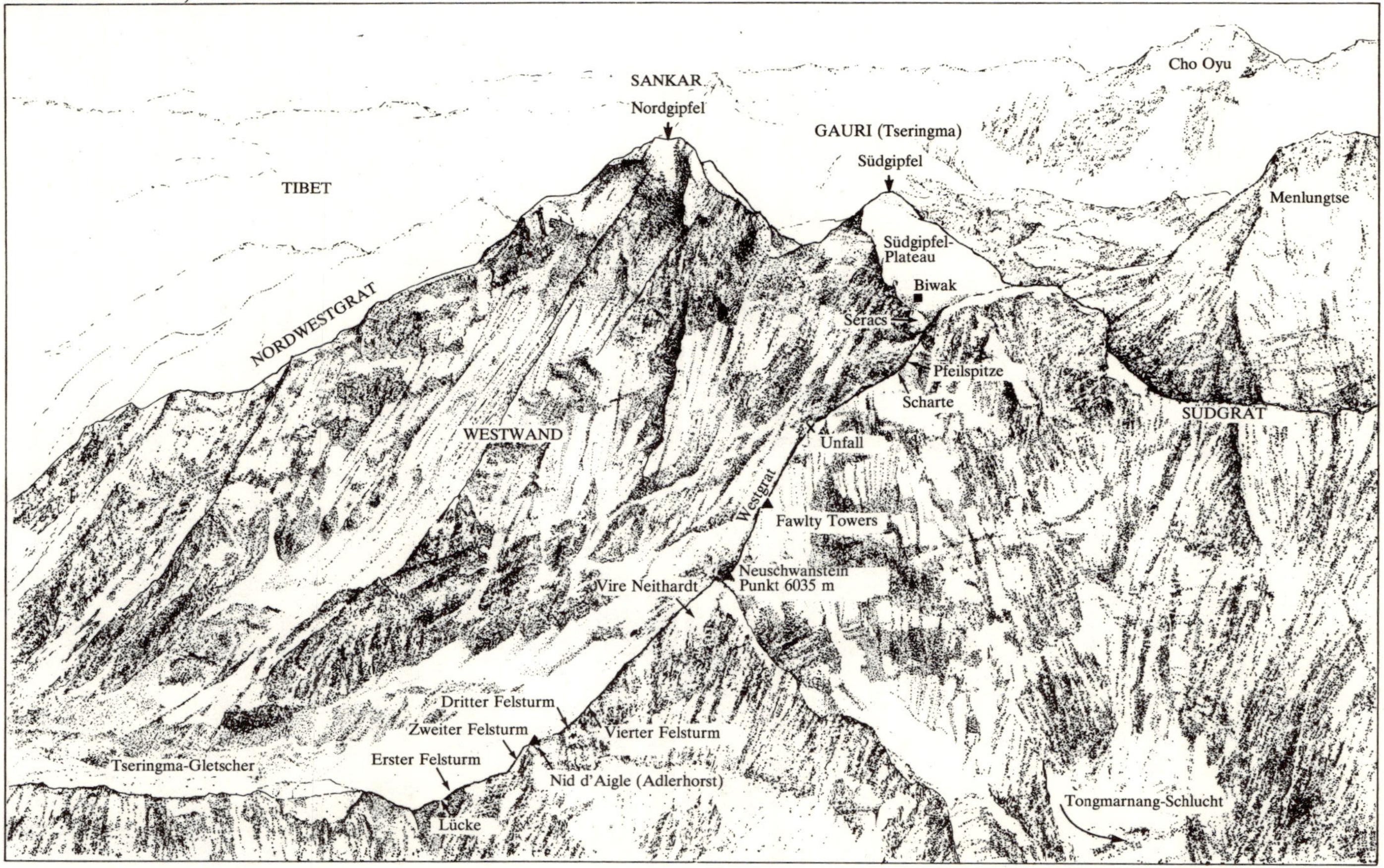

mittagsschnee und Nachtwind fegten über die im Zucken ferner Blitze aufscheinenden Flächen und verwischten unsere Spuren, bis der Gletscher von unzähligen jungfräulichen Schneerippen überzogen war. Am nächsten Morgen bahnten wir eine neue Spur.

Am zweiten Tag blieb Guy im Basislager, um eine Erkältung zu kurieren, ehe sie schlimmer wurde. John war beim Frühstück immer in aufgeweckt-streitbarer Stimmung. An diesem Tag ging es zunächst um Apartheid, Rhodesien und den Kolonialismus. Dann glitt das Gespräch in eine lebhafte Schilderung nächtlicher Darmaktivitäten ab.

«Du willst mich doch bloß schockieren.»

«Was du Schock nennst, ist Prüderie, und sonst gar nichts.»

John litt an Durchfall, und ich erreichte unser Depot am Westgrat vor ihm. Ich stieg also wieder zurück, um ihm zu helfen. Er freilich lehnte eisern ab, obwohl ich ihn als Jung-Siegfried aufzog.

Wir waren alle entschlossen und zielbewußt, aber jeder auf seine Weise. Auf dieser Expedition schien niemand das Hochgebirgsmanöver-Spiel zu versuchen. Die Bereitschaft zur Selbstaufopferung, wie John sie zeigte, war mir auf anderen Expeditionen noch nicht begegnet. Ermutigt wurde ich freilich dadurch, daß er gelegentlich Bemerkungen vor sich hinmurmelte, die bewiesen, daß seine Kräfte allmählich nachließen.

«Ich muß schon sagen, meine starken ethischen Gefühle bezüglich des Einsatzes von Trägern oder Sherpas schwächen sich jedes Mal, wenn ich eine solche Last tragen muß, ein bißchen ab», sagte er.

Unser Team brauchte einen Chef. Das entdeckte ich, als die anderen meine Taktiken billigten und ausführten, was ich vorschlug. Für mich freilich war das eine ganz neue Rolle.

Ich war mir nicht klar darüber, was ich mit Tim anfangen sollte. Seit der Erkundung im Schneesturm war er nicht mehr mit uns gegangen. Er kam selten aus seinem Zelt und aß sehr wenig. Wenn wir ihn aber fragten, wie es ihm gehe, piepste er jedes Mal: «Viel besser, morgen komm' ich mit euch.»

Sankar hatte sich bei unserer Ankunft im Basislager ausnehmend schlecht gefühlt, und wir hatten schon beschlossen, ihn nach Lamobagar hinunterzubringen, als er sich unversehens wieder erholte. Bei Tim würde es eben ein wenig länger dauern, nahmen wir an.

Gegen elf Uhr morgens brodelten an diesem Tag Wolken aus den Dschungeln von Nepal hoch und beeinträchtigten unsere Bemühungen, den Grat zu erkunden. Die erste Schwierigkeit waren vier Felstürme, die übereinander lagen. So dachten wir jedenfalls. Am dritten Tag deponierten Guy und ich unsere Lasten und sahen uns danach etwas um, wobei wir eine hundertzwanzig Meter tiefe Spalte zwischen uns und dem ersten Turm entdeckten. Am vierten Tag kehrten wir mit John zurück und kletterten im Fels und auf Schneehängen herum, ohne uns über den besten Weg klar werden zu können. Dennoch beschlossen wir, am nächsten Tag, dem 16. Oktober, zum letzten Mal Ausrüstung vom Basislager heraufzutransportieren und dann ein vorgeschobenes Lager einzurichten.

Tims Zustand hatten wir immer wieder des langen und breiten besprochen. Jetzt mußte etwas getan werden. Bei seinen kurzen Auftritten hatte er furchtbar schlecht ausgesehen. Er sagt nichts, sondern stützte nur den Kopf in die Hände, worauf wir beschlossen, ihn nach unten zu bringen, sobald wir vom letzten Transport zurück waren. John sah mittags nach ihm. Er brachte eine bestürzende Nachricht.

«Tim kann die Uhrzeit nicht sagen, und auch nicht, ob es hell oder dunkel ist. Auch daß wir heute aufgestiegen sind, weiß er nicht mehr.»

Wir gedachten, ihm Sauerstoff aus der Flasche zu geben, die wir für Notfälle mitführten, konnten sie jedoch nicht finden. Seit Kathmandu hatte niemand mehr die Flasche gesehen; dort hatte sie offenbar jemand gestohlen.

Heftiger Schneefall verhinderte Bewegungen in der Dunkelheit. Die Nacht hindurch sah John regelmäßig nach Tim, um sicherzustellen, daß er nicht das Bewußtsein verlor. In der ersten Dämmerung des folgenden Morgens machten sich John und der Holzträger Pemba Sherpa auf, um Tim hinunterzuhelfen. Pemba Lama, Dawa und ich folgten ihnen, sobald wir Zelte und Verpflegung eingepackt hatten. Guy hatte einen Erste-Hilfe-Kasten für mich hergerichtet und nachgesehen, wie man Lasix intravenös einspritzt. Er blieb mit Ang Rinzi und Sankar im Basislager.

Während des Abstiegs dachte ich immer wieder: «Er ist doch so eisern und hartnäckig. Hoffentlich hilft ihm das jetzt.» Mehr Sauerstoff in geringerer Höhe war das einzige Mittel gegen sein Zerebralödem. Selbstvorwürfe, die man sich bei einer Tragödie unweigerlich macht, bedrängten mich jetzt: «Hätte ich nur schon früher darauf bestanden, daß er hinuntergebracht wird.»

In seinem blauen Kunstfaserpelz-Anzug lag Tim bewegungslos am Ufer eines Baches. Die Sonne schien. John beugte sich über ihn. Ich stand ein paar Meter oberhalb auf der Böschung, bedrückt und entmutigt. John verstand meine unausgesprochene Frage und streckte den Daumen hoch.

«Er ruht nur», flüsterte er. «Er ist unglaublich schwach, aber ich glaube doch, er wird wieder werden. Das wird seine Zeit dauern – er hat sich häufig erbrochen und ist viel gestürzt. Jetzt kann er kaum gehen, lehnt es aber ab, sich von mir tragen zu lassen.»

Nach acht Stunden waren wir alle fast zwölfhundert Meter tiefer im Rhododendronlager. Tim ruhte in seinem Zelt und lächelte manchmal schon schwach über Johns fröhliches Geplauder. John und ich entspannten uns neben dem Feuer; die von uns genommene Spannung lockerte unsere Zungen. Was Tim zugestoßen war, hatte uns tief erschreckt. Jetzt stoben Funken in die Abendluft hoch, Gesprächsthemen flogen uns zu und wir redeten müßig wie zwei Hausfrauen, die am Gartenzaun schwätzen.

Am nächsten Morgen stiegen John und Pemba wieder zum Basislager auf, um sich mit Guy an die Route zu machen. Ehe er losging, redete John liebevoll wie ein Vater auf Tim ein. An diesem Nachmittag notierte ich in meinem Tagebuch:

Wir haben Tim gerade noch rechtzeitig heruntergebracht. Jetzt redet er mehr und fühlt sich auch allmählich enttäuscht. Langsam wird ihm klar, was ihm zugestoßen ist. Heute früh mußten wir viel Überredungskunst aufwenden und unzweideutige Worte. In seinem Alter sind Enttäuschungen besonders schwer zu ertragen; man sieht noch nicht so weit über eine augenblicklich unangenehme Situation hinaus. Allerdings hat er endlich etwas gegessen. Außerdem liest er The Ginger Man, *und somit geht es wohl aufwärts mit ihm – bis jetzt habe ich ihn noch nicht lesen sehen. Er will seine Karriere als Hochgebirgskletterer noch nicht abschreiben und möchte wieder hinauf. Nach wie vor ist er aber sehr schwach; heute hat er sich den ganzen Tag nicht aus dem Zelt gerührt.*

«Wenn jemand so viel Kraft in diesen Trip investiert hat wie ich, gibt er nicht auf», sagte er.

Am nächsten Tag brachte Jetha, der «Postbote», herzliche und tröstende Briefe. Tim erholte sich rasch. Am Morgen des 19. Oktober machte ich mich an den Aufstieg vom Rhododendronlager. Tim nahm ich das Versprechen ab, mindestens vier Tage lang an Ort und Stelle zu bleiben. Ich ließ ihn in der Obhut Dawas, der beiden Holzträger und Sankars, der heruntergekommen war, um zu helfen. Ich fühlte mich fit und völlig akklimatisiert und bewältigte die tausendzweihundert Meter Höhenunterschied bis zum Basislager in weniger als drei Stunden.

Ang Rinzi, der Küchenjunge, war alleine im Lager und freute sich, Gesellschaft zu bekommen. Er überreichte mir einen Brief.

An: P.D.B.
Abs.: J.B.
Was du mitbringen mußt:
a) Tasse
b) Löffel
c) Suppenschüssel/Teller
d) Matratzen je nach Bedarf
e) Innenzelt
f) Wasserflasche
g) JB's Schaum und Guys Bidet
h) Vibrator
i) Dosenbier
j) Küchenspüle
Alles andere haben wir, glaube ich – hoffentlich stimmt's. Das Vango-Zelt war bei denen, die es tragen mußten, außerordentlich unbeliebt! Wenn du Glück hast, kannst du 'ne Nacht drin schlafen. Hoffentlich ging unten alles gut. Bis später. John.

John, Pemba und Guy hatten das Basislager am Morgen zuvor verlassen. Auf dem Boden konnte ich noch die Spuren der Abschiedszeremonie erkennen, verbrannte Wacholderzweige und verstreuten heiligen Reis. Ich packte meinen Rucksack und traf die nötigen Vorbereitungen, um ihnen zu folgen. Ang Rinzi wies auf die zahlreichen Spuren im Schnee hin; er wollte nicht mit Luchsen alleine gelassen werden. Ich beruhigte ihn und sagte, Pemba Sherpa werde am nächsten Tag kommen und bei ihm bleiben. Das Basislager war ein trister Ort.

Gespannt, was am Berg wohl los sein würde, machte ich mich auf den Weg. Die Stille wurde nur durch mein Schnaufen und das Knarren des Schnees unter meinen Stiefeln gestört. Die Durchsteigung des Einschnitts bedeutete den endgültigen Übergang zu einem Leben in Fels und Eis.

Der Kocher fauchte so laut, daß sie mich nicht hörten, bis ich den Reißverschluß der Zelte aufzog. «Hallo, Freunde. Wo bleibt denn der Tee?»

«Nur immer rein in die Kombüse.»

Ich kroch ins Zelt.

«Sieben Briefe für dich, Guy – fünf davon von Helen, wie's scheint. Ich kriegte drei weniger. Für dich, John, ist leider nichts da.»

«Ich glaube, ich hab' vergessen, Kath zu sagen, daß wir einen Postboten haben», vermutete John.

«Hier bist du doch nicht im Dschungel.» Die Briefe waren die letzten Stimmen von zu Hause, die uns erreichten, bevor wir den Gipfel angriffen.

John und Guy waren getrennt auf Erkundung gegangen und hatten zwei Wege zu dem vereisten Sattel auf dem Grund der Spalte gefunden. Am nächsten Tag wollten wir den ersten Turm hinaufklettern. Die Wetterlage war ruhig. Riesenhaft aufragend, wölbte der Westgrat einen Bogen von zweihundert Grad um uns.

Pemba hatte Frühstücksdienst. Der Tag begann schon vor Sonnenaufgang mit dem Anzünden des Kochers; dem Fauchen der Pumpe folgte ein leises Zischen. Während Schnee im Topf schmolz, sang Pemba Gebete. Der Geruch brennender Weihrauchstäbchen trieb zu uns anderen herüber, die wir in unseren Schlafsäcken lagen – eine Erinnerung an den Berg, der draußen wartete.

Es wurde ein Tag voller Widersprüche, Fehlstarts, irreführender Spuren und falscher Entscheidungen bezüglich des Weges. John und Guy gingen als erste, Pemba und ich folgten mit Seilen und Ausrüstung. Etliche Traversen, Schrägaufstiege, Rinnen, Felsstufen und Seilwürfe später waren wir alle auf dem ersten Turm angelangt. Wir hatten ihn auf verschiedenen Wegen erreicht; unter uns zog sich eine Anzahl von Zickzackspuren über die Schneehänge.

«Sieht aus, als hätte sich da eine ganze Kaninchenverwandtschaft getummelt», verulkte ich die Führer des Tages. Pemba und ich deponierten unsere Lasten am Fuße des zweiten Turms und kehrten dann zum Vorgeschobenen Lager zurück, um Tee aufzusetzen. Guy stieg direkt in die Wand des zweiten Turms ein:

Sie ist sehr steil, und ich muß meine Steigeisen abnehmen. Ein langes Stück geht es über steilen, fast grifflosen, schneeüberzogenen Fels. In meinen dicken Stiefeln komme ich mir ziemlich schwerfällig vor. Einmal finde ich einen Halt, der es mir ermöglicht, mit der anderen Hand einen Haken einzuschlagen. Aber was hat es für einen Sinn, hier weiterzumachen? Es muß einen leichteren Weg geben. Hier Lasten heraufbefördern zu wollen, wäre verrückt. Ich seile mich dreißig Meter zu John ab. Es ist schon spät, und Dunkelheit herrscht, wie wir erschöpft das Vorgeschobene Lager erreichen.

Als sie kamen, war das Abendessen schon fertig – ein fröhliches Mahl im gemütlichen Vango-Zelt, in dem der Schweizer, der Ire, der Engländer und der Sherpa einander fröhlich neckten.

Guy beschrieb, wie es am nächsten Tag fünf Seillängen ermöglichten, das Problem zu umgehen.

John geht heute als erster und steigt ‹comme un chef›. Nach einer langen Traverse an der Nordseite des Kamms klettert er geradewegs auf den Gipfel dieses gewaltigen zweiten Turms zu – hundert Meter Aufstieg über pulverschneebedeckte Felsplatten. Kurz kommt ein Sturm auf, und der Hagel springt über den Hang und auf uns herab. John erreicht den Gipfel und ruft aufgeregt: «Es ist unglaublich exponiert hier oben.» Beim Abstieg im Schneesturm gibt es ein Mißverständnis, und wir lassen beide ein Seil los, das den Hang hinunter verschwindet. Wir stoßen wieder zu Pete, der in einer Felsnische vor dem Sturm geschützt auf uns wartet. John fegt nur so am Seil herunter. Dann kommen lange, «leichte» Stücke, bei denen man sich aber sehr konzentrieren muß. Jedenfalls sage ich mir «Je suis guide»; warum also sollte ich abstürzen? Als letzter erreiche ich den Sattel in der Kerbe und denke: «Die hätten doch warten können.» Ich werde wütend. Soll der Teufel die verdammten Engländer holen, ich komme schon selber zurecht. Inzwischen hat sich der Sturm gelegt, und der Sonnenuntergang ist sehr eindrucksvoll. In Wirklichkeit haben die beiden auf der anderen Seite des Sattels auf mich gewartet. Gut. Wir kehren gemeinsam zurück. Morgen muß ich den Träger spielen.

An diesem Abend trug ich folgende Beurteilung in mein Tagebuch ein:

Ein sehr langer Weg, *dieser Grat. Punkt 6035 Meter, die Eistüte, scheint noch Tage entfernt. Allmählich wird klar, daß wir bei dieser Besteigung noch viel harte, langwierige Arbeit vor uns haben. Tag für Tag. Aber wir kommen vorwärts, gewinnen an Höhe, und so muß es bleiben.*

John schrieb:

Schwierige Kletterei, und immer dieser riesige Grat vor uns. Selbst wenn wir uns einen ganzen Tag lang bis zur Erschöpfung bemüht haben, scheinen wir kaum Fortschritte zu erzielen. Am Abend machte die «Abfahrt» an den fixierten Seilen großen Spaß. Phantastische Ausblicke, wirklich beeindrukkend, aber das Gefühl der Anstrengung überwiegt alles andere. Ich will ja kein Defätist sein, aber was wir vorhaben, ist für vier Leute vielleicht ein zu dicker Brocken. Wenn mich nicht alles trügt, denkt Pete genauso. Aber wir kämpfen weiter.

Der Gipfel des zweiten Turmes war völlig flach. «Guter Platz für ein Lager», sagte ich.

«Ein bißchen wenig Platz, aber dafür um so exponierter», entgegnete John.

Als wir den dritten Turm angingen, schauten wir zurück und sahen, daß der zweite sich in einem Winkel, der den Gesetzen der Schwerkraft Hohn zu sprechen schien, wie betrunken nach Süden neigte.

«Wie der schiefe Turm von Pisa», sagte John. «Wenn wir dort ein Lager aufschlagen, ist dieser Turm das schroffste Klo der Welt.»

Die von der Sonne erwärmte Südseite des Kammes war eisfrei, eine angenehme Abwechslung zu dem kalten Schatten und dem Pulverschnee, durch die wir vorher gestiegen waren.

Sechzig Meter über eine im Winkel von fünfundvierzig Grad ansteigende Halde aus losen, dicken Brocken, und wir hatten den höchsten Punkt des dritten Turmes erreicht.

«John, du hast wohl nichts dagegen, wenn ich mal führe?» fragte ich, als wir auf der luftigen Schneide des Grates unter dem vierten Felsenturm standen.

«Bist du sicher, daß du das schaffst?» grinste er.

Um gleichmäßige Gewichtsverteilung bemüht, stieg ich durch das brüchige Gestein auf der Südseite des Turmes. Manche der Brocken taumelten schon bei leichter Berührung ins Nichts. Die Nachmittagssonne brannte auf meinen Rücken. Ich hing an einem Haken und machte das Seil fest. Das war es, was mir wirklich gefiel. Ausrüstung und Verpflegung herumzuschleppen und im Geiste ganz woanders zu sein, brachte nichts; reines Klettern auf unerstiegenen Routen, so anspruchsvoll, daß es volle Konzentration und Kontrolle des Körpers erforderte, das war das Wahre! Die Welt schrumpfte zu dem Gestein vor meinen Augen zusammen, und meine Gedanken waren an das Hier und Jetzt gefesselt.

«Jetzt mußt du weiterführen, John. Das kriegst du schon hin, über mir sieht der Fels viel solider aus.»

«Überlaß die technischen Sachen nur mir, Chef.»

John hievte sich über einen Felsbuckel und kletterte dann rasch eine Rinne in der Wand hoch.

«Vorsicht!» Ich duckte mich, als der Schatten eines großen Blockes an mir vorbeihuschte.

«Jetzt müßte es besser gehen. Ja, ganz phantastisch!»

John hielt nicht inne, bis er dreißig Meter weiter oben die Spitze des Turmes erreicht hatte. Am Seil glitt er gleich darauf wieder zu mir herunter. Ein Gefühl der Befriedigung stieg in uns hoch.

«Anscheinend weicht der Grat dort oben ein wenig zurück», sagte John.

Wir winkten Guy zu, der groß und in perfekter Balance auf dem dritten Turm stand.

Auf dem zweiten Turm trafen wir wieder zusammen. «Ausgeschlossen, daß ich hier in einem Zelt schlafe», sagte Guy. «Das ist kein Lagerplatz, das ist ein – ‹Nid d'Aigle›.» Und so wurde dieser Platz nicht Lager 1, sondern der «Adlerhorst».

Auch Guy hatte einen guten Tag gehabt. «Es ist so anders, wenn man allein mitten im Himalaya ist!» sagte er. «Wenn der schwere Rucksack nicht gewesen wäre, hätte ich geglaubt, Flügel zu haben. Ach ja, das Seil, das wir gestern fallenließen, blieb irgendwo hängen, und ich stieg hinunter, um es zu holen. Ich hängte mich dran und kletterte wieder herauf. Wirklich seltsam – mir kam es vor, als hätte mich ein unsichtbarer Partner gesichert!»

Pemba war im Basislager gewesen, um Paraffin und Nylonband zu holen. Er brachte beunruhigende Nachrichten. Pemba Sherpa, der Holzträger, war nicht wie vorgesehen vom Rhododendronlager aufgestiegen, um Ang Rinzi Gesellschaft zu leisten. War vielleicht etwas passiert? Und Ang Rinzi kriegte allmählich Angst, allein inmitten immer frecher werdender «Schneekatzen». Vermutlich handelte es sich bei diesen Tieren um Tibetanische Luchse.

Noch ehe einer die Idee artikulieren konnte, kündigte sich ein Ruhetag an. Niemand wollte aufstehen, und wir kuschelten uns in unsere Schlafsäcke, bis es zu spät war, auf den Berg zu gehen. Ich hatte das angenehm schuldbewußte Gefühl einer Gnadenfrist. Sie war der Empfindung vergleichbar, die man hat, wenn man am frühen Morgen den Regen auf das Dach einer Berghütte trommeln hört und weiß, daß man nicht aufstehen muß. Dann kam die Sonne.

Das Vango-Zelt war unser Kommunikationszentrum. Beim Frühstück blätterten wir unser Fotoarchiv durch und analysierten, diskutierten und verdauten das Problem ausgiebig. Wir versuchten zu lernen, dem Berg durch Versuch, Irrtum und Erfahrung gleichsam auf die Schliche zu kommen, damit wir ihn sauber und sicher erklettern konnten. In Gedanken beschäftigten wir uns mit den verschiedensten Möglichkeiten. Wir hatten Fehler gemacht und würden noch weitere machen, aber da gab es das Wort: ‹Der kürzeste Weg zwischen zwei Punkten geht über drei Seiten eines Vierecks.›

«Ich bin froh, daß ich nicht an meinen Ruf denken muß», sagte John. «Was für einen Euphemismus wirst du dir als Bezeichnung für deine Taktik einfallen lassen, Pete? ‹Modifiziert-alpin›? Es wird dir auffallen, Guy, daß diese nützlichen Ausdrücke, von unserem Anführer demokratisch ausgewählt, einen weiten Bereich ethischer Schwächen in einem spiralenförmig auf traditionelle Himalaya-Strategien zulaufenden System umfassen.» In dieser Tonart schwadronierte er weiter; seine Komplizität bei dem Unternehmen nahm seinen Tiraden den Stachel.

Wir machten Inventur: Siebzehn Seile, dreißig Karabinerhaken, fünfundzwanzig Mauerhaken, fünfzehn Eisschrauben, vier Schneeanker, drei Leichtgewichtszelte.

«John, du bist gut in Mathematik. Wie machen wir siebenhundertsechzig Meter Seil an einem dreieinhalb Kilometer langen Grat fest?»

Es war eine Art Hausarbeitstag. Wir alberten herum und machten Fotos für Lebensmittel- und Ausrüstungslieferanten, die um Aufnahmen vom Gebrauch ihrer Produkte gebeten hatten. Am Berg würden wir andere

Sorgen haben. Wie Hühner im Hof pickten wir ohne System an irgendwelchen kleinen Arbeiten herum. Wir legten Kleidung und Schlafsäcke in die Sonne, nähten und reparierten, machten Schlingen aus Nylonband und schärften Steigeisen. Je mehr wir mit dem Berg vertraut wurden, in desto stärkerem Maße wurde die Ausrüstung Teil unser selbst. Im Hochgebirge bekommt man im Überlebensdrama nur wenige Stichworte, und keines davon darf man verpassen. Nur in seltenen Augenblicken konnten wir uns erlauben, den Berg zu lieben. Liebe erfordert einen ungezwungenen Fluß der Kommunikation, doch dazu mußten wir ständig zu sehr auf der Hut sein.

Ich konnte nicht einsehen, daß unsere Fußspuren den Berg verschmutzen würden, wie die Sherpas zu glauben schienen. «Tseringma, wir sind eine der Arten dieses Planeten. Warum sollten wir unseren Fuß nicht hierher setzen?» Plötzlich mußte ich lachen. Wovon redete ich denn eigentlich? Schließlich war dies auch nur ein Berg! «Prima Idee, dieser Ruhetag», sagte Guy. In der Tat hatte diese beruhigende Fermate für unsere Stimmung die therapeutische Wirkung eines Frühjahrshausputzes. Wir tankten Essen und Trinken auf und krochen dann in unsere Schlafsäcke, um vom Gipfelblick zu träumen. Das «Wochenende» war vorüber.

In der Nacht begannen mich Gedanken an die Welt im Tal wieder zu beschäftigen. Ich wachte auf und dachte mir endlose Briefe über Fragen des Bergsteigertrainings, die Kletterschule, meine Eltern und Tim aus. Pemba hatte uns während des Ruhetages verlassen, um weitere gefriergetrocknete Verpflegung zu holen und Ang Rinzi im Basislager Gesellschaft zu leisten. Am frühen Morgen kam er zurück, mit Ang Rinzi! Er brachte die Nachricht, daß Tim und der Rest der Expedition ihre Sachen gepackt und das Rhododendronlager verlassen hatten. Pemba hatte keine Spur von ihnen entdeckt. Vielleicht war es Tim plötzlich schlechter gegangen, und er hatte absteigen müssen. Ang Rinzi hatte es nicht mehr bei den Schneekatzen ausgehalten, und so hatte Pemba ihn mitgebracht. Ob er die richtige Entscheidung getroffen habe, fragte er.

Über eine Stunde diskutierten wir das Problem. Dabei kam noch ein Dilemma zum Vorschein. John hatte große Besorgnis um seinen Job, denn es gab jetzt keinen Zweifel mehr, daß die Tour viel länger dauern würde, als wir gedacht hatten. Er würde bis zum 13. November, an dem eine sehr wichtige Management-Konferenz angesetzt war, bestimmt nicht wieder zurück sein. Außerdem beunruhigte ihn der Umstand, daß er von zu Hause keine Nachrichten hatte; seine Frau war ja schwanger.

Mich regte das auf. «John, wir haben alle unsere Sorgen. Warum fallen dir deine Verpflichtungen erst jetzt ein? Was meinst du, wie das auf uns wirkt? Verfall bloß nicht in irischen Trübsinn; du darfst uns nicht mit deinen Schuldkomplexen belasten. Zehn Tage, vierzehn Tage, was ist schon der Unterschied? Expeditionen sind wie eine Ehe, du mußt dabeibleiben auf Gedeih und Verderb! Wir vertun viel zuviel Zeit damit, uns über Dinge Gedanken zu machen, die mit unserem Ziel nichts zu tun haben. Tims Problem, dein Problem, das raubt uns nur Kraft, und wir brauchen alle Energie, die wir haben, um auf den Berg raufzukommen.»

Schließlich verfielen wir auf einen ingeniösen Plan. Am nächsten Tag würde Pemba zusammen mit Ang Rinzi absteigen und feststellen, wie es um Tim stand. Dann würden sie eine Extra-Tour des «Postboten» arrangieren, der ein Entschuldigungs-Telegramm Johns mitnehmen sollte.

Uns wieder dem Berg zuzuwenden, verschaffte uns geradezu ein Gefühl der Erleichterung. Es war, als flöhen wir vor den moralischen Problemen eines anderen Planeten, einer anderen Realität. Guy und ich stiegen zum «Nid d'Aigle» auf. John schleppte eine enorme Last und half uns, einen Schneefleck zu begradigen, auf dem wir das Zelt aufstellen konnten. Das befriedigte ihn sehr. «Ich mag harte Arbeit», sagte er, bevor er wieder abstieg. «Aber Tausende von Kilometern zu fahren, um ein Loch zu graben – das muß man sich erst mal vorstellen.»

Unter unserem phantastischen «Adlerhorst» warf die Sonne seltsam gestaltete Schatten auf die Südwand, und Guy und ich lächelten wie Kinder. Er machte Spaghetti bolognese, und wir sprachen über Dougal, unser Jugendidol, über den Everest, über unseren Grat. Fast vergaßen wir, wo wir waren.

Am nächsten Tag lief alles perfekt. Über dem vierten und letzten Felsturm lehnte sich der Bergkamm zurück. Guy schien geradezu für das Begehen von Graten gemacht. Mit der nonchalanten Sicherheit eines Kunstturners balancierte er über felsige Firste. Die Präzision und Anmut seiner Bewegungen erinnerten mich an Fotos in französischen Büchern über Bergsteigertechnik.

«Sehen wir mal, wie weit wir kommen.»

Es ging gut voran. Von der Sonnenwärme und dem Gefühl der Höhe befeuert, stiegen wir Abschnitt um Abschnitt. Unser neues Sprungbrett, der «Adlerhorst», hatte enorme Energien in uns freigesetzt, und uns kam es vor, als könnten wir ewig so weitersteigen. Die sinkende Sonne erinnerte uns freilich daran, daß wir wieder an unseren geschützten Ort zurückkehren mußten. Wir hatten dreihundert Meter neues Terrain bewältigt.

Einzeln stiegen wir ab. Tief unter uns bewegten sich auf dem weißen Gletscher winzige schwarze Punkte vorwärts und rückwärts und führten uns ein mysteriöses Drama vor. Jetzt leuchteten zwei orangefarbene Zelte auf dem «Nid d'Aigle». John hatte sich dort niedergelassen und verriet uns die Handlung des Stückes.

«Ich wollte heute früh gerade aus dem Vorgeschobenen Lager weg, und was glaubt ihr, wer in diesem Moment daherkam? Tim mit einem riesigen Tragesack, den Blick fest auf den Gipfel geheftet. Er schien munter wie ein Fisch in der See, nur ein bißchen blaß um die Kiemen. Mit mir hat er eine leichte Last hier heraufgebracht. Sein Zustand hat sich wirklich verbessert; er geht langsam, aber sonst ist er ganz in Ordnung. Er bringt noch mal was rauf, sagt er; er übernachtet im Vorgeschobenen Lager. Vom Berg ist er ganz beeindruckt – es ist das erste Mal, daß er ihn sieht. Pemba und Ang Rinzi sind ins Basislager zurück. Übrigens, Guy, du hast doch Pemba diesen Daunenanzug gegeben. Er hat ihn nicht dabei, hat ihn in Kathmandu verscheuert.» Wir drängten uns in eines der Zelte, kochten und plauderten bis spät in den Abend.

«Machst du morgen den Seiljungen, Pete?»

«Ja, Capt'n.»

Am nächsten Morgen stiegen Guy und John bis zum höchsten am Vortag erreichten Punkt, während ich unterwegs Haken und Seile verankerte. Als ich sie einholte, hing John fünfzehn Meter oberhalb von Guy im steilen Eis. Sein ganzes Gewicht ruhte auf den Vorderspitzen seiner Steigeisen, und seine gewaltigen Wadenmuskeln sprengten fast seine Gamaschen.

«Das sind Tänzerbeine, mein Junge. Du brauchst mich bloß auf diesen Hang anzusetzen, da gibt es gar kein Problem. Großartiges Eis.» John schwang seinen Pickel und hieb einen Brocken heraus, der Guy im Gesicht traf. Aus der Wunde tropfte Blut in den Schnee. Vor weiteren Geschossen in Deckung gehend, preßten wir uns gegen den Hang.

Sechzig Meter über uns ragte ein granitener Überhang in den Himmel. Für uns war er ein wichtiger Markierungspunkt, das «Projekt» dieses Tages. Vom Gletscher aus hatte ihn Guy etliche Tage zuvor bemerkt und ein schmales, ihn durchschneidendes Schneeband erspäht. Nun meldete er Besitzansprüche auf dieses Sims an, und wir tauften es «Vire Neithardt». Haken drangen singend in das Gestein, und wir folgten John, der sich als erster über den Überhang schob.

«Was siehst du denn um die Ecke, John?»

«Phantastisch ... Schnee, die Eistüte! Von hier aus nur eine Schneepassage bis zu dem Punkt. Seht es euch selbst an.»

Die Sonne war durch die Wolken gedrungen; der Wind hatte sich abgeschwächt, der Fels leuchtete golden. Im Norden lag die endlose Weite Tibets im Dunkel. Wir tauchten wieder hinunter in den schimmernden Dunst. Fast unmerklich hatte dieses Unternehmen seine eigene, unverwechselbare Gestalt angenommen.

18. Gratwanderung

27. Oktober–4. November

Ein gezacktes milchweißes Kristall bewachte ungefähr drei Kilometer des Grates. Er schien in der Luft zu schweben, unmerklich an steinerne Streben gefesselt, ein zu fester Form geronnenes Stück ätherischer Harmonie. Dünne schattenhafte Linien und schmale Kanellierungen glühten für einen Augenblick auf und verblaßten dann wieder. Das immer wieder wechselnde Licht verhalf uns zu einem Eindruck seiner Vielfältigkeit; seine Form konnte weder die dickste Wolke noch die dunkelste Nacht ganz auslöschen.

Endlich gab es reine Eis- und Schneekletterei. Ich hatte mich unter dem Dach des letzten Überhangs zusammengekauert und beobachtete einen dichten Regen von Eispartikeln, die unwahrscheinlich leuchtend und blitzend hoch über mir herunterkaskadierten und Hunderte von Metern in senkrechtem Fall durch die Luft stürzten. Das Dach erlaubte es John nicht, uns neue Fortschritte herunterzumelden; er konnte nur dann und wann durch Ziehen kundtun, daß wir mehr Seil nachlassen sollten. Dann zerrte das Seil mehrmals an mir: ich sollte folgen.

John saß rittlings auf dem Grat und hielt sich mit Knieschluß fest. Es sah aus, als reite er einen riesigen, widerspenstigen Schimmel.

«Habe keine Hakensicherung. Ich hab' ein Stück von der Kante abgehackt und fühle mich einigermaßen sicher», verkündete er.

John schien die exponierte Lage nichts auszumachen, während sie mich entnervte. Die neue, äußerst luftige Situation verlangte geistige Anpassung. Der schwindelerregende Absturz dröhnte mir in die Ohren: ‹Fall nicht runter!› War dies klassische Hybris? Wagten wir mehr, als uns zukam? Wir waren schwarze Fliegen, die auf weißem Papier herumkrochen, bloß hatten wir keine Saugapparate an Händen und Füßen; nur ein paar Zentimeter in den Fels getriebenen Stahl bewahrten uns vor dem Sturz in die Leere des Abgrunds.

«Heute bist du in einer morbiden Stimmung», sagte John. «Du scheinst von Todesgedanken besessen zu sein.»

«Nur ein ganz mildes Zittern», bekannte ich. «Der Schnee ist ja offenbar ein bißchen rutschig und lose, und diese Wächten gefallen mir nicht.» Ich schmetterte ein Wächtenstück in die Tiefen der Nordwand hinunter und kletterte zu einer oberhalb seiner Position gelegenen Stelle. Unter dem Schnee hatte ich ein kleines Stück Fels freigemacht, und ich verbrachte eine halbe Stunde damit, einen wackeligen Haken in eine vereiste Spalte zu schlagen. Wir hatten keine Seile mehr, die wir hätten festmachen können. «Morgen ziehen wir uns dann richtig hoch», sagte ich.

John übernahm wieder die Führung. Sichern war nun nicht mehr möglich. «Wirklich aufregend hier!» rief er. Als er an mir vorbeistieg, hinterließ er nur ein paar Steigeisenkratzer. Ich schlug Stufen, als ich ihm folgte.

«Du kannst gleich bis ganz hinauf führen», sagte ich. «Ich mache dann den Weg gangbarer.»

Jetzt konnten wir den nächsten Abschnitt des Westgrates sehen. Er schwang sich auf der anderen Seite von Punkt 6035 Meter zu einer etwa einen Kilometer langen horizontalen Sektion mit vielen Wächten hinüber.

Nach gut hundert Metern hielten wir an, denn höher ging es nicht mehr. «Ich schlecke nur das Oberste von der Eiscreme weg», sagte John und sah sich um. «Tolle Stelle! Unglaublicher Absturz auf allen Seiten – aber der Weg ist fürchterlich lang. Was meinst du?»

Mir stockte der Atem angesichts des endlos weit geschwungenen Kammes. Wir waren beide bedrückt.

«War es am Changabang auch so?» fragte er.

Die Changabang-Besteigung hatte durch ebenso exponiertes Gebiet geführt und war nicht weniger anspruchsvoll. Aber mit jeder Seillänge hatte man Höhe gewonnen, und die ständige Gefährdung durch Wächten und unzureichende Sicherung hatte es nicht gegeben.

«Der Abstieg und dann das horizontale Stück bis da rüber ist fast zuviel», sagte ich.

«Guy meinte, wir brauchten vielleicht ein bis zwei Stunden», grinste John. «Was er wohl sagen wird, wenn er das sieht – Nom de Dieu!»

«Als erstes müssen wir einen Platz für das Lager freihacken.»

«Hier zu stehen, ist schon gefährlich genug.»

Es war ein langer, spannungsgeladener Tag mit einem Vorgeschmack kommender Dinge.

Auf dem Hinunterweg trafen wir Guy. Mit einer schweren Last beladen, kam er uns nonchalant auf dem Grat entgegen. «Was für ein Gefühl! Ganz allein über einem Meer von Wolken!» Er begrüßte uns voller Begeisterung, grub ein Schneeloch, deponierte seine Last und stieg mit uns ab. An einer Stelle schlüpfte das Seil, an dem John hinunterglitt, aus seinem Haken. John gelang es, auf ein Sims abzuspringen und die Balance zu behalten.

Die Probleme und Entscheidungen des hellen Tages waren simpel wie schwarz und weiß, verglichen mit den Problemen, die uns in den Nachtstunden im «Nid d'Aigle» bedrängten. Mir half es, meine Taschenlampe anzuknipsen und sie niederzuschreiben.

Ursprünglich planten wir, nur an den schwierigen Stellen Seile anzubringen. Inzwischen aber wurde uns klar, daß wir die Abschnitte zwischen den Lagern nur mit durchgehender Seilhilfe schaffen. Das heißt, daß wir sämtliche unterhalb des «Adlerhorsts» festgemachten Seile hochholen müssen – und übermorgen alle unterhalb von Punkt 6035. Ich muß also jetzt entscheiden, was mit Tim und Pemba geschehen soll. Wenn es einzig und allein auf die Erreichung des Gipfels ankommt, bleibt wohl nur, sie zu bitten, ins Basislager zurückzukehren. Warum?

a) Pemba ist eben nach zwei Verschnauftagen im Basislager heraufgekommen – eine Zerrung im Schenkel, sagt er. (Warum verfallen die Sherpas bloß immer auf so kindische Ausreden? Er wollte doch nur ein bißchen mit seinen Freunden palavern.) Er erscheint mir etwas unkontrolliert und kommt besser mit einem Jümar-Steigbügel als mit dem Eispickel zurecht. Mit mehr als dem Tragen von Lasten kann man ihn nicht betrauen.
b) Wie rasch wir vorankommen, hängt davon ab, wie schnell das führende Paar im neugewonnenen Terrain Seile festmachen kann. Bis jetzt hat ein Lastenträger genügt, um mit diesem Raumgewinn fertigzuwerden, und es sieht nicht so aus, als würden wir in größerer Höhe schneller vorankommen. Zu fünft sind wir möglicherweise ein, zwei Leute zuviel.
c) Verpflegung und Brennstoff gehen allmählich zur Neige; mit zwei hungrigen Mägen mehr sind wir noch schneller am Ende.
d) Noch weit wichtiger als die eben genannten Schwierigkeiten sind Tims Gesundheits- und Akklimatisierungsprobleme. Tim war elend geschwächt und kann sich in derart kurzer Zeit nicht völlig erholt haben. Und wir bewegen uns jetzt in viel größerer Höhe. Wird er auf dem Grat wieder krank, dann kann uns der Versuch, ihn hinunterzubringen, allen das Leben kosten. Natürlich, der Gipfel ist nicht das wichtigste – vor allem kommt es darauf an, daß wir überleben. Wenn wir Pemba jetzt hinunterschicken, können wir es nicht recht begründen. Guy glaubt nicht, daß ich hart genug bin, Tim die Situation klarzumachen, und wahrscheinlich hat er recht. Es wäre nicht so schwierig mit Tim, wenn er nicht so blind entschlossen wäre. Ganz gleich, was ich sage, es beeinflußt ihn wahrscheinlich kaum bei seinen Entscheidungen. Am Morgen werde ich hinunterflitzen, um mit ihm zu reden. Aber hier herrscht kein Krieg, und wir sind keine Soldaten, die Befehle empfangen. Und der Berg ist noch unbestiegen. Vielleicht ist es also am besten, wenn wir alle zusammenbleiben, denn letzten Endes wollen wir ihn zusammen bezwingen.

Am nächsten Morgen machten Guy und John sich bereit, zum Punkt 6035 aufzusteigen, wo sie ein Lager errichten sollten; Pemba sollte ihnen dabei helfen.

Das Frühstück zog sich hinaus, weil jemand einen Topf mit Wasser umstieß. Dann brannte Guy seinen Daunenanzug am Kocher an. Fluchend machte er sich an die mühsame Arbeit, ihn mit kleinen Stücken Elastoplast zu reparieren.

«Wenn es in diesem Lager überhaupt möglich wäre», erklärte John, «dann würde man sagen, Guy sei heute früh mit dem linken Fuß zuerst aufgestanden.»

Ich wollte zum Vorgeschobenen Lager hinunter, ehe Tim losging, und so machte ich mich auf, während die anderen noch packten.

Viele Tage war es nun her, seit ich diesen Boden berührt hatte. Unsere ersten Erkundungen hier hatten wir vorsichtig tastend gemacht; sie hatten stark an unseren Kräften gezehrt, und ihr Ergebnis hatte uns nicht immer befriedigt. Jetzt war ich von Mut und Selbstvertrauen erfüllt, denn vor kurzem noch war ich in weit gefährlicheren, schwindelerregenderen Höhen herumgeturnt als in diesen. In einer Stunde war ich unten.

Tim saß im Zelteingang und machte sich ein Getränk warm. Das Zeltinnere verriet geordnete Unabhängigkeit. Neben ihm stand ein sorgfältig gepackter Rucksack, mit dem er zum «Adlerhorst» aufsteigen wollte. Alles andere war so sorgfältig aufgeräumt, als könne jeden Augenblick ein Feldwebel zur Kontrolle erscheinen. Ich hatte vorgehabt, ihm zu sagen, wie gedankenlos es von ihm gewesen war, daß er Pemba Sherpa nicht hochgeschickt hatte und daß wir länger über ihn als über den Aufstieg gesprochen hatten und wie groß unsere Sorge war, er könne auf dem Kamm einen Rückfall erleiden. Aug' in Auge mit ihm warf ich freilich all diese Vorsätze über Bord. Es gab wirklich nur eine Lösung – er sollte mit uns kommen.

«Gut, daß ich dich noch erwischt habe, bevor du losgingst. Ich hoffe, daß du mit deinen persönlichen Sachen zurechtkommst; wenn noch Lebensmittel übrig sind, nehm' ich die mit. Ich werde die Seile hochziehen. Noch Tee?»

Tim war sichtlich erleichert. «Zauberhaft», sagte er.

Wir brauchten den ganzen Nachmittag, um die Seile mit hochzunehmen. Mittendrin begann es zu schneien. Wir entfernten gewissermaßen die tieferen Sprossen, um sie weiter oben an der Leiter neu zu verwenden. Der entscheidende Schritt war getan; daß wir nun wirklich isoliert und auf uns selbst gestellt waren, konnte entweder ein Hochgefühl erzeugen oder den Druck der Notwendigkeit schaffen. Beides würde unsere Kräfte mobilisieren.

Zumindest hoffte ich das. Tim und ich hatten gerade das «Nid d'Aigle» erreicht, als Pemba fröhlich vor sich hinsingend von oben kam. «John und Guy steigen ab», verkündete er.

«Was?»

Ja, da waren sie, glitten im Zwielicht an den Seilen herunter. Der Plan war nicht eingehalten. Nach ihrem verspäteten Start war Pemba eine Stunde lang am vierten Turm steckengeblieben. Die beiden anderen hatten seine Tragelast unter sich aufgeteilt, waren aber zu spät bei Punkt 6035 angekommen, um ein Lager errichten zu können. Immerhin hatten sie auf dem Grat ein paar gute Verankerungsstellen für Haken und Seile entdeckt.

John, Tim und ich drängten uns in einem Zelt zusammen. Seit elf Tagen waren wir nicht mehr zusammengewesen. Es gab viel Flachserei und Gelächter. Mir wurde nicht klar, wie sehr Tims Anwesenheit die soziale Balance des Teams störte. Guy notierte:

Ich fühle mich äußerst unbehaglich. Die drei Engländer schlafen in einem Zelt, und ich bin mit Pemba installiert. Ich esse zwar mit ihnen zusammen, fühle mich aber aus ihren Gesprächen völlig ausgeschlossen. Für sie bin ich der Schweizer Bergführer, über den man lacht. Nun, die werden ja sehen. Es erbittert mich, wie ein Fremder beiseitegeschoben zu werden. Eine sehr schlechte Kalkulation von Petes Seite. Ich fühle mich allein gegenüber den dreien. Es wäre gut für sie, wenn auch sie sich manchmal allein fühlten.

Ausnahmsweise in einer Art Feldwebelrolle, versuchte ich am nächsten Morgen, etwas Leben in die verschlafenen Kameraden zu bringen. «Los, Pemba, stell Tee auf. Komm, John, kapierst du nicht, daß die ganze Tour auf der Kippe steht? Unsere Chance, den Südgipfel zu erreichen, steht meiner Ansicht nach eins zu drei. Wir müssen besser vorankommen.»

«In der Nacht war eine Schneekatze da», sagte Pemba und deutete auf winzige Spuren im Schnee bei den Zelten.

«Wie kommt die denn hier rauf?»

«Wahrscheinlich über die Südseite.»

«Wenn die so klettern kann, sollten wir ihr ein Seil umbinden und uns das restliche Stück von ihr führen lassen.»

Am Abend schrieb John in sein Tagebuch:

Große Etappe zum Lager auf Punkt 6035 Meter. Guy und ich sind das Vorauskommando, und deswegen können wir nur unsere eigene Ausrüstung und je zwei Seile mitführen. In der Nacht etwas Schneefall, deswegen keine Spuren; Gestein rutschig. Die anderen drei folgen mit schweren Lasten für die Ausstattung des Lagers. Ankunft im neuen Lager frühnachmittags; wir sind sehr erhitzt und ziemlich ermüdet. Pete kommt kurz danach, dann Tim, dann Pemba. Pemba steigt gleich wieder ab. Wir fangen an, auf der messerscharfen Kante Platz für ein Lager auszuhacken. Wenn wir damit fertig sind, werden die Kartographen künftig eine geringere Höhe angeben müssen! Pete und Tim steigen gegen vier Uhr nachmittags ab. Guy und ich graben und hacken weiter Schnee und Eis. Um halb sechs, als es anfängt, dunkel zu werden, probieren wir aus, ob die Fläche groß genug ist. Sie reicht! Wir zurren das Zelt mit Seilen und Schnüren fest. An der Kante zum Nichts sortieren wir unsere Sachen. Dann kriechen wir in das Zelt, wo wir vergessen, daß direkt vor der Tür ein tausendachthundert Meter tiefer Absturz gähnt. Nach dem bayrischen Wolkenschloß des verrückten Königs Ludwig II. nennen wir das Lager «Neuschwanstein». Guy sagt, daß er ständig Wagners «Lohengrin»-Musik hört. Viel zu essen, aber kein Tee. Wer dieses Lager nicht gesehen hat, hält sowas gar nicht für möglich. Überall hängen Ausrüstungsgegenstände herum. Alles muß festgemacht werden. Morgen versuchen wir, auf dem Grat weiterzukommen.

Jeglicher Befriedigung, die ich leicht an diesem Abend am «Nid d'Aigle» über unsere Fortschritte hätte empfinden können, wurde der Boden entzogen, als Tim seinem festen Glauben Ausdruck verlieh, wir würden nach «Neuschwanstein» im alpinen «Freistil» weiterklettern. Daß ich eine trivialere Taktik verteidigen mußte, verletzte meinen Stolz sehr. Wie sehr ich mich gegen seine Ansichten sperrte, geht aus meiner Tagebucheintragung hervor:

Dieses Gefühl, daß die jüngere, ehrgeizige, aber auch leicht eingeschnappte und manchmal beschränkte Bergsteigergeneration mich als alten Graubart einstuft, der schon alles zu kennen glaubt und von den anderen nur erwartet, daß sie es genauso machen wie er! 1972 verausgabten wir uns am

Hindukusch so sehr, daß wir gerade noch mit Mühe davonkamen. Damals erkannten wir unsere Grenzen. Vielleicht hätte Tim mit seinen jüngeren Freunden auf Tour gehen sollen; dann hätte er ein paar Dramen erlebt, ein paar Fehler gemacht, hoffentlich überlebt und letztlich gelernt, sich richtig einzustufen. Jugendlicher Überschwang und mit Überlegung gewähltes Tempo scheinen sich miteinander nicht zu vertragen.

Die Sonne des frühen Morgens umfing wie ein Lasso den fast sechshundert Meter über uns liegenden Turm von «Neuschwanstein» und ließ Johns und Guys orangefarbenes Zelt auf dem Grat aufleuchten. Wir beneideten sie um die Wärme des Sonnenscheins. Mit kältesteifen Fingern packten Pemba, Tim und ich unsere Lager zusammen. Einer der Zeltstäbe entglitt Pembas Händen und blieb fünfundvierzig Meter tiefer auf einem Sims in der Südwand liegen. Obwohl Tim die eben zum Frühstück verzehrten Bücklinge wieder erbrochen hatte, kletterte er, den Spuren der Schneekatze folgend, hinunter, um ihn zu holen.

John und Guy waren in ihrem Zelt, als wir mit unseren Lasten ankamen. Es war ein Uhr dreißig nachmittags. «Wie steht's, John?» fragte ich.

Guy saß still hinten im Zelt, und ich konnte ihn kaum sehen. John war ihr Sprecher. Sein Gesicht war vor Enttäuschung verdüstert, und kopfschüttelnd teilte er mir die Neuigkeit mit: «Wir haben eine Niete gezogen, fürchte ich. Es ist nicht zu verantworten, Pete. Guy und ich haben uns lange darüber unterhalten. Wir haben es ein paar Seillängen weit ausprobiert. Der ganze Grat ist instabil; ich spürte, wie er vibrierte, als Guy eine Seillänge entfernt eine Stufe schlug. Es gibt keine Sicherheit, die nächsten Felsen sind ein-, zweihundert Meter entfernt. Das sind riesige doppelte und dreifache Wächten, die alle im nächsten Augenblick abstürzen können. Beinahe wäre ich runtergekommen, damit ihr euch gar nicht mehr raufzubemühen braucht.»

«Schön, aber jetzt sind wir alle hier. Wir haben den ganzen Fraß und alles Zeug raufgetragen; es ist also wohl am besten, wenn wir über Nacht bleiben», sagte ich und gab keinen weiteren Kommentar. Für einen Rücksitzpassagier war das nicht der Moment, seine Meinung zu äußern.

Wir hackten eine Plattform für ein zweites Zelt, und Tim, Pemba und ich richteten uns ein. In einer Ecke zusammengekauert, schrieb ich in dieser Nacht:

Die erste Nacht in einem neuen Camp ist immer die schlimmste; man darf nicht mit Schlafpillen sparen, wenn man die fürchterlichen Abstürze auf allen drei Seiten vergessen will. Dies hier ist ein erstaunlicher Ort. An das Krachen, Ächzen und Stöhnen des Eises müssen wir uns gewöhnen. Der Gedanke an eine schnelle Heimkehr ist verlockend, aber wir müssen uns die Sache noch einmal aufs genaueste ansehen. Morgen wird sich zeigen, ob die anderen recht haben. Ich wünschte, ich wäre hier gewesen, um sie zu ermutigen, aber ich wollte, daß mit der Nachhut alles glatt läuft – daher die harte, aber auch sichere Arbeit, die ich mir in den letzten beiden Tagen aufhalste. Tim findet unsere aufregende Position äußerst reizvoll und hat das Wort ‹Rückzug› aus seinem Wortschatz verbannt. Sein Ehrgeiz erscheint unerbittlich und hart und sollte auch uns Auftrieb verleihen. Aber über den nächsten Schritt muß Einigkeit herrschen. Ich will den Erfolg oder einen wohlbegründeten Rückzug.

In dieser Nacht schlief Guy nicht sehr viel. Er war der erste, der am Morgen das Schweigen brach. «Ich habe stundenlang nachgedacht wie vor einer großen Tour in den Alpen», sagte er. «Zwei Monate Arbeit schenke ich nicht einfach so her. Für jemand, der Heimweh hat, ist dies hier kein Ort. Dieses Stück Grat gehört mir. Es ist mein Problem. Und ich gehe es an.»

John war verblüfft über Guys Sinneswandel, erholte sich aber rasch: «Guy, ich sag' nie wieder was über deine deutschschweizerische Herkunft. Du bist ein Franzmann, durch und durch.»

Nach dem Frühstück stieg ich zum vierten Turm ab, um die ersten sechs Seile zu holen. Ich sah mich um, prägte mir das Gelände ein und überlegte, welche Probleme es beim Abstieg geben könnte. Nach jeder Seillänge befestigte ich, damit wir uns bei der Rückkehr leichter zurechtfanden, eine orangefarbene Nylonschlinge am betreffenden Haken.

Als ich über den eisigen Grat wieder zum Lager hinaufkletterte, sah ich in zwei-, dreihundert Metern Entfernung Guys winzig wirkende Gestalt. Ganz vorsichtig bewegte er sich auf dem Rücken der riesigen Schlagsahnerolle aus Schnee. Zwischen uns und unter uns war die Schattenwelt der Nordseite. Und heute würde er bestimmt die sichere Zuflucht eines auf dem Grat thronenden Felsstocks erreichen, den Roten Turm.

Um vier Uhr nachmittags war das ganze Team wieder in «Neuschwanstein» beisammen.

«Wir hätten länger draußen bleiben sollen», sagte Guy, «aber ich überredete die anderen, zurückzukommen. Ich dachte, es würde sehr lange dauern, aber Tim hat hinter uns eine Autobahn angelegt, und wir brauchten nur eine halbe Stunde.» Er war über die erzielten Fortschritte ganz begeistert. «Manchmal hatte ich vor lauter Angst einen ganz trockenen Mund. Bei einem bestimmten Schneegebilde meinte John, wir sollten ein Seil daran festmachen – es hatte eine Form wie ein Pilz, und das funktionierte! Kaum zu glauben. Wir machten eine große Schlinge drum rum, da läuft das Seil ganz gut durch. An einer anderen Stelle war der Grat zu schmal, um darauf zu gehen. Ich stieg an der Südseite ab und dann wieder auf – ziemlich kitzlig. Eine phantastische Kletterei!» In sein Tagebuch schrieb er: «Das Team ist jetzt wieder beisammen. Die Moral ist gestiegen, und ich glaube, wir schaffen es. Ich habe mich gerächt, an mir und den anderen.»

Eineinhalb Meter voneinander entfernt, standen die beiden Zelte auf «Neuschwanstein» fast übereinander.

«Mein Gott, hast du Schiß», höhnte John, als ich weitere Eisschrauben in den Berg drehte, um mich für diese Nacht daran festzumachen. Er und Guy kochten im oberen Zelt für uns fünf. Unsere Kuppelzelte waren viel geräumiger als die klaustrophobischen Tunnelzelte, die wir am Kangchendzönga benützt hatten; zu dritt war es freilich trotzdem recht eng. Tim, Pemba und ich lagen in unserem Zelt, warteten darauf, gefüttert zu werden, und hörten dem Gespräch nebenan zu.

«Hör mal, Guy, du bist hier nicht in der Schweiz. Warum kannst du nicht einen doppelten Hygiene-Standard haben wie wir anderen auch? Sauberes Besteck, spiegelnde Töpfe, Feinschmeckerküche – das alles hat doch hier oben keinen Sinn. Den größten Teil unseres Toilettenpapiers hast du für dein Popöchen gebraucht.»

«Gib mir 'nen Löffel, John.»

«Da, Junge.»

«He, mach ihn erst sauber, da ist ja noch Suppe von gestern dran!»

«Die beiß' ich runter.»

«Du ... du ... du bist ein Vieh!»

«Knurrr!»

Die Tage waren in den November hinübergeglitten. Bald würden die Winterwinde kommen, und dann konnten wir uns vielleicht nicht mehr auf diesem Grat halten. Wir hatten nicht mehr viel Zeit.

Tim war technisch der bei weitem beste Kletterer unseres Teams; ihn mußten wir als unsere letzte Geheimwaffe einsetzen. Am 1. November übernahm er die Führung, und ich hielt das Seil. Tim hatte jedoch noch nicht die richtige Einstellung zum Wächtenklettern gefunden. Er verbrachte drei Stunden damit, steiles und schwieriges Eis unterhalb des Grates zu traversieren, überlegte es sich dann anders und kam zurück. Währenddessen kam Guy, der an diesem Tag den Lastesel spielen mußte, von hinten, entrollte sein eigenes Seil, klinkte es ein und stieg über uns alleine an der Schneide des Grates entlang. Diese hilfreiche Geste verkündete eine unausgesprochene Botschaft: «Ich hab's ja gesagt.» Dann tauchte John auf. Er hatte einen angenehmen Vormittag damit verbracht, fünf Seile unterhalb der anderen Seite von «Neuschwanstein» heraufzuholen.

«Schön, wenn man eine Weile ganz für sich ist, nicht wahr?» sagte er. «Als ich herüberschaute, konnte ich euch nicht sehen. Ich vermutete also, daß ihr hier dahingaloppiert und weitere Seile braucht, und die habe ich mitgebracht. Daß ihr noch kaum vorwärtsgekommen seid, hätte ich überhaupt nicht gedacht.»

Logistisch gesehen hatte die Expedition ihre Depots direkt hinter der Front errichtet. Durch Johns Worte angestachelt, führte ich über eine größere Wächte; mein Ärger war jetzt stärker als meine Angst. Guy gab mir Ratschläge, wo das Seil zu verankern sei. Irgendwie verhedderte es sich. Ich mißverstand ihn, hörte einen herablassenden Ton in dem, was er sagte, und schimpfte laut auf ihn. Guy ließ seine Last liegen und stieg wortlos und eilends an den Seilen entlang nach «Neuschwanstein» zurück. Wir sprachen später nie über den Vorfall. Nur John folgte mir jetzt.

Endlich fiel der Kamm nicht mehr ab, sondern schwang sich in langen, horizontalen, von kurzen Stufen unterbrochenen Sektionen nach oben. Ich übernahm wieder die Führung, demolierte mit zweihändigen Schlägen meines Eispickels die Schneeüberhänge und bahnte neben dem Grat einen Weg.

«Wenn man sich dran gewöhnt hat, geht es ganz gut», rief ich. «Ich weiß wirklich nicht, was das ganze Theater überhaupt soll. Hier könnte meine Großmutter herumspazieren; es ist nicht schlimmer als die Traverse von der Aiguille du Midi zur Aiguille du Plan.»

John kam nach, und wir hängten uns an eine Eisschraube. «Den Midi-Plan-Grat habe ich etwas anders in Erinnerung», sagte er. «Ich meine, auf dem Midi-Plan haben schon Hunderte von Leuten die Tragfähigkeit des Schnees für dich ausprobiert. Aber allmählich verstehe ich die Grundidee hier: keine Kunst, keine Technik, nur Ignoranz und brutale Kraft.»

Es wurde schon spät, aber die Erfahrung hatte uns inzwischen gelehrt, der Versuchung einer frühen Rückkehr zum Lager nicht zu erliegen. Wir nützten den Schwung des Nachmittags aus. John arbeitete sich eine Seillänge weiter voran. Ich folgte ihm, und beide saßen wir rittlings auf dem Grat und plauderten glücklich. Die Ehre war wieder hergestellt.

Die Sonne hing niedrig am Himmel – ein riesiger Stern, dessen Licht sich in Tausenden winziger Eispartikel fing, die um uns herum durch die Luft schwebten. Der Arm des Westgrats deutete zur Sonne hinüber, und wir folgten ihm. Unten hob sich eine winzige Silhouette von der Spitze «Neuschwansteins» ab.

Dieser Grat war wie eine Licht und Schatten trennende Messerschneide. Er war eine mächtige Barriere, die Winde und Schneestürme, Kulturen und Länder trennte. Er war auch unsere einzige, fragile Stütze zwischen Himmel und Erde. Der Vollmond beleuchtete die letzten Seillängen unseres Rückweges zu den Zelten.

Am nächsten Morgen war Tim schon in aller Frühe eilig an den Seilen entlang unterwegs, während alle anderen schläfrig Ausrüstung und Tragelasten für den Tag vorbereiteten. Tims energischer Vorwärtsdrang wirkte aber ansteckend.

«Wenn du noch länger hier herumtrödelst, Guy», flachste John, «ist es im Handumdrehen drei Uhr nachmittags und Zeit zum Umkehren.» Die Frotzelei wirkte, denn bald machte sich Guy entschlossen daran, Tim zu verfolgen:

Ein starker Wind bläst von Norden, und es ist bitter kalt. Auf der Südseite hat man's jedoch unterhalb des Grates ganz warm. Am Ende der Seile hole ich Tim ein, und er überläßt mir auf dem nächsten Abschnitt die Führung. Die Wächten sind enorm groß. Ich krabble dahin, bis ich eine Eisschraube als Sicherung eindrehen kann. Wir wechseln uns in der Führung ab. «Halt dich nahe am Grat», rate ich Tim. Wir müssen viel mit dem Pickel arbeiten. Das verlangt viel Kraftaufwand, und wir kommen nur langsam voran. Plötzlich habe ich drei hintereinanderliegende Türme aus Eis und Schnee vor mir. Dieses Mal, sage ich mir … Aber nichts bricht ab, alles hält.

Drei Stunden lang saßen John und ich auf den Felsen der Sonnenseite des Roten Turms und tauschten Gedanken aus. Wir beobachteten Tim und Guy, starrten den Berg an und spähten in die Ferne, um vielleicht Anzeichen einer Wetterveränderung zu erkennen.

«Hoffentlich finden sie irgendwo bei diesem Felsturm einen Platz für das

Lager. Das Dumme ist nur, daß es nicht höher liegen wird als unser letztes. Schau mal zur Amerikanerroute hinüber. Wir haben fast nichts an Höhe gewonnen, sondern traversieren nur die Kopfwand dieses Tales. Beim Abstieg müssen wir wirklich aufpassen. Ich habe wenig Lust, hier schwindlig und ausgetrocknet runterzukugeln.»

«Glaubst du, wir sind zu vorsichtig? Vielleicht sollten wir kompromißloser draufhalten.»

«Nein, nicht auf dieser Route, nicht mit diesem Team. Wir verausgaben uns auch so schon genug; ich meine, wir haben uns nun mal sehr weit vorgewagt und sind gänzlich auf uns allein gestellt.»

«Heißt das, daß du uns nicht vertraust?»

«Vielleicht traue ich auch mir selbst nicht. Ich möchte einfach nicht so viel riskieren. Die Rechnung enthält zuviele Unbekannte. Ich werde einfach das Gefühl nicht los, daß wir uns übernehmen. Was uns bis hier raufgebracht hat, war teils Stolz, teils Wut, teils Wettbewerbsgeist, teils Ehrgeiz, das mußt du doch zugeben.»

«Du Heuchler! Das kann man über jede Tour dieser Art sagen.»

John war so etwas wie unser Resonanzboden. Er neigte immer zu Nachsicht und hatte die Fähigkeit, die delikatesten Probleme mit entwaffnender Bescheidenheit in die tolerantesten Worte zu kleiden. In seiner Soldatenzeit hatte er gelernt, die Schwächen anderer zu akzeptieren, wenn es keine andere Wahl gab, und über den Problemen zu stehen, die sich ergeben, wenn Menschen sehr eng zusammengedrängt miteinander auskommen müssen. Nie beklagte er sich, und nur selten bat er um Hilfe. Er schämte sich, von Schwierigkeiten zu reden; oberstes Gebot war für ihn, daß der Zusammenhalt unseres Teams trotz seiner Schwächen nicht angeknackst wurde. Er war das am wenigsten eigensüchtige Mitglied unserer Gruppe.

Pemba, der am Vormittag im Lager Schnee geschmolzen hatte, stieß später zu uns, und wir drei stiegen zusammen weiter. Inzwischen hatten Guy und Tim den größeren Felsturm am Ende des horizontalen Abschnitts erreicht, der den Anfang einer nahezu fünfhundert Meter hohen Stufe des Grates markierte.

Der zwanzig Meter hohe Felsturm blockiert unseren Weg. Nach kurzer Besprechung führt Tim bis auf halbe Höhe hinauf und sichert sich an einer Felszacke. Endlich haben wir mal wieder die Sicherheit soliden Granits. Es gibt einen einfachen Schlüssel zu dem Problem – ein schönes kleines Felssims an der Südseite des Turms (tatsächlich handelt es sich, wie wir jetzt sehen, um eine Gruppe von Türmen), das zu einem Sattel auf der von uns abgewandten Seite der Türme führt. Von dort steigt der Grat dann wieder steil an. Die anderen kommen, und wir deponieren unsere Lasten. Mit viel Hackarbeit werden wir hier ein Lager einrichten können. Sechstausendeinhundert Meter – in vielen Tagen nur sechzig Höhenmeter gewonnen. Es ist dunkel, wie wir wieder in «Neuschwanstein» ankommen.

Am nächsten Tag, dem 3. November, kehrten John und ich zu der fünfhundert Meter hohen Stufe zurück. John war in Hochstimmung. «Das ist die Art von Kletterei, die ich wirklich mag», sagte er.

Der führende Mann konnte sich unterwegs nicht mehr sichern, weil von der dafür erforderlichen Ausrüstung nichts mehr übriggeblieben war. Das bedeutete, daß er bei einem Absturz vom Ende einer Seillänge von fünfundvierzig Metern neunzig Meter tief fiel. Dennoch war John nicht zu halten; dieser Gedanke schien ihn nicht zu berühren. Er empfand einen unbändigen Drang nach oben, und diesem Drang gab er nach. Ich ließ in dem Maße, wie er vorankam, Seil nach und quittierte seine Kommentare mit ermutigendem Grinsen.

«Das schwierigste Stück bisher», keuchte er nach Bewältigung eines Überhangs. «Ganz schön haarig», rief er, als er sich ein Stück höher über eine verschneite Stelle gearbeitet hatte. Wir kletterten angestrengt, bis wir kein Seil mehr hatten. «Wunderbar», erkannte John schließlich. «Die ganze Herumsteigerei auf dem Kamm war doch recht bedrückend.»

Gut gestimmt glitten wir wieder an den Seilen hinunter. In den letzten zwei Tagen, so schien es, hatte sich die Waagschale auf unsere Seite geneigt.

Während unseres Aufstiegs hatten Guy, Pemba und Tim in vierstündiger Arbeit eine wunderschöne Plattform auf dem Grat ausgehackt, die für zwei Zelte eben groß genug war. Dabei achteten sie darauf, die Wächte intakt zu lassen, so daß die Zelte vor dem Nord- und Westwind geschützt waren. Dieser Schutzschild und die Nähe von Fels erlaubten uns, uns rasch zu Hause zu fühlen. Obwohl auch dieser Lagerplatz geradezu unglaublich exponiert war, hatte er nicht die furchterregende, dramatische Verwundbarkeit von «Neuschwanstein». Nach einer Fernsehkomödie der BBC taufte ihn John «Fawlty Towers». Tim und Guy gingen dann den ganzen Weg nach «Neuschwanstein» zurück, um dort die Nacht zu verbringen. So konnten sie gleich am nächsten Morgen die Seile einholen und bei den «Fawlty Towers» wieder zu uns stoßen.

Pemba war ein Kenner seilgesicherter Grate. Oft verglich er uns in bezug auf Ausrüstung, alpine Taktik und Routenwahl mit japanischen Expeditionen, bei denen er mitgemacht hatte. «Auf Grat wie hier», sagte er, «Japaner schlagen viele Schneepflöcke ein und machen Geländer mit Seil. Eure Seile sind nicht sicher. Japaner haben viel mehr Leute. Auf Ama Dablam wir waren sieben Bergsteiger und sieben Sherpas.» Aufwand und Sorgfalt, die wir auf unsere Zeltplattformen verwandten, beeindruckten ihn hingegen. «Die Japaner, sie haben sehr primitive Lager. Sie graben in Schnee, nicht Eis, und machen mit Seilen fest.»

Nur selten erwähnte Pemba die religiöse Bedeutung des Gauri Sankar. Im Hintergrund führte er aber Befriedungsoperationen durch, um die möglichen Schäden unsensiblen Kletterns in Grenzen zu halten. Jeden Tag näselte er Gebete, sang, entzündete Weihrauch und hörte es nicht, wenn wir «Was für ein schauriger Gestank» murmelten. Sein Vorrat an heiligem Reis war fast zu Ende, und er wußte nicht, daß John die Tüte, die er ihm gegeben hatte, im Basislager gelassen hatte. Er lehrte uns, unsere Plastiktassen nicht umgegekehrt abzustellen. «Es ist wie bei den Körben von Trägern; sie müssen immer zum Himmel hin offen sein.»

Als John eine Seite seiner Tasse am Kocher versengte, ließ Pemba ihn wissen: «Das bringt dir Unglück!» Rationales Denken gewohnt, fanden wir es schwierig, daran zu glauben, und Pemba lächelte verlegen. Oft schien sich sein Aberglaube ebensoweit von den lange vergessenen Ursprüngen entfernt zu haben, wie dies bei unseren westlichen Vorstellungen über die Bedeutung von Hufeisen oder verschüttetem Salz der Fall war. Wie am Kangchendzönga folgten uns zwei schwarze, gelbschnäbelige Dohlen. Sie umschwebten uns in den Turbulenzen am Grat und landeten nur ganz selten.

«Vielleicht sind es dieselben zwei», sagte John.

Pemba nahm nur wenig vom Abendessen – zum Glück für ihn. Es war eine schlimme Nacht. Die wenigen übriggebliebenen Teebeutel waren bei Guy und Tim in «Neuschwanstein». Wir schmolzen erst Halstabletten und dann Schokolade in Schnee und bereiteten daraus Getränke. Dabei machten wir einen Fehler: Wir gaben nicht genug Wasser in das Kartoffelpüreepulver. Mit ausgedörrtem Mund und vor Dehydration gedunsenem Bauch wachten wir mitten in der Nacht auf. Drei Stunden lang schmolzen wir Schnee und bemühten uns verzweifelt, den inneren Aufruhr niederzuhalten.

Die Morgenwolken zerstreuten sich, und der Morgenwind flaute ab. Der Nachtfrost taute auf, als die Sonne das Zelt erreichte, und schlug sich in Form von Eisflocken auf der Bodenplane nieder. Pemba stieg Tim und Guy entgegen, um Seile von ihnen zu übernehmen. John und ich warteten einstweilen; nach der durchlittenen Nacht ergriffen wir dankbar die Gelegenheit, Schnee schmelzen und noch mehr Wasser trinken zu können.

Wir nutzten die Ruhepause auch aus, um uns abzuschrubben. Es war warm. Zum ersten Mal seit Tagen sah ich meine bloßen Füße. Ich schälte mich aus meinem Seidenanzug, und tote Hautteilchen wirbelten wie ein Schneesturm umher. Ich fuhr mir mit der Hand über Schultern und Rippen, entdeckte meinen Körper von neuem. Wo waren denn die Muskeln geblieben? Ich kam mir mehr wie ein bettlägriger Krankenhauspatient denn wie ein Bergsteiger vor. Ich drehte und wendete den kleinen Handspiegel, um mein Gesicht betrachten zu können, und sah matt gewordenes Haar, pustelige, gerötete Narben, Schorf und müde Falten. Irgendwo unter dieser Hülle war ich.

Wir überprüften unsere Habe. Da war für vier bis fünf Tage Verpflegung. Ballast, den wir wegwerfen konnten, hatten wir keinen. Wie Robinson Crusoe wußten wir, daß einfache, unbedeutende Dinge plötzlich wertvoll sein können, wenn sie alles sind, was einem gegen Kälte, Hunger und Durst hilft. Kaum jemals würde das Leben einfacher sein, aber der Preis solcher Einfachheit konnte sehr hoch sein.

Wir sahen uns um. Unter uns stürzte die Südwand des Westgrats in tausend Meter tiefem, eisigem Fall zur Tongmarnang-Schlucht ab, einem Ast des hohen Rolwaling-Tales. Fern im Südwesten konnten wir die weichen Bleistiftlinien der Siwaliks sehen. Im Westen schnitten sich, von Norden kommend, drei Flüsse durch den Himalaya. An ihnen entlang verliefen die alten Handelsrouten des Trisuli, Sun Kosi und Tamba Kosi, örtlich bekannt als Bhota Kosi. Dazwischen und dahinter ragten stolze Berge empor – das ferne Massiv des Himalchuli, die Langtang Peaks und uns am nächsten die aggressive Spitze des Choba Bhamare. Am eindrucksvollsten war die dominierende Höhe eines doppelspitzigen Gipfels im Nordwesten. Dieser Gipfel, der einzige Berg von über achttausend Metern, der zur Gänze in Tibet liegt, hieß Shisha Pangma. Der Sanskrit-Name lautete Gosainthan, «der Ort des Heiligen».

Der erste Europäer, der das Gebiet um den Shisha Pangma erkundete, war Heinrich Harrer, der dann fast zwanzig Jahre später als erster die Carstensz-Pyramide in Neuguinea bestieg. Beim Ausbruch des Zweiten Weltkriegs wurden er und sein Berggefährte Peter Aufschnaiter von den Engländern in Dehra Dun in Indien interniert. 1944 entkamen die beiden nach Tibet.

Im oberen Teil der Rongshar-Schlucht zwischem dem Lapche Kang und der Nordseite des Gauri Sankar hatte A.F.R. Wollaston, der andere Neuguinea-Forscher, 1921 die berühmte erste Aufnahme des Gauri Sankar gemacht. Sie zeigt einen in Umriß und Proportionen äußerst harmonisch wirkenden Berg. Wollaston wies auf den Kontrast zwischen diesem Gebiet und der unfruchtbaren tibetanischen Ebene hin. Hier fand er linde, duftende Luft und eine reiche Vielfalt von Blumen und Bäumen und nannte das Tal «The Valley of Roses». Im Juni 1924 führte Colonel Norton nach dem traumatischen Tod von Irvine und Mallory den Rückzug seiner Expedition hierher, wo sie zehn Tage lang Kräfte sammelten. Der Gauri Sankar zeigte sich ihnen nur langsam durch Risse im Wolkenvorhang, bis sie ihn dann vom Fuß bis zum Gipfel sahen. Der Anblick machte sie schwindelig. Begeistert sprachen sie von einem «Traumberg».

Norton ließ sein Team in einem tibetanischen Dorf namens Tropdo am Fuße der Nordseite des Gauri Sankar ausruhen. Wie die 1921er Expedition hatte auch diese Hunger nach Fleisch. Norton beklagte sich in seinem Tagebuch, es gebe keine Hühner zu essen, weil die Eingeborenen glaubten, die Tötung von Tieren in den heiligen Bezirken des Berges würde Unglück auf das Dorf herniederbeschwören. Ich fragte mich, ob es sich um das gleiche Dorf handelte, das John und ich jetzt sehen konnten. Seine bestellten Felder gaben den Hängen andere Farbschattierungen, und seine Gebäude waren für das unbewaffnete Auge gerade noch sichtbar. Als Don Whillans 1964 zu der anderen, tibetanischen Seite des Berges überwechselte, sah er, wie er berichtete, Leute herumlaufen. Nach Auskunft unserer Träger fuhr jetzt ein chinesischer Bus bis zu einem Punkt, der einen Tagesmarsch vom Dorf entfernt war. John und ich waren weder die ersten noch die letzten Bergsteiger, die den Gauri Sankar besteigen wollten, und wir überlegten, ob es nicht einfacher wäre, wenn man von Norden an ihn herankommen könnte. Tibet blieb für uns indessen ein mysteriöses Gebiet; sein Geheimnis mußte unentdeckt bleiben. Ob wir darauf ansprachen oder nicht, Tibet konzentrierte in ganz besonderer Weise geistige Energien auf diesen heiligen Berg.

Mittags war Pemba noch nicht mit den Seilen zurückgekehrt, und damit hatte ein Aufstieg für uns keinen Sinn mehr. Brachen wir jetzt noch auf, würden wir den höchsten Punkt des Vortages erst im Laufe des Nachmittags erreichen. Der Kräfteverschleiß wäre gegenüber dem geringen noch erzielbaren Fortschritt bei weitem zu groß gewesen.

«Seit elf Tagen haben wir keine Pause gemacht», sagte ich.

«Immerhin ist heute ja Sonntag», bekräftigte John.

Mittlerweile hatten auch Tim und Guy auf «Neuschwanstein» eine unangenehme Nacht verbracht.

Tim kocht. Eine einzige Katastrophe: er bringt es fertig, zwei Pakete Knorr-Suppen in einen halben Liter Wasser zu geben, dann zwei Büchsen Fleisch und alles ein bißchen durchzurühren – absolut schauderhaft. In der Nacht kotzt er dann ins Zelt – über Schlafsack und Stiefel, Bodenplane und mich, überallhin. Und der Gestank!

Am Morgen machen wir sauber, so gut es geht, und brechen auf, um die Seile vom waagrechten Teil des Grats einzuholen. Die von mir erdachte Methode ist einfach. Der erste geht am festgemachten Seil bis zur Verankerungsstelle und sichert dann den anderen, der ihm folgt und dabei das Seil aufrollt. Ich bin wütend auf Tim, der nicht tut, was ich will(!). Später entschuldige ich mich dafür, ihn angeschrien zu haben. Alles wird eingerenkt. Schließlich kommt Pemba, um beim Transport der Seile zu helfen.

Als Pemba zu den «Fawlty Towers» zurückkehrte, berichtete er John und mir von Tims Unwohlsein. Minuten später erschien, mit Seilen umwunden, Tim selbst. Erbittert über unsere Inaktivität, beschuldigte er uns der Faulheit und machte uns Vorwürfe, weil wir keine Hilfe geleistet hätten. Dieser plötzliche Ausbruch traf tief. Ich versuchte nicht einmal zu erklären, warum wir uns nicht gerührt hatten; ein Zorn, dessen ich nicht Herr zu werden vermochte, hatte mich gepackt. Ich wünschte mir sehnlich, eine ruhige Antwort geben zu können, brachte es aber nicht fertig. Affekte hatten sich aufgebaut, und jetzt hatte Tim etwas in meinem Unbewußten ausgelöst.

Tim gab Pemba seinen Schlafsack zum Lüften und verließ uns, um Guy zu helfen. Ich begann, John die Gründe für meinen Zorn auseinanderzusetzen, bremste mich aber dann. Im gewöhnlichen Leben in geringerer Höhe kann eine Konfrontation komplizierte Mißverständnisse klären und Probleme einer unmißverständlichen Lösung zuführen. Hier jedoch war der Einsatz zu groß, als daß ich ein solches Risiko hätte eingehen können. Der Berg hatte unsere Worte verstärkt, und wir konnten sie nicht widerrufen. Ich baute darauf, daß John sich um eine Heilung unserer Wunden bemühen würde.

Plötzlich gab es einen Windstoß und ein schleifendes Geräusch. Entgeistert sahen wir zu, wie sich der Knoten der Schnur, mit der Tims Schlafsack festgebunden war, löste und der Schlafsack über die Kante der Südwand hinuntersegelte.

Pemba erbot sich, abzusteigen und ihn zu holen, war aber verständlicherweise erleichtert, als wir nicht darauf beharrten.

Guy kam. «Er war sowieso vollgekotzt», sagte er. Wie Tim war er wütend, weil wir nicht gekommen waren, ihnen zu helfen.

Dieses Mal hatte ich allerdings eine Antwort parat. «Warum legst du nicht morgen einen Ruhetag ein», schlug ich ihm vor.

Als Tim wiederkam, akzeptierte er kommentarlos seinen Verlust. Wir alle spendeten Kleidungsstücke, die ihn warmhalten sollten, und er schlief zwischen John und mir. Mehr konnten wir nicht tun.

John lockerte die Spannung. «Wahrscheinlich freut sich da unten irgendein verdutzter Bauer darüber», sagte er und ließ den Blick über Nepal schweifen.

In der Nacht weckte uns ein lauter Fluch und ein Klappern. John hatte den Arm durch ein Luftloch gesteckt, um eine Pißflasche auszuleeren, hatte aber weder Hand noch Flasche wieder hereingebracht und das Gefäß deshalb fallen lassen.

«Es gab keine andere Möglichkeit», erklärte er. «Wenn ich meine Hand wieder hereinkriegen wollte, mußte ich loslassen.»

19. An einem dünnen Faden

5. November

Wie der Zeiger einer großen Uhr bewegte sich das Sonnenlicht langsam den Berg hinauf: ein mahnendes Zeichen. Heute erinnerte es uns daran, daß wir uns nicht in der verführerischen Behaglichkeit unserer Schlafsäcke aalen durften, bis der Tag wärmer geworden war. Wir mußten das Öfchen anzünden und uns dann in die scheußliche Kälte hinauswagen.

«Es wird sich lohnen; bald ist es vorbei. Heute ist unser großer Tag! Es liegt Bedeutendes in der Luft!»

Zusammen mit John nahm ich den Wettlauf mit dem am Grat dahinkriechenden Sonnenschein auf. Das Ziel war nunmehr in Sicht, und unser Optimismus lebte von neuem auf. Unsere Skepsis löste sich auf wie die Nebelfetzen unten im Tal.

«Ich fühle mich großartig», sagte John. «Fertig zum Angriff, Sir.»

John schreckte nicht vor einem eiligen, ungesicherten Aufstieg zurück und schwelgte in dem Risiko, sich an exponierten Stellen über der gähnenden Leere des Abgrunds zu tummeln. Nichts konnte sein Selbstvertrauen und den Glauben an sein Können erschüttern. Wenn er sich in gefährliche Situationen hineinkletterte, hatte er bestimmt noch Reserven, die ihm wieder heraushalfen. Es machte wirklich Spaß, einen Tag lang hinter ihm herzusteigen.

Gleichzeitig mit der Sonne erreichten wir das Ende der schon verankerten Seile. Pemba folgte uns mit einem Rucksack voll Seilen. Es war zehn Uhr vormittags.

Wie die Wellen eines fernen Sturms manchmal ihre angestaute Energie unerwartet an einem stillen Gestade entladen, so begannen jetzt die Winde des nahenden Winters über den Westgrat des Gauri Sankar zu fegen. Ich legte eine Nylonschlinge um einen kleinen Felsdorn und machte mich daran fest. Es gab keinen Tritt, auf dem ich stehen konnte, und die Schlinge hielt mein Gewicht, als ich mich hinauslehnte, um Johns Vorankommen zu beobachten. Winzig zeichnete sich unsere Silhouette auf der Westflanke des Berges ab. In dem Maß, wie John über mir den Eisgrat erklomm, ließ ich die Seile nach – ein elf Millimeter starkes Kletterseil und ein acht Millimeter dickes Non-Stretch-Seil aus Terylen, zum Festmachen. Als er fünfzig Meter geklettert war, war das Elf-Millimeter-Seil zu Ende. John rief mir zu, ich solle es loslassen und ihn mit dem Acht-Millimeter-Seil sichern. Dann verschwand er auf der Nordseite des Grates.

Ich sah ihn nicht stürzen. Erst hörte ich, wie er Haken in das Gestein schlug, dann nichts mehr. Er stieß keinen Warnruf aus. Plötzlich peitschte das Kletterseil, das er hinter sich herzog, wild in den Himmel und verschwand. Das festgemachte Seil kam im Bogen zu mir herunter.

‹Er ist abgestürzt. Dieses Seil kann ihn unmöglich halten.› Ich klammerte mich fest, und der Ruck kam und riß mich hoch. Das Seil fetzte durch meine behandschuhten Hände, und ich mußte es rutschen lassen. Meine Gedanken überschlugen sich, zerdehnten den Ablauf der Sekundenbruchteile: Er reißt mich aus meinem Halt, das Seil wird nicht halten, ich stürze auch ab. Dann hörte der Zug auf. Gut zehn Meter über mir hatte sich das Seil tief in den Grat eingeschnitten. Jetzt war es locker. Er ist weg. Wie wild riß ich daran, und es leistete Widerstand. Es hatte sich irgendwo eingeklemmt – oder John hing noch daran, bewußtlos, schrecklich verletzt, tot.

«John! John!» Der Wind trug meine Schreie davon, und es kam keine Antwort. Eisige Kälte durchströmte mich und unterdrückte die in mir aufsteigende Angst. Ich befestigte das Seil an demjenigen, das bis zu mir heraufreichte, wickelte ein anderes auf, sicherte mich und kletterte in den Schatten der Nordwand hinaus. Ich sah ihn.

Sein Tagebuch verrät, was geschehen war:

Der erste neue Abschnitt des Tages. Ich fühle mich stark und glücklich. Hier ist noch niemals ein Mensch gewesen. Der Wind weht heftig, aber Steigeisen und Eispickel krallen sich in den Grat ein. Unterhalb Pete baumeln Seile, und ich richte mich gerade drauf ein, zu warten, bis er sie auseinandersortiert hat, als von oben plötzlich ein scheußlich fauchender Ton kommt, gefolgt von einem unglaublichen Windstoß, der mich beinahe vom Grat fegt. Ich klammere mich links und rechts fest – die Bö dauert nur ein paar Sekunden. Ich überlege mir, ob ich zu Pete zurücksteigen soll, um eine weniger exponierte Alternative zu finden, beschließe aber dann, weiterzuklettern. Weiter oben am Grat sehe ich eine apere, zum Sichern geeignete Stelle, doch reicht das Kletterseil nicht bis dorthin. Also fordere ich Pete auf, es loszumachen und mich nur mit dem Acht-Millimeter-Seil zu sichern; er knotet es an dem unter ihm bereits verankerten Seil fest. Ich erreiche die apere Stelle, schlage Haken ein und bin gerade dabei, mich einzuhängen, als wieder ein höllisches Fauchen ertönt und ein heftiger Windstoß mich aus dem Gleichgewicht bringt. Mein Standpunkt ist gut, und ich mache mir keine großen Gedanken, bis ich mich plötzlich in der Luft wiederfinde. Ich greife noch verzweifelt nach einem Halt, aber es hilft nichts, es geht die Nordwand hinunter – ich überschlage mich wieder und wieder, pralle auf Felsen, falle auf Schnee und stürze in Zeitlupe weiter und weiter. Ich bin so gut wie tot, da habe ich keinen Zweifel. Gleich wird das Seil wie eine überspannte Geigensaite zerspringen. Tausende von Metern sind es bis zum Boden hinunter, und ich hoffe nur, daß ich bewußtlos bin, bevor ich dort ankomme. Ich denke an Kath und den kleinen Joseph. Verwunderung. Keine Panik. Keine Angst. Meine Gedanken sind klar und rational. Nichts unter der Sonne kann mir mehr helfen. Dieses Mal ist es soweit.

Dann ein Ruck. Das Seil hat gehalten. Ich lebe, und der kleine J. hat noch einen Vater. Mein linkes Handgelenk scheint gebrochen, das linke

Oben: Gauri Sankar, der heiligste Berg der Sherpas. ▷
Unten: Unser Basislager muß ein heiliger Ort sein.
Umseitig: Exponiertes Lager hoch auf dem Westgrat: der «Adlerhorst» mit Shisha Pangma (rechts hinten) und Choba Bhamare (links). ▷▷

Knie verrenkt, aber ich lebe. Ich schreie wie verrückt: «Ich werde nicht sterben, ich werde nicht sterben!» Ich packe meine Jümarklemmen und klettere wie ein Irrer an dem Seil in die Höhe, das in der Kante des Grates steckenblieb und mich dadurch abfing. Ich bin etwa sechzig Meter gefallen. Zu Pete, den ich nicht sehen kann, rufe ich hinüber, daß ich mehr oder weniger o.k. bin. Endlich streckt er den Kopf herüber und sieht mich. Er wirft ein Seil herunter, und ich ziehe mich hinauf. Ich muß einen wilden Anblick bieten – ich habe meinen Hut verloren und blute am Kopf. Wie ich wieder bei ihm bin, ist Pete wunderbar ruhig. Er hält mich im Arm, als ich in Tränen ausbreche, weil ich noch lebe.

Ich schaute ihm in die Augen und versuchte, die Schwere der Prellungen und Erschütterungen abzuschätzen, die er davongetragen hatte. Kam das Blut aus Nase oder Ohren? War er in seinem geschockten Zustand sicher, daß er keine anderen Verletzungen abgekriegt hatte? Er sagte, er könne sich abseilen, und fing damit an, zusätzlich durch eine Reepschnur gesichert. Er kam zu einem Knoten im Seil und fingerte verwirrt daran herum. Ich begriff, daß jemand sich mit ihm abseilen mußte, entwirrte hastig ein anderes Seil und folgte ihm. Pemba rief ich zu: «Laß deinen Rucksack da, John ist verletzt. Steig ab und sag den beiden anderen, sie sollen heraufkommen.» Der Wind hatte unsere Schreie den Berg hinuntergetragen. Ich sah, wie Tim und Guy hastig in ihre Stiefel schlüpften und zusammenrafften, was für eine Hilfsaktion nötig war. Als sie uns erreichten, waren wir schon zwei Seillängen abgestiegen.

Die beherrschte Reaktion der beiden beruhigte uns.

«Siehst du, Guy, für so etwas bildet man dich bei den Schweizer Bergführer-Kursen aus», sagte ich.

Wir wußten, daß wir John zum Lager bringen konnten. Bald gab es auf dem Grat ein Gewirr von Seilen, Karabinern, Schlingen und willigen Händen. Während dieser Expedition war es das erste Mal, daß wir glatte, wirkungsvolle Teamarbeit leisteten. Nach drei Stunden Abstieg lag John geborgen im Zelt.

«Das Geräusch dieser Windstöße werde ich niemals vergessen», sagte er kopfschüttelnd. «Es war wie der Schrei eines Tieres.»

«Ein gutes Ende für diese Geschichte», sagte Tim.

◁ Am vierten Turm: John Barry hievt sich über einen Felsbuckel.

20. Die Entscheidung

5.–8. November

«Ich fühle mich, als wäre ich eben fünfzehn Runden mit Muhammad Ali gegangen», sagte John. Im Kopf sei er wieder klar, meinte er, aber sein Gesicht war noch verschrammt und geschwollen, seine Sprache schleppend und undeutlich. Sein Knie war dick angeschwollen, sein Handgelenk abgeknickt, die Hand nicht zu gebrauchen. Sein Windanzug war völlig zerrissen.

«Nicht einmal Ali hätte so viel Schaden anrichten können», sagte ich. «Du siehst aus, als wärst du in einen Mähdrescher geraten. Wieso hast du nicht geschrien, als du runterpurzeltest? Keinen Laut hast du von dir gegeben. Ich hätte mir die Lunge herausgebrüllt, da bin ich ganz sicher.»

«Wenn du stirbst, dann stirb ruhig, hat mir mein Dad mal gesagt», erwiderte er.

Guy bandagierte ihn, und wir alle beobachteten ihn sorgfältig auf Anzeichen einer Kopfverletzung. Für den Rest des Nachmittags und den frühen Abend waren wir alle in einem Zelt zusammengedrängt. Ruhe und Abgeschiedenheit gab es nicht für den Patienten. Er hörte zu, wie seine Ärzte über seinen Körper diskutierten, und warf gelegentlich ein paar Worte dazwischen.

Könnten wir alle Seile zusammenbinden und über die Nordwand absteigen? Ein Abstieg über den Kamm war viel zu gefährlich. John würde mindestens zwei Tage ruhen müssen, bis die Auswirkungen von Erschütterungen und Schock etwas abgeflaut waren. «Ich möchte nicht der Grund dafür sein, daß ihr aufgebt», sagte er. «Mir bricht das Herz, weil ich nicht mehr mit euch aufsteigen kann, aber ihr habt recht, ich muß wirklich sehr dankbar sein: Ich lebe.»

Wir wollten den Erfolg. Keiner von uns mochte aufgeben. Aber wir waren eine Familie – oder schlimmstenfalls so etwas wie eine Vernunftehe. Überleben und Erfolg gehörten zusammen, und Erfolg ohne Überleben war unmöglich. Guy ventilierte eine Idee. Pemba konnte mit John im Lager bleiben; er selbst, Tim und ich würden ein, zwei Tage auf dem Grat weitersteigen und die letzten Schwierigkeiten erkunden. Über eins waren wir alle einig. Daß wir uns für den Abstieg aufteilten, kam nicht in Frage. Wir würden zusammenbleiben.

Ich konnte nicht schlafen. Der helle Mond erfüllte das Zelt mit mattem Licht, und ein kalter Wind zerrte an seinen Wänden. Obwohl John Schmerztabletten genommen hatte, warf er sich unruhig herum. Der Schlaf, der ihn von den bohrenden Schmerzen in seinem Handgelenk erlöst hätte, wollte sich einfach nicht einstellen. Tim, der keinen Schlafsack mehr hatte, versuchte alles mögliche, um seine Füße warmzuhalten. Keiner von den beiden beklagte sich. Der Tag hatte eine «hilfreiche Erfahrung» gebracht, wie John es ausdrückte. Der Schock hatte uns zusammengeschweißt; alle Widrigkeiten und Zwistigkeiten waren vergessen.

Am Morgen des 6. November nahmen wir das letzte Frühstück zu uns – jeder zwei Handvoll Müsli. Das heißt, alle bis auf John:

Ich esse nichts; den ganzen Tag liege ich auf der faulen Haut und kann es also kaum rechtfertigen. Pete und Guy brachen schon um halb sieben Uhr morgens auf. Tim folgte ihnen um neun Uhr mit den Seilen. Sie hatten Pemba zurückgelassen, damit er schön auf mich aufpaßt! Das Handgelenk tut schauerlich weh, das Bein dagegen benimmt sich ganz gut – jedenfalls kann ich laufen. Mit zunehmendem Neid beobachte ich, wie sich Pete und Guy auf dem Grat weiterarbeiten. Wir müssen uns beeilen; wir haben nur noch für drei oder vier Tage Verpflegung und müssen jetzt schon knausern.

Muß ein Kletterer längere Zeit ohne Sicherung führen, dann ist er der einsamste Mensch. Vorsichtig nach lauernden Gefahren spähend, schob ich mich zentimeterweise zu der Stelle hinauf, von der John am Tag zuvor abgestürzt war. Aber es gab kein furchtbares Fauchen, keine reißenden Böen. An diesem Tag war der Berg ruhig. Ich sah Johns Rucksack, den er sorgfältig auf einer Felsstufe abgestellt hatte, ehe er seinen Firnanker einschlug. Ich klinkte mich in diese Verankerung ein.

Ein Felsturm neigte sich schräg über mich, gekrönt von einem ebenfalls geneigten, spitz zulaufenden Schneehut. Steigeisen und Pickel hackten ins harte Eis, als ich an der Basis des Turms entlang traversierte. Dann und wann ragten Felshöcker aus der Wand, auf denen ich gerade noch stehen konnte; sie waren für mich wie Zufluchtsorte, wo ich Kräfte sammeln und verschnaufen konnte. Ich lachte über mich selbst. Ich hatte mich gewissermaßen als sicheren Anker der Gruppe gesehen und nicht als Hauptrisikoträger. Jetzt aber gab es zu viele Gefahren und zu wenige Leute, und das Risiko mußte geteilt werden. Jetzt, da ich führen mußte, machte mir das auch Spaß. Stimmen gingen mir durch den Kopf – Stimmen von alten Freunden, von Mitgliedern des Bergsteigerklubs, von Männern und Frauen, denen ich im vergangenen Jahre begegnet war. Ich erklärte ihnen die Situation. Sie verstanden, und wir überlegten gemeinsam die Lage. Dann lösten sich meine Gedanken, schwebten aufwärts und strahlten Bilder von uns zurück, wie wir uns mit größter Mühe am Berge festklammerten. Meine Nase streifte am Felsturm entlang. Mit dem Pickel kratzte ich Eis und Schnee weg, bis ich eine Spalte entdeckte. Vibrierend fuhr ein Haken hinein. Ich sicherte Guy und schaute hinauf zu dem Schneekegel. «Und jetzt kommt die Mitra des Bischofs.»

Guys Skilehrerlächeln brachte mich immer wieder zum Lachen. Wie die Situation auch beschaffen war, es war stets schwer zu entscheiden, ob er eine Grimasse zog oder lächelte. Jetzt aber, als ich ihn lächeln sah, während er mein Seil hielt, verwandelten sich Bemerkungen, die ich auf der Zunge hatte, in von ihm ausgesandte kinetische Energie. Für mich bedeutete sein Lächeln jetzt eine Ermutigung.

Ich stapfte den luftigen Schneekamm hoch. Mit dem spannungsvollen Schwung von Hängebrückenkabeln kurvten die Seile zu Guy hinunter. Ihr eleganter Bogen steigerte meine Verwirrung. Seile, Wächten und Hänge standen in verrückten Winkeln zueinander wie auf expressionistischen Bildern. Was hielt mich eigentlich hier fest, was bewahrte mich vor dem Absturz? Ich hackte vier Stufen auf einmal, ehe ich weiterstieg. Der steile Winkel des Grates beschränkte den Schwung meines Pickels. Wie ein Skifahrer, der die seinem Instinkt widerstrebende Kunst erlernt, sich vom Hang wegzulehnen, beugte ich mich nur so weit vor, wie ich es wirklich verantworten zu können glaubte. Bloß das Gleichgewicht nicht verlieren! Der kleinste Fehler ... Sollte ich hier abstürzen? Ich konzentrierte mich.

«Gibst du mir einen Haken rauf, Guy?»

Ich verankerte das Gerät fest am Grat und hängte das Seil ein. Jetzt waren nur noch zwei übrig. Diesen hier würden wir weiter oben noch brauchen, und Guy mußte ihn wieder losmachen, wenn er mir folgte. Aber jetzt brauchte ich ihn einfach.

Wir hatten die Kante der vierhundertfünfzig Meter hohen Stufen erreicht. Dann ließ uns ein Chaos aus gewellten Schaumgebäckrollen und verborgenen Stufen nur mühsam vorankommen. Jede neue Seillänge war eine Offenbarung, einmal erhebend, einmal entmutigend. Abwechselnd führten wir über gefährliche Passagen des Grates und wünschten uns sehnlichst mehr Gerät, um das Klettern sicherer zu machen.

Tim kam hinzu. «Ich hab' kein Zutrauen zu diesen Haken.» Er und Guy hielten abwechselnd meine Seile. Ein riesiges Schneesegel überschattete die Nordseite, und ich hing eine Stunde darunter, hackte tief in den Kamm, suchte nach Fels und nach Spalten. Ich hatte nur zwei große Winkelhaken. Einen davon trieb ich seitwärts in eine eisige Spalte, wobei ich sehr vorsichtig hämmerte, damit das Eis nicht zersprang. Der Haken schien auf drei Zentimeter Länge zu greifen. Tim und Guy kamen hinzu und hängten sich ein. Es gab keine Stufen, keinen Halt für die Füße. Auf den Innenkanten unserer Steigeisen balancierten wir weiter.

Zeichnungen in Büchern über Klettertechnik stellen das Traversieren von Wächtengraten als einfache Sache dar. Der Kletterer schätzt die Breite der Wächte ab und überlegt, wo die Bruchlinie sein müßte, wenn sie abstürzte. Dann bewegt er sich oberhalb dieser Bruchlinie. Am Westkamm freilich war das nicht ganz so einfach, weil der Schnee meist beiderseits überhing. Jetzt befanden wir uns an einem Punkt zwischen einem eiszapfenbewehrten Überhang an der Südseite und der gewaltigen, über die Nordseite ragenden Wächte. Es gab keine Alternative: Wir mußten den verräterischen Bruchlinien folgen, wo die beiden entgegengesetzten Kräfte auseinanderzustreben begannen.

Alptraumhafte Bilder von schrecklicher Präzision stiegen vor meinem geistigen Auge auf – Schneetürme, die mit erdbebenhafter Gewalt donnernd zu Tal stürzten. Gelegentlich brach eine Stufe, und manchmal entstand dann ein Loch, durch das ich auf die andere Seite nach Tibet hinüberschauen konnte. Ständiges Knarren und Knacken begleitete uns. Langsam kam das Felsband auf der anderen Seite näher. Aber noch waren mehr Meter zu überwinden, als ich Jahre hinter mir hatte. Als ich am Ende den festen Fels umklammerte, empfand ich dankbare Inbrunst, aber kein Hochgefühl. Es war drei Uhr nachmittags.

Nachdem ich über das nächste Hindernis hinweggespäht hatte, übergab ich Tim die Führung. Weitere dichtgedrängte Wächtentürme stiegen ins Blickfeld. Das Schauspiel wirkte auf meine angegriffenen Nerven wie Salz auf eine offene Wunde. Dieser Kamm nahm kein Ende. Meine geistige Spannkraft war restlos erschöpft.

«Ich bin einfach zu müde dafür», sagte ich und wandte mich um, um das nächste Problem den beiden anderen zu überlassen.

Ich verfolgte unsere Spuren zurück. Das weiche Licht des späten Nachmittags und meine Ermüdung stumpften meine Sinne gegen die Risiken des exponierten Geländes ab. Ich hatte nicht mehr die Kraft, an der Sicherheit der von uns angebrachten Seile zu zweifeln, sondern vertraute mich ihnen rückhaltlos an. Verschwommen spielte die Vorstellung mit, der Nebel würde einen Absturz dämpfen.

Wieder im Lager zurück, beobachteten John, Pemba und ich Tims und Guys winzige rote Gestalten, wie sie über die jetzt golden im Abendlicht schimmernden Schneetürme abstiegen. Selbst auf diese Entfernung war es möglich, die beiden an ihren Silhouetten und Bewegungsabläufen zu erkennen. Ich war inzwischen sehr pessimistisch gestimmt, aber die beiden anderen hatten mehr Land gesehen. «Tim ist zwei schauerlich schwierige Passagen geklettert», erzählte Guy, als sie wieder zurück waren, und fügte, optimistisch wie immer, hinzu: «Noch so ein Tag, und wir müßten in Gipfelreichweite sein.»

«Im letzten Abschnitt, auf dem du führtest, waren Eiszapfen über das feste Seil gewachsen», berichtete Tim. «Wir mußten solo da durch, und mir brach dabei eine Stufe unter dem Fuß weg.»

Anhand der mitgebrachten Bilder des Grates versuchten wir, unsere Fortschritte abzuschätzen. Zweifel über die Route erhoben sich, und wir diskutierten darüber, bis sich das Gespräch einer anderen fixen Idee zuwandte, die wir alle gemeinsam hatten – dem Essen. Wir hatten unsere mageren Vorräte sehr gestreckt und waren andauernd hungrig. Uns stöhnend in masochistischer Ekstase windend, folterten wir einander mit der Schilderung imaginärer Menüs.

«Sei vorsichtig, wenn du ins Zelt steigst, Guy. Wirf nichts um, Pemba hat Truthahn in Sauce, Röstkartoffeln und Rosenkohl auf dem Kocher.»

«Danach gibt es frische Luft und aufgewärmte Schneebälle.»

Am 7. November bestand das Frühstück aus einem Stück Schokolade und zwei Tassen Tee. Nun waren nur noch drei Teebeutel übrig. Tim und Guy mußten zuerst an die Front. Es waren nur ein paar Seile hinaufzutragen; ich beschloß, ihnen erst am späten Vormittag zu folgen. Logistisch gesehen war es Energieverschwendung, aber ich wollte dabei sein.

John fühlte sich inzwischen wesentlich besser und überlegte schon, ob er nicht beim Schlußangriff mitmachen sollte.

«Wenn meine Hand nicht mehr so weh tut, kann ich hoffentlich mit den Jümarklemmen an den festen Seilen rauf und dann vielleicht über einen leichten Schneehang zum Gipfel. Ob das realistisch ist, weiß ich nicht. Die eine Hand ist nicht zu gebrauchen, und der Abstieg von hier aus kann sowieso schon ein Drama werden. Trotzdem, ich kann es versuchen. Wenn es nicht geht, kehre ich eben um.»

Pemba versah noch Hospitaldienst; er hatte ein Auge auf John und sang vor sich hin. Nachdrücklich bot er an, Lebensmittel zu holen, und auch die Art, wie er zum Basislager hinunterschaute, verriet, daß er sich nach einer Gelegenheit sehnte, ein paar Stunden mit Freunden seiner eigenen Sprache zu plaudern. An diesem Morgen bemerkte er beim Einschnitt drei Gestalten. Sie waren gekommen, um nach uns zu sehen. Wir gaben Signale, indem wir mit einem blanken Spaten das Sonnenlicht reflektierten, aber es kam keine Antwort. Viele Tage waren wir nun schon fort, und ich wollte ihnen sagen: «Macht euch keine Sorgen, es geht uns gut, und wir sind bald zurück.»

Als die Gestalten wieder verschwunden waren, starrte Pemba ihnen noch lange nach.

Wir konnten nur schätzen, wie nahe wir dem Gipfel gekommen waren, und ob wir ihn jemals erreichen würden, wußten wir nicht. Dennoch setzte ich ein Fernschreiben auf, das unseren Erfolg verkündete:

Basislager, 10. November. Expedition erfolgreich, alle wohlauf. Erstbesteigung der Tseringma, 7010 m. Südgipfel des Gauri Sankar, bestiegen von Boardman, Leach, Neithardt und Pemba Lama um 15.00 Uhr am 8. November nach langem Kampf auf dem sehr schwierigen Westkamm. Grüße an alle zu Hause. Freuen uns auf das Wiedersehn. Weitere Informationen nach Ankunft in Kathmandu ca. 18. November.

Es gab keine Möglichkeit, die Botschaft abzuschicken, und damit legte sie uns auch nicht fest. Dennoch war sie eine zwar vorschnelle, aber doch irgendwie beruhigende Projektion in die Zukunft. Ob ich nach unserer Rückkehr genug Energie haben würde, die Botschaft zu schreiben, bezweifelte ich. In mein Tagebuch setzte ich einen abschließenden Satz: «Fortsetzung nach Besteigung des Gipfels.»

Nur widerwillig hatte Tim die Idee aufgegeben, seiner Linie zu folgen, die er unterhalb des Grates ausfindig gemacht hatte und welche über die Südwand führte. Bis dahin war er hauptsächlich in steilen Nordwänden gestiegen, und Gratkletterei war für ihn neu. Er sah jedoch ein, was an diesem Tag getan werden mußte. Seine Ausdauer gab auch uns frischen Schwung und verscheuchte jeden Gedanken ans Aufgeben. Als ich das Ende der festen Seile erreichte, hatte er ein größeres Stück des Kamms geschafft, als ich zu hoffen gewagt hatte. Spuren führten über, unter und zwischen geneigte Schneetürme und gewaltige, wild geschwungene Wächten. Der

Wind zupfte an den zwischen den Türmen hängenden Seilen. Guy freute sich, als ich bei ihm aufkreuzte.

«Ich glaubte schon, du würdest nicht kommen», sagte er. «Tim klettert, wie wenn es kein Morgen gäbe. Als er führte, hat er ein paar verrückte Passagen geschafft. Unglaublich. Ein kleines Stück weiter da drüben sagte er: ‹Verdammt noch mal, Guy, du glaubst gar nicht, wie glücklich ich bin.› Er war auf einer Wächte gestanden, stieg dann herunter und schlug mit dem Pickel darauf. Das ganze Ding brach ab und fiel die Nordwand hinunter.»

Guys Stimme klang müde und matt. Der versäumte Ruhetag fehlte ihm. «Nach der nächsten Seillänge steige ich ab», erklärte er. «Ich hab' keine Kraft mehr in den Beinen.»

Tim hatte eben eine Wächte auf ihrer Südseite traversiert, dann aber einen sicheren Weg entdeckt, der einem Felsband unterhalb des überhängenden Schnees auf der Nordseite folgte. Guy stieg ihm vorsichtig nach. Die Griffe waren winzig, die Kletterei äußerst heikel. Allmählich war die Verbindung des Kammes mit der Westwand des Berges erkennbar. Die ragende Fläche dieser geneigten Felswand gab dem Abgrund eine neue Dimension. Gelegentlich flockte Eis von der Kante des Südgipfel-Plateaus und stürzte sechshundert Meter in freiem Fall in die Tiefe.

Den ganzen Tag hatte ich mir den Kopf darüber zerbrochen, ob es möglich sei, John mitzunehmen. Jetzt waren wir alle einig, daß er es einhändig unmöglich schaffen konnte. Ich war froh, daß Guy als erster umkehren würde, denn so mußte er John die Nachricht beibringen. Es war halb drei Uhr nachmittags, als er abstieg.

Wenn er rastete, zitterte Tim förmlich, so groß war die nervöse Anspannung, die der Kamm uns allen abverlangte. Sobald er aber zu führen hatte, schien er ruhig und kühl zu sein. Die Wächte war jetzt zu schmal und gebrechlich, und so verfolgte er seinen Weg auf der im Winkel von fünfundsechzig Grad geneigten Südwand. Gelegentliche Eisbuckel zwangen ihn, sich eng an den Berg zu pressen, um die Balance auf den Steigeisen zu bewahren. Ich sicherte ihn rittlings auf dem Grat sitzend; mein linkes Bein befand sich im Sonnenschein Tibets, mein rechtes im Schneesturm Nepals. Das Wetter war durch eine Wand von direkt über dem Grat stehenden Turbulenzen scharf geschieden. Die Szene hatte etwas beklemmend Irreales und wirkte wie eine schizophrene Vision.

War Tim eben noch zu sehen, so wurde er im nächsten Moment wieder vom Schneegestöber verschluckt. Als ich ihm fünfunddreißig Meter Seil gegeben hatte, hörte ich Hämmern und einen Ruf: «Komm, Pete, hier gibt's keinen Stand, aber der Haken scheint okay.»

Ich übernahm die Führung und hangelte mich um einige Felsen herum auf das Ende der Wächte zu. Als ich unseren letzten Haken eingeschlagen hatte, spähte ich um die Ecke.

Es war ein deprimierender Anblick. Eine zehn Meter breite und fünfzehn Meter tiefe Scharte schnitt in den Grat und bildete auf ihrem Grund einen kleinen Sattel. Eine überhängende Felswand zwischen meinem luftigen Standpunkt und dem Sattel blockierte den Weg. Ich hatte die falsche Seite gewählt. Wir mußten über die Wächte. Ich schlug mit meinem Hammer auf den Haken ein, aber der rührte sich nicht.

«Ich muß das auf morgen verschieben», sagte ich. Die Zeit drängte; wir mußten ins Lager zurück. Am nächsten Tag würden wir wiederkommen und den Gipfel angreifen.

John stand an diesem Abend die bittere Enttäuschung ins Gesicht geschrieben; er war einsilbig und bedrückt. Daß wir vor ihm die Route diskutieren mußten, war uns anderen sehr unangenehm, und wir bemühten uns, taktvoll zu sein. Wir studierten Fotos, die zeigten, wie der Grat in die Westwand einmündete. Ohne Zweifel gab es da heikle Passagen; ihre Schwierigkeit abzuschätzen, war indessen nicht leicht. Zu packen gab es ohnehin nicht sehr viel. Obschon die Meinungen zunächst auseinandergingen, einigten wir uns schließlich darauf, Kocher und Geschirr, aber keine Schlafsäcke mitzunehmen. Wir wollten versuchen, noch am selben Tag den Rückweg zu schaffen – wenn nötig im Mondschein. Tim und ich würden als erste aufbrechen, Pemba und Guy sollten nach zwei Stunden folgen.

Solange wir uns unseren Weg sorgfältig suchten, konnten Unfälle vermieden werden. Dennoch machte sich tief in unserem Inneren schamlos die Angst breit. Wenn man sie kontrolliert, kann Angst Kräfte verleihen. Nicht zu leugnen ist, daß wir diese Angst nicht immer zu meistern vermochten und uns dann panisch erschreckt an den Berg klammerten. In gewissen alten Kulturen war «Sich-am-Berg-Festhalten» ein beschönigender Ausdruck für «sterben».

Als ich die große Wächte erreichte, über die ich zwei Tage zuvor geführt hatte, stak das dort festgemachte Seil erneut zwischen Eiszapfen. Tim war offenbar nicht in der Lage gewesen, es loszumachen; er hatte den Abschnitt frei durchstiegen und bewegte sich jetzt schon weiter oben zwischen den Schneetürmen. Ich zerrte am Seil. Vergeblich. «Er hätte doch warten können», dachte ich. «Zusammen hätten wir uns etwas einfallen lassen; jetzt muß ich auch ohne Seilsicherung rüber.»

Ich stieg ein, zwei Meter und hielt dann an. In mein inneres Ohr schrillten Alarmglocken. Irgendwie wußte ich, daß ich diese Warnung sehr ernst nehmen mußte. Die Sonne brannte auf meinen Daunenanzug, und mir war siedend heiß. Die Erinnerung an die Wächte saß einfach zu tief. Ich war nicht imstande, meiner lähmenden Angst so weit Herr zu werden, daß ich mich zum Weitersteigen zwingen konnte. Und ich schaffte es auch nicht, durch schiere Willensanstrengung der Drohung des Berges die Stirn zu bieten; vielmehr schien es, als wolle er mich niederdrücken und überwältigen. Zu spürbar wehte mir der Hauch des Todes ins Gesicht, als daß ich das Risiko hätte auf mich nehmen wollen. Ich mußte einfach überleben und wieder nach Hause zurückkehren. Tim war bereit gewesen, die Passage ungesichert zu gehen, aber ich war es nicht. Zum Teufel mit meinem Stolz, zum Teufel mit dem Gedanken an verlorene Zeit. Ich schrie zu Tim hinauf, er solle herunterkommen und mir helfen. Ein schwach hörbarer Fluch, dann sah ich ihn absteigen. Der ältere Revolverheld hatte sich um den Showdown herumgedrückt. Tim sagte nichts, und ich gab keine Erklärung.

Am Ende der Seile holte Tim den Haken heraus, den ich am Vortag dort eingeschlagen hatte, und kletterte über den Grat. Er zwängte sich an der Wächte an der Nordseite vorbei, einem Surfer vergleichbar, der auf dem Pazifik eine gewaltige Woge ausreitet. Das Seil schnitt tief in den Rand der Wächte ein, und ich ließ ihn in die Spalte hinunter.

Der Kamm schwang sich nun zu einer einhundertzwanzig Meter hohen Pfeilspitze aus Eis und Gestein auf, die sich unterhalb der Eisklippen des Südgipfels gegen die Wand lehnte. Tim arbeitete sich methodisch den unteren, steilsten Abschnitt hinauf. Pickel und Steigeisen ließen das spröde Eis splittern; Brocken davon sausten in den Abgrund hinunter, und feiner Kristallstaub sank langsam hinab.

Pemba schloß zu mir auf. «Wächten nimmt man am besten von links, das bringt Glück», sagte ich.

Er grinste. Die Dimensionen des Grates und die beachtliche Entfernung vom Lager beeindruckten ihn. Das sei der schwierigste Aufstieg, den er jemals gemacht habe, sagte er. Dann deutete er auf den Südgipfel. Mit goldbraun leuchtenden Flügeln kreisten dort fünf Adler in der Sonne. Ich wollte eine Aufnahme machen, doch der Film in der Kamera war zu Ende. Ich fummelte daran herum, um einen anderen einzulegen. Doch da waren die Adler verschwunden.

Guy glitt in die Kerbe herunter. Wir alle starrten am baumelnden Seil entlang und sahen dreißig Meter über unseren Köpfen Tims steigeisenbewehrte Stiefel. Er war gerade beim Sichern des Seils.

«Die gut begehbaren Abschnitte auf dieser Route könnte man fast an den Fingern einer Hand abzählen», sagte ich. «Steigst du ihm nach, Guy?»

Nacheinander kletterten wir an dem Seil hinauf. Pemba war höhengierig und folgte mir ganz knapp auf den Fersen; es war, als schaue mir jemand über die Schulter ins Buch, und so etwas macht mich nervös. Die Pfeilspitze neigte sich zu einem fünfundfünfzig Grad steilen Schneehang hinüber. Unter uns lag ein zehn Meter hoher Überhang, der den Blick von der Südwand des Südgipfels nach unten blockierte. Sonst war nichts zwischen uns und dem fünfzehnhundert Meter tiefer gelegenen Gletscher. Eine Weile schwangen wir kühne Reden.

«Nicht weit zum Gipfel, Sir, oder?» sagte Pemba.

«Über Nacht bleibe ich jedenfalls nicht auf dem Plateau», erklärte Tim.

Nach ein paar schwierigen Abschnitten war Tim müde, und Guy übernahm die Führung. Es kamen jetzt keine versteckten Einschnitte mehr, und zum ersten Mal schien der Weg frei. Eine fünfzig Meter hohe messerscharfe Schneekante endete abrupt in der vereisten Felswand des Gipfels. Der westliche Stützpfeiler des Gauri Sankar versank in den Tiefen des Berges.

«Hier bleibe ich nicht», rief Guy, als er den Treffpunkt erreicht hatte. «Ich hab' 'ne Eisschraube reingedreht, aber das haut nicht hin. Könnt ihr noch ein Seil festmachen?»

Eine schmale, von dünnem Eis überzogene diagonale Rampe stieg in einem Winkel von fünfundsechzig Grad über ihm auf. Ein Schritt von der Kante des Grates nach links, und Guy stand über der Westwand, die nach einhunderfünfzig überschaubaren Metern an einem Überhang im Bodenlosen zu enden schien.

Mit der geduldigen Behutsamkeit einer jagenden Spinne krabbelte Guys lange Gestalt seitwärts über die Wand. Er hatte sich eine raffinierte Sicherungstechnik ausgedacht: durch miteinander verbundene Blasen im Eis zog er Nylonschlingen. Keiner sagte, er solle sich ein bißchen beeilen, denn wir alle wußten, daß es eine lange und schwierige Führe war. Der Tag neigte sich dem Ende zu, und wir redeten nicht mehr vom Gipfel. Wir hatten nur noch ein Seil übrig. Guy hatte gerade eine Rinne durchklettert und machte sich selbst und das Seil an einer Felszacke fest; ich versuchte, mir das über ihm liegende Terrain einzuprägen. Weit links oben hatte die Wächtenwand eine Bresche. Zwei groteske, riesige Eishörner markierten den Zugangsweg zum Plateau.

Während ich Guy folgte, besah ich mißtrauisch die Schlingen im Eis. Wenn eine von ihnen ausriß, würde ich, vielleicht unrettbar, wie ein Pendel über dem dunklen Abgrund schwingen. Der Gedanke störte mich bei dem, was zu tun war, und ich verscheuchte ihn. Die Höhenluft und die Exponiertheit unserer Lage stiegen mir in den Kopf, und ich empfand die Gefahr nicht als schmerzlich. Die Unebenmäßigkeiten der Erde tief unten verloren sich unter einem wallenden Schleier graublauer Wolken. Klein und rot schimmerte Tim, der sich am Eis festklammerte, in den letzten Strahlen der Sonne; das Seil zog sich als dünne Linie über den letzten Abschnitt des Grates. Ich verbarg meine Bewegung hinter dem Glasauge meiner Kamera. Feuerschein überzog Felsen und Eis, langsam verblassend. Bald würde es eisig kalt sein.

«Jetzt bin wohl ich dran», sagte ich zu Guy. Er nickte lächelnd. Jeder mußte seinen Teil tun.

Ich stieß meine Steigeisen in den gefrorenen Schnee und kletterte, so schnell ich nur konnte. Bald rang ich in der dünnen Luft mühsam nach Atem. Die Eishörner waren weiter entfernt, als ich dachte. Daß die Nacht sich herabsenkte, erfüllte mich von neuem mit Energie. Die Spitzen meiner Steigeisen kratzten über das Eis. Es war spröde und brüchig, und als ich eine Eisschraube eindrehen wollte, flockten größere Platten ab. Endlich hielt dann die Schraube, und ich machte das Seil fest, damit die anderen folgen konnten.

Wie ein Blinder, der die Braille-Schrift lernt, ertastete ich den Weg über das Eis. Wenn ich den Pickel einschlug, hüpften Eisbrocken über den Hang in die Dunkelheit. Vier, fünf Schläge waren jedes Mal nötig, um einen Tritt zu schaffen, dem man vertrauen konnte. In der Dunkelheit verlor die Schwerkraft ihre Bedeutung, und Neigungswinkel waren kaum mehr zu erkennen. Es gab für den Gleichgewichtssinn keine Orientierungshilfe mehr. Zwei Eisschrauben gaben mir Sicherheit. Ich drückte mich um einen Eisbukkel herum und sah den Sattel, der sich zwischen den beiden Gipfeln vor dem Nachthimmel abzeichnete. «Es ist nicht mehr weit!» rief ich.

Vier an einem Seil kommen langsam voran, und ich fror während des Wartens erbärmlich. Guy kam und sicherte Pemba. Wir malten uns aus, was wäre, wenn der Eisbruch über die Südwand abstürzte.

«Das wäre 'ne schön lange Fahrt», meinte Guy.
«Wenn er runterfällt, während wir drauf sind, tun wir uns leichter beim Abstieg», sagte ich.
Ich holte meine Helmlampe aus dem Rucksack. Ihr Schein flutete über das uns umgebende Eis und verlor sich in der Nacht. Sobald Seil verfügbar war, stürmte ich die fünfundzwanzig Meter zum Sattel hinauf und arbeitete mich auf den Knien über die Kante.
«He, Jungs, ich bin da!»

21. Tseringma

8.–9. November

Es war eine seltsam neue, waagrechte Welt, eine Welt weißer Weiträumigkeit, ebener Schneekrusten, windverschliffener Platten und ferner Spitzen: all dies lag ausdruckslos im schwachen Licht des aufgehenden Mondes. Das Seil hinter mir herziehend, ging ich von der Kante weg, stapfte trunken durch den Firnschnee, atmete tief und erleichert. Es war neun Uhr abends. Die Nacht war klar. Hinter dunklen Kämmen flackerten fern im Südwesten die Lichter einer Stadt. Um das Plateau herum aber gab es keinen Stein, kein lebendes Wesen.

Der schneidende Wind tat uns weh, und wir waren erschöpft. Wir würden die Nacht hier verbringen müssen. Hätten wir nur unsere Schlafsäcke mitgenommen! Wir standen auf einer sechzig Meter langen und dreißig Meter breiten Leiste direkt unterhalb der Kante des Plateaus. Unter einem kleinen Eisdach suchten wir nach einer schützenden Höhlung, aber der Wind wirbelte erbarmungslos um jede Ecke. Wir begannen uns einzugraben, aber der Schnee war hart und wir kamen nur ganz langsam voran. Die sauerstoffarme Luft verlangsamte unsere Bewegungen im fahlen Licht des Mondes auf Zeitlupentempo. Glücklicherweise konnten wir an flachen Stellen fünf Zentimeter dicke Schneeplatten aushauen, aus denen wir Wände bauten. Sobald die Grube für ihn groß genug war, zwängte sich Pemba hinein, rollte sich um den Kocher herum und schmolz Schnee. Wir hatten keine Verpflegung, und warmes Wasser war die einzig mögliche Stärkung. Ohne Nahrung würden unsere Kräfte bei solcher Kälte in dieser Höhe bald schwinden.

Tim schlüpfte ebenfalls in die Bodennische und lagerte seinen Kopf bei Pembas Füßen. Guy hatte inzwischen zehn Meter weiter eine schmale Spalte in der Eiswand entdeckt und schlug sich ein kleines «persönliches» Loch.

«Ich dachte, wir hauen uns eine gemeinsame Höhle, in der wir uns gegenseitig warmhalten können!» protestierte ich und begann, Tims und Pembas Unterschlupf für mich zu verlängern. Am Ende eines Tages war jeder für sich. Jeder von uns rollte sich in seinem eigenen, sargförmigen Gefängnis zusammen. Tim, Pemba und ich lagen eng beieinander, aber genausogut hätten wir meilenweit voneinander entfernt sein können. Wir waren jetzt kein Team mehr. Jeder von uns war eingekerkert mit seinen eigenen Beschwerden, seinen Gedanken und seinem Willen zum Überleben.

Meine Socken waren naß von der Kondensationsfeuchtigkeit meiner Innenstiefel aus Schaumstoff; ein Reservepaar hatte ich nicht. Sehr bald fror ich an den Füßen, und ich langte hinunter, um sie zu wärmen, wobei ich mich bemühte, die Schutzwand aus Schnee nicht umzudrücken, hinter der ich eingekeilt war. Die Kälte kroch mir durch den ganzen Körper, bis meine Muskeln sich in quälendem Schmerz verkrampften. Ich zwang mich dazu, zu zittern. Draußen trieb der eisige Wind den Schnee über die Felsleiste. Um drei Uhr morgens wußte ich, daß ich hier nicht mehr bleiben konnte.

Von Pemba holte ich Kocher und Topf und baute einen Windschutz aus Schnee darum herum. Einmal entfacht, flackerte die Flamme wirkungslos vor sich hin. Ich trat von einem Bein auf das andere, um meine Füße ein bißchen zu wärmen.

Guy erschien. «Ich hab' mich nicht getraut, zu tief zu schlafen», sagte er. «Ich hab' mein Loch größer gemacht und ein bißchen gedöst.»

«Hast du für mich noch Platz? Mein Graben bringt überhaupt nichts.»

Guy hatte eine schmale Höhlung ins Eis getrieben. Ich quetschte mich hinter ihm mit dem Kocher hinein, so daß mein Rücken den Eingang verschloß. Wir schlürften das bißchen Wasser, das inzwischen geschmolzen war, und in meine Füße kroch wieder Leben. Der Kopf sank uns auf die Brust, und wir dösten dem Morgen entgegen.

«So, Monsieur Bergführer, Sie gehen als erster, und ich folge hinterdrein – ich bin sowieso nur als Begleiter hier.» Wir weckten Pemba und Tim in ihrer Grube und reichten ihnen den Topf mit Wasser.

Wir hängten uns alle an das Seil und waren bereit, begierig darauf, aus dem eisigen Schatten der Schwelle des Berges hinaus in die Sonne zu steigen.

Es gab keinen Schatten auf dem Plateau. Es öffnete sich wie eine große weiße Hand, die sich Wind und Sonne entgegenstreckt. Seit der Geburt des Berges hatte kein Mensch diese fleckenlose weiße Fläche berührt. Nach langem, gefahrvollem Weg waren wir die ersten, die den Fuß darauf setzten. Tseringma – der melodische Name der weißen Göttin ging mir im Kopf herum. Wie Pemba berichtete, sollen Lamas gesagt haben, sie sei nach Südnepal geflohen. Oder verkörperte sie sich noch in dem Berg? Durften wir uns überhaupt hierher wagen?

Böig fegte der Wind über das Plateau, wirbelte Tausende von Eisteilchen hoch, scheuerte unsere Gesichter damit. Wir hielten uns die behandschuhten Hände schützend vors Gesicht. Die Sonne vermochte die beißende Kälte nicht zu vertreiben. Manchmal brachen wir durch die Schneekruste. Die Neigung des Hanges erlaubte es uns, ohne allzu große Mühe, gegen den Wind gebückt, zu gehen. Guy wählte eine vorsichtige Zickzacklinie zum Gipfel. Mühsam und wie in Trance plagten wir uns dahin, machten häufige Pausen. Vier Mann an einem Seil, das führte zu Kettenreaktionen: Wann immer einer von uns nach Atem ringend die Hände auf die Knie stützte, gab es einen Ruck, und alle anderen ergriffen begierig die Gelegenheit, das gleiche zu tun.

Ich roch den Duft von Wacholder im Wind. Nein, es war kein Opfer Pembas, aber jetzt warf er Reis in die Luft. Geräusche summten durch meinen Kopf. Der Asket fastet, bis seine Körperchemie Visionen erzeugt. Hunger, Durst und Erschöpfung, Kälte und Höhe haben seltsame Wirkungen. Naturwissenschaft und Physiologie waren freilich nicht alles. Nur ein frecher, gefühlloser Mensch würde sich einem heiligen Gipfel nähern und diesen Glauben spöttisch geringschätzen.

Immer noch umgab eine Aura des Undurchdringlich-Unbekannten den Berg, und unsere letzten Schritte waren zögernd und ehrfurchtsvoll. Der Kamm, der den Rand des Plateaus begrenzte, schwang sich aufwärts und kurvte dann ohne dramatischen Höhepunkt wieder nieder. Die tagelange Spannung auf Wächten und Eistürmen hatte uns ungemein zugesetzt, und die Sicherheit dieses freundlichen Gipfels schaffte Erleichterung. Hier brauchten wir keine Angst mehr zu haben. Zwei, drei Meter unterhalb der Spitze blieben wir lächelnd stehen. Schon lange zuvor hatten wir uns entschieden, den höchsten Punkt unberührt zu lassen. Pemba band eine kleine nepalesische Fahne an seinen Eispickel. Wir machten nicht viele Worte, sondern schüttelten einander die Hände.

«Danke, Pete. Das hat mir mehr gegeben, als wenn ich in Leysin geblieben wäre», sagte Guy. Sekundenlang drohte ihn seine innere Bewegung zu übermannen, und Tränen standen in seinen Augen. «Je suis à 7000 mètres, sur un sommet inviolé!»

Unser Siegespreis war ein wunderbar klarer Ausblick. Aus dem wolkenfreien, scheinbar endlosen Panorama grüßten ragende Gipfel herauf. Viele Tage lang hatte uns die Tseringma diesen Blick versperrt. Von der Seite gesehen wirkte der Nordgipfel des Gauri Sankar wie ein schiefer Turm. Ihn zu erreichen und wieder zurückzukehren, stand nicht in unseren Kräften. Cho Oyo, Gyachung Kang, Menlungtse, Everest, Lhotse und Makalu waren höher als wir, aber der nahegelegene Menlungtse beeindruckte uns am meisten. Ein mächtiger weißer Obelisk aus Schnee und blaßrosa Granit, dessen Form dem vom Osten gesehenen Matterhorn ähnelt, beherbergt der Menlungtse in den wilden Tälern zu seinen Füßen den Yeti. Isoliert in der Mitte seines gletschergefüllten Beckens und geschützt durch die tibetanische Grenze, ist er noch unbestiegen.

Das kalte Dunkelblau des Himmels über den Bergen kündete den nahenden Winter an; im Südwesten dagegen war der Himmel blaßblau und warm. Eine Viertelstunde blieben wir auf dem Kamm. Dann trieb uns der Wind wieder hinunter.

Aber würde uns die Tseringma so unbeschadet davonkommen lassen? Ich schaute hinunter und sah Schnee, braunen Fels, grüne Wälder, bebaute Flächen. Dann verlor sich mein Blick in der Ferne. Jetzt mußten wir ohne Unfall absteigen. Der Rückweg über das Plateau war gerader als der beim Aufstieg, denn jetzt kam der Wind von hinten, und wir waren mit den Schneebedingungen besser vertraut. Als wir um Viertel nach zehn am Biwakplatz anlangten, berührte die Sonne gerade unsere Rucksäcke, die wir mehr als dreieinhalb Stunden zuvor dort zurückgelassen hatten.

Die Eispassagen der vergangenen Nacht erkannten wir nun kaum wieder. Ich stieg als erster ab, Tim hatte als letzter die schwierige Aufgabe, ungesichert das Seil mitzunehmen.

Hunger und Müdigkeit machten uns schwindlig, aber wir kämpften mit letztem Einsatz. Während des viereinhalb Stunden dauernden Abstiegs über den Grat klammerten wir uns verbissen an die Vorstellung, im Lager Sicherheit zu finden, und unsere Selbstdisziplin half uns, Zeit, Raum, Angst und Leiden zu überwinden. Wir hingen am Seil wie Perlen an einem gerissenen Faden. Am Vortag hatten wir ein paar der Seile über dem Camp hochgezogen, und jetzt hielten wir uns nahe zusammen, um einander beim Abstieg über die letzten Passagen zu sichern.

John gratulierte uns. Er hielt Suppe bereit.

«Die beste Suppe meines Lebens», sagte Guy.

John hatte schon fast die Hoffnung verloren, weil wir so lange außer Sicht waren und die Nacht kalt und windig gewesen war. Er hatte geglaubt, es sei etwas schiefgelaufen. In seiner Verzweiflung hatte er eine Nachricht geschrieben, daß er alleine absteige, um Hilfe zu suchen. Dann hatte er uns doch noch absteigen sehen.

Zwei Tage waren wir weggewesen, und dieser kurze Zeitabschnitt umschloß für ihn ein Geheimnis.

«Nur eines hat nicht gestimmt, John.»

«Und was war das?»

«Du warst nicht dabei.»

John war nicht imstande, zu antworten.

22. Herbst ... Liebesgrüße an die Erde

10.–20. November

Die Prüfung des Schicksals begann. Wir hatten die Leiter hochgezogen und sie dann oben gelassen. Es fehlten uns Zeit und Energie, sie wieder herunterzuholen. Sechzehnhundert Höhenmeter trennten uns vom sicheren Boden, und kein festes Seil war da, das uns hinuntergeleitet hätte. Immerhin war am 10. November das Wetter klar. An einzelnen Stellen waren unsere Spuren vom Aufstieg zu erkennen. Die Stürme des nahenden Winters hielten noch still. Unsere Körper schrien nach Sicherheit, Essen und Ruhe. Wir waren wie schrottreife Autos, die auf der letzten Reserve fuhren.

John schrieb in sein Tagebuch:

Einen Grat wie diesen möchte ich nicht mehr sehen, so lange ich lebe. Wir brachen um neun Uhr morgens auf, weil wir nicht rechtzeitig aufgewacht waren und dann ein gefriergetrocknetes Frühstück zu uns genommen hatten (das erste seit langer Zeit und auch das letzte). Der Weg hinunter ist weit; wir werden den letzten Rest Tageslicht brauchen. Pete, Guy und ich steigen an einem Seil ab, während Tim und Pemba uns folgen. Bald wird mir klar, daß unser Geschick an einem seidenen Faden hängt. Wir stapfen der messerscharfen Schneide des Grates entlang – hätte einer den Halt verloren, er hätte die beiden anderen mit in die Tiefe gerissen. Ich muß mich konzentrieren wie noch niemals zuvor; immer wieder packen mich Schwindelgefühle. Jedesmal wenn meine Hand etwas berührt, werde ich beinahe ohnmächtig; auch mein Knie bereitet mit fürchterliche Beschwerden. Eine einzige Agonie – noch nie habe ich solche Schmerzen durchlitten.

Unser aller Leben hing davon ab, daß keiner einen Fehltritt tat oder ausrutschte. Guy und ich behielten John ständig im Auge und holten in dem Maße, wie er vorankam, Seil ein oder ließen es nach; wir kalkulierten, ob wir uns im Notfall mit dem Eispickel festkrallen oder uns auf die andere Seite des Grates werfen konnten – falls er abstürzte. Unausgesprochener Argwohn beherrschte uns, als seien wir auf dem steilen Dach eines Wolkenkratzers an einen Epileptiker gekettete Polizisten.

«Wenn wir mit weniger Abstand gehen, ist es sicherer», meinte Guy.

«Aber dann ist die Belastung der Wächte höher», wandte ich ein. «Wir müssen mehr Abstand halten.»

Gelegentlich ließ ich mich auf die Knie fallen, legte den Kopf auf den Eispickel und bemühte mich unter Anspannung all meiner Konzentrationsfähigkeit, Kräfte zu sammeln. Als wir die Hälfte des Grates bewältigt hatten,

 Peter Boardman und Guy Neithardt auf der «Vire Neithardt» am Westgrat des Gauri Sankar. ▷
Vier Kilometer Westgrat lagen zwischen uns und dem Südgipfel. ▷▷

fühlte ich mich schwindelig und bat Guy, die Führung zu übernehmen. Guy und John hatten kaum Platz um vorbeizukommen.

«Keine Angst», sagte John. «Ich mache schon keine Dummheiten. Schließlich möchte ich meinen kleinen Joseph bald wieder in den Arm nehmen.»

Uns alle zog es zu unseren Lieben nach Hause zurück.

Gegen Mittag erreichten wir «Neuschwanstein». Guy und Tim hatten eine halbe Dose Butter, ein halbes Glas Orangen-Marmelade und eine kleine Schachtel Erdnußbutter zurückgelassen. Innerhalb von Minuten hatten wir alles aufgegessen – kein Gramm blieb übrig. Die Nahrung belebte uns ein klein wenig, und wir setzten unseren Abstieg fort.

Wir hatten zu fünft drei Seile, und an den Verankerungsstellen galt es immer wieder lange zu warten. Im Lauf des Nachmittags reduzierte sich unsere anfangs recht optimistische Perspektive: Zuerst wollten wir bis zum Basislager zurück, dann zum Vorgeschobenen Lager, schließlich nur noch bis zum «Nid d'Aigle». Ich stieg als erster ab, um die Schlingen zu suchen, die ich zehn Tage zuvor angebracht hatte. Guy hatte die nervenzerfetzende Aufgabe, als letzter zu gehen. Das steile Eis unterhalb der «Vire Neithardt» war zum Klettern zu schwierig, und so ließen wir zwei Seile hinab. Während ich hinunterglitt, konzentrierte ich mich darauf, die nächste Verankerungsstelle zu finden, bemerkte sie aber nicht. Plötzlich blieb mir das Herz stehen: die Enden der Seile liefen mir durch die Hände. Instinktiv packte ich zu. Noch eine Handbreit, und die Seile wären durch die Reibungsbremse gerutscht. Eine Sekunde später wäre ich tausend Meter tief auf den Gletscher gestürzt. Ich verdrängte den Gedanken an das Desaster – nichts war passiert. Ein paar Meter über mir erspähte ich die Nylonschlinge des Ankers, die aus dem Neuschnee hervorlugte, und zog mich am Seil zu ihr hinauf.

Als wir uns hundert Meter über dem vierten Felsturm befanden, begann es zu dunkeln. Der Wind wurde stärker und kühlte uns aus, bis uns die Glieder wehtaten. Ich, Tim, Pemba und John stiegen eine Seillänge über eine Felsplatte ab.

«Ich werde mich abseilen», rief Guy. «Zu gefährlich, da in der Dunkelheit runterzustiefeln.»

Das ärgerte mich. «Dauert zu lange», schrie ich. Ich deponierte meinen Rucksack auf einem Sims und kletterte auf ihn zu. «Es ist einfach», rief ich. Dann schämte ich mich. Guy hatte sich viele Stunden lang für uns alle in gefährliche Situationen begeben. Als ich bei ihm angelangt war, spürte er wohl, daß ich ihn verstand.

«Ich kann mich nicht mehr konzentrieren», sagte er.

«O.K., jetzt gehe ich als letzter.»

Beim Hinunterklettern schlug ich meinen Eishammer aus seinem Halfter. Scheppernd und Funken schlagend hüpfte er ins Dunkel hinunter. Die anderen waren eine weitere Seillänge abgestiegen. Der Wind riß uns die Worte vom Mund und spielte mit ihnen.

«Kann ich kommen? Seid ihr alle soweit?»

Pemba schien mir am nächsten zu sein. «Nein, O.K.», rief er.

◁◁ *Oben:* Guy Neithardt sichert beim Abstieg vom Westgrat des Gauri Sankar den verletzten John Barry. Dahinter Pemba Lama und das Lager «Fawlty Towers».
Unten: Tim Leach hoch auf dem Westgrat. Unter ihm die Zelte der Lager «Fawlty Towers», «Neuschwanstein» und – von der Sonne beleuchtet – «Adlerhorst».

◁ Das Tageslicht schwand und die Kälte kam.

«Was? Nein oder O.K.?»

Zitternd vor Kälte und Ungeduld machte ich das Seil los, stieg weiter hinunter und rief: «Laßt euch an einem Doppelseil runter.» Der Wind verschlang unsere Rufe; die anderen hatten einen Verankerungspunkt übersehen und führten nur noch ein Seil mit sich. Dieses hatten sie gedoppelt und über den vierten Turm hinuntergelassen. Tim seilte sich daran ab.

«Aber das ist doch nicht lang genug, Tim. Stopp!»

Ein, zwei Meter, bevor er aus dem Seil gerutscht wäre, kam Tim auf einem kleinen Sims zum Halt. Wir ließen ihm ein weiteres Seil hinunter, und er setzte seinen Weg zum Fuß des Turmes fort.

«Pemba, du gehst als erster mit Tim. Stell im Lager schon die Zelte auf.»

John glitt als nächster am Seil hinunter und verschwand in der Dunkelheit. Sekunden später hörten wir einen entsetzlichen Schrei. Die folgende lange Stille war mit den Schreckensbildern unserer Phantasie erfüllt.

«Mein Gott, er ist abgestürzt, Guy.»

Dann antwortete John auf unsere Rufe. Er war ins Schwingen gekommen, hatte sich das verletzte Handgelenk angeschlagen und vor Schmerz geschrien.

Die Finsternis war total, denn der Mond stand hinter dem Berg und die Batterien unserer Helmlampen waren erschöpft. Auf Händen und Knien krochen wir die letzten hundert Meter zum Lager. Dann blieb das Seil irgendwo hängen, und Guy mußte sich losmachen und ungesichert den Grat entlangsteigen. «In diesen zwanzig Minuten bin ich zwei Jahre älter geworden», sagte er, als er wieder zurückkam. Es war ein Viertel nach neun abends.

In den Zelten wärmten wir unsere eisigen Füße und schlürften Wasser. «Wer schläft, braucht nicht zu essen», sagte jemand, als uns die Augen zufielen.

Am nächsten Morgen schien es nur noch ein kleines Stück Weges, bis wir in Sicherheit waren. Wir waren versucht, jede Vorsicht außer acht zu lassen und uns zu beeilen. Die Fehler des vergangenen Abends gemahnten uns aber, langsam und sicher abzusteigen. Bei dem Sattel des ersten Einschnitts, der uns beim Aufstieg so große Schwierigkeiten gemacht hatte, waren wir uns noch immer nicht klar, welches der beste Weg zum Vorgeschobenen Lager war. Pemba kletterte solo über den Grat, um im Lager Schnee zu schmelzen. Wir wählten den unteren, längeren und leichteren Weg.

Skistöcke, die wir zweieinhalb Wochen zuvor dort festgerammt hatten, markierten das obere Ende des Schneehangs. Gebetsfähnchen an zwei Stangen flehten immer noch Tseringma um Wohlwollen an. Wir waren am Ende unserer Kräfte, und dieser letzte Hang schien sich vor unseren Augen endlos zu dehnen. Guy war als erster bei den Fähnchen, machte eines von ihnen los und steckte es ein.

John erreichte vor mir das Vango-Zelt des Vorgeschobenen Lagers. Er stellte seinen Rucksack ab, kam dann über den Hang auf mich zu und erbot sich, meinen zu tragen.

«Ist das dein Ernst?» fragte ich.

«Nein», antwortete er.

Zusammen gingen wir die letzten paar Meter zum Zelt. Pemba sehnte sich offenbar so sehr nach der Gesellschaft seiner Freunde im Basislager, daß er den Abstieg bereits fortgesetzt hatte. Immerhin hinterließ er etwas Wasser und eine offene Dose Bier. ‹Heldenbräu – das Getränk für Heroen›. Es war steinhart gefroren, und wir hielten es über den Kocher, bis es zu zischen begann. Vier Stunden lagen wir im Zelt, tranken Bier und Tee und verschlangen Büchsenfleisch und gebackene Bohnen. Am Spätnachmittag waren wir wieder soweit bei Kräften, daß wir weiter absteigen konnten.

Der Schnee war weich und zerrte wie eine zähe Masse an unseren Füßen. Das einhundert Meter lange Stück den Einschnitt hinauf war nach übereinstimmender Ansicht das letzte Stück Kletterei, das wir für geraume Zeit absolvieren würden. Hinter uns erglühte der Gauri Sankar wie eine riesige Bühnendekoration. Tim überwand den Einschnitt als erster und stieg allein zum Basislager ab. Ich rief ihm etwas nach, aber er verharrte nur kurz; er hatte bloß meine Stimme gehört, nicht aber die Worte verstanden.

«Er hätte doch warten können», meinte ich. «Nach all der Zeit hier oben wäre es gut gewesen, wenn wir auch gemeinsam wieder unten eingetroffen wären.»

«Ich verstehe ihn einfach nicht», sagte John. «Als ich in seinem Alter war, hätte mich dieser Sonnenuntergang zu Tränen gerührt.»

«Oh, laissez faire», sagte Guy. «Das kommt schon noch.»

Tief atmend stiegen wir den Gletscher hinunter. Obwohl der Gauri Sankar jetzt durch den Westkamm verdeckt war, blieb er für uns immer noch dominierende Gegenwart. Die hohe Spitze des Choba Bhamare, viele Wochen lang wie ein teilnahmsloser Beobachter präsent, hob sich schwarz vom dunklen Himmel ab. Und dann lief der Hang unter uns aus, und wir sahen, kupferfarben im letzten Licht, als brennten sie von innerem Feuer, die Zelte und Gebetsfähnchen. Wir hielten inne. Es waren letzte Augenblicke voller Abschiedsmelancholie – nie würden wir sie vergessen, niemand konnte uns diese Erinnerung nehmen. Die Abendschatten wurden dunkel und kalt.

Das Team des Basislagers kam zur Zunge des Gletschers, um uns hocherfreut zu begrüßen. John konnte wenigstens mit seiner Rechten an dem Händeschütteln teilnehmen.

«Ang Rinzi, alte Fischhaut – ein Gesicht wie tausend Geschichten! Phantastisch, der Tee. Ich werde deinen Tee nie vergessen, Ang Rinzi. Guten Abend, Lieutenant; Dawa, du alter Säufer. Wie wär's mit 'nem Happen – seit Tagen habe ich nur noch Schmerztabletten gegessen, da fehlt es an Kalorien. Pemba Sherpa, sag ein paar Dankgebete für uns. Jetha, du geflügelter Bote, wo sind die Briefe?»

Warme Zuneigung hüllte uns ein. Es war ein überwältigender Abend, ein hektisches Sich-Wiederfinden in einer Welt, in der es Sicherheit gab und Nahrung und Menschen. Zum ersten Mal öffnete sich für uns wieder die Tür zu einem Leben, das wir so lange entbehrt hatten. Während der vorangegangenen Tage waren unsere Mägen geschrumpft, bald fühlten wir uns schwer vom Essen und Tee. Es kam uns vor, als hätten wir an diesem Abend mehr gegessen und getrunken als in der ganzen vergangenen Woche. Wir hatten den Berg in einem einzigen Anlauf genommen und deswegen keine Chance gehabt, uns wie am Kangchendzönga zwischen den verschiedenen Versuchen zu erholen. Die Anstrengung hatte uns völlig ausgelaugt. Verpflegung, die ursprünglich für vier Mann und fünfzehn bis achtzehn Tage gedacht war, hatte schließlich für fünf Personen und dreiundzwanzig Tage ausreichen müssen.

Jeder mit seinen eigenen Gedanken beschäftigt, kauerten wir uns um eine flackernde Kerze und überflogen Briefe mit guten oder schlechten Nachrichten. Ein Telex in einem versiegelten Umschlag ließ mir das Herz stocken – nein, nichts Schlimmes, es waren nur Grüße von einem Freund. Auf den ersten Blick waren die Nachrichten an mich beruhigend. Über die Zeit, seit die letzten Briefe abgeschickt worden waren, wußte ich freilich nichts. Am frühen Morgen würde Jetha aufbrechen, um unseren Erfolg weiterzumelden, und Pemba Sherpa würde absteigen, um in Lamobagar Träger zu rekrutieren.

«Ich muß jetzt einen Bericht an das Ministerium schreiben», sagte Sankar. «In welcher Höhe befanden sich Ihre Lager, und an welchen Tagen waren Sie dort? Wie hoch ist der Südgipfel?»

Die Schneider-Karte war uns irgendwie abhanden gekommen, und so mußte er sich mit Schätzungen abfinden. Um ein Uhr morgens hörte ich auf, Briefe zu schreiben; als sich meine Gedanken beruhigt hatten, war es schon viel, viel später.

Meine Träume hatten mich irgendwohin getragen, als in der Morgendämmerung eine Windbö das Zelt erfaßte und die ruckende Leinwand meinen Füßen die Information weitergab, sie befänden sich auf schwankendem Boden. Ich schrak auf, glaubte, eine Schneewächte breche ab und das Zelt stürze in die Tiefe – und atmete wieder auf. Das spannungsgeladene rigorose Sicherheitsdenken der hohen Lager gehörte nun der Vergangenheit an. Nein, das war keine ächzende Wächte – Ang Rinzi machte Tee, Unmengen Tee! Es war wundervoll, spät aufzustehen und sich versorgen zu lassen. Meine verschwollenen Lippen und meine Augenlider klebten zusammen. Taube Zehen – das Biwak; verkratzte Hände – die nächtliche Eispassage: mein Körper erinnerte mich daran, wo ich gewesen war. Körpergeruch, strähniges Haar, schmutzige Kleidung, der muffige Geschmack ungeputzter Zähne – nach dem langen Exil in der Sterilität und Zielgerichtetheit großer Höhen stieg das jetzt alles wieder ins Bewußtsein. Dort oben waren Geist und Körper anders gewesen.

«Das ist der schönste Montagmorgen in meinem Leben», erklärte Guy.

Porridge zum Frühstück, Marmelade und Chapattis zu Mittag, Nudeln und Sauce am Abend, immer wieder ein großes Stück Käse, Obstkuchen – das Essen flutschte nur so hinunter, und wir entdeckten von neuem den Geschmack der Nahrung.

«Wir müssen da oben völlig ausgetrocknet sein», sagte ich. «Seit wir hier sind, hab' ich ungefähr sechs Liter Tee getrunken, aber nur drei- oder viermal gepinkelt.»

Pemba trällerte selig vor sich hin. Er und Dawa rauchten die letzten

Zigaretten und machten dann kleine hölzerne Pfeifen, um Guys Tabak zu paffen. Er wusch John die Haare und putzte seine Stiefel. «Jetzt lächeln auch deine Schuhe», sagte er, als er fertig war.

Der Kassettenrekorder spielte den ganzen Tag. Der leichte Wind wehte Fetzen von Liedern durchs Lager, die Gedanken an die Heimat und vergessene Gefühle wachriefen. Wir waren verwundbar.

Alleine in meinem Zelt las ich meine Briefe immer wieder von neuem.

Verglichen mit der Krankheit meines Vaters und ihren Auswirkungen war mein Kampf mit dem Berg trivial und nebensächlich gewesen. Aus dem Krankenhaus hatte er mir einen Brief geschrieben:

Vermutlich reagiert jeder anders, wenn ihn plötzlich eine Krankheit befällt. Mir ist die Torheit früherer Beschäftigungen mit unwichtigen und banalen Aspekten des Lebens scharf zum Bewußtsein gekommen. Ich versuche, entspannt zu bleiben und mich ganz in Gottes Hand zu geben, denn er wirkt durch das Können der Menschen, die sich hier um mich kümmern und in einer ganz wunderbaren, liebevollen Art für mich beten.

Meinem Tagebuch vertraute ich diese Überlegungen an:

Der Mensch kann sich auf fast alle Bedingungen einstellen. Oder es sieht aus der Ferne so aus, als hätte er sich rasch darauf eingestellt. Die Drohung des Todes führt den Geist von weniger wichtigen Kümmernissen weg zur Klarheit der Religion und stärkt so, was seit jeher schon angelegt war.

Die Erholungspause war kurz. Überraschende Böen, die wegen der Stabilität des Spätsommers bis dahin nur selten aufgetreten waren, brachen nun auf einmal los. In der Nacht schwoll der Wind zu monoton-hohlem Heulen; man hatte das Gefühl, als fege ein endloser Expreßzug vorbei. In den frühen Morgenstunden brach der Küchenschuppen zusammen, und Ang Rinzi rettete sich in ein Zelt. Die nepalesische Fahne riß der Sturm auf Nimmerwiedersehn mit sich fort.

«Das war die Schlußzeremonie des Basislagers», sagte Sankar.

Vom Mittag des 15. November an begann ein reges Kommen und Gehen der Träger. Wir schritten unterhalb der Felsen auf weichem, federndem Gras; unsere Augen, die lange dem grellen Widerschein des Sonnenlichts auf dem Schnee ausgesetzt gewesen waren, tränten. Wie lange waren wir weggewesen? Ein Jahr?

Das Fauchen des Sturmes hoch auf dem Berg hallte noch lange in unseren Köpfen nach und hob den ruhigen Frieden des Waldes besonders hervor. Mit der Zeit gewöhnten wir uns immer mehr an ihn. Wir machten für die Nacht Halt, streckten uns bequem neben ein warmes Feuer, rochen die Vegetation und den Holzrauch und sahen zu, wie das Licht des Feuers über dunkle, stille Baumgruppen flackerte.

Nachts bildete sich auf dem Boden eine dünne Schicht Eis, die aber in der Morgenluft bald dahinschmolz. Auf dem Berg waren wir über kleinere

Beschwerden und Schmerzen erhaben gewesen, wenn wir am Morgen aufstanden. Jetzt weckte der holprige Abstieg unsere Empfindlichkeit für jede Art von Unwohlsein wieder. Müde und abgemagert rutschten wir, begleitet von tausendstimmigem Insektengesumm, von Baumstamm zu Baumstamm und trotteten weiter abwärts.

Nach dem Dschungel und dem weglosen Berg schien uns die alte Handelsroute am Rongshar wie ein bequemer Sonntagswanderweg durch einen englischen Wald.

Als wir Lamobagar erreichten, streckte gerade die Morgensonne ihre Rosenfinger über das flache Plateau der Stadt. Kinder und alte Leute sahen nur kurz zu uns auf.

Sankar ließ sich zurückfallen, um sich in den Büschen umzuziehen und schön zu machen, ehe wir uns auf der Polizeistation meldeten. Er war in ebenso blendender Stimmung wie Mohan nach der Ersteigung des Kangchendzönga.

«Du siehst nicht mehr ganz so strahlend aus wie bei der letzten Party hier, John.»

«Du scheinst mir auch ein bißchen zerknittert, mein Junge.»

Wir tranken *Rakshi* und hörten befriedigt, daß unser Erfolg fünf Tage zuvor weitergefunkt worden war. Unsere Träger ersetzten wir durch die leichtgekleideten Tamangs der Vorberge.

Orangenkörbe, die den Pfad heraufbefördert wurden, kündigten den fruchtbaren Süden an. Ein tibetanisches Mädchen begleitete uns. Für sie war der lange Treck von ihrer Heimat in dieses Land des Überflusses eine Reise ins Paradies.

Am Abend tranken wir schäumenden, fruchtigen *Chang* und aßen Jams – für mich die ersten Süßkartoffeln seit Neuguinea. Auch an einem zähen alten Huhn versuchten wir unsere Zähne. John meinte, es hätte wohl seine Sehnen weniger stark entwickelt, wenn es nicht von Kathmandu bis zu uns zu Fuß gelaufen wäre. Der Witz war für Dawa, der vom *Chang*-Genuß bereits schwankte, zuviel: Er stolperte über das Feuer. Ang Rinzi fing ihn auf und erklärte loyal: «Zuviel Sauerstoff für Dawa hier unten, Captain!»

Die Sonne wurde in diesen goldenen Herbsttagen nie richtig heiß. Am Morgen stieg sie schräg auf; am Nachmittag sank sie wieder auf ihrer niedrigen Bahn. Selbst als sich das Tal verbreiterte, erreichte sie uns nur eine Weile. Der Fluß war nun seichter, und die Blutegel hatten sich in ihre Verstecke zurückgezogen. Eine in weiße Tücher gehüllte Leiche wurde für die rituelle Waschung vor der Einäscherung zum Wasser heruntergetragen. Auf dem Pfad begegneten uns Büffel und Ziegen. Gelegentlich wirbelte eine leichte Brise abgefallene Blätter herum. Aus Feldern drang trockenes Rauschen zu uns. Überall waren Menschen am Werk, gichtige Frauen und kleine Kinder, die mit Sicheln das Winterkorn schnitten und es auf Bretterplattformen in Bäumen und auf Pfählen schichteten.

Am nächsten Tag eilte uns Jetha mit der Post aus Kathmandu entgegen. Es war schön, seine komisch quäkende Stimme zu hören und ihm die Hand zu schütteln. Er war während unseres Unternehmens, bei dem Nachrichtenverbindungen so wichtig waren, sehr verläßlich gewesen. Wir setzten uns an eine sonnige Stelle zwischen abgeernteten Feldern und lasen unsere Briefe. Mein letzter kam von Hilary. Sie hatte ihn am 9. November, unserem Gipfeltag, abgeschickt. Die beiden schönsten Jahreszeiten, Frühling und Herbst, hatte sie alleine verbracht und beschrieb sie darin.

Die Tage wurden nun immer kürzer. Wir kampierten in Pikhutu; an diesen schönen Ort erinnerten wir uns wegen eines warmen Bades und eines verbrühten, sterbenden Babys. Das Baby sei aber nicht gestorben, sagten die Bewohner des Dörfchens. Die Familie war auf dem Nachhauseweg durch den Ort gekommen, und wir hatten sie knapp verfehlt. Sie war gleichzeitig mit uns aufgebrochen und genau am selben Tag wie wir wieder zurückgekehrt. Das Baby war geheilt.

Wir hatten den ganzen Kreis durchmessen. Bei dem Gedanken an das Kind wurde uns das Herz warm. Mit einem Aufwand von acht Pfund hatten wir sein Leben gerettet. Wir strahlten vor Selbstgefälligkeit, denn hier lag ein greifbarer Beweis vor, daß unsere Expedition gerechtfertigt war. Unter dieser Freude verbarg sich aber auch Ehrfurcht und Demut. Es war das Baby, das im Überlebenskampf gesiegt hatte. Es hatte die Kraft aufgebracht, während einer langen, schwierigen Reise dem Tode zu trotzen und wieder gesund zu werden.

Am nächsten Tag stiegen wir aus dem Tal. Tief unten lief der Fluß als schmaler blauer Strich hinaus in die Vorberge. In dem Dorf Charikot hallten synkopierte Trommelrhythmen durch die Abendluft.

«Ist das wieder ein Fest, Pemba?»

«Nein, Sir, die Bank gibt eine Party. Ach ja, noch etwas. Die Leute hier, sie sagen, wir sind nicht Gauri Sankar-Expedition, wir sind zu wenige. Wir sind Trecking-Gruppe.» Bergsteiger und Sherpas lachten über den Witz.

Im Abendrot leuchtend, schwebte der Gauri Sankar über dem Dämmergrau der Vorberge. Eine Wolke trieb zwischen seinen Gipfeln hindurch.

23. Winter

20.–30. November

Das Flugzeug kippte in einen Bogen nach Westen. Ohne den Kopf zu wenden, hatte ich sie jetzt alle im Blickfeld, die Gipfel vom Dhaulagiri bis zum Kangchendzönga, den Schnee des Himalaya, die silberne Linie des Randes der Welt. Sechsmal in sieben Jahren war ich hierhergekommen, war geklettert und dann wieder fortgegangen. Jetzt wurde die Geographie des Gebietes klar; meine Kenntnisse gewannen Zusammenhang, und ich sah die Beziehungen zwischen den verschiedenen Bergen. In diesen sieben Jahren hatten meine Augen auf einer Spanne von zweieinhalbtausend Kilometern Osten und Westen gesehen. Mit jedem neuen Ausblick hatte sich mein Bild dieser Berge vervollständigt. Jetzt war der Rahmen da, und ich würde mein Leben lang nicht aufhören, die Lücken zu füllen. Diese Berge würden immer Teil meines Lebens sein.

Eine buddhistische Regel sagt: «Bilde dein Leben aus einer Kette von Taten, wie man aus Blumenketten eine Girlande bildet.» Und hier erstreckte sich unter mir über einem Wolkenmeer eine Kette sonnenbeschienener Berge.

Wir falteten die weißen Halstücher und aßen die Orangen, die uns die Sherpas am Flughafen als Abschiedsgeschenk überreicht hatten. Die Expedition war unter Kontrolle. Wir hatten Löhne und Schulden bezahlt, die Heimreise war organisiert, der Expeditionsbericht geschrieben, Dankpostkarten waren abgeschickt worden. Ich war sogar beim Friseur gewesen. Nach außen hin konnte ich mich gelassen geben; innerlich fand ich jedoch keine Ruhe. Abseits von den anderen brütete ich vor mich hin.

Wird er sterben? Stirbt er, während ich wegbin? Die Antwort auf die erste Frage kannte ich jetzt. Unter meinem Sitz lag ein Bündel Briefe. Als sie noch nicht wußten, daß ich vom Berg wohlbehalten zurückgekehrt war, hatten meine Mutter und Hilary in tapferen Briefen optimistische Interpretationen gegeben. Ich solle mein Vorhaben ausführen und mir keine übertriebenen Sorgen machen. Auf dem Berg hatte ich mich bemüht, unangenehme Wahrheiten, die mich ablenken konnten, zu verdrängen.

In Kathmandu hatte ich dann Hilarys letzten Brief aufgemacht. Sie meinte, ich solle nach meiner Rückkehr in England bleiben. Meine Mutter habe die erdrückende Bürde der Betreuung eines Schwerkranken lange alleine getragen, und ich solle ihr jetzt dabei helfen. Und meine Mutter fürchtete, die Verschlechterung des Gesundheitszustandes meines Vaters könne mich seelisch sehr mitnehmen. Der Gedanke, daß er sterben würde, trat mir plötzlich klar ins Bewußtsein. Noch einmal las ich frühere Briefe.

Erst jetzt begriff ich, was alles zwischen den Zeilen stand, wieviel mir verheimlicht worden war und was ich einfach nicht zur Kenntnis nehmen wollte.

In England regnete es vier Tage lang. Das Laub war längst von den Bäumen gefallen. Jeden Abend fuhren meine Mutter und ich über die nassen Straßen zum Krankenhaus in Manchester.

Meines Vaters Gesicht war dünn und spitz. Seine Zähne standen zwischen offenen Lippen, wie wenn er sich am Leben festbeißen wollte. Dennoch wirkte er abgeklärt und gefaßt, als habe er den Weg in die Stille, die ihn erwartete, schon zur Hälfte zurückgelegt. Immer wieder lächelte er uns beruhigend zu. Nur seine Augen waren traurig. In seinem Blick lag jedoch keine Todesangst – nur Betrübnis darüber, daß seine Zukunft nicht mehr länger in einer Welt mit uns lag. Wir sprachen über nebensächliche Dinge, sein Auto, das Wetter. Ich sah ihm in die Augen und war glücklich, überlebt zu haben und bei ihm zu sein. Vieles blieb ungesagt, fand nur in unseren Blicken Ausdruck. Ich versuchte zu denken wie der Berg, wie die Erde, und sie halfen mir, aufrecht zu bleiben, stärkten mich mit ihrem Frieden. Das Gewicht der hinter mir liegenden Reise stützte mich. In der Nacht vor seinem Tod zeigte ich meinem Vater ein Farbposter mit dem Kangchendzönga darauf. «Das ist schön. Wunderbar», sagte er.

Manche Worte werden mit der Zeit auf ihren einfachsten Begriffsinhalt reduziert. «Eins mit der Welt.» «In liebendem Gedenken.» Meine Mutter, mein Bruder und ich fanden bald heraus, daß der Verlust zwar jeden von uns persönlich traf, daß er uns aber auch miteinander verband. Unsere Gefühle vereinten uns, und meine Mutter war nicht allein gewesen und würde es auch in Zukunft nicht sein. Mein Vater hatte das alles gewußt, als er in seinem letzten Brief schrieb: «Es war wirklich wundervoll, so viel Zuwendung und Liebe empfangen zu dürfen ... Diese Liebe wird immer bleiben.»

Ich flog für das Wochenende in die Schweiz, um Hilary zu besuchen und Sachen mitzunehmen, die ich in England brauchte. In Genf herrschte Nebel, und der Abflug verzögerte sich. Ich hatte Zeit, über den Tod meines Vaters nachzudenken. Warum er? Warum wir? Ich wünschte, ich hätte ihn besser gekannt. Unsere Trauer um ihn würde bleiben wie eine nicht verheilende Wunde. Andererseits, warum nicht er? Irgendwann mußte sich jeder der Endgültigkeit von Schmerz und Leid stellen. Das begann mit Menschen aus dem Bekanntenkreis, setzte sich fort mit jenen, die einem am nächsten standen, und schließlich würde man selbst vom Schicksal ereilt. Zuerst war mir der Tod meines Vaters als etwas erschienen, das einzig meine Familie und ihre nähere Umgebung betraf. Aber der Verlust eines geliebten Menschen war eine allgemeine Erfahrung, die jeder durchmachen mußte. Nur wer mit dem Tod seinen Frieden gemacht hat, kann dem Leben vertrauen; man muß die Endlichkeit und Unvollkommenheit des Lebens annehmen, denn in dieser Annahme liegt auch das Heilsame.

Das Flugzeug hob ab, stieg auf und stieß durch eine Barriere wogender Wolken.

Ich, ein Bergsteiger, berauscht vom Glauben an meine Fähigkeiten, hatte im dionysischen Überschwang meiner Jugend einen Berg nach dem andern bezwungen, hatte die Grenzen meines Könnens immer weiter gedehnt und in einer Reihe scheinbarer Siege den Tod überwunden. Obwohl ich mit dem Tod schon öfter konfrontiert worden war, sah ich ihn nun zum ersten Mal als persönliches Faktum. Zur Eile war indessen kein Anlaß. Ich konnte nicht immer schwierigere Routen gehen, nicht immer höhere Gipfel besteigen, als läge darin ein Prinzip mathematischer Progression. Es gab keine Notwendigkeit, so zu tun, als existiere der Tod überhaupt nicht. Ich hatte etwas über Bewegung gelernt; jetzt mußte ich viel über Verharren und Stille lernen. Einen vertrauensvollen Frieden mußte ich finden, der zu meinem Leben und zu den Bergen paßte. Ich war ganz ruhig.

Der Pilot hatte Sinn für Humor: «Meine Damen und Herren, wie schon mitgeteilt, gibt es in Genf wegen Bodennebels Probleme. Die Bodenkontrolle hat uns von dort informiert, daß wir nicht landen können. Wir weichen nach Zürich aus. Bitte haben Sie dafür Verständnis. Für die Weiterbeförderung zu Ihren Zielorten wird gesorgt. Ein Trost: Die Alpen sind über den Wolken. Und weil unsere Reise ein bißchen länger ist, werden Sie mehr davon sehen.»

Ich schaute schon zum Fenster hinaus. Der Mont Blanc, die Grandes Jorasses, der Dru, die Aiguilles du Tour und das ferne Matterhorn schimmerten in der Wintersonne. Ich liebte sie, aber nicht mit dem zitternden Schock der ersten Liebe – diese Zeit war vorbei. Doch ich kannte sie jetzt auch besser. Ich respektierte sie tief, verstand sie ein bißchen, liebte sie inniger. Es war der letzte Tag im November.

Register